তোমারই পরিণীতা

Prokiti Kundu

pencil

ISBN 9789354582080
© Prokiti Kundu 2021
Published in India 2021 by Pencil

A brand of
One Point Six Technologies Pvt. Ltd.
123, Building J2, Shram Seva Premises,
Wadala Truck Terminal, Wadala (E)
Mumbai 400037, Maharashtra, INDIA
E connect@thepencilapp.com
W www.thepencilapp.com

CONTENTS

প্ৰথম খণ্ড

মাঘ মাস দুপুর দুটো । চারিদিকে বিভিষীকাময় শীত , সবাই একপ্রকার ঠান্ডায় কাঁপতে থাকে এইসময় সে যতই মাথার উপর রোদ থাক না কেন। তার পর আবার যদি জায়গাটা যদি হয় আবার শিলিগুড়ি তাহলে তো কথাই নেই । একপ্রকার ঠান্ডায় কাঁপতে কাঁপতে প্রকৃতি বাসস্ট্যান্ডে দাঁড়িয়ে আছে গন্তব্য বর্ধমান । যদিও ট্রেনে খুব সহজেই যাওয়া যেতো , সময় ও খুব কম লাগতো তাও প্রকৃতি বাসে যাবে বাস জার্নি টা খুব করে এনজয় করতে চাই ও। যদিও বাড়িতে কিছুই বলেনি পাপা শুনলে যে খুব রাগ করবে ।

শিলিগুড়ি থেকে বর্ধমান বাসে যেতে সাড়ে বারো ঘন্টার মতো সময় লাগবে । তাতে কি হয়েছে ? ও তো এনজয় করতে পারবে সারাটা রাস্তা কোথায় কি আছে দেখতে পারবে । যদিও ওর বর্ধমানে বাড়ি নয় বাকুড়ায় বাড়ি ওখানে মাসি বাড়ি যাচ্ছে। প্রকৃতি কর বয়স আঠারো পেরিয়েছে সবে এখানে মেডিক্যাল কলেজে দ্বিতীয় বর্ষের ছাত্রী। দেখতে খুব সাধারণ তবে যদি ভালো করে কেউ ওকে দেখে তবে ওর মধ্যে থাকা সোন্দর্যটা লক্ষ্য করবে । গায়ের রং ফর্সা ঠোঁটের নীচে থাকা তিলটা যেন ওর সোন্দর্য আরো বাড়িয়ে দেয় কিন্তু সেসব দেখা তো আর যাচ্ছে না এইমুহূর্তে কারন পুরো শরীর সোয়েটার চাদর টুপি তে । বলতে গেল চোখ দুটো বাদ দিয়ে আর কিছুই দেখা যাচ্ছে না । কাঁধে এত বড়ো একটা ব্যাগ দেখেই মনে হচ্ছে খুব ভারি । বাসস্ট্যান্ডে দাড়িয়ে আছে আর হাতে হাত ঘসছে হাত দুটো গরম করার জন্য , মনে মনে বাস ড্রাইভারকে গালিও দিচ্ছে লেট করে আসার জন্য। দশ মিনিট লেট হয়ে গেছে অলরেডী । বাস লেট করছে দেখে প্রকৃতি আর কোনো উপায় না পেয়ে ব্যাগ থেকে একটা চকলেট বের করে খেতে লাগল । মাসতুতো দিদির বিয়ে উপলক্ষে বাড়ি যাচ্ছে । ওর অবশ্য আগেই যাবার কথা ছিল কিন্তু কলেজে এত প্র্যাকটিক্যালের চাপ তাই ছুটি পায়নি । প্রকৃতি চকলেট খেতে খেতে হাতে ঘড়িটা দেখে নিল তাড়াতাড়ি আড়াইটা বাজতে যায় কিন্তু বাস আসার নাম নেই তাই ও রেগে আর দাঁড়িয়ে থাকতে পারলো না স্ট্যান্ডে থাকা বাস ঘর গুলেতে গিয়ে একটা ধারির উপর বসে পড়ল। কিন্তু বসতে না বসতেই আরেক বিপত্তি দুর থেকে বাস আসার হর্নটা বেজে উঠলো

। প্রকৃতি তাড়াতাড়ি উঠে মনে মনে বাসটাকে ভাল করে গালি দিয়ে দিল । আর আসার সময় পেল না ও এখানে এসে বসলো আর বাসটা চলে এলো। থাক সেইসব না ভেবে ও তাড়াতাড়ি গেল। বাসটা ততক্ষণে ডিপোতে ঢুকে গেছে। প্রকৃতি টিকিট কাউন্টারে গিয়ে টিকিট টা চেক করিয়ে বাসে উঠলো। টিকিটটা চেক করে দেখে সিট নাম্বার একশো বারো । এতো পেছনে সিট দেখে ওর মনটা নিমেষেই খারাপ হয়ে গেল পুরো জার্নিটা এবার বিরক্তি ভাবে কাটবে । বাসটা চলতে চলতে যত ডাম্পার পাবে ততবার ঝাকিয়ে উঠবে আর ওর কোমরের হাড় গুলো ভাঙবে । মুখটা সামান্য বিকৃতি করে ধীরে ধীরে এগিয়ে গেল সিটের দিকে। এতো বড়ো ব্যাগটাকে কোনো মতে উপরে ডিকিতে ট্রান্সফার করে দিয়ে হ্যান্ড ব্যাগটা নিজের কোলে রেখে বসে পড়লো । পাশেই একশো তেরো নাম্বার সিট কিন্তু ফাঁকা । হয়তো যে এই সিটে বসে আছে সে এখনো এসে পৌঁছায়নি । ওর মনের মধ্যে একটা ভয় ঢুকে গেল আচ্ছা যদি কোনো অভদ্র ছেলে হয় তাহলে ,,,,, একে পেছনের দিকে বসে আছে ওর সাথে অভদ্রতা করতে এলে কেউ দেখতেও পাবে না। উম্ম করলেই হলো অভদ্রতা ছুরি দিয়ে হাত দুটো কেটে দেবো আসুক তো একবার ভেবেই ব্যাগের মধ্যে চেক করে নিল ছুরিটা কাছে আছে কিনা কিন্তু দেখতে পেল না । চিন্তায় কপালে পাঁচ ছয়টা ভাজ পড়ে গেল। সিটে ব্যাগটা নামিয়ে দিয়ে তাড়াতাড়ি উঠে উপরে ডিকিতে ব্যাগটা চেক করতে লাগলো। কিন্তু ডিকিটা একটু উঁচু হওয়ায় ওকে পায়ের পাতার উপর ভর দিয়ে দাঁড়াতে হয়েছে আশে পাশে সবাই ওর দিকে তাকিয়ে আছে বাসটা ছাড়ার

সময় ও ঘোষনা করে দিয়েছে ।

বাসটা ছাড়ার জন্য লোকটা নির্দেশ দিতে যাবে তখনই কেউ বলে উঠলো

"" প্লিজ বাসটা ছাড়বেন না ""

বাসের কন্ডাক্টর ভ্রূ কুঁচকে কথা বলা লোকটার দিকে তাকালো । একজন বছর ছাব্বিশ এর যুবক দৌড়ে এসে বাসে চাপলো । যুবকটা এতো জোরে দৌড়ে এসেছে যে এই কনকনে শীতের এর মধ্যেও কপালে বিন্দু বিন্দু ঘাম দেখা যাচ্ছে । হয়তো সোয়েটার না পরে থাকলে শরীরেও ঘামের চিহ্ন দেখা যেতো ।

যুবকটি বাসে উঠে কন্ডাক্টরের দিকে তাকিয়ে বলল

"" সরি সরি লেট হবার জন্য আপনারা এবার ছাড়তে পারেন ""

যুবকটার এই দেরি হবার জন্য কন্ডাক্টর মনে মনে খুব বিরক্ত বিড়বিড় করে বলেই উঠলো "" আরে মশাই লেট করে আসছেন আবার লোক দেখিয়ে ক্ষমাও চাইছেন ? বলি আমাদের কি কাজ নেই ? নাকি জানেননা একটু লেট করে বাস ছাড়লেই মালিকের কাছে কথা শুনতে হবে? ""

যুবকটি লোকটার কথা শুনতে পেল । মুচকি হেসে বলল

"" আরে দাদা রাগ করবেন না বুঝতেই পারছেন ব্যাবসায়ী মানুষ ছুটি হতেই চাই না তাও এবারে ছুটি নিতে হয়েছে নিজের বিয়ে উপলক্ষে ""

"" আচ্ছা আচ্ছা ঠিক আছে যান আর বলতে হবে সিটে গিয়ে বসে

পড়ুন "" কন্ডাক্টর এখনো খুব বিরক্ত হবেই না কেন এই শীতের মাঝে ওনাকে এই জানলা ধারে বসে চারিদিকে খেয়াল রাখতে হবে ।

যুবকটি কন্ডাক্টরের কথা শুনেও কিছু বলল না মুচকি হেসে নিজের সিটের দিকে গেল । যুবকটি বরাবরেই চুপচাপ শান্ত শিষ্ট স্বভাবের খুবেই আময়িক ব্যবহার আজ পর্যন্ত কারোর সাথে কোনো ঝামেলায় থেকেছে বলে মনে হয় না তবে রেগে গেলে কেউ শান্ত করতে পারে । এখানেই বাড়ি তাও কেউ থাকে না অনেক দিন আগেই সবাই বর্ধমান চলে গেছে ও এখানে ব্যাবসা সুত্রে থাকে যদিও পরিবার পরিজন সবাই বর্ধমানে থাকে । এখানের ব্যাবসাটা ওর বাবা তুলে দিতে চেয়েছিল কিন্তু ও দেয়নি এই প্রকৃতির মাঝে থাকতে ওর বেশ ভালো লাগে তারপর চা বাগানের এতো শ্রমিক চাকরি চলে গেলে থাকবে কোথায়। তাই ও এই ব্যবসাটা দেখছে আর ওর বাবা ভাই বর্ধমান কলকাতায় নিজের ব্যবসা সামলায় । হাতের ঘড়িটার দিকে তাকিয়ে দেখে আড়াইটা পেরিয়ে গেছে সত্যি আজ অনেক লেট হয়ে গেছে বাসটা লেট করেছে বলেই বাসটা পেয়েছে না হলে এই বাসটাও মিস করে যেতো। নিজস্ব গাড়িতে করে ও অনায়াসে বাড়ি যেতে পারতো কিন্তু ইচ্ছে হয়নি প্রতিবারেই তো যায় তাই এবারে মনটা একটু এডভ্যাঞ্চের করতে চাইলো আরেকটু কাছে থেকে প্রকৃতিকে উপভোগ করতে চাইলো তাই বাসে যাতায়াত । যুবকটা ধীর পায়ে এগিয়ে গেল নিজের সিটের দিকে পকেট থেকে টিকিট বের করে দেখলো একশো তেরো নাম্বার সিট কিন্তু সিটের সামনে একটা মেয়েকে দেখে ওর ভ্রূ দুটো

আপনেই কুঁচকে এলো। মেয়েটা করছে টা কি হয়তো কিছু খোঁজার চেষ্টা করছে কিন্তু কি খুঁজছে বুঝতে পারলো না।

ও ধীরে পায়ে মেয়েটার কাছে গিয়ে বলল "" এই যে মিস কি করছেন ?"" কিন্তু মেয়েটার এতে কোনো পরিবর্তন হলো না নিজের মতো কাজ করতে লাগলো।

যুবকটা আরেকবার ধীর কণ্ঠে ডেকে উঠলো "" এই যে মিস এটা আমার সিট একটু সরে দাঁড়ান ""

এবার যেন মেয়েটা ওর কথাটা শুনতে পেল। ডিকির বাহু দুটো ধরেই বিরক্তিকর দৃষ্টিতে ওর দিকে তাকিয়ে বলল "" আরে কানের সামনে চেচাচ্ছেন কেন? অদ্ভুত তো! দেখতে পাচ্ছেন না একটা কাজ করছি , দুই মিনিট না বসলে আপনার মহাভারত টা অশুদ্ধ হয়ে যাবে না ""

মেয়েটার কথাটা শুনে যুবকটি পুরো ভ্যাবচ্যাকা খেয়ে গেল আমতা আমতা করে বলল " মানে ? "

প্রকৃতি আবার বিরক্ত হয়ে কিছু বলতে যাবে তার আগেই বাসটা একবার ছেড়ে দিয়ে জোরে ব্রেক মারলো আর মেয়েটা সামনে ছিটকে গিয়ে সোজা ছেলেটার ঘাড়ে পড়লো । ভাগ্যিস ছেলেটা ওকে ধরে নিয়েছিল না হলে গিয়ে সামনে থাকা লোহার দণ্ডে লাগতো আর পুরো মুখের হুলিয়া বদলে যেতো । প্রকৃতি ভয়ে নিজের চোখ নাক মুখ খিচে বন্ধ করে আছে হাত পা কাপছে পুরো বুকের ধুকপুকানি বেড়ে গেছে ভয়ে যুবকটাকে আকড়ে শক্ত করে

ধরে রেখেছে আরেকটু হলে কি হতো ওর ভাবলেই যেন গায়ে কাঁটা দিয়ে উঠছে । এদিকে যুবকটাও ভয় পেয়েছে সামান্য ও তো নিজেও পড়ে যেতো কিন্তু সময় মতো সিটে থাকা লোহার দন্ডটা ধরে নিয়েছিল তাই । একহাতে লোহার রড টা ধরে রেখেছে আরেকহাতে প্রকৃতিকে । মেয়েটা যে খুব ভয় পেয়েছে ও ভালোই বুঝতে পারছে।

""আপনাদের কোথায় লাগেনি তো "" কন্ডাক্টর আমতা আমতা করে বলল। পুরো মুখে ভয়ের ছাপ স্পষ্ট । কন্ডাক্টরের আওয়াজে যুবকটা স্বাভাবিক ভাবে দাড়িয়ে প্রকৃতিকে বলল "" এই তে মিস আপনি ঠিক আছেন লাগেনি কোথাও "" প্রকৃতি ভয়ে ভয়ে মাথাটা তুলে না সূচক মাথা নাড়ল তারপর যুবকটিকে এতো কাছে দেখে ওকে ছেড়ে দূরে সরে গেল তবে ভয়টা এখনো কাটেনি।
"" আরে ধীরে মিস আবার তো কোনো বিপদ ঘটিয়ে ছাড়বেন মনে হচ্ছে "" যুবকটি শান্ত ভাবে বলল ।
"" না আমি , আমি ঠিক আছি "" বলেই প্রকৃতি তাড়াতাড়ি সিটে বসে পড়লো ও আর কোনো কিছুর সম্মুখীন হতে রাজি নয় একেই লজ্জা লাগছে খুব । যুবকটি শান্ত দৃষ্টিতে প্রকৃতির দিকে তাকিয়ে ভালোই বুঝতে পারলো এই মেয়েটা একদম ওর বিপরীত ও যদি ঝামেলা থেকে দূরে থাকে তাহলে এই মেয়ে ঝামেলাকে সঙ্গে নিয়ে চলে জানে না বাকিটা রাস্তা আবার কি কি ঝামেলা করবে ভেবেই যুবকটি একটা দীর্ঘশ্বাস ফেলে প্রকৃতির পাশে বসে পড়লো।

" আমি ভাবি যদি আবার ছুঁতে পেতাম তোমাকে "

গানটা বেজে উঠতেই প্রকৃতির হুস এলো । এতক্ষন বাইরের দিকে একদৃষ্টিতে তাকিয়ে ছিল লজ্জায় চাইলেও ভেতরে তাকাতে পারছিল না একটু আগের ঘটনাটা বারবার মনের মধ্যে নাড়া দিয়ে উঠছিল লোকটার গায়ে পড়েছিল ঠিক আছে কিন্তু লোকটার চোখের দিকে একদৃষ্টিতে চেয়ে থাকার কারনটা কি বুঝতে পারেনি ,,,,, এই মুহূর্তে নিজেকেই বকতে ইচ্ছে করছে প্রচুর পরিমাণে বকতে ইচ্ছে এখন আবার লোকটা ওর পাশেই বসে আছে। আজব লোকটার ওর পাশেই সিট পড়তে হলো । গানটা বেজে ওঠাতে ওর হুস তো এলো কিন্তু আরো বেশি লজ্জায় পড়ে গেল । যেন ব্যাগ থেকে ফোনটা বের করতে যাবে তখনই একবার লোকটার দিকে তাকালো দেখলো লোকটা ওর দিকে অবাক হয়ে তাকিয়ে আছে । প্রকৃতির চোখ মুখ কুচকে চোখ দুটো ছোট ছোট করে লোকটার দিকে তাকাতেই লোকটা মুখটা ফিরিয়ে নিল এতে প্রকৃতির ভ্রু জোড়া যেন আরো বেশি সংকুচিত হয়ে গেল। এর মধ্যে ফোনটা কেটে গিয়ে যে আবার বেজে উঠছে তাতেই ওর হুস এলো আবার । প্রকৃতি তাড়াতাড়ি ফোনটা হাতে নিয়ে দেখে বন্ধুরা ফোন করেছে তার আবার ভিডিও কল এই মুহূর্তে না ধরলে পরে গাল খাবে কতদিনের পুরোনো বন্ধু এরা আজ হয়তো সাথে নেই তবে স্কুললাইফটা পুরোটাই এদের সাথেই তো কাটিয়েছে । প্রকৃতি হোডফোনটা বের করে তাড়াতাড়ি কানে গুঁজে নিল কিন্তু এর মধ্যে আরেকটা বিপত্তি ঘটে গেছে নিজের ছোট ছোট চুল গুলো সরিয়ে

মাথার ঢেকে রাখা চাদরটা ঠিক করতে এত হাতের ব্যাবহার করছিল যে আচমকা ওর হাতটা গিয়ে লোকটার নাক বরাবর মেরে দিল । আকস্মিক ঘটনায় লোকটা তো হতভম্ব হয়েইছে প্রকৃতি তো স্থির হয়ে গেছে । লোকটা একটু 'চি' শব্দ করে মাথাটা নিয়ে পেছনে সরে গেল । প্রকৃতি হাতে ফোনটা নিয়েই তাড়াতাড়ি লোকটার দিকে ঘুরে ওর নাকে হাত বুলিয়ে বলল

" সরি সরি আপনার লাগে নি তো আসলে তাড়াতাড়ি করতে গিয়ে লেগে গেছে আর হবে সরি সরি "

এত তাড়াতাড়ি কথা গুলো ও বলে গেল যে লোকটার সব মাথার উপর দিয়ে গেল লোকটা হয়তো মনে মনে ভাবছে আজব মেয়ে।

লোকটা প্রকৃতির কথা শুনে ভ্রু কুঁচকে তাকাতেই প্রকৃতি আবার নিজের মাথায় টোকা মেরে নিজেকেই বলল " তোর মাথাটা গেছে সত্যি এতো স্পিডে কেউ কথা বলে " তারপর মাথাটা ঘুরিয়ে লোকটার দিকে তাকিয়ে দেখলো লোকটা এখনো ওর দিকে ভ্রু কুঁচকে তাকিয়ে আছে প্রকৃতি বোকাদের মতো হাসার চেষ্টা করে বলল " আসলে সরি আমি ,,,,,, " আর কিছু বলতে হলো না ওকে তার আগেই একটু গম্ভীর স্বর ভেসে উঠলো।

লোকটা হাত উঠিয়ে ওকে থামিয়ে দিয়ে বলল "" ইটস্ ওকে মিস আমি কিছু মনে করিনি "" বলে লোকটা আবার চুপ করে গেল।

প্রকৃতি হয়তো কিছু বলতে যাচ্ছিল কিন্তু লোকটার এরূপ চুপ করে যাওয়াতে নিজেও চুপ করে গেল ততক্ষনে ফোনটাও কেটে গেছে । প্রকৃতি নিজেই এবার ফোন করে কনফারেন্স ভিডিও কলে সবার

সাথে কথা বলতে লাগলো । কথা বলতে বলতে ও বন্ধুদের কথা শুনে হাসছে হাত পা নাড়াচ্ছে মাঝে মধ্যে পাশের লোকটাও এর কিছু ভাগ পাচ্ছে আর প্রকৃতি ততবার সরি বলে উঠছে । এভাবে অচেনা অজানা মানুষটাকে অত্যাচার করছে প্রকৃতি ইস্ লোকটা কি ভাবছে কে জানে? কিন্তু ওই বা কি করবে একজায়গায় চুপ করে বসে থাকতে ভালোই লাগে না তাই তো টাইম পাস করছে ।

ভিডিও কলটা রেখে প্রকৃতি লোকটার দিকে তাকিয়ে মিষ্টি হাসলো যেন কিছুই হয়নি এমন একটা ভাব ধরলো । লোকটা অবশ্য চোখ বন্ধ করে সিটে হেলান দিয়েছিল তাই কিছু দেখতে পায়নি । প্রকৃতিও ফোনে গান বাজিয়ে সিটে হেলান দিয়ে দিল । চারটে বাজে অনেকটাই রাস্তা এসেছে চারিপাশে জঙ্গল আর জঙ্গল হবেই না কেন পাহাড়ি এলাকা যে ,,, এই মুহূর্তে একটা ফাঁকা রাস্তার মধ্য দিয়ে যাচ্ছে এখানে কোনো ছোট একটা ঝুপড়িও নেই ,,, প্রকৃতির গান শুনতে শুনতে হটাৎ মনে হলো আচ্ছা হটাৎ যদি আমাদের ডাকাত আক্রমণ করে তাহলে কি হবে ? কোথায় যাবে ও? বাড়িও যেতে পারবে না ইস্ ও না গেলে দিদির বিয়েটা পুরো মিস চলে যাবে ,,, কতো আশা করেছিল জিজুর জুতো লুকিয়ে রাখবে টাকা নেবে ,,,, জিজুকে ঝাল শরবত খাওয়াবে এইসব কিছুই হবে না তাহলে আর ,,, ভাবতেই চোখ দুটো খুলে একটা দীর্ঘশ্বাস ফেললো ,,,,, আবার পরক্ষনেই বাইরে দিকে তাকিয়ে ভাবলো আচ্ছা একটু পরেই তো অন্ধকার নেমে আসবে যদি ভূত আসে। ওই যে ভূত এন্ড ফ্রেন্ডস সিনেমাটাই যেমন জ্যাকি শ্রফ এসেছিল অবশ্য রনি

আর ওর ফ্রেন্ডসরা দেখতে পায়নি কিন্তু ওর কাছে যদি সত্যি আসে ভাবতেই প্রকৃতি ভয় পেয়ে পাশে থাকা লোকটার দিকে একটু চেপে গেল । ভয়ে নিজের হাত দিয়ে লোকটার শার্টের কোনটা খামচে ধরলো । লোকটা চোখ বন্ধ করে রাখলেও ঘুমায়নি তাই প্রকৃতির স্পর্শে তাড়াতাড়ি ওর দিকে তাকালো দেখলো ভীতু চোখে মেয়েটা ওর দিকে তাকিয়ে আছে। লোকটার ভ্রু দুটো কুঁচকে একদম চোখে নেমে এলো কপালে চার পাচটা ভাঁজ পড়ে গেছে ভাবছে হয়তো আবার কি হলো ? এই মাত্র ওর উপর এতো ক্যারাটে কুস্তু প্র্যাকটিস করেও হয়নি এখন আবার শার্ট নিয়ে টানাটানি ,,,, মেয়েটার উপর রাগ বিরক্তি নিয়ে ও কিছু বলতে পারছে না । এতো মিষ্টি একটা মেয়ে একদম বাচ্চাদের মতো মুখটা, এই মুখের উপর কোনো কথায় বলা যায় না তাই বলতেও পারছে না। প্রথম বার যখন প্রকৃতি ওর নাকে গুতো মেরেছিল তখন রেগে গিয়ে কিছু একটা বলতে যাচ্ছিল কিন্তু প্রকৃতির এভাবে হাত নেড়ে নেড়ে কথা বলা আর বড়ো মায়াবি চোখ দুটোর কাছে কিছুই বলতে পারেনি অবাক পানে চেয়েছিল প্রকৃতির দিকে।

"" What's problem miss ?"" সিদ্ধার্থ নম্র ভাবে বলে উঠলো ।
"" ভুউউউ___ত ভু...উউত "" প্রকৃতি কাপা কাপা গলায় বলে উঠলো ।
লোকটার চোখ দুটো এবার কপালে উঠে গেল মুখটা অটোমেটিক হা হয়ে গেছে সিরিয়াসলি এতো বড়ো একটা মেয়ে ভূতের ভয় পাচ্ছে তাও এই দিনের বেলায় । লোকটার বড্ড হাসি পেলো

প্রকৃতিকে দেখে ,,, ভালো করে প্রকৃতির মুখের দিকে তাকালো না খুব ছোট তো নয় উনিশ বছর বয়স তো মনেই হচ্ছে । তবে মনে হচ্ছে না এতো বয়স মনে হয় ষোল সাতেরো ,,,, চোখ বন্ধ করে মেয়েটা এখনো কেঁপে যাচ্ছে আর ওর শার্ট ধরে টানছে মুখে ভুত উচ্চারণ হচ্ছে । লোকটার মুখে নিজের অজান্তেই হাসি ফুটে উঠলো এমনিতে খুব একটা হাসে না কোনো কারন ছাড়া কিন্তু প্রকৃতির মুখের অবস্থা দেখে কোনো কারন ছাড়াই হাসি ফুটে উঠলো মুখে । একরাশ হাসি নিয়ে প্রকৃতিকে বলল "" মানে দিন দুপুরে ভুত কোথায় পাবেন ?""

"" আরে ভুত পাবো না মানে ? জানেন আমি সিনেমায় দেখেছি এই গভীর জঙ্গল থেকে ভুত বেরিয়ে আসে আর এখানে ও তো সন্ধ্যা নেমে আসছে তাই না তাই ভুত বেরিয়ে আসবে এখনি ,,,, "" বলেই আবার কাঁপতে লাগলো ।

লোকটা এবার শব্দ করেই হেসে দিল প্রকৃতির কথা শুনে এমন উদ্ভট কথা মনে হয় জীবনে প্রথম বার শুনলো মেয়েটা সত্যিই বাচ্চা ।

"" বয়স কতো তোমার ?"" লোকটা না চাইতেও মুখ থেকে বেরিয়ে এলো । এদিকে লোকটার কথা শুনে প্রকৃতি চোখ দুটো খুললো খুলেই লোকটার হাসি দেখে রেগে গেল ও ভয় পাচ্ছে আর লোকটা হাসছে এটা কেমন বাজে লোক একটা ,,,, প্রকৃতি গাল ফুলিয়ে ভালো করে লোকটার মুখের দিকে তাকালো কিছুক্ষণ তাকিয়ে থাকার পরেই লোকটার হাসিতে নিজেই যেন মুগ্ধ হয়ে গেল ।

"" কি হলো বলো বয়স কতো তোমার ? আর তুমি বললাম কিছু মনে করো না তোমাকে আমার ছোট্ট বাচ্চা মনে হলো "" লোকটা হাসি থামিয়ে কোনো মতে বলল ।

কথাটা শুনে প্রকৃতি খুব রাগ হলো বাচ্চা ও বাচ্চা ওকে বাচ্চা বলা এটা কেমন কথা উনিশ বছর হতে চললো ।

প্রকৃতি ওর মুগ্ধতাকে এড়িয়ে রাগি ভাবে গাল ফুলিয়ে বলল "" মানে আমার উনিশ বছর বয়স জানেন মেডিকেল সেকেন্ড ইয়ার স্টুডেন্ট আর আপনি বলছেন আমি বাচ্চা ""

প্রকৃতির এভাবে গাল ফোলাতে দেখে একটা অদ্ভুত মায়া কাজ করলো লোকটার মধ্যে গম্ভীর ভাবটা দূরে সরিয়ে রেখে এক গাল হাসি মুখে বলল "" ওহ তুমি মেডিকেল স্টুডেন্ট তাহলে তোমার তো ভুতে ভয় পাওয়া উচিত নয় তোমাদের তো পোস্টমর্টেম করতে হয় ""

লোকটার কথায় প্রকৃতি কি বলবে এটা তো সত্যি ওদের পেশাটাই তো এমন তাই কিছু বলতে না পেরে মুখটা ফিরিয়ে নিল বাইরের দিকে একটা শীতল বাতাস জানলা দিয়ে প্রবেশ করছে । জানলা গুলো খোলাই আছে এই শীতের মধ্যেও ।

"" আরে মিস চিন্তা করো না জানলাটা দিয়ে দাও তাহলেই ভুত আসবে না "" লোকটা আবার মুচকি হেসে বলল।

প্রকৃতি লোকটার কথায় এবার ভ্রু কুঁচকে ওর দিকে তাকালো তারপর জেদ করে বাকি জানলাটাও খুলে দিল । হুড়হুড় করে জানলা দিয়ে বাতাস ঢুকতে লাগলো । ওর ঠান্ডাও লাগছে কিন্তু জেদের বশে তো আর লাগাবে না । লোকটা প্রকৃতির এমন ব্যাবহার দেখে ভ্রু কুঁচকে ওর দিকে তাকালো তারপর আপনেই ঠোঁটের কোনে হাসি ফুটে উঠলো বড্ড বেশি মিষ্টি আর বাচ্চা মেয়েটা ।

কিছুক্ষণ পর বাসের কন্ট্রাক্টর এসে বলল "" ম্যাডাম জানলাটা লাগিয়ে দিন সবার অসুবিধা হতে ঠান্ডায় ,,, আর একটু পর বাসটা থামবে একটা ধাবার সামনে রাতের ডিনার টা করে নেবেন "" প্রকৃতি কন্ট্রাক্টরকে তো আর কিছু বলতে পারে না তাই জানলাটা লাগতে চেষ্টা করলো কিন্তু এতো বড়ো জানলাটা লাগানো ওর পক্ষে সম্ভব না একটা টু ফ্লোর বাসের জানালা এটা । শেষে বাধ্য হয়েই প্রকৃতি পাশের সিটে বসে থাকা লোকটার দিকে অসহায় ভাবে তাকালো যাতে ওকে সাহায্য করে । লোকটা প্রকৃতির কান্ডই এতক্ষন দেখেছিল শেষে ওর দিকে তাকাতেই মুচকি হেসে বলল "" লাগিয়ে দিচ্ছি আমি সরো তুমি ""

লোকটার কথা শুনে প্রকৃতি জেনো হাফ ছেড়ে বাঁচলো । সিটে একটু হেলান দিতেই লোকটা নিজের সিট থেকে উঠে জানলাটা লাগিয়ে দিল এতে প্রকৃতির খুব কাছাকাছি আসতে হয়েছে প্রকৃতির নাকে বারবার লোকটার জ্যাকেটের ধাক্কা খাচ্ছিল জ্যাকেটের পারফিউম এর গন্ধটা বারবার ওর নাকে এসে ধাক্কা খাচ্ছে খুব সুন্দর পারফিউম টা ,,,, লোকটা জানলাটা লাগিয়ে দিয়ে নিজের

সিটে বসতেই প্রকৃতি বুকে হাত দিয়ে একটা দীর্ঘশ্বাস ফেললো বাপরে আরেকটু হলে দমটা আটকে যেত আর মারা যেতেও বেশি সময় লাগতো না ।

প্রকৃতির এই আজব ব্যাবহারে আবার লোকটার ভ্রু কুঁচকে এলো মেয়েটা তো আজব । লোকটাও আর কিছু না ভেবে ফোন নিয়ে ব্যাস্ত হয়ে গেল ।

"" আচ্ছা আপনার নাম কি ?"" প্রকৃতি ফোনের মধ্যে ডুবে ছিল কিন্তু হটাৎ করে মনের মধ্যে প্রশ্নটা উদয় হতেই লোকটার দিকে তাকিয়ে করে উঠলো। লোকটাও হয়তো চমকে উঠেছে প্রকৃতির কথা শুনে নিজের হতভম্ব ভাবটাকে সরিয়ে রেখে মুচকি হেসে বলল "" সিদ্ধার্থ ,,, সিদ্ধার্থ সেনগুপ্ত ""

"" ওহ ,, হাই আমি প্রকৃতি কর "" বলেই মুচকি হেসে প্রকৃতি নিজের হাতটা বাড়িয়ে দিল হ্যান্ডসেক করার জন্য ।

"" এই মুহূর্তে বাসটা একঘন্টা ধাবার সামনে দাঁড়াবে তাই যে যা খাবে এখানেই খেয়ে নাও নাহলে রাতে খেতে পাবে না "" কন্ট্রাক্টর চেঁচিয়ে বলে উঠলো। কন্ট্রাক্টরের কথা শুনে সবাই ঠিক ভাবে বসলো অনেকে ঘুমিয়ে পড়েছিল তাদের বাড়ির লোকেরা তাদের কে ডেকে তুলতে লাগলো ।

বাসটা থেমে যেতেই সিদ্ধার্থ প্রকৃতিও নড়েচড়ে উঠলো । সিদ্ধার্থ নিজের জ্যাকেটটা ঠিক করে নিয়ে ফোনটা পকেটে ঢুকিয়ে আস্তে

আস্তে উঠে দাঁড়ালো কিন্তু প্রকৃতি একটু বেশিই যেন এক্সাইমেন্ট হয়ে উঠেছিল। এতক্ষন ধরে বসে থাকতে কার বা ভালো লাগে তাও যদি সেই মেয়েটা প্রকৃতি হয়। প্রকৃতি কানে হেডফোন গুঁজে ফোনটা একটা হাতে নিল আর ব্যাগটা কাধের একপাশে কোনো মতে ঝুলিয়ে নিয়ে তাড়াতাড়ি উঠতে গেল কিন্তু এটাতে আরেকটা বিপদ ঘটে গেল । বাসে থাকা ডিকিটাই জোরে মাথাটায় লাগলো । প্রকৃতি মাথায় টুপি চাদর বেজিয়ে থাকায় খুব একটা লাগেনি তবে আওয়াজটা খুব জোরে হয়েছে । প্রকৃতি মাথায় হাত দিয়ে ও মাগো বলে ওখানেই বসে পড়লো । সিদ্ধার্থ চমকে উঠছে হটাৎ হয়ে যাওয়া ঘটনাটাই ও তো নিজেই ব্যাস্ত ছিল তাই প্রকৃতির দিকে লক্ষ্য করার সময় পায় নি । প্রকৃতিকে এভাবে ওমাগো বলে চিৎকার করে উঠতে দেখে ও সামান্য একটা দীর্ঘশ্বাস ফেললো মেয়েটা এত চঞ্চল কেন ধীরে সুস্থেও উঠতে পারে । মনে মনে প্রার্থনা করতে লাগলো একপ্রকার যে একবার গন্তব্যে পৌঁছে গেলে এই মেয়ের আর কখনো দেখা না হয়। সিদ্ধার্থ আস্তে আস্তে প্রকৃতির পাশে বসে বলল "" খুব জোরে লেগেছে ? দেখি মাথাটা কোথায় লেগেছে ?"" এতক্ষনে প্রকৃতির সাথে সিদ্ধার্থ এর একটা বন্ধুত্বের সম্পর্ক গড়ে উঠেছে । অবশ্য উঠবেই না কেন মেয়েটা এতো বেশি কথা বলে পুরো রাস্তা ওর সাথে বকবক করতে করতে এসেছে । আর কত কি প্রশ্ন একটা বাচ্চাও হয়তো এতো প্রশ্ন করে না ।

প্রকৃতি বাচ্চাদের মতো ঘাড় নাড়িয়ে বলল "" হূ "

"" ওকে টুপিটা খোলো দেখি কোথায় লেগেছে ""

সিদ্ধার্থ একটা দীর্ঘশ্বাস ফেলে বলল ও ভালোই বুঝতে পারছে এই টুপি চাদর ভেদ করে আঘাত কিছুতেই প্রকৃতির মাথায় প্রবেশ করতে পারবে না । তবে আরেকটা জিনিসও বুঝেছে মেয়েটা হয়তো বাবার আদরের মেয়ে কারন বেশি আদুরে হলেই এমন হয় ।

"" না না এই ঠান্ডায় টুপি খুলবো না আমি "" প্রকৃতি একটু পেছনে সরে গিয়ে বলল যেন সিদ্ধার্থ কিছু ভুল বলে ফেলেছে ।

"" ওকে ওকে খুলতে হবে না তোমায় ,,, কিন্তু না খুললে কোথায় ব্যাথা লেগেছে বুঝবো কি করে ?""
সিদ্ধার্থ প্রকৃতিকে বোঝানোর জন্য বলে উঠলো কিন্তু প্রকৃতি নিজের মাথায় হাত দিয়ে বলল " না না কিছু হয়নি আমার আপনি চলুন একটু ব্যাথা লেগেছে মাত্র "" বলে ওঠার জন্য তাড়া দিতে লাগলো নাহলে তো ও নিজেও বেরোতে পারছে না ।

সিদ্ধার্থ প্রকৃতির কাজ কর্ম দেখে একটা দীর্ঘশ্বাস ফেললো না এই মেয়েকে বুঝিয়ে লাভ নেই তাই যেটা বলছে সেটাই করি জানি না কখন মুক্তি পাবো এই মেয়ের থেকে তবে আর যাই হোক মেয়েটা ভালো গায়ে পড়া স্বভাবের না হয়তো একটু বাচ্চা স্বভাবের বাট ভালো । সিদ্ধার্থ একদৃষ্টিতে প্রকৃতির মুখের দিকে তাকিয়ে কথা

গুলো ভাবছিল। ওকে প্রকৃতি নিজের মুখের দিকে এভাবে তাকিয়ে থাকতে দেখে ওর হাতটা স্পর্শ করে বলল "" কি হলো চলুন এবার তো বাস ছেড়ে দেবে আর আমি রাতে না খেয়ে থাকতে পারবো না বলে দিলাম ""

"" ওহ হ্যা চলো "" বলেই সিদ্ধার্থ উঠে গেল প্রকৃতি আবার সেই তড়িঘড়ি করে উঠতে যাচ্ছিল কিন্তু সিদ্ধার্থ এবারে ওর হাতটা ধরে বলল "" আস্তে আস্তে একদম তাড়াহুড়ো করবে না হলে আবার ব্যাথা পাবে "" সিদ্ধার্থ এর কথা শুনে প্রকৃতি একবার চোখ দুটো বড়ো করে উপরে তাকালো তারপর মাথায় হাত দিয়ে বলল "" না বাবা আমি আর ঠুকা খেতে চাই না খাবার খেতে চাই এখানে ঠুকা খেয়েই পেট ভরাতে পারবো না এইমুহূর্তে ""

প্রকৃতির এভাবে কথা বলার ধরন দেখে সিদ্ধার্থ হেসে উঠলো খুব জোরেই হেসে উঠেছে ।

"" এবার কি আপনি এখানে হাসতেই থাকবেন যাবেন না তাহলে বলে দিন আমি একাই চলে যাচ্ছি "" বলেই প্রকৃতি যেতে লাগলো। সিদ্ধার্থ কোনো মতে হাসি থামিয়ে বলল "" আরে দাঁড়াও যাচ্ছি তো ,, তুমি একটু আগে বলেছিলে না আমরা সহযাত্রি বন্ধু তাই আমাকে ফেলেই চলে যাচ্ছো ""

"" ওকে ওকে ঠিক আছে মিঃ সেনগুপ্ত চলুন ,, উফ্ আপনি এতো বকবক করেন না "" প্রকৃতি কপালে হাত দিয়ে বলল। সিদ্ধার্থ প্রকৃতির কথায় হতভম্ব হয়ে ওর দিকে তাকালো সিরিয়াসলি ও বকবক করে ?

টেবিলের একসাইডে সিদ্ধার্থ প্রকৃতি পাশাপাশি বসে আছে । প্রকৃতির পাশের আরেকটা জায়গা ফাঁকা আছে সেখানে এসে একটা ছেলে বসে পড়লো । প্রকৃতি একবার ছেলেটার দিকে তাকিয়ে মেনুতে মন দিল ।

"" কি খাবেন আপনি ?"" প্রকৃতি মেনুর দিকে তাকিয়ে বলল ।

"" মেনু টা তো তোমার হাতে আমি বলবো কেমন করে ?"" সিদ্ধার্থ প্রকৃতির দিকে তাকিয়ে ভ্রু কুঁচকে বলল।

"" ওহ পরোটা খাবেন ? দারুন খেতে কিন্তু ? খাবেন খাবেন বলুন না "" প্রকৃতি উৎসাহ নিয়ে সিদ্ধার্থ এর দিকে তাকিয়ে বলল।

"" আরে আরে আস্তে বলো আমাকে বলার সময় টুকু দাও "" সিদ্ধার্থ নার্ভাস হয়ে বলে উঠলো । ছেলেটা কখনো কারোর কাছে নার্ভাস হয়নি বেশি কথা বলা সবসময় ওকে বিরক্ত করতো । বেশি কথা বলা মানুষদের ও একদম পছন্দ করতো না সেই ছেলেটাই প্রকৃতি সামনে নার্ভাস হয়ে যাচ্ছে । প্রকৃতি এতো বকবক করছে কিন্তু ওর একটু ও বিরক্ত লাগছে না বরং তোতাপাখির মতো প্রকৃতির কিচিরমিচির বেশ লাগছে । আরেকটা ইচ্ছে অবশ্য হচ্ছে প্রকৃতির ঠান্ডায় লাল হয়ে যাওয়া গাল দুটো আলতো করে টিপে দিতে ইস্ কি কিউট লাগছে মেয়েটাকে ??

"" আরে আবার আপনি ভাবছেন আপনি বলুন না কি খাবেন ? যদি না বলবেন তো আমি অর্ডার করে দিচ্ছি বলে দিলাম "" প্রকৃতি সামান্য রাগ দেখিয়ে বলল আর রেগে যাওয়ায় প্রকৃতির গাল দুটো আরো বেশি লাল হয়ে উঠলো । সিদ্ধার্থ প্রকৃতির দিকে চেয়ে

একটা দীর্ঘশ্বাস ফেলে বলল "" আচ্ছা ঠিক আছে ""

প্রকৃতি খাচ্ছে হটাৎ ওর মনে হলো কেউ পায়ের উপর স্লাইড করছে এমনিতে মজা পরেছিল বাট তাও অস্বস্তি হচ্ছে ওর। প্রকৃতি খাওয়ার আগে বুট জুতোটা খুলেছিল অনেকক্ষন পরে থাকায় কেমন যেন অস্বস্তি লাগছিল তাই । কিন্তু এই মুহূর্তে ওটাই ওর কাজে আসবে তাই ও তাড়াতাড়ি একটা পায়ে জুতোটা পড়ে নিয়ে ভালো করে চারিদিকে তাকালো দেখলো সিদ্ধার্থ খাচ্ছে কিন্তু আরে পাশের বসে থাকা লোকটা নীচের দিকে তাকাচ্ছে । প্রকৃতি এবার দাঁতে দাঁত চেপে জোরে গাট্টা মেরে দিল লোকটার পায়ে। আর ও গাট্টা মারতেই পাশে বসে থাকা লোকটা একটু আহ্ বলতে গিয়েও থেমে গেল , নিজেকে স্বাভাবিক করতে লাগলো । প্রকৃতির বুঝতে বাকি রইল না কে ওর সাথে অসভ্যতামি করছিল ।

প্রকৃতি ছেলেটার দিকে তাকিয়ে দেখে ওর দিকে তাকিয়ে কিছু একটা বিড়বিড় করছে । ও তাকাতেই ছেলেটা ওর থেকে চোখটা সরিয়ে নিল। প্রকৃতি ছেলেটার দিকে সামান্য ঝুঁকে বলল "" কি দাদা পেট ভর্তি হয়ে গেছে ?"" প্রকৃতির কথার মানে বুঝতে না পেরে ছেলেটা ভীতু চোখে ওর দিকে তাকালো তখন প্রকৃতি মুচকি হেসে বলল "" আরে দাদা স্লাইড করবেন ঠিক তাই বলে গাট্টা খাবেন না এটা হয় কখনো ? আচ্ছা বলুন তো কেমন লেগেছে গাট্টাটা খুঁব মিষ্টি ছিল তাই না ? এখনো যদি পেট না ভরে তাহলে আরেকটা দিই , জানেন তো আমি মেডিক্যাল স্টুডেন্ট তাই কোথায়

মারলে কতটা লাগে বেশ ভালোই বুঝি তাও এখন আবার শীতকাল !! "" প্রকৃতির কথা শুনে ছেলেটা আর মুখ তুলে ওর দিকে তাকানোর সাহস পেল না চুপচাপ মাথা নিচু করে খেতে লাগলো । প্রকৃতিও মুচকি হেসে ছেলেটার থেকে সরে এসে স্বাভাবিক ভাবে বসলো । সিদ্ধার্থ এতক্ষন প্রকৃতির কান্ড দেখে যাচ্ছিল কিন্তু প্রকৃতি এবার ঠিক হতেই আস্তে আস্তে জিজ্ঞেস করলো "" কি হয়েছে ? কিছু সমস্যা ?""

"" আরে না না কোনো সমস্যা নয় আপনি খান আমি শুধু একটু নলেজ দিলাম ওনাকে ওই যাকে বলে জ্ঞান "" বলেই মুচকি হাসলো। সিদ্ধার্থ প্রকৃতির কথা শুনে বুঝতে পারলো কিছু একটা হয়েছে কিন্তু প্রকৃতি বলতে চাইছে না তাই ও আর কিছু না বলে খাওয়ায় মন দিল ।

"" তুমি বাসে গিয়ে বসে পড়ো আমি আসছি "" খাওয়া শেষ করে সিদ্ধার্থ প্রকৃতি বাসের সামনে এসে দাড়াতেই সিদ্ধার্থ বলে উঠলো।
"" কিন্তু আপনি কোথায় যাচ্ছেন ?"" প্রকৃতি সামান্য ইতস্তত করে বলে উঠলো ।
"" আসছি এখনি তুমি উঠে বোসো যাও "" সিদ্ধার্থ মুচকি হেসে বলল । প্রকৃতিও আর কিছু বলল না চুপচাপ বাসে উঠে গেল বাস ছাড়তে এখনো পনেরো মিনিট বাকি । প্রকৃতি ভাবলো একা বসে বসে কি করবে তাই বাড়িতে ফোন করা যাক।

"" ভাই আপনি আপনার স্ত্রী কে সামলান কি করে? "" পেছনে

কারোর কথা শুনে সিদ্ধার্থ চমকে উঠলো। এখানে একটা দোকান থেকে ও চকলেট কিনছিল কিন্তু এরূপ কথা শুনে ও হতভম্ব। প্রথম ভাবলো অন্য কাউকে বলছে কিন্তু ছেলেটা যখন ওর কাঁধে হাত দিল তখন বুঝতে পারলো ।

"" মানে কি বলছেন ?"" সিদ্ধার্থ ভ্রু কুঁচকে বলে উঠলো।

"" মানে আপনার স্ত্রী এতো রাগ বাপরে "" লোকটা আমতা আমতা করে বলে উঠলো ।

সিদ্ধার্থ ছেলেটার কথা শুনে প্রথমে ভাবলো পাগল কিন্তু ছেলেটাকে ভালো করে দেখার পর মনে পড়লো আরে এটা তো সেই ছেলেটা যে আমাদের সাথে খেতে বসেছিল। তাহলে কি লোকটা প্রকৃতির কথা বলছে ? প্রকৃতি তখন ছেলেটার সাথে কিছু বিড়বিড় করছিল তখনই মনে হয়েছিল কিছু একটা গন্ডগোল হয়েছে।

"" না মানে আপনার স্ত্রী এর পায়ে একটু সামান্য স্পর্শ করেছি তাতেই আপনার স্ত্রী এতো জোরে গাট্টা মেরে দিল "" ছেলেটা আবার আমতা আমতা করে বলে উঠলো।

কথা গুলো সিদ্ধার্থ এর ভ্রু এবার আরো বেশি কুঁচকে গেল। "" সামান্য স্পর্শ করেছিলেন নাকি ওর পায়ে ইচ্ছে করে স্লাইড করছিলেন "" সিদ্ধার্থ গম্ভীর স্বরে বলে উঠলো।

"" আসলে মানে ,, মানে আমি ,, আসলে ,, ক্ষমা করবেন আর কখনো করবো না আমার ঢের শিক্ষা হয়েছে "" বলেই লোকটা কেটে পড়লো আর সিদ্ধার্থ লোকটার উপর রাগ হলেও লোকটা কাচুমাচু মুখ দেখেই হেসেই ফেললো দেখে তো মনে হচ্ছে প্রকৃতি লোকটা ভালোই দিয়েছে ।

ঘুটঘুটে অন্ধকার ঝিরঝির বৃষ্টি হচ্ছে ঠিক বৃষ্টি হয়নি কুয়াশা পড়ছে । চারিদিকে গাছপালার ভর্তি জঙ্গলে ঝিঁঝিঁ পোকা ডেকে চলেছে । কিছু জোনাকি পোকা এর মধ্যে বাইরেটা আলোকিত করে তুলেছে । মাঝে মাঝে কিছু ভয়ঙ্কর আওয়াজ আসছে। বাসের মধ্যে একটা আলো জ্বলছে তবে খুব সামান্য সে আলো । অনেক পেসেঞ্জার ঘুমিয়ে পড়েছে বাসের মধ্যে অনেকেই ফোনের মধ্যে ঢুকে আছে আবার অনেক বাসে লাগানো কাচ ভেদ করে বাইরের দিকে তাকিয়ে আছে।

এদিকে বাসটা আগের তুলনায় অনেক ভিড় হয়ে গেছে এখন কিছুটা রাস্তা বাসটা লোকাল হিসেবে যাবে তাই এতো ভিড় । এতো ভিড়ে ঠাসাঠাসি যে যারা বসে আছে তাঁরাও সমস্যাও পড়ে যাচ্ছে । এই পরিস্থিতিতে অনেকের দম বন্ধ হয়ে আসার যোগাড় ও হচ্ছে । প্রকৃতি একদৃষ্টিতে বাইরের দিকে তাকিয়ে আছে মাঝে মধ্যে ভেতরের ভিড়টাও লক্ষ্য করছে নিজেকে এই মুহূর্তে খুব অসহায় মনে হচ্ছে এত ভিড়ের মধ্যে আগে বেশি পড়েনি তাই হয়তো । ছোট থেকেই পাপা ওকে আগলে রেখেছে কেউ তো ওর কোনো ক্ষতি করতে পারেনি শুধু পাপার জন্য।

"" আচ্ছা মিঃ সেনগুপ্ত আপনি কি এই প্রথম বাসে উঠলেন তাও একা ?"" প্রকৃতি বাইরের দিকে তাকিয়ে প্রশ্নটা করেই উঠলো এই মুহূর্তে ওর ফোনে ভালো নেট কানেকশন পাচ্ছে না ।

প্রকৃতির এরূপ প্রশ্নে সিদ্ধার্থ চমকে উঠলো বাসে সিটের গায়ে হেলান দিয়ে বসে ছিল হয়তো কিছু পরিকল্পনা করছিল। সামনে বিয়ে কতো সাজ সরঞ্জাম সেই নিয়ে একটু চিন্তা হচ্ছে বইকি ।

ওর বিয়েটা হটাৎ করেই ঠিক হয়েছে মা বাপির নাকি খুব পছন্দ হয়েছে মেয়েকে তাই তো দেরি করতে চাইনি একদম বিয়েটা দিয়ে দিতে চাইছে । সিদ্ধার্থ অবশ্য মেয়েকে সামনাসামনি এখনো দেখেনি তবে ছবি দেখেছে ফোনেও কথা বলেছে । মেয়েটা খুব কম বলে একদম ওর মতোই তাই হয়তো ওর ও পছন্দ হয়েছে । ভালোবাসাটা এখনো হয়নি হয়তো বিয়ের পর এক ছাদের নীচে থাকতে থাকতে ভালোবাসা হয়ে যাবে ।

"" কি হলো শুনুননা কি ভাবছেন বলুন তো ?সেই কখন থেকে ডেকে চলেছি ''' প্রকৃতি সিদ্ধার্থ এর হাতটা সামান্য নাড়িয়ে বলল।

"" উম্ম হ্যা বলো কি বলছিলে ?"" সিদ্ধার্থ প্রকৃতির এরূপ কথায় ভ্রু কুঁচকে ওর দিকে তাকালো। প্রকৃতিও সিদ্ধার্থ এর দিকে তাকালো লোকটা যখনই কথা বলে তখনই ডান ভ্রূটা সামান্য কুঁচকে যায় কেন এমন হয় ?

"" কি আপনি আমার একটাও কথা শোনেননি এতক্ষন ধরে বকবক করলাম আমি একা একা । আচ্ছা আপনি কি আমাকে পাগল মনে করেছেন ? কখন থেকে কথা বলছি আর আপনি নিজের ভাবনায় ডুবে আছেন আপনার সাথে তো কথায় বলবো না , ভুলে গেছেন আমি আপনি বন্ধু ধুর "" বলেই প্রকৃতি মুখটা ঘুরিয়ে জানলার বাইরে তাকালো রাগ লাগছে ভীষন ও কথা বলছে আর কেউ ওর কথা শোনেনি এটা জানলেই ওর ভীষণ কষ্ট হয় ও কি বেশি বকবক করে নাকি ? কতো কম কথা বলে ও , তা সত্ত্বেও সবাই বলে ও নাকি বকবক করে বাচাল হুহ কথায় বলবে না ।

সিদ্ধার্থ প্রকৃতির এরূপ কথা শুনে পুরো হতভম্ব হয়ে গেছে মেয়েটা

কেমন একজন লোকের সাথে বাসেই পরিচয় তার সাথে এত ফ্রেন্ডলি ব্যাবহার করছে সত্যি। আবার রাগ ও দেখাচ্ছে তার সাথে অভিমান! কোই এভাবে তো ওর সাথে কেউ কথা বলতে সাহস পায়নি সবাই ওর গাম্ভীর্য দেখে ভেবেছে ও রাগি বদমেজাজি , বাট ও চুপচাপ থাকতে ভালোবাসে এটাই কেউ জানে না। প্রকৃতির এরূপ বাচ্চামো দেখে সিদ্ধার্থ না হেসে পারলো মুচকি হাসলো তারপর বললো "" আরে রাগ করছো কেন ? এমন রাগ তো দুইবছরের বাচ্চা করে তুমি কি বাচ্চা নাকি ? ""

প্রকৃতি সিদ্ধার্থ এর কথা শুনে নাক গাল ফুলিয়ে ওর দিকে তাকিয়ে বলল "" মোটেই না আমি বাচ্চা নোই জানেন আমার বয়স উনিশ বছর ""

প্রকৃতির এভাবে কথা বলতে দেখে সিদ্ধার্থ চোখ মুখ সব যেন হেসে উঠলো কিন্তু বাসের মধ্যে জোরে হাসতেও পারছে না তাই ঠোঁট চেপে হাসলো। এই নিয়ে কথাটা ও দুইবার শুনলো প্রকৃতির মুখ থেকে। প্রকৃতির দিকে তাকিয়ে দেখলো এই আধো আলোতে প্রকৃতির গাল দুটো আরো বেশি লাল হয়ে গেছে তাই ও নিজের ইচ্ছা টাকে আর দমিয়ে রাখতে পারলো না প্রকৃতির গাল দুটো টেনে দিয়ে বলল "" তাই তাহলে কথায় কথায় গাল ফোলাও কেন ? ""

"" আরে আপনি তখন আমার কথা শোনেননি কেন ?"" প্রকৃতি আগের থেকে আরো বেশি গাল দুটো ফুলিয়ে নিল এবার প্রকৃতিকে পুরো ব্যাঙ লাগছে । কথায় কথায় মেয়েটা এতো গাল ফোলাতে পারে কে জানে কার এত সুন্দর একটা রত্ন আছে ? মেয়েটার

মনটা এতো ভালো তাহলে তার বাবা মায়ের তো গর্ব হওয়া উচিত জানে না কার ভাগ্য এই মেয়েকে স্ত্রী হিসেবে পাবে ।

"" কে বলল শুনিনি ? শুনেছি কিন্তু একটা বিষয়ে ভাবছিলাম বুঝতেই পারছো ব্যাবসায়ী মানুষ ভাবনা সারাক্ষণ মাথার মধ্যে থাকেই থাকে "" সিদ্ধার্থ মুচকি হেসে বলল।

"" ওহ কিন্তু আপনি যদি ব্যবসায়ী হোন তাহলে বাসে যাচ্ছেন কেন ? আচ্ছা আপনি আগে কখনো বাস জার্নি করেছেন ? না মানে ব্যাবসায়ী তো তাই আর কি ? জানেন ব্যাবসায়ী খুব অহংকারী আর কিপটে হয় আমার একদম ভালো লাগে না । "" প্রকৃতি এক নিঃশ্বাসে বলে গেল সবকিছু সামনেই যে ওর সামনে একজন ব্যাবসায়ী বসে আছে সেটা মনেই নেই। সিদ্ধার্থ প্রকৃতির এরুপ ধ্যান ধারণা শুনে কি করবে খুঁজে পেল না চুপচাপ বসে রইল এছাড়া আর করবেই বা কি ?

প্রকৃতি কথা গুলো বলেই চোখ মেলে তাকালো দেখলো সিদ্ধার্থ ওর দিকে ভ্রু কুঁচকে তাকিয়ে আছে। সিদ্ধার্থ কে দেখে ওর মনে পড়লো সিদ্ধার্থ ও একজন ব্যাবসায়ী ইস্‌ কতো বড়ো ব্লান্ডার করে দিয়েছে ও নিজের মাথায় একটা টেকা মেরে জিভ কাটলো ধুর একটুও চুপ করে থাকতে পারে না ও।

"" সরি আমি আপনাকে কিছু বলিনি বিশ্বাস করুন আপনি তো কতো ভালো , আমার খেয়াল রাখছেন প্রথম থেকে , আমার সাথে কোন খারাপ বিহেভ করেননি , আপনি আমার বন্ধু হয়েছেন এতক্ষন আমার সব কথা শুনছেন কথা বলছেন । তাই আপনি খুব ভালো কিন্তু আমি তো অন্যদের কথা বলছিলাম জানেন আমাদের

স্কুলে একটা মেয়ের বাবা ছিল বিজনেসম্যান তাই মেয়েটাকে দেখেছি খুব অহংকারি টাকার গরম ছিল খুব আর আমার এমন মেয়ে পছন্দ ছিল না । আমার তো সহজ সরল সাধারণ মানুষ পছন্দ সবসময় । ""

প্রকৃতির এতো বকবক শুনে সিদ্ধার্থ এর এবার নিজেকে পাগল মনে হচ্ছে সিরিয়াসলি একটা মেয়ে এতো বকবক করতে পারে । কিন্তু অবাক করা বিষয় এই মেয়েটার উপর রাগ করতে পারছে না সামান্য ধমকে দিতেও পারছে না।

প্রকৃতি আপন মনে বকবক করতে করতে সিদ্ধার্থ এর দিকে তাকালো দেখলো সিদ্ধার্থ সিটে হেলান দিয়ে ঘুমিয়ে পড়েছে । প্রকৃতি এটা দেখে কিছুক্ষণ ভ্রু কুঁচকে ওর দিকে তাকালো ও এতক্ষন ধরে কথা বলছে আর এই লোকটা ঘুমিয়ে পড়েছে । গাল দুটো ফুলিয়ে ও নিজেও সিটে হেলান দিয়ে দিল না এখন একটু ঘুমানো দরকার কাল সকালেই তো বাসটা বর্ধমান ঢুকবে তাও আবার সকাল পাঁচটায়। সবাইকে গিয়ে চমকে দেবে ও এই প্রথম এটা বাস জার্নি করলো ও। হ্যা পাপা প্রথমে একটু বকবে কিন্তু পরে মেনে নেবে ।

ভোর চারটে বেজে গেছে । কন্ট্রাক্টর সবাইকে জাগিয়ে দিয়ে চলে গেছে কিছুক্ষন আগেই বর্ধমান স্ট্যান্ডে ঢুকেছে বাসটা । এই ভোরবেলাতেও কত লোক স্ট্যান্ডে দাড়িয়ে আছে ঠান্ডায় কাঁপতে কাঁপতে কেউ দাড়িয়ে আছে বাস ধরার জন্য আবার কেউ দাড়িয়ে

আছে তাদের দিন পার করার জন্য কেউ চা বিক্রি করছে আবার কেউ ফল শুকনো খাবার । বাস স্ট্যান্ডে কতো গরিব মানুষ শুয়ে আছে এই ঠান্ডার মধ্যেও তাদের বাড়ি নেই এখানেই থাকে দিনের বেলায় চারিদিকে কিছু কাজ করে ভিক্ষা করে আবার রাতে এই ধারা গুলোতে এসে শোয় ।

সিদ্ধার্থ এর ঘুম অনেকক্ষণ আগেই ভেঙে গেছে অবশ্য ওই এখানে নামবে না পরের স্টেপেজে নামবে তবে প্রকৃতি বলেছিল এখানে নামবে তাই সিদ্ধার্থ ঘুম থেকে উঠেই আগেই প্রকৃতির দিকে তাকালো দেখলো মেয়েটা ওর কাঁধে মাথা রেখে ঘুমিয়ে আছে । ঠান্ডায় একপ্রকার কুকুড়ে আছে চাদরটা দিয়ে বারবার মুখটা ঢাকতে চেষ্টা করেছে আবার কিছুক্ষণ এর মধ্যেই চাদরটা সরে যাচ্ছে মুখ থেকে। যত ঠান্ডা লাগছে প্রকৃতি জড়োসড়ো হয়ে ততই ওর দিকে সরে আসছে। কাল রাতে প্রকৃতি বকবক করছিল আর সেটা শুনতে শুনতেই ঘুমিয়ে পড়েছিল ও তারপর আরে কিছু বলেছে কিনা মনে নেই । সিদ্ধার্থ প্রকৃতির গালে হাত দিতে গিয়েও দিল না ধীর কণ্ঠে ডেকে উঠলো "" প্রকৃতি আমরা বর্ধমানে ঢুকে গেছি ওঠো তুমি তো বলেছিলে এখানেই নামবে ""
প্রকৃতি তাও উঠছে না বরং নড়ে চড়ে আরো ঘুমিয়ে পড়লো ।
"" প্রকৃতি ওঠো ? তুমি নামবে না ? বাসটা তো আবার ছেড়ে দেবে কিছুক্ষণ এর মধ্যে "" সিদ্ধার্থ আবার ধীর কণ্ঠে ডেকে উঠলো।
"" উহু পাপা ঘুমাতে দাও না এতো ঠান্ডা এখন উঠবো না আমি ""
প্রকৃতি নিজের চাদরটা আরো জড়ো সড়ো করে ধরে ঘুমের ঘোরেই

বলে উঠলো।

সিদ্ধার্থ প্রকৃতির এই ঘুম জড়ানো কথা বলতে দেখে আরো বেশি মুগ্ধ হয়ে গেল । অবাক হচ্ছে ও নিজের উপরেই এই বাচ্চা মেয়েটা ওকে খালি মুগ্ধ করেই চলেছে। মুখটা কি সুন্দর বাচ্চাদের মতো করে ঘুমিয়ে আছে । সিদ্ধার্থ এবার নিজের শীতল হাতটা প্রকৃতির গালে প্রবেশ করিয়ে বলল "" ওঠো নাহলে তুমি বাড়ি যেতে পারবে না এখানে তোমার পাপা নেই বুঝলে ""

নিজের গালে ঠান্ডা কিছু অনুভব করতেই প্রকৃতি সিদ্ধার্থ এর থেকে সরে গেল তারপর চোখ খুলে রেগে কিছু বলতে যাবে তার আগেই সিদ্ধার্থ কে দেখে বলল "" আপনি ?""

"" হ্যা আমি কখন থেকে ডাকছি নামবে না নাকি? "" সিদ্ধার্থ গম্ভীর গলায় বলে উঠলো ।

"" অ্যা আমরা পৌঁছে গেছি এতো তাড়াতাড়ি এই তো দশ মিনিট আগেই ঘুমালাম কিন্তু আমার গালে এতো ঠান্ডা জিনিস স্পর্শ করলো কিভাবে ? ""

প্রকৃতির কথা বলার ধরন দেখেই সিদ্ধার্থ হেসে উঠলো তারপর মুচকি হেসে বলল "" জি না ম্যাডাম পাঁচটা বাজে অলরেডি তুমি উঠে দেখি হয়ে নাও এখানে ভাগ্গিস বাসটা আধঘন্টা দাঁড়াবে বলল তাই রক্ষে না হলে বাস তোমাকে সহ নিয়ে চলে যেতো ""

"" কি পাঁচটা বাজে আর আমি ঘুমিয়ে ছিলাম ইস্ কতো দেরি হয়ে গেল "" বলতে বলতে প্রকৃতি চাদরটা কোনো মতে পেঁচিয়ে ব্যাগটা কাঁধে নিয়ে সিট থেকে উঠে বেরিয়ে এলো । কিন্তু এখানেও গন্ডগোল প্রকৃতি বেরোতে যাবে তখনই পেছন থেকে একটা টান

অনুভব করলো আর একটা চিড় আওয়াজ অনুভব করলো । সিদ্ধার্থ প্রকৃতি দুইজনেই অবাক হয়ে পেছনে তাকিয়ে দেখে প্রকৃতির চাদরটা একটা জায়গায় আটকে গেছে আর প্রকৃতি এতো তাড়াতাড়ি বেরিয়েছে যে ওটা ছিড়েই গেছে অতিরিক্ত টান পেয়ে । প্রকৃতি অসহায় চোখে সিদ্ধার্থ এর দিকে তাকালো আর সিদ্ধার্থ প্রকৃতির দিকে তাকিয়ে আবার একটা দীর্ঘশ্বাস ফেললো না মেয়েটা কখনো শোধরাবে না। সিদ্ধার্থ আস্তে আস্তে প্রক্তির চাদরটা ছাড়িয়ে নিয়ে বলল "" এবার থেকে একটু সাবধানে কাজ করবে "" কিন্তু না সিদ্ধার্থ এর কথাটা শেষ হয়নি প্রকৃতি ডিকি থেকে নিজের ট্রলিটা পাড়তে গিয়ে ওটা শুদ্ধ নিচে পড়ে গেল আর ট্রলিটার একটা হ্যান্ড তখনই ভেঙে গেল।

এদিকে প্রকৃতি আহ্ বলে চিৎকার করে উঠলো সিদ্ধার্থ এবার সত্যিই ভয় পেয়েছে তাড়াতাড়ি নীচে বসে বলল "" কিছু হয়নি তো ঠিক আছো তুমি?? ""
"" হ্যা মিঃ সেনগুপ্ত আমি ঠিক আছি প্লিজ ট্রলিটা একটু তুলে দিন "" প্রকৃতি পা ব্যাথা নিয়ে কোনো মতে উঠে দাঁড়িয়ে বলল ।
"" সত্যিই ঠিক আছো ? "" সিদ্ধার্থ ভ্রূ কুঁচকে ট্রলিটা তুলে দিয়ে বলল ।

"" হ্যা ঠিক আছি আমার তো এটা জল খাবার বলতে পারেনি প্রতিদিন পড়ে যায় কোনো না কোনো ভাবে তাই কিছু হবে না আমার "" প্রকৃতি একটু হাসার চেষ্টা করে বলল ।
"" সিরিয়াসলি এই মেয়েটা জাস্ট আমাকে পাগল করে দেবে পড়ে

যাওয়াটা কারোর জল খাবার হতে পারে প্রথম জানলাম "" সিদ্ধার্থ বিড়বিড় করে কথাটা বলে প্রকৃতির হাসি দেখে মুচকি হাসলো।

"" তাহলে আমি আসছি মিঃ সেনগুপ্ত বাই আবার পরে দেখা হবে "" প্রকৃতি ট্রলিটা হাতে নিয়ে বলল ।

"" বাই , আর যেন কখনো দেখা না হয় ভগবান এই মেয়ের সাথে আস্ত একটা ঝামেলার গোডাউন , ছিঃ এসব কি ভাষা বলছি এই মেয়ের সাথে একদিন থেকেই ওর মতো হয়ে গেলাম ধুর "" সিদ্ধার্থ বিড়বিড় করে কথা গুলো বলল তারপর সামনে তাকিয়ে দেখে প্রকৃতি নেই তাড়াতাড়ি বাস থেকে নেমে দেখলো প্রকৃতি একটা টোটোর কাছে গিয়ে কিছু একটা জিজ্ঞেস করছে হয়তো বাড়ি যাবে । এটা দেখে সিদ্ধার্থ এর মনটা খচখচ করে উঠলো হয়তো মেয়েটা চলে যাচ্ছে বলে । কিন্তু ও তো মেয়েটা কে মাত্র একরাত চেনে তাতেই একটা টান অনুভব করছে কিন্তু কেন ?

বর্ধমানের এদিকটায় খুব ভালো চাষ হয় অনেক টা গ্রামের মতো তাই তো এখন ও চারিদিকে মাঠে বিভিন্ন ধরনের ফসলে ভর্তি সারাবছর এই জায়গা গুলো চিরসবুজ থাকে । প্রকৃতি টোটোর মধ্যে থেকে বাইরের দিকে তাকিয়ে আছে কি সুন্দর জায়গা । বরাবরেই প্রকৃতিক পরিবেশ ও বড্ড ভালোবাসে । শিলিগুড়িতে ও প্রায় চার বাগানে ঘুরতে ঘুরতে চলে যায় পাহাড়ে ওঠে ওর সাথে যদি কেউ নাও যায় তাও ও একাই যায় । সবসময় মন যেটা বলে

সেটাকেই বেশি প্রাধান্য দেয় এবং দিতে ভালোবাসে । এখানে আসার পর এত সোয়েটার পরে থাকার জন্য একটু গরম লাগছে বইকি যতই শীতকাল হোক শিলিগুড়ির সাথে বর্ধমানের একটা ফারাক তো থাকবেই । প্রকৃতি মাথা থেকে টুপিটা চাদরটা খুলে নিয়ে ব্যাগে রেখে দিল হাত মজা গুলোও খুলে ব্যাগে রেখে দিল । এতক্ষনে যেন একটু শান্তি পেয়েছে ও। টুপিটা খোলার সাথে সাথেই প্রকৃতির ক্লেচার দিয়ে আটকে রাখা চুল গুলো খুলে গিয়ে পুরো পিঠে ছড়িয়ে গেল । হালকা লাল চুল গুলো পিঠের উপর পড়ে ওর সৌন্দর্য টাকেই যেন আরো বাড়িয়ে দিল। এমনিতে দেখতে খুব সুন্দর না হলেও কিউট আর মেকাপ তো কখনোই করে না বলে আরো বেশি কিউট লাগে যেন ।

"" ম্যাডাম আপনার গ্রামে ঢুকে গেছি কোথায় নামাতে হবে বলুন ?"" টোটোর লোকটার কথা শুনে প্রকৃতির ধ্যান ভাঙলো । লোকটার দিকে তাকিয়ে মুচকি হেসে বলল "" ওই তো দাদা ওখানে নামিয়ে দিন , আর কতো যেন ভাড়া হলো "" প্রায় আধঘন্টা টোটো করে এসেছে ও এই রাস্তাটা স্ট্যান্ড থেকে এতটাই দূরে আর এতো সকালে গাড়ির ও কোনো ব্যাবস্থা নেই তো ।

"" ম্যাম দুশো টাকা "" টোটোর লোকটা একটা বাড়ির সামনে থেমে বলল ।

"" কি দুশো টাকা ? এতো টাকা হয় নাকি ? রাস্তায় একটা একা মেয়েকে পেয়ে ঠাকাচ্ছো ? একদম এতো টাকা দেবো না আমি দেড়শো টাকার বেশি একটাকাও দেবো না "" প্রকৃতি টোটো থেকে নেমে রাগ দেখিয়ে বলে উঠলো ।

"" ম্যাডাম দেড়শো টাকাই হবে না এতটা রাস্তা নিয়ে এলাম আমি "" টোটোর লোকটা ও বলে উঠলো ।

"" কি আপনি জানেন কতো টাকা বাড়তি বলছেন? দেড়শো টাকাটাও অনেক হয়ে যাচ্ছে! তাও আমি ভালো বলে দিচ্ছি । জানেন আপনারা এক কিলোমিটার যেতে দশটাকা নেন আর আমি প্রায় দশ কিলোমিটার এসেছি তাহলে তো আপনার একশো টাকা নেওয়া উচিত ? কিন্তু আমি দেড়শো বলছি সেটা আপনার হচ্ছে না মাঝে আপনি আরো পেসেন্জার নিয়ে এসেছেন ! কিছু বলেছি আমি ? "" প্রকৃতির এতো ব্যাখা শুনে লোকটার মাথা খারাপ হয়ে গেছে প্রায় তাই আমতা আমতা করে বলল "" আচ্ছা আচ্ছা ম্যাডাম দেড়শো টাকাই দিন তাও আমাকে ছেড়ে দিন ""

"" এই তো গুড বয় প্রথমে যদি মেনে যেতেন তাহলে আমাকে এতো কষ্ট করে এতো অঙ্ক কষতে হতো না জানেননা আমি অঙ্কে কাঁচা ! "" বলে প্রকৃতি পার্স থেকে দেড়শো টাকা বের করে লোকটার হাতে ধরিয়ে দিল আর লোকটা ভ্যাবলাকান্তের মতো এখনো প্রকৃতির দিকে তাকিয়ে আছে হয়তো ভাবছে এটা মেয়ে নাকি টর্নেডো ?

প্রকৃতি বাড়ির সামনে দাঁড়িয়ে আছে ভালো করে খুঁটিয়ে খুঁটিয়ে দেখছে বাড়িটাকে আজ দুইবছর পর মাসির বাড়ি এলো । বনেদি বাড়ির ওর মাসির বাড়িটা তাই একটু পুরোনোর ছাপ আছে তবে একটা অভিজাত অভিজাত ভাব আছে । বেশ সুন্দর করে প্লাস্টিকের ফুল দিয়ে সাজানো হচ্ছে চারিদিকে লাইটিং করা হচ্ছে

দুইদিন পর মেয়ের বিয়ে বলে কথা তাই ওর মেসো কোনো খামতি রাখেনি ।

প্রকৃতি পা টিপে টিপে বাড়িতে প্রবেশ করলো কারন এখন কারোর সম্মুখীন হলেই নির্ঘাত বকানি খাবে কারোর সামনে তাই পড়া যাবে না। এখন সবাই ঘুম থেকে উঠতে হয়তো গ্রামের লোকেরা তো সকাল সকাল উঠে যায় আর অনেকে এবার ফ্রেশ হবে তাই ওকে এই মুহূর্তে কেউ নাও দেখতে পারে । এই সব ভাবতে প্রকৃতি আশেপাশে তাকিয়ে ভেতরে ঢুকলো কিন্তু সামনে তাকাতেই ভুলে গেছে আর তাতেই বিপত্তি। আজ সকাল থেকে পুরো বাড়ি ধুয়োধুয়ি চলছে চারিদিকে জল পড়ে আছে আর প্রকৃতি চারিদিকে বারান্দায় ঢুকতেই নীচে তাকায়নি দেখেনি যে জল পড়ে আছে আর স্লিপ খেয়ে ধরাম করে করে পড়তে যাচ্ছিল কিন্তু পড়েনি । প্রকৃতি ভয়ে বিড়বিড় করছে গেল গেল আমার কোমর আজকে গেল আর হয়তো দিভাই এর বিয়েতে মজা করতে পারবে না । কিন্তু পড়েনি ও তার আগেই কাউকে ধরে নিয়েছিল ।

প্রকৃতি আস্তে আস্তে চোখ খুলে দেখে ও পড়েনি কাউকে ধরে আছে শক্ত করে তাই তাকে দেখার জন্য সামনে তাকালো দেখলো সৌকত ওর দাদাভাই । ও আবার ভয়ে চোখ বন্ধ করে বলল ""পড়লি পড়লি একেবারে যমের মুখে আরে প্রকৃতি একবার তো দেখে নিতি কাকে ধরছিস ? দাদাভাই তো পাপার থেকেও ভয়ঙ্কর আমার কাজ কর্ম শুনলে আমাকে আর আস্ত রাখবে না । "" সৌকত প্রকৃতির মাসতুতো দাদা হলেও ভীষন ভালোবাসে

বোনেদের তিন বোনের যেন চোখের মনি ওর বিশেষ করে প্রকৃতিকে এর কারন অবশ্য আছে সেটা পরেই বলবো । প্রীতি তো সবার চোখের যদি কারন ও সবার ছোট চার ভাই বোন অসম বয়সী হলেও তারাই সব থেকে নিজেদের বন্ধু । আর ঈশিতা বুঝানদার তাই সৌকতকে এতটা দেখতে হয়না কিন্তু প্রকৃতি সব থেকে অবুঝ বেশি ।

প্রকৃতি একটা চোখ খুলে দেখলো সৌকত এখনো ওর দিকে গম্ভীর দৃষ্টিতে তাকিয়ে আছে তাই ও বিড়বিড় করে বলল

"" আরে এভাবে তাকিয়ে না থেকে তুলে ভাই কোমরটা আমার এমনিতেই বেঁকে যাবে । কিন্তু এ আমার দিকে এভাবে তাকিয়ে আছে কেন ? আজ আমার কপালে বকানি কেউ আছে । আমি কি করি অজ্ঞান হয়ে যায় তাহলেই হবে ""
ভাবতে ভাবতে চোখ খুলে আরেকবার তাকিয়ে চোখ দুটো বন্ধ করে নিল।
সৈকত এতক্ষন প্রকৃতির ভাবভঙ্গি দেখছিল সেটা দেখে ভ্রু কুঁচকে বলল
"" চুপচাপ উঠে দাড়া ঠিক করে আর আমার একটা একটা প্রশ্নের উত্তর দিবি এই মুহূর্তে ""

হয়ে গেল এই ভয়টাই পাচ্ছিলাম ভাবতে ভাবতে প্রকৃতি এবার চোখ খুলে উঠে দাঁড়িয়ে আমতা আমতা করে বলল

"" দেখ দাদাভাই আমি কিছু করিনি আমি কি কিছু করতে পারি তোর কতো সাধের বোন আমি ! কতো ভালোবাসিস তুই আমায় ? আর তুই তো আমাকে বলতেই পারিস না তাই না ?""

সৌকত প্রকৃতির কথা শুনে আবার কিছু বলতে প্রকৃতি ওর গালে একটা চুমু খেয়ে দিয়ে বলল

"" সোনা দাদাভাই আমার আমি আর কখনো করবো সরি সরি সরি ""

বলে দৌড়ে পালালো নাহলে নির্ঘাত বকানি খেতো । সৌকত প্রকৃতির এসব বাচ্চামি দেখে হেসে উঠলো জোরে জোরে । খবর তো কালকেই পেয়েছে ও প্রকৃতির । বাসের কন্ট্রাক্টর ড্রাইভারের সাথে ভালো মতো যোগাযোগ আছে ওর ।

"" দাদাভাই তোর বিয়ে আর এতক্ষনে তোর আসার সময় হলো ?"" বিনায়ক সিদ্ধার্থ এর পেছনে থেকে ডেকে উঠলো । সিদ্ধার্থ এই মাত্র বাড়ি ঢুকছে বাহির অবস্থা দেখে ও নিজেই অবাক পরশু বিয়ে আর এখন থেকে বাড়ির এতো সাজ সজ্জা ।

সিদ্ধার্থ বিনায়কের কথা শুনে পেছনে ঘুরলো দেখলো ওর ভাই বোনের পুরো পল্টন দাঁড়িয়ে আছে এটা দেখে ও একটা ঢোক গিললো । এবার এরা ওকে ছাড়বে না সেটা ভালোই বুঝতে পারছে।

"" হ্যা রে আসলে কাজের চাপ ছিল তো তাই , কিন্তু তোরা এখানে সবাই কি করছিস ?"" সিদ্ধার্থ একটা গলাটা গাম্ভীর্য রেখে বলল ।

"" আমরা কি করছি সেটা কি তুই সত্যি জানিস না "" অনু সিদ্ধার্থ এর সামনে কোমরে হাত দিয়ে বলল।

"" তোদের সাথে আমি পরে কথা বলি আগে ফ্রেস হয়ে নিই "" সিদ্ধার্থ সামান্য বিরক্ত নিয়ে বলল। সিদ্ধার্থ এর এমন গম্ভীর স্বর শুনে আর কেউ কিছু বলার সাহস পেল না চুপচাপ কেটে পড়লো।

সন্ধ্যা বেলা সিধু নিজের রুমে বেলকনিতে বসে কফি খাচ্ছে। একটু আগেই ঈশিতার সাথে কথা বলেছে মেয়েটা যেন একটু বেশিই শান্ত শিষ্ট কথা বলতেই চাইনা এমনিতে ও কথা বলেনা তাই ফোন ও করেনা খুব একটা তবে আজ মা এমন ভাবে ধরলো যে ফোনটা না করে পারলো না। এই কদিনে ঈশিতার সাথে বেশ ভালোই বন্ধুত্ব পূর্ণ সম্পর্ক গড়ে উঠেছে কিন্তু বিয়ে টা এখনি করার ইচ্ছে থাকে নি ওর কিন্তু মা বাবার ইচ্ছে পূরণ করার জন্য রাজি হয়েছে এমনিতেও জীবনে কখনো কোনো সম্পর্কে থাকেনি নিজেকে গুছিয়ে নিতে চেয়েছিল বিজনেস টাকে বাড়াতে চেয়েছে সবসময়।

আচ্ছা ওই মেয়েটা প্রকৃতি এখন কি করছে ? ঠিক করে বাড়ি পৌঁছাতে পেরেছে ? যা চঞ্চল মেয়েটা আমার একদম উল্টো বাপরে যতক্ষন একসাথে ছিলাম আমার অবস্থা খারাপ করে দিয়েছিল একেবারে। কিন্তু মেয়েটা অসম্ভব কিউট , কি সুন্দর করে কথা বলে একটু বাচ্চা স্বভাবের বাট ভালো। হয়তো সবার কাছে ওর বাচ্চামি টা তুলে ধরে না , নাহলে ওই ছেলেটাকে এভাবে শিক্ষা

দিতে পারতো না কিন্তু আমিও তো বাইরের লোক আমার সামনে কেন এমন করছিল ?

" দুম " অনু এসে সিদ্ধার্থ এর পেছনে চেঁচিয়ে উঠলো। সিদ্ধার্থ সামান্য চমকে উঠে সরে গেল এমনিতে ও চমকে না বাট আজ খেয়ালে এতটাই ডুবে ছিল যে চমকে গেছে ।
ওকে এভাবে সরে যেতে দেখে সবাই হেসে উঠলো সিদ্ধার্থ এবার সবার দিকে ভ্রু কুঁচকে তাকালো দেখলো ওর ভাই বোন সবাই এসেছে আর জোরে জোরে হাসছে ।

"" কি রে দাদাভাই বৌদিভাই এর খেয়ালে এতটাই ডুবে ছিলি যে আমার সামান্য চিৎকারে ভয় পেয়ে গেলি অথচ আজ পর্যন্ত তোকে কখনো ভয় দেখাতে পারিনি "" অনু বুকের কাছে হাত দুটো জড়ো করে নিয়ে ভ্রু কুঁচকে বলল।

"" হ্যা হ্যা এবার বৌদিভাইকেই হাত করতে হবে কারন তোর কাছ থেকে তো কিছুই পায়নি কিপটে কোথাকার তাই বৌদিভাইকে বলে সব কিছু করতে হবে । আচ্ছা বৌদিভাই কি এমন জাদু করলো রে যে ওকে এখন থেকেই চোখে হারাচ্ছিস ?"" বিনায়ক চিন্তিত সুরে বলল ।

সিদ্ধার্থ বিনায়ক অনুর কথা শুনে সামান্য ভ্রু কুঁচকে তাকিয়ে দেওয়ালের সাথে হেলান দিয়ে দাঁড়ালো তারপর বলল "" যে জাদু

করার সেটাই করেছে ভালোবাসার জাদু বুঝলি এবার এখান থেকে ঘুমাতে দে আমায় ""

সিদ্ধার্থ এর এই স্পষ্ট কথা শুনে ওরা নিতান্তই হতাশ হলো আর দাদাভাই এর পেছনে লাগতে পারবে না । ধুর ওদের দাদাটা কেন যে এত আনরোমান্টিক কে জানে ? হতাশ হয়ে দুইজনেই সিদ্ধার্থ এর দিকে তাকিয়ে বেরিয়ে যাচ্ছিল কিন্তু অনু এসে সিদ্ধার্থ এর পিঠে দুম করে এক কিল বসিয়ে দিয়ে বলল "" এটা আমাদের হতাশ করার জন্য হুহু ""

"" মা অনি আসেনি ?"" সিদ্ধার্থ ওর মায়ের কাছে এসে ওনার পাশে বসে বললেন।
মায়া দেবী সিদ্ধার্থ এর দিকে একবার তাকিয়ে দীর্ঘশ্বাস ফেলে বলল "" না রে ছেলেটার যে কি হয়েছে কিছু বুঝতে পারছি না , ছেলেটা এই কদিনে ভালো করে কথা বলছে না খাচ্ছেও না বাড়িতেও আসেনি নিজের ফ্ল্যাটেই পড়ে আছে ""

মায়ের কথা শুনে সিদ্ধার্থ কিছু বুঝতে পারছে না কি হয়েছে অনির। এই কদিন ওর ফোনটাও ভালো করে ধরেনি । অনি হচ্ছে অনির্বাণ সেনগুপ্ত । ছেলেটা জন্ম থেকেই অনাথ আশ্রমে বড়ো , বাবা মা কে তার জানে না । অনি ছোট থেকেই দূরন্ত সবার সাথে খুব ভালো ব্যাবহার একদম সিদ্ধার্থ এর উল্টো কিন্তু স্কুলে ওর সাথে কেউ মিশতে চাইতো না । তারপর সিদ্ধার্থ রা যখন এখানে আসে তখনই

অনি সাথে ওর পরিচয় তারপর থেকে বন্ধুত্ব । মায়া দেবী ও অনিকে নিজের ছেলের মতো ভালোবাসেন বলতে গেলে এটাই অনির পরিবার । সিদ্ধার্থ কিছু একটা ভেবে মুচকি হেসে মায়ের কোলে মাথা রেখে বলল "" আমি আজকে যাচ্ছি ওর কাছে মা আজকের রাতটা ওর কাছেই থাকবো । আমার তো এখানে কোনো কাজ নেই তাই যাচ্ছি ।""

"" ঠিক আছে যা কাল সকালেই কিন্তু অনিকে বুঝিয়ে নিয়ে আসবি "" মায়া দেবী সিদ্ধার্থ এর মাথায় হাত বুলিয়ে দিতে বললেন কথা গুলো । সিদ্ধার্থ মায়ের কোল থেকেই মায়ের মুখের দিকে তাকালো তার মা এতটা ভালো কেন ?

"" বৌদিভাই আমার পুঁচকে কখন আসবে গো ?"" প্রকৃতি এতক্ষন কিছু বাচ্চার সাথে গল্প করছিল ঐশি কাজ সেরে ঘরে ঢুকতেই প্রকৃতি ঐশিকে জড়িয়ে ধরে গিয়ে বলল । ঐশি সৌকতের বউ । তিনবছর বিয়ে হয়েছে ওদের । কিন্তু ঐশিকে দেখে কখনো মনে হয় না ও এই পরিবারের বউ । সবাই ওকে এই পরিবারের মেয়ের মতো ভালোবাসে ।

"" উফফ্ ছুটকি তুই সকাল থেকে এই প্রশ্নটা কতবার করেছিস বলতো ? এখন মনে হচ্ছে তুই নিজেই একটা বাচ্চা , যখন বাবা আসবে তখন সবার আগে তুই কোলে নিবি ঠিক আছে "" ঐশি মুচকি হেসে বলল।

"" আচ্ছা বললে কিন্তু আমি নামটাও রাখবো "" প্রকৃতি ঐশির দিকে আঙুল দেখিয়ে বলল । তারপর গিয়ে ঐশিকে হাত ধরে এনে নিজের পাশে বসিয়ে পেটে হাত রাখলো ।
" এখানে আছে তাই না বউদিভাই .... ওই পুচকি তুই কবে আসবি রে আমি কিন্তু অপেক্ষায় আছি "

"" আচ্ছা , আচ্ছা ঠিক আছে এখন খেয়ে নিবি চল কখন এসেছিস কিছু তো খাসনি "" ঐশি প্রকৃতির এরকম বাচ্চা বাচ্চা কথা শুনে হেসে ফেললো ।

"" পরে খাবো বুউদিভাই আমি আসছি বৌদিভাই একবার বিয়ের কনেকে দেখে আসি "" খাবারের নাম শুনে প্রকৃতি একপ্রকার দৌড়ে ঈশিতার রুমে চলে গেল ।

প্রকৃতি ঈশিতার রুমে পা টিপে টিপে ঢুকলো দেখলো ঈশিতা বিছানায় হেলান দিয়ে মাথায় হাত রেখে বসে আছে পুরো মুখটা মলিন লাগছে । আজ সারাদিনে প্রকৃতি ঈশিতাকে একবারো হাসতে দেখেনি ওর খুব জানতে ইচ্ছে করছে এই বিয়েটা ওর দিভাই মন থেকে করছে তো ? কারন ওর দিভাই ওর সাথে সব কিছু শেয়ার করে একমাস আগেও তো বলেছিল কিছু একটা বলবে বাট পরে বলেনি । সেইদিন দিভাই কি বলতে চেয়েছিল সেই প্রশ্নটা আজ ও ওর মন খুঁজে বেরায় কিন্তু দিভাই বলতে চাইনি বলে ওর আর জোর করেনি । প্রকৃতি ধীরে ধীরে এগিয়ে গেল

বিছানার দিকে তারপর ঈশিতাকে জড়িয়ে ধরে বলল "" কি দিভাই জিজুর কথা ভাবা হচ্ছে বুঝি ?""

কথাটা শুনে ঈশিতা চোখ মেলে প্রকৃতির দিকে তাকালো বাট প্রকৃতি ওর ঈশিতার চোখে মুখে কোনো হাসির ঝলক লজ্জা কিছুই দেখতে পেল না ।

"" কিছু বলবি ?"" ঈশিতা মলিন কণ্ঠে বলে উঠলো ।

"" তোর কি কোনো কারনে মন খারাপ দিভাই ? তুই কি বিয়েটা করতে চাইছিস না ? "" প্রকৃতি ঈশিতার দিকে তাকিয়ে বলে উঠলো।

"" কেন তোর এরকম কেন মনে হচ্ছে ?"" ঈশিতা সামান্য হাসার চেষ্টা করে বলল ।

"" জানি না বাট মনে হলো , কিন্তু তুই বিয়ের কনে এভাবে বসে আছিস কেন ? আরে এখনো তোকে বিদেয় করেনি এখন এতো কাঁদতে হবে না যখন বিদেয় করবে তখন কাঁদিস বুঝলি "" প্রকৃতি ঈশিতার গালে হাত দিয়ে বলল। প্রকৃতির কান্ড দেখে ঈশিতা না হেসে থাকতে পারলো না ।

"" আচ্ছা চল তোদের সাথে আড্ডা দিই "" বলেই ঈশিতা হেসে উঠে দাঁড়ালো কিন্তু প্রকৃতি ঈশিতার হাসির মধ্যে প্রান খুঁজে পেল না মুখের সেই উজ্জলতাটাও দেখতে পেল না । দিভাই ওর থেকে যথেষ্ট সুন্দর দেখতে কিন্তু আজ কেমন যেন লাগছে ওর দিভাই ।

ঈশিতা প্রকৃতির হাত ধরে ওকে টেনে নিয়ে মেতে গেলে প্রকৃতি ঈশিতার হাতটা শক্ত করে ধরে ওর সামনে আনলো । ঈশিতা অবাক হয়ে প্রকৃতির গম্ভীর মুখটা দেখে ।

"" শোন দিভাই যেটা মন বলবে সেটাই করবি সবসময় যদি এতে তোর সুখ হয় কারন তোর সুখে মা বাবা সবাই সুখি হবে হয়তো প্রথমে রাগ করবে কিন্তু মেনে নেবে পরে । আরেকটা কথা কখনো পরিস্থিতির সম্মুখে হয়তো কিছু জিনিস বাধ্য হয়ে মেনে নিতে হয় কিন্তু তোকে তাও দেখতে হবে তোর সাথে অন্য কারোর জীবন জড়িয়ে আছে কিনা ? অন্য কারোর জীবন তোর সাথে সাথে নষ্ট হয়ে যাবে না তো ? "" প্রকৃতি গাম্ভীর্যের সহিত কথা গুলো বলে বেরিয়ে গেল আর ঈশিতা ভাবতে লাগলো ওর ছুটকি এতো বড়ো হলো কবে ?

" অনি আমি কিন্তু তোর উপর খুব রাগ করেছি জানিস আমার বিয়ে তাও তুই এখানে বসে আছিস ? আরে আমার বিয়ের তো সব কাজ তোকেই করতে হবে তাই না ?""
সিদ্ধার্থ অনির পিঠে চাপড় মেরে বলল । কিছুক্ষণ আগে সিদ্ধার্থ অনির্বাণের ফ্ল্যাটে এসেছে । এই ফ্ল্যাটটা খুব ছোট অনির্বান প্রাইমারি স্কুলের চাকরিটা পাওয়ার পর নিজে টাকা জমিয়ে এটা কিনেছিল ।
অনির্বাণ সিদ্ধার্থ কে দেখে খুব একটা অবাক হয়নি কারন ও

জানতো সিদ্ধার্থ আসবে কিন্তু ওর যে মনটাই ভালো নেই। সব কিছু শেষ হয়ে যাবে কালকে হারিয়ে ফেলবে ওর ভালোবাসা কে । অনির্বাণ ক্লান্ত চোখে সিদ্ধার্থ এর দিকে তাকালো তারপর মুখটা ফিরিয়ে নিয়ে বলল "" না রে আসলে শরীরটা একটু খারাপ লাগছে তাই আর কি ""

"" কি শরীর খারাপ লাগছে আর কিছু বলিসনি ? জানিস তোর শরীর খারাপ শুনলে মা কতটা রাগ করবে ? আর আমি তোর বেস্ট ফ্রেন্ড এই নমুনা বেস্ট ফ্রেন্ড এর ? একবারো বললি না যে তোর শরীর খারাপ ?"" সিদ্ধার্থ অনির কথা শুনে ঘাবড়ে গিয়ে বলল।

অনি সিধুর মুখের দিকে তাকালো কতটা ভালোবাসে এরা সবাই আর ও নিজের স্বার্থের জন্য এদের সুখ কেড়ে নেবে কিছুতেই না । ঈশিতাকে ও ভালোবাসে সেটা ও কাউকে বলবে না তাছাড়া ঈশিতা ওর মতো সামান্য একটা স্কুল মাস্টারের সাথে কিছুতেই সুখি থাকতে পারবে না । ওই মেয়েটার সিধুর মতো একজন কে প্রাপ্য ।

অনি এইসব কথা চিন্তা করে একটু হাসির ঝলক টেনে বলল "" আরে এতক্ষন লাগছিল এখন তোকে দেখে একদম ঠিক হয়ে গেছে , এবার চল বাড়ি তোর বিয়ের সব দায়িত্ব আমার । একটু দাঁড়া তুই আমি ফ্রেশ হয়ে আসছি"" বলেই অনি সিধুকে কিছু বলতেও না দিয়ে সোফা থেকে উঠে গেল । কিন্তু সিধুর কাছে অনিকে মোটেও স্বাভাবিক লাগলো না ।

সিধু চুপচাপ সোফায় বসে আছে আর হিসেব মেলানোর চেষ্টা করছে অনির কথা গুলোর মানে খোঁজার চেষ্টা করছে কিন্তু পারছে না ।

এভাবে মাঝে থাকা একদিন কেটে গেছে সবাই সবার ভাবনাতে । সিদ্ধার্থ এর মনে মাঝে মাঝে প্রকৃতির করা বাচ্চামো গুলো উঁকি দিয়ে গেছে আর প্রকৃতি সে তো বারেবারেই মুখে সিদ্ধার্থ এর নাম নিয়ে ফেলছে ? বাসে সিদ্ধার্থ এর সাথে দেখা সাক্ষাৎ সব কিছু সবাইকে অনেক বার করে শুনিয়ে ফেলেছে এই মুহূর্তে । তবে ঈশিতার বরের ছবি এখনো দেখেনি সবাই বলছে ঈশিতার বরের নাম ও সিদ্ধার্থ আর প্রকৃতির উনিও সিদ্ধার্থ ,, তাই বাড়ির দুই জামাইএর নামেই কি সিদ্ধার্থ হবে এই নিয়ে কোন টিটকিরি কাটছে সবাই আর প্রকৃতি লজ্জায় পড়ে যাচ্ছে খুব। এমনিতে ওর বিয়ে নিয়ে তেমন কোনো মাথা ব্যাথা নেই বিয়ে তো ও করতেই চাই না ছোটবেলার এমন জঘন্য ঘটনা আছে কিছু এমন স্মৃতি আজ ও তাড়া করে বেড়ায় যে বিয়ের নামেই মনটা বিষিয়ে তুলেছে একদম ।

অনির্বাণ সবার সামনে ভালো থাকার চেষ্টা করছে হাসি মুখে সব কাজ করে যাচ্ছে । আর ঈশিতা সে এখনো প্রকৃতির কথা গুলো ভেবে যাচ্ছে কি করা উচিত সেটা ভাবছে ? সত্যিই কি ও কোনো ভুল করছে অনির কথা শুনে ?

আজ সিদ্ধার্থ এর সাথে ঈশিতার বিয়ে । বিকেল গাড়িয়ে রাত হলেই বিয়ের লগ্ন । সবাই বেশ হাসি খুশি আছে কিন্তু যাদের বিয়ে তারা যে ঠিক নেই । ঈশিতা তো মনের উপর পাথর রেখে এসব

করছে আর সিদ্ধার্থ এর মনের ভাব ঠিক মতো বোঝা যাচ্ছে না মনে হচ্ছে ওর কিছুতেই কিছু যায় আসছে না । এদিকে অনির্বাণ সিদ্ধার্থ এর বিয়ের সমস্ত কাজ করলেও মন থেকে কিছুই করছে না যতই মনকে বোঝাক যে আর কষ্ট পাবে না কিন্তু কষ্ট তো হবেই । একদিকে প্রানপ্রিয় বন্ধু অন্যদিকে ভালোবাসা , কি করবে খুঁজে পাচ্ছে না । একটা অনাথ ছেলেকে এই পরিবার ওকে কত ভালোবাসা দিয়েছে মা দিয়েছে বাবা দিয়েছে ভাই বোন দিয়েছে বন্ধু দিয়েছে একটা গোটা পরিবার দিয়েছে কি করে এই পরিবারের খুশি ভেঙে দিতে পারে ও ।

কিন্তু এইসব কথায় মন যে বুঝে না সে তো ভালোবাসাই চাই , কি করে দেখবে নিজের ভালোবাসা কে বন্ধুর সাথে সংসার করতে । অনির্বান ঈশিতাদের বাড়ি নিয়ে যাওয়ার জন্য তত্ত্ব গুলো সাজাচ্ছিল বারবার চোখ দুটো ভিজে আসছে আর পারছে না যেন কোনো কাজ করতে । তাই বিনায়ক অনুকে বলে ওখান থেকে উঠে চলে গেল । একটা ফাঁকা জায়গায় দাঁড়িয়ে ফোনের মধ্যে থাকা ঈশিতার সমস্ত ছবি একবার দেখে নিয়ে ডিলিট করে দিল ।
"" কি রে কি করছিস এখানে ?"" অনির্বাণ পেছন থেকে সিদ্ধার্থ এর কণ্ঠ শুনে তাড়াতাড়ি চোখের জলটা মুছে নিল তারপর সামনে ঘুরে হাসি মুখে বলল "" কিছু না রে ""
সিদ্ধার্থ অনির্বাণ এর কথার উপর আর কোনো কথা বলল না একদৃষ্টে তাকিয়ে থাকলো অনির্বাণ এর দিকে ।

"" কি করছিস দিভাই ? তুই কি এইসব খাওয়াবি নাকি জিজুকে

?"" প্রীতি অবাক হয়ে প্রকৃতির হাতে গ্লাসটাকে দেখিয়ে বলল ।
"" হ্যা তো কেন কি হয়েছে ? একমাত্র জিজু আমার এটুকু তো খেতেই পারবে তার কিউট কিউট শালিদের জন্য তাই না "" প্রকৃতি একটা চামচে করে গ্লাসে থাকা জুসটা গুলতে গুলতে বলল ।

"" তা বলে এই দশটা লঙ্কার আর পঞ্চাশ গ্রাম নুনের জুস , এটা দেখলে তো পুরো বুঝে যাবে ওরা । আর এটা কি তুই মিষ্টি তে সার্ফেক্সেল মিশালি কেন ? নুনটা ঠিক বাট সার্ফেক্সল , আমার তো দুঃখ লাগছে রে জিজু র জন্য "" প্রীতি মুখটা ভার করে বলল ।
"" ওয়ে জিজুর চামচি এখনও জিজু হয়নি আর এতো জিজু ভক্ত হয়ে গেলি , আরে এটুকু না খেলে হয় আর যখন টাকা নিবি তার বেলা এখন আমাকে বড়ো বড়ো জ্ঞান দিচ্ছিস "" প্রকৃতি চোখ রাঙিয়ে বলল । প্রকৃতির রাগ দেখে প্রীতি কিছু বলল না দুঃখ ভরা চোখে প্রকৃতিকে দেখতে লাগলো আর ভাবতে লাগলো যারা এটা খাবে তাদের কি অবস্থা হবে ?

তুই স্বার্থপর হয়ে গেছিস অনি ! এতো বড়ো ঘটনাটা আমার থেকে লুকিয়ে গেলি , এবার দেখ আমি কি করি ? তোর থেকে অত্যন্ত আমি এটা আশা করিনি । সিদ্ধার্থ নিজে রেডি হতে হতে মনে মনে বলছিল কথা গুলো । এবার বিয়ের উদ্দেশ্যে ওরা বেরোবে সবাই সেজেগুজে গাড়িতে চেপে বসেছে আছে আগে থেকেই।
অনি সিদ্ধার্থ কে রেডি করিয়ে দিয়ে ওর দিকে তাকিয়ে মুচকি হাসলো তারপর বলল তো বন্ধু আজ থেকে নতুন জীবনে পা দিতে

যাচ্ছিস কিন্তু

সিদ্ধার্থ অনির কথায় কিছু বলল না শুধুই একটা হাসলো তারপর মনে মনে বলল আর কতো অভিনয় অনি ?

সিদ্ধার্থদের গাড়িটা এসে ঈশিতাদের বাড়ির সামনে থামলো । সবাই বর এসেছে বর এসেছে বলে চিৎকার করে উঠলো । বর এসেছে কথাটা শুনেই ঈশিতার পুরো শরীর কেঁপে উঠলো ও জানে না এরপর কি হবে ? তিনটে জীবন একসাথে নষ্ট করতে যাচ্ছে এটা বেশ ভালোই বুঝতে পারছে ও কিন্তু ওর তো কিছুই করার নেই। বাবাকে কথা দিয়েছে ওর বাবার পছন্দ করা ছেলেকে ও বিয়ে করবে না হলে ওর বাবা সাথে কথা বলতে পারবে না । ছোট থেকেই ও বাবাকে খুব ভালোবাসে কখনো বাবার কথার অবাধ্য হয়নি । ঈশিতা মুখে হাসি আসার বদলে যেন কান্নাটা ছেপে আসছে দাঁতে দাঁত চেপে কান্নাটা আটকে রেখেছে কিন্তু কতক্ষন ?

"" এই দিভাই বর এসেছে রে , তুই একটু একা বোস আমি আসছি "" বলে প্রকৃতি যেতে যাবে তখনই ঈশিতা ডেকে উঠলো "" ছুটকি আমার কাছে বোস আমার মাথাটা কেমন ঘুরাচ্ছে রে "" ঈশিতার কথা শুনে প্রকৃতি তাড়াতাড়ি ওর পাশে বসে বলল "" মানে হটাৎ করে শরীর খারাপ হলো কি করে ? আজ কি সারাদিন না খেয়ে আছিস ? বিপি লো হয়ে গেছে নিশ্চয়ই , বলেছিলাম একটু মিষ্টি খেয়ে নিতে কিন্তু সেটাও খাসনি "" বলেই প্রকৃতি ঈশিতার পালস চেক করতে লাগলো বেশি কিছু না জানলেও ও যেহেতু ভাবি

ডাক্তার তাই এগুলো একটু আধটু জানে ।

কিন্তু ও তো আসলেই জানে না ঈশিতা আজ কেন বিগত একমাস ধরে ভালো করে খাওয়া দাওয়া করেনি কোনোদিন খেয়েছে কোনো দিন ফেলে দিয়েছে নিজের শরীরের যত্নটুকুও ভালো করে নেয়নি ।

এদিকে সবাই সিধুকে বরন করে ঘরে তুলেছে । প্রীতি প্রকৃতির বানানো মিষ্টি শরবত সব কিছু টেস্ট করিয়েছে সিধু কে বাট সিধু খেয়েও কিছু বলেনি চুপ করে ছিল । এটা দেখে সবাই বেশ নিরাশ হয়েছে ।

ছুটকি আমার মাথাটা বেশ ঘুরাচ্ছে রে আর পারছি না বলেই ঈশিতা মাথাটা ধরে বসে পড়লো । এদিকে প্রকৃতি এবার সত্যিই ভয় পেয়ে গেছে ।

"" দিভাই তুই বোস একটু আমি মেসো মাসিমনি মামনি পাপাকে ডেকে আনছি "" বলেই প্রকৃতি দৌড়ে চলে গেল এদিকে ঈশিতা প্রকৃতি যাবার পরেই অজ্ঞান হয়ে গেল।

প্রকৃতি নিজের পরনের শাড়ির কুচিটা তুলে ওর মামনির কাছে গেল। এভাবে শাড়ি পরে দৌড়াতে বেশ কষ্ট হচ্ছে আগে কখনো শাড়ি পরেনি ও । তবে চেরি রঙের এই শাড়িটাতে ওকে বেশ মিষ্টি লাগছে আজ একটু বড়ো বড়ো লাগছে ।

প্রকৃতি সব ঘরে খুঁজে না পেয়ে বিয়ের মন্ডপের কাছে গেল

সেখানে গিয়ে দেখে ওর পাপা মামনি মেসো দাঁড়িয়ে আছে ।

"" মামনি তাড়াতাড়ি চলো দিভাই এর শরীরটা হঠাৎ করে খারাপ হয়ে গেছে "" প্রকৃতি তাড়াতাড়ি ওর মামনির কাছে এসে বলল । একটু জোরেই বলে ফেলেছে ও কারন একে তো ভয় পেয়েছিল তারপর আবার উত্তেজনার বসে জোরে বলে দিয়েছে । প্রকৃতি কথাটা মোটামুটি ওখানের সবাই শুনতে পেয়েছে । সিদ্ধার্থ এতক্ষন উসখুস করছিল কিছু একটার জন্য কিন্তু হয়তো সুযোগটাই পাচ্ছিল না । বসার জায়গায় চুপচাপ বসে ছিল সবার সাথে একটু আধটু কথা বলছিল আর অনির্বাণ এর দিকে তাকাচ্ছিল মাঝে মধ্যে ।

হটাৎ প্রকৃতির এই কথাটা শুনে ও অবাক হয়ে গেল আর প্রকৃতিকে এখানে দেখে আরো বেশি অবাক হয়েছে । এদিকে ঈশিতা অজ্ঞান হয়ে গেছে শুনে অনি তো ভয় পেয়ে গেছে । ওর ঈশু কিছু ভুল স্টেপ নিয়ে ফেললো না ?

"" কি বলছিস কি তুই ?"" প্রকৃতির মেসো প্রকৃতি কাছে গিয়ে বলল ।

"" হ্যা মেসো দিভাই এর বিপি খুব লো হটাৎ করেই বলল মাথাটা ঘুরাচ্ছে "" প্রকৃতি ভীতু স্বরে বলল ।

এদিকে সিদ্ধার্থ এর মধ্যে উঠে এসে বলল "" কি হয়েছে আঙ্কেল ?""

কেশব বাবু এতক্ষন অন্যদিকে ছিলেন কিন্তু সিদ্ধার্থ কে এখানে আসতে দেখে উনিও এলেন । সবাই মোটামুটি জড়ো হয়ে গেছে একটা জায়গায়।

প্রকৃতির মেসো সবাইকে এভাবে প্রশ্ন করতে দেখে আমতা আমতা

করতে লাগলো কিই বা উত্তর দেবে আর প্রকৃতি এই সব দেখে হতভম্ব গেছে একদম ওখানে থাকা সবাই উল্টো পাল্টা কথা বলতে শুরু করলো ।

সিদ্ধার্থ শান্ত স্বরে বলল "" এইসব প্রশ্ন পরে হবে আগে সবাই ঈশিতার কাছে চলুন "" সিদ্ধার্থ এর কথায় সায় দিয়ে সবাই ঈশিতার কাছে গেল দেখলো ঈশিতা চেয়ারের উপর হেলান দিয়ে অজ্ঞান হয়ে গেছে। অনি এর মধ্যে থেকে বেরিয়ে এসে দৌড়ে ওর কাছে গিয়ে বলল "" ঈশু এই ঈশু চোখ খোলো কি হয়েছে তোমার ? ""

সবাই এভাবে অনির্বান কে দেখে অবাক হয়ে গেছে । কিন্তু সিদ্ধার্থ এর চোখে মুখে কোনো বিস্ময়ের ছাপ নেই ।

প্রকৃতির মেসো এভাবে অনির্বানকে দেখে এখানে স্তব্দ হয়ে গেছেন । অনির ছবি উনি ঈশুর কাছে আগেই দেখেছেন কিন্তু এই মুহূর্তে এত ভিড়েরমাঝে ছেলেটাকে লক্ষ করেনি ।

সিদ্ধার্থ ধীরে ধীরে ঈশুর কাছে গিয়ে অনির কাঁধে হাত রেখে বলল "" জ্ঞান ফেরাতে দে আগে তারপর কথা বলবি ""

অনি সিদ্ধার্থ এর কথা শুনে অবাক হয়ে ওর দিকে তাকালো দেখলো সিদ্ধার্থ এর চোখে মুখে হাসি । কেশব বাবু এগিয়ে এসে বললেন "" কি হচ্ছে এখানে ?""

সিদ্ধার্থ মুচকি হেসে বলল "" কিছু না বাবা অনি ঈশিতাকে ভালোবাসে কিন্তু ও বাড়িতে বলতে পারেনি আর যখন বলবে তখন আমার সাথে ঈশিতার বিয়ে ঠিক হয়ে যায় । আর ইনি নিজে মহান

সাজবে বলে নিজের ভালোবাসাকে ত্যাগ করে দেন । "" সিদ্ধার্থ এর কথা শুনে কেশব বাবু সহ সবাই অবাক । এর মধ্যে ঈশিতার জ্ঞান ফিরেছে ।

প্রকৃতি তো অবাকের শেষ পর্যায়ে ওর দিভাই ওকে সব কথা বলতো কিন্তু এতো বড়ো কথাটা ওর কাছ থেকে লুকিয়ে গেল। আর তার থেকে বড়ো কথা ও সিদ্ধার্থ কে এখানে দেখবে একদম আশা করেনি অবাক হয়ে ওর দিকে এতক্ষণ সিঁধুর দিকে তাকিয়ে ছিল ।

"" কি বলছেন কি মিঃ সেনগুপ্ত ? দিভাই কাউকে ভালোবাসলে সেটা আমাকে নিশ্চয়ই বলতো "" প্রকৃতি অবাক হয়ে সিদ্ধার্থ এর সামনাসামনি দাঁড়িয়ে বলল ।

সিদ্ধার্থ প্রকৃতির কথা শুনে মুচকি হাসলো তারপর অনির দিকে তাকিয়ে বলল "" কি রে তুই ভালোবাসিস না ঈশিতা কে ?""

অনি সিদ্ধার্থ এর সোজাসুজি প্রশ্নে আমতা আমতা করে হ্যা বলল ।

সিদ্ধার্থ ধীরে ধীরে ঈশিতার কাছে গিয়ে নীচে বসে ঈশিতার হাতের উপর হাতটা রাখলো । এতে ঈশিতা অবাক হয়ে ওর দিকে তাকালো ।

"" দেখো তোমাকে আজ আমি কিছু প্রশ্ন করবো তার ঠিক উত্তর দেবে তুমি । বিয়ে সামাজিক বন্ধনের থেকেও মনের বন্ধনটাও অনেক বেশি , হতে পারে আজ আমাদের প্রথম দেখা কিন্তু এতদিন কথা বলেছে আমরা তাই বন্ধুত্বপূর্ন সম্পর্ক আমাদের গড়ে উঠেছে কিন্তু তুমি একবার ভাবো এই বিয়েটা হলেই কি তুমি আমি কেউ খুশি হতে পারবো ? এতে কি তিনটে জীবন নষ্ট হয়ে যাবে না ।

তুমি হয়তো আজ বিয়েটা করে নেবে কিন্তু তুমি পারবে আমার সাথে থাকতে পারবে আমাকে ভালোবাসতে অনিকে ভুলে ? এখন মিথ্যে বলো না যে তুমি অনিকে ভালোবাসো না আমি অনির ফোনে তোমার ছবি দেখেছি তোমার অনির কথা বলা গুলো দেখেছি হোয়াটসঅ্যাপ , "" সিদ্ধার্থ এর কথা গুলো শুনে সবাই স্তব্দ হয়ে গেছে ।

অনি অবাক হয়ে বলল "" সিধু তুই ??""

সিদ্ধার্থ মুচকি হেসে ঈশিতার হাতটা ছেড়ে বলল "" সরি অনি কিছু মনে করিস না সেইদিন রাতে তোর ফোনে ওয়ালপ্যাপারে ঈশিতার ছবি দেখে আমি অবাক হয়ে গেছিলাম । তারপর এতটা পাত্তা দিইনি বাট পরেরদিন সকালে ঘুম থেকে উঠেই তোর ফোনে ঈশিতার কিছু মেসেজ দেখি হয়তো তোর সাথে শেষ বারের মতো কথা বলছিল তুই তখনো ঘুমিয়ে ছিলি তাই তোর ফোনের কিছু নোটিফিকেশন আসাতে আমি চেক করতে গেছিলাম । ছোট থেকেই আমরা প্রানের বন্ধু কখনো কারোর কাছ থেকে কিছু লুকায়নি । তোর আমার বলতে কিছু ছিল না যা ছিল আমাদের । তাই তোর ফোনে হাত দেওয়াটা আমি কিছু মনে করিনি কারন তুই ছিলি আমার কাছে খোলা পাতার মতো । তোর ফোনের লকটা খুলে আমি সব কিছু চেক করি তারপর জানতে পারি সব কিছু তোকে এতবার ধরে জিজ্ঞেস করেছি কিন্তু তুই উত্তর দিসনি আমি চাইছিলাম তুই নিজে থেকে সব কিছু বলে বাট বলিসনি । এখানে

এসে ভেবেছিলাম ঈশিতার সাথে কথা বলে ওর কাছ থেকে সব কিছু স্বীকার করাবো বাট তার আগেই এতো কিছু হয়ে গেল । "" সিদ্ধার্থ কথা গুলো সবার দিকে তাকিয়েই বলল তারপর ঈশিতাকে বলল "" দেখো ঈশিতা আমার প্রশ্নের উত্তর ঠিকভাবে দেবে তুমি সত্যিই অনিকে ভালোবাসো তো ? "

কথাটা শুনে ঈশিতা কিছুক্ষণ স্তব্ধ হয়ে গেল এর মধ্যে প্রকৃতির মেসো অজিতেশ বাবু গর্জে উঠে বললেন "" না ও ভালোবাসে না , তোমার সাথে ওর বিয়ে আজ তার আমি কোনো রকম সিনক্রিয়েট করতে চাইছি না তাছাড়া এই অনাথ ছেলেটার সাথে আমি কিছুতেই ওর বিয়ে দেবো না যার কোনো জন্মপরিচয় নেই তাছাড়া একজন সামান্য প্রাইমারি স্কুলের টিচারের সাথে আমার মেয়ে সুখে থাকতে পারবে না ""

"" সেটা না হয় ওকেই বলতে দিন আঙ্কেল , সবার জীবনের ডিসিশন নিজের নেওয়ার ক্ষমতা আছে । ও আপনাকে খুব ভালোবাসে বলে আমাকে বিয়ে করে নেবে তারপর ও সুখি থাকবে তো আর আমি সুখি থাকতে পারবো তো ? তাছাড়া কে বলল অনির কোনো পরিবার নেই আমার বন্ধু ভাই ও আমার বাবা ওর বাবা আমার মা ওর মা , তাছাড়া যদি আপনার সমস্যা ওর চাকরি নিয়ে তাহলে সেটার জন্যেও আপনাকে চিন্তা করতে হবে না । আমাদের ব্যাবসার একটা অনেকটা অংশ ওর নামে লেখা আছে যেটা ও নিজে কষ্ট করে তৈরি করেছে । হয়তো আমাদের ব্যাবসাটা খুব বেশি বড়ো নয় তবে বাবা আগে থেকেই সব কিছু ঠিক করে

রেখেছে এই কথাটা অনি জানতোই না । বাবা মা কখনো আমাকে অনিকে আলাদা করে দেখেনি ।

এখন তো আপনার অনির সাথে ঈশিতার বিয়ে দিতে কোনো আপত্তি নেই ।

আর আপনি ভাবলেন কি করে আমি সব কিছু জানার পর এই বিয়েটা করবো ।

কি ঈশিতা বলো অনিকে তুমি ভালোবাসোতো ? ""

ঈশিতা সিদ্ধার্থ এর কথা গুলো শুনে এবার কেঁদে ফেলেছে ভয়ে ভয়ে বাবার দিকে একবার তাকিয়ে ঘাড় নাড়লো । সিদ্ধার্থ ঈশিতার সম্মতি দেখে মুচকি হেসে কেশব বাবুর কাছে গিয়ে বলল "" বাবা তুমি এতক্ষন সব শুনলে এবার তুমি বলো তোমার কি করা উচিত ?""

কেশব বাবু সব শুনে সবার দিকে তাকিয়ে সিদ্ধার্থ এর কাঁধে হাত দিয়ে অজিতোষ বাবুর কাছে গিয়ে বলল "" আমি সিধুর সঙ্গে একমত কারন আমার কাছে আমার দুই ছেলের জীবনটা আগে তারপর অন্য কিছু ""

"" কিন্তু এতে আমার সম্মান কতটা লস হবে বুঝতে পেরেছেন তাছাড়া আপনার সম্মান ও লস হবার সম্ভবনা আছে সেটা জানেন ?"" অজিতোষ বাবু বলে উঠলেন।

"" এখনো তুমি সম্মানের কথা চিন্তা করবে দাদা , আমি যদি এটা জানতাম তাহলে কখনোই তোমাকে ঈশুল সাথে এতো বড়ো অন্যায় করতে দিতাম না । হ্যা ছেলেটা খারাপ হলে ঠিক ছিল কিন্তু ছেলেটা তো খারাপ না আর চাকরিও করছে হয়তো ছোটখাটো কিন্তু

এতে ঈশ্বর তো কোনো অসুবিধা হবে না বরং সুখেই থাকবে """ সৃজিত বাবু অজিতোষ বাবু কে বলে উঠলেন কিন্তু অজিতোষ বাবু চুপ করে আছেন কিছু বলছেন না।

এর মধ্যে অনি বলে উঠলো "" সবাই থামুন এবার আমি এই বিয়ে করতে পারবো না কারন এখানে কাকুর অসম্মান হবে আর আমি সেটা কিছুতেই হতে দিতে পারি না হ্যা আমি ভালোবাসি ঈশুকে বাট সবার আগে আমার কাছে ওই মানুষ গুলো যারা আমাকে একটা পরিবার দিয়েছে ভালোবাসা দিয়েছে তাই তাদের অসম্মান হোক এমন কোনো কাজেই আমি করবো না "" বলেই অনি ওখান থেকে চলে গেল।

কেশব বাবু অনিকে চলে যেতে দেখে আবার বলে উঠলেন "" দেখুন অজিতোষ বাবু আমি আমার ছেলে বলে বলছি না সিধুর থেকে অনি অনেক বেশি ভালো ছেলেটা ভালোবাসতে জানে আমি দুইজনেরেই কোনো তুলনা করতে পারবো না কারন তারা আমার কাছে তুলনাহীন । আর বললেন সম্মানের কথা সেটা না হয় আমার গেল সেটা ভেবে কি হবে ? কিন্তু তাবলে আমি আমার ছেলেদের জীবন নষ্ট করতে পারবো না ""

এদিকে সৃজিত বাবু একদৃষ্টে সিদ্ধার্থ এর দিকে তাকিয়ে আছে ছেলেটা বড্ড বেশি ভাল সবার মূল্য আছে না হলে এখনকার দিনে বন্ধুর জন্য এতো কে করে ? আচ্ছা সবাই এতো সম্মানের কথা ভাবছে তাহলে প্রকৃতির সাথে ছেলেটার বিয়ে দিয়ে দিই তাহলে হয়তো প্রকৃতি মুক্তি পেয়ে যাবে ওই কোহিনুর ব্যানার্জী আর রিক চৌধুরীর হাত থেকে । ওরা এইসময় কেউ এখানে নেই আর

আমার বিশ্বাস এই ছেলেটা প্রান দিয়ে আমার প্রকৃতিকে রক্ষা করবে ।

এদিকে সবার মধ্যে এতো ঝামেলা হচ্ছিল সবাই তো এর মধ্যে উল্টো পাল্টা কথাও বলতে শুরু করে দিয়েছে । সিদ্ধার্থ একজায়গায় মূর্তির মতো দাঁড়িয়ে আছে কি করবে ও খুজে পাচ্ছে না অজিতোষ বাবুর মতো মানুষ একটাও দেখেনি । আর প্রকৃতি এখনো হতভম্ব হয়ে আছে এমন কোনো পরিস্থিতিতে আগে কখনো পড়েনি তবে ঝামেলাকে ও খুব ভয় , ঝামেলা হলেই ওর মনে পড়ে সেই বিভৎস ছোট বেলার কথা যা ওকে আজৌ তাড়া করে নিয়ে বেড়াই যার জন্য আজৌ রাতে ঘুমাতে পারে না ।

"" আচ্ছা দাদা তুমি তো সম্মানের কথা ভাবছে তাহলে অনির সাথে তুমি ঈশিতার বিয়ে দাও আর সিদ্ধার্থ এর সাথে আমি প্রকৃতির বিয়ে দেবো "" কথাটা শুনে সবাই চমকে ওঠে । পাপিয়া দেবী হতভম্ব হয়ে বলে "" কি বলছো কি তুমি ? আমার বাচ্চা মেয়েটা কে ?""

"" পিয়া তুমি জানো আমি না ভেবে চিন্তে কোনো ডিসিশন নিই না তাই কোনো কথা বলো না "" স্বামীর কথা শুনে পাপিয়া দেবী চুপ করে গেল আর সৃজিত বাবু কেশব বাবুর সামনে গিয়ে বলল "" কেশব দা আমি প্রস্তাবটা দিলাম কিন্তু এবার আপনার ব্যাপার আপনি রাজি কিনা ?""

কেশব বাবু কিছু বলবে তার আগেই সিদ্ধার্থ প্রকৃতি দুইজনেই বলে উঠলো

"" আমি রাজি না ""

" পাপা কি বলছো তুমি আমি এই বিয়ে করতে পারবো না কিছুতেই না " প্রকৃতি জোরে চেচিয়ে উঠে বলল ।

" এমন বলিস না মা আমাদের মান সম্মানের কথাটা একবার ভাব আর তাছাড়া ছেলেও খুব ভালো তো "" সৃজিত বাবু মুখটাকে গম্ভীর প্রকৃতিকে অন্যদিকে সরিয়ে নিয়ে গিয়ে বলল ।

" পাপা আমার জীবনের থেকে তোমার মান সম্মান বড়ো হয়ে গেল "" প্রকৃতি অভিমানে মুখটা অন্য দিকে ঘুরিয়ে নিল ।

" দেখ মা তোর জীবনের থেকে বড়ো কিছু নেই কিন্তু এক্ষেত্রে আমি নিরুপায় "" সৃজিত বাবু ছলছল চোখে বললো ।

" আঙ্কেল কেন ওকে জোর করছেন ও তো বিয়ে করতে চাইছে না..... ওকে জোর করে বিয়ে দেবার কোন অধিকার আপনার নেই "" সিধু এতক্ষন পর বলে উঠলো ।

" কি বলছিস তুই এসব আমার মান সম্মান কোথায় যাবে একবার বুঝতে পারছিস ? প্লিজ রাজি হয়ে যা তাছাড়া সৃজিত বাবু নিজে থেকে প্রস্তাবটা রেখেছেন "" কেশব বাবু গম্ভির গলায় বলল ।

" বাবা তুমি এই কথা বলছো ? এতক্ষন তো আমার হয়ে কথা বলছিলে কিন্তু এখন ...? তোমার মান সম্মান নষ্ট হবে বুঝতে পারছি কিন্তু এর জন্য তুমি একটা নিরাপরাধ মেয়েকে কেন টেনে

আনছো ? সে তো কোনো দোষ করেনি .... এখানে একটা মিসআন্ডারস্ট্যান্ডিং হয়েছে .... অজিতোষ আঙ্কেল যদি প্রথমে সব কিছু মেনে নিতো তাহলে এসব কিছুই হতো না ..... অনি ঈশু দুইজনেই মহান সাজতে গিয়েছিল বলে এসব হচ্ছে এখানে প্রকৃতির কি দোষ ? "" সিধু জোর গলায় বলল ।

" এটা দোষ গুণ বিচার করার সময় নয় সিধু ...."

" প্লিজ বাবা এরকম বোকা বোকার কথা বলো না এটা অত্যন্ত তোমার থেকে আশা করিনি "

" এটা বোকা বোকা কথা নয় এখানে আমার মান সম্মান জড়িয়ে আছে তাই জেল না করে রাজি হয়ে যা "

" কি আমি জেদ করছি বাবা ?"

" তাই নয়তো কি ? আমি তোমার বাবা আমার একটা কথা রাখতে পারছো না ?"

" বাবা আমি তোমার হাজার কথা রাখতে পারি কিন্তু এখানে আমার জীবনের সাথে একটা মেয়ের জীবন জড়িয়ে আছে "

" কোন কিন্তু নয় সিধু আমি তোমার বাবা হয়ে এই শেষ বারের

মতো কিছু চাইছি আর কখনো কিছু চাইবো না প্লিজ ফিরিয়ে দিও না " ধমকে বলে উঠলেন কেশব বাবু। এই কথার পিঠে আর কি কথা বলা যেতে পারে সিদ্ধার্থ বুঝতে পারলো না। এতক্ষন তর্ক করেছে কিন্তু বাবাকে বোঝাতে পারলো না । বাবা ওকে প্রকৃতির সাথে বিয়েটা দিয়েই ছাড়বে ।

" দেখ প্রকৃতি বোঝার চেষ্টা কর তোর কাছে কোনোদিন আমি কিছু চাইনি ছোট থেকেই তোর সমস্ত ইচ্ছে পূরণ করেছি কখনো তোর ইচ্ছের বিরুদ্ধে কোনো কাজ করিনি আজ অত্যন্ত আমাদের কথাটা শোনা এটা ধরে নে তোর মা তোর কাছ থেকে ভিক্ষা চাইছে " পাপিয়া দেবী কাঁদো কাঁদো হয়ে প্রকৃতিকে ধরে বলল ।
" মনি ,,,," প্রকৃতি হতাশ স্বরে বলে উঠলো।
" আন্টি প্লিজ এভাবে আপনি প্রকৃতিকে জোর করতে পারেন না আর আপনারা জোর করলেও আমি এই বিয়ে করবো না " সিধু কিছুটা রাগত স্বরে বলল ।
প্রকৃতি মায়ের কথায় পুরো হতভম্ব কি করবে বুঝতে পারছে না শুধু সিদ্ধার্থ এর কথা গুলো শুনে একবার ওর দিকে তাকিয়ে শূন্য দৃষ্টিতে তাকিয়ে বলল "" আমি রাজি বিয়েতে ""

"" কী বলছো কি তুমি পাগল হয়ে গেছো দেখো ঝোঁকের বশে কোন সিদ্ধান্ত নিও না "" সিদ্ধার্থ অবাক হয়ে প্রকৃতির দিকে তাকিয়ে বলল।

"" আমি কোন হঠকারি সিদ্ধান্ত নিচ্ছি না ভেবে চিন্তে নিচ্ছি"" বলে প্রকৃতি আস্তে আস্তে ঘরে চলে গেল আর সিদ্ধার্থ ওর যাবার দিকে তাকিয়ে মনে মনে বলল "" যেটা হলো সেটা একদম ঠিক হলো না জানি না এই সম্পর্কের ভবিষ্যত কি তবে তোমার সমস্ত স্বপ্ন আমি পূরন করার চেষ্টা করবো ""

"" রেডি হয়ে নে মা , আজ হয়তো তোর আমার উপর অভিমান হচ্ছে কিন্তু একদিন ঠিকই আমাকে বুঝবি কেন আমি এরকম করলাম । বাবা মা সন্তানের কখনো খারাপ চাইতে পারেনা আর তুই তো আমার চোখের মনি রে মা "" বলেই সৃজিত বাবু প্রকৃতির কপালে একটা স্নেহ পরশ দিয়ে চলে গেলেন আর প্রকৃতি বাবার যাবার দিকে তাকিয়ে আছে।

পাপিয়া দেবীও প্রকৃতির মাথায় হাত রেখে একটা দীর্ঘশ্বাস ফেলে বললেন "" যা হবে ভালোর জন্যেই হবে , তুই আমার মাতৃত্বের স্বাদ মিটিয়েছিস যখন আমার বাচ্চা হচ্ছিল না ডাক্তারের দ্বারে দ্বারে ঘুরে বেরিয়েছি বাচ্চা গুলো নষ্ট হয়ে যাচ্ছিল তখন তুই আমাকে মা বলেছিস , আমি কি করে ভুলতে পারি সেকথা ?"" বলেই দুফোঁটা চোখের জল গড়িয়ে পড়লো ওনার চোখ দিয়ে । প্রকৃতি প্রীতি কিছু বুঝতে না পেরে ওনার দিকে তাকিয়ে আছে ।

প্রকৃতি কিছু জিজ্ঞেস করতে যাবে তার আগেই পাপিয়া দেবী প্রকৃতির কপালে চুমু খেয়ে প্রীতি আর ঐশিকে বলল "" তোরা

ওকে রেডি করিয়ে দে বিয়ের লগ্নটাও তো সময় হয়ে এসেছে আমি যাচ্ছি ""

ঈশিতার জন্য একটা বাড়তি বেনারসী কিনে আনা হয়েছিল সেটাই প্রকৃতিকে এই মুহূর্তে পড়ানো হলো তাছাড়া তো আর কোন উপায় নেই। পাপিয়া দেবীর যা গয়না ছিল সেগুলো দিয়েই সাজিয়ে দিয়েছে প্রকৃতিকে । প্রকৃতি এত গয়না পড়তে চাইনি কোনোদিনেই পছন্দ নয় এইসব কিন্তু সবাই জোর করে পরিয়ে দিয়েছে । তবে মেকাপের সময় আর কিছু করতে দেয়নি একেই কিছু বুঝতে পারছে না কোথা থেকে কি হয়ে গেল আর সবাই ওকে সাজানোর জন্য ব্যাস্ত হয়ে পড়েছে । তাই রেগে গিয়ে আয়নার সামনে থেকে উঠে দাঁড়িয়ে বলল "" তোমরা কি মজা পেয়ে গেছো নাকি ? আমাকে জোকার কেন সাজাচ্ছো ভালো লাগছে না আমার , এই ভাবে বিয়ে করতে পারলে করবে না হলে করতে হবে না "" এবারে প্রকৃতির কথা গুলো আস্তেই বলেছে তাই বাইরের কেউ শুনতে পায়নি ।

প্রকৃতির মনের অবস্থা বুঝতে পেরে ঐশি প্রীতি আর কেউ ওকে সাজানোর জন্য জোর করলো না অবশ্য যা সাজিয়েছে তাতেই ওকে খুব সুন্দর লাগছে । বলে না বিয়ের বেনারসি তে সবাইকেই সুন্দর লাগে । প্রকৃতি শরীর থেকে কিছু ভারী গয়না খুলে দিয়ে বলল "" আমি এগুলো কিছুই পড়বো না ভালো লাগছে না আমার ""

এদিকে সিদ্ধার্থ নিজে চিন্তাই পড়ে গেছে কোথা থেকে কি হয়ে গেল বুঝতে পারছে না। অনির সমস্যার সমাধান করতে গিয়ে ওই টুকু একটা বাচ্চা মেয়েটা বলি হয়ে গেল। বাসে মাত্র কয়েক ঘণ্টার পরিচয় ওর মেয়েটার সাথে তার সত্ত্বেও ও ভালো করেই চিনতে পেরে গেছে মেয়েটাকে । বয়স হলেও মেয়েটা মনের দিক থেকে একদম বাচ্চা এই মেয়েটাকে সামলাবে কি করে ও ? তাছাড়া মেয়েটা সম্পূর্ন ওর বিপরীত চরিত্রের । পাশে অনি বসে আছে চিন্তিত মুখে হয়তো ওকে কিছু বলছে কিন্তু কোনো কথা ওর কানে ঢুকছে না।

বিয়ে শুরু হয়ে গেছে । ঠাকুরমশায় মন্ত্র উচ্চারণ করে চলেছেন সিদ্ধার্থ অনির্বানও সমস্ত নিয়ম পালন করছে । কিছুক্ষণ পর ঠাকুর মশায় মেয়েদের আনতে বললেন । ঈশিতা প্রকৃতিকে সৌকত আর ওর কিছু কাজিন ধরে নিয়ে আসছে । ওদের দেখে কিছু লোক ফিসফিস করছে কেউ খারাপ কথা বলছে আবার কেউ ভালো বলছে যার যেমন দৃষ্টিভঙ্গি।

ঈশিতা প্রকৃতি দুইজনকেই ওদের চারপাশে ঘোরাতে লাগলো । ঈশিতার মুখে এতক্ষণে একটা মিষ্টি হাসি ফুটে উঠলো কিন্তু পুরোপুরি খুশি হতে পারছে না ওর জন্য ওর বোনের জীবনটা নষ্ট হয়ে গেল ভেবেই একটা বিষাদ মনটাকে ঘিরে ফেলেছে । প্রথমে ওর সাথে অনির বিয়ের কথাটা শুনে খুশি হয়েছিল কিন্তু প্রকৃতির সাথে সিদ্ধার্থ এর বিয়ের কথাটা শুনে একপ্রকার চেঁচিয়ে উঠেছিল ।

বারবার বলছিল ওই সিদ্ধার্থ কে বিয়েটা করবে তাও প্রকৃতির জীবনটা নষ্ট করতে দেবে না বাট ওর কথা কেউ শোনেনি ।

বাঙালি বিয়ের সমস্ত রীতি অনুযায়ী বিয়েটা হয়ে গেলো। শুভদৃষ্টি মালাবদল সাত পাক হস্তবন্ধন সিঁদুর দানের মাধ্যমে বিয়েটা হয়ে গেলো দুইজুটির । কিন্তু অনির্বাণ ঈশিতার মধ্যে ভালোবাসার অবকাশ ঘটলেও সিদ্ধার্থ প্রকৃতির মধ্যে কি কখনো ভালোবাসার অবকাশ দেখা যাবে ? কখনো কি প্রকৃতি সিদ্ধার্থ কে মেনে নিতে পারবে ?

সিঁদুর দানের পরেই ঈশিতা প্রকৃতিকে অনি আর সিধু লজ্জাবস্ত্র দিয়ে মুখটা ঢেকে দিল । দুইজনের সিঁথিতে জ্বলজ্বল করছে সিথিভরাট করা সিঁদুর । কিছুটা সিঁদুর এসে নাকেও পড়েছে । চোখের জল যেন বাদ মানছে না প্রকৃতির । সিঁদুর দানের সঙ্গে সঙ্গেই ওর চোখ বেয়ে অশ্রুধারা নেমে এসেছে প্রচন্ড কষ্ট হচ্ছে । ঈশিতা তো বিয়ের জন্য প্রস্তুত ছিল নিজের মনকে মানিয়ে নিয়েছিল তাই এতটা কষ্ট হয়নি কিন্তু প্রকৃতির জীবনে যা কিছু ঘটে গেলো সব অনাকাঙ্ক্ষিত ভাবে , এর মধ্যে কেউ জানে এই শুভ পরিনয়ের শেষ কোথায় ? আদৌ কি এই অনাকাঙ্ক্ষিত পরিনয়ের পূর্ণতা পাবে ? লেখা হবে কি সিদ্ধার্থ প্রকৃতির এই অধ্যায়ের নতুন কোনো প্রেমকাহিনী ? প্রকৃতি কি হয়ে উঠতে পারবে সিদ্ধার্থ এর পরিনীতা ?

নিকষ কালো অন্ধকারে চারিদিকে ছেয়ে আছে । আজ যেন চাঁদটাও মেঘের আড়ালে থাকা পড়ে গিয়ে অন্ধকার নামিয়ে রেখেছে পৃথিবীর বুকে । মাঝে মধ্যে পেঁচার ডাক শুনতে পাওয়া যাচ্ছে আবার খেকশিয়াল ঠেকে উঠছে কোথাও । গ্রাম বাঙলায় শিয়ালের ডেকে ওঠাটা বিচিত্র নয় ।

রাত তিনটে বাজে আর কিছুক্ষণ পর ভোর হবে । প্রকৃতি পাপিয়া দেবীকে জড়িয়ে ধরে শুয়ে আছে । রুমের মধ্যে থাকা জানালাটা খুলা আছে তার থেকে একরাশ ঠান্ডা বাতাস ভেতরে ঢুকছে শীতকালে এই ঠান্ডা বাতাস যেন সবার শরীরে কাটার মতো বিঁধছে শরীরে । কিন্তু তাও প্রকৃতি জানলাটা লাগাতে দেয়নি আজ ওর এই মুক্ত বাতাসটা যেন বড্ড প্রয়োজন । কাল রাতে আর বাসর জাগা হয়নি সম্ভব ও ছিল না সবার যা মনের অবস্থা। ঈশিতাও এখানেই চুপ করে বসে বালিশের সাথে হেলান দিয়ে শুয়ে আছে ঘুম নেই চোখে একদম মাঝে মাঝে বোনটাকে একটু দেখছে ।

"" কোথা থেকে কি হয়ে গেল বলতো ?"" অনি সিদ্ধার্থ এর দিকে ঘুরে বলল । ওদের চোখেও ঘুম নেই এতো ঝামেলার মধ্যে কারোর পক্ষে ঘুমানো সম্ভব নয়।

"" জানি না রে কিন্তু প্রকৃতি একদম বাচ্চা আর আমার বিপরীত চরিত্রের ও আমার সাথে থাকতে পারবে তো ?"" সিদ্ধার্থ দীর্ঘশ্বাস ফেলে শূন্য দৃষ্টিতে তাকিয়ে বলল।

"" জানিনা , কিন্তু তুই কি করে জানলি প্রকৃতির ব্যাপারে এতো ?

আমাকে ঈশু বলেছে নাহয় কিন্তু তুই ?"" অনি অবাক হয়ে বিছানা থেকে উঠে বসে প্রশ্ন করলো ।

অনির কথা শুনে সিধু ওর দিকে তাকালো তারপর গম্ভীর স্বরে ওকে বাসের জার্নিটা বলল । অনি এইসব শুনে একদম অবাক হয়ে গেছে। অনির চরিত্রটা সিদ্ধার্থ এর একদম বিপরীত এতটা চঞ্চল প্রানবন্ত । তাই কথা গুলো শুনে নিজের কৌতুহল দমিয়ে রাখতে পারলো না এই ঝামেলার মধ্যে ও একটুকরো হাসি ফুটিয়ে বলল "" আরে এতো পুরো সিনেমাটিক কেস , ভাগ্য একদম তোদের মিলিয়ে দিয়েছে । প্রথমে ছিলিস বাস জার্নি সঙ্গী আর এখন জীবন সঙ্গী ""

অনির কথাটা শুনে সিদ্ধার্থ রাগ করতে গিয়েও পারলো না হেসে ফেললো। এই ছেলেটা পারেও বটে সিরিয়াস মুহূর্তে ও হাসিয়ে ছাড়বে । হাসতে হাসতে সিদ্ধার্থ এর চোখ দিয়ে দুই ফোঁটা জল গড়িয়ে পড়লো । কষ্ট হচ্ছে মেয়েটার জন্য , প্রকৃতি কি ওর সাথে মানিয়ে নিতে পারবে ? যে পরিস্থিতিতে ওদের বিয়ে হলো সেখান থেকে কি প্রকৃতি বেরিয়ে এসে ওকে ভালোব হতে পারবে ? জানে না কিচ্ছু জানে না ও এতক্ষন ধরে শুধু এই কথাটাই তো ভেবে চলেছে ।

সিদ্ধার্থ কপালে হাত দিয়ে পাশ ফিরে শুয়ে পড়লো । ওর মনে পড়তে লাগলো প্রকৃতির কথা এখন থেকেই যেন একটা টান অনুভব করতে লাগলো শুধুই কি এখন থেকে নাকি প্রথম থেকেই ? শুভদৃষ্টির সময় মেয়েটা ওর দিকে একবার তাকিয়েই চোখ দুটো

নামিয়ে নিয়েছিল কিন্তু ওই এক পলকেই ও প্রকৃতিকে দেখেছে কি সুন্দর দেখতে লাগছিল আর চোখে ছিল হাজারো অভিযোগ অভিমান । সিদ্ধার্থ প্রকৃতির চোখে অভিমান দেখে যেন আরো বেশি খারাপ লেগেছিল কিন্তু ওর কিছুই করার নেই ও বাধা দেবার চেষ্টা করেছিল কিন্তু কেউ মানলো না শেষ পর্যন্ত প্রকৃতিও তো হ্যা বলে দিল । মালাবদলের সময় এতটা কাছে থেকে দেখার পর ওর যেন হার্টবিট বেড়ে গেছিল এই টুকু একটা মেয়ের জন্ম যেন অস্থির হয়ে উঠছিল ও । সিঁদুর দানের পর একবার মেয়েটার দিকে তাকিয়ে ছিল কি সুন্দর লাগছিল প্রকৃতিকে ? সেই মুহূর্তে একদম বাচ্চা বাচ্চা লাগছিল একজন পরিপূর্ণ স্ত্রী লাগছিল ওর স্ত্রী ।

সকাল হতেই সবার মধ্যে কান্নার রোল পড়ে গেল এবার বিদায়ের পালা । ক্রমশ বিদায় যেন ঘনিয়ে আসছে । ঈশিতা প্রকৃতিকে রেডি করিয়ে দিয়ে সবাই আশির্বাদ টা সেরে নিল । সবাই কাঁদতে আরম্ভ করে দিয়েছে । ঈশিতার মা ঈশিতাকে ছড়িয়ে ধরে কাঁদছে । দূরে অজিতোষ বাবু দাঁড়িয়ে আছেন হয়তো মেয়ের ভালোর জন্য আজ খারাপ করতে যাচ্ছিলেন তাই তিনি মেয়ের দিকে চোখ তুলেও তাকাতে পারছেন না । ঈশিতা নিজেই অজিতোষ বাবুর কাছে গিয়ে প্রনাম করলেন । অজিতোষ বাবুও সমস্ত অভিমান লজ্জা ভুলে ঈশিতাকে জড়িয়ে ধরে কাঁদতে আরম্ভ করলো ।

এদিকে সৃজিত বাবু প্রকৃতির সামনে আসতে পারছে আজ মেয়েটার ভালোর জন্যেই এরকম একটা ডিসিশন নিতে হলো ওনাকে ।

ওনার তো হাত পা বাঁধা কিই বা করতে পারতো এছাড়া মেয়েটাকে বাঁচাতে তো হবেই । প্রকৃতিকে আজ আবার সাজানো হয়েছে কিন্তু কেঁদে কেঁদে চোখ দুটো ফুলিয়ে ফেলেছে । ওর মামনিকে জড়িয়ে ধরে কেঁদেই চলেছে । কিছুক্ষণ পর সৃজিত বাবু রুম থেকে বেরিয়ে এলেন প্রকৃতিও চারিদিকে বাবাকে খুঁজছিল কিন্তু এখন বাবাকে দেখতে পেয়ে ওনার বুকে ঝাঁপিয়ে পড়লেন । সৃজিত বাবু প্রকৃতিকে জড়িয়ে ধরে কেঁদে ফেললেন মেয়েটা ওনার বড়োই আদরের । সিদ্ধার্থ এর খারাপ লাগছিল খুব প্রকৃতিকে এভাবে তাকিয়ে থাকতে দেখে মেয়েটার মুখের দিকে একভাবে তাকিয়ে ছিল ও কি অবস্থা করেছে মেয়েটা ?

"" আজ থেকে আমার আদরের মেয়েটাকে তোমার হাতে তুলে দিলাম বাবা , মেয়েটাকে আমার সমস্ত বিপদ থেকে রক্ষা করো । হ্যা একটু বাচ্চা স্বভাবের আমার মেয়েটা কিন্তু একটু ভালোবাসা পেলে ও তোমার সমস্ত কথা শুনবে "" সৃজিত বাবু প্রকৃতির এর হাতটা ধরে সিদ্ধার্থ এর হাতে দিয়ে বললেন । সিদ্ধার্থ ওনার কথায় মুচকি হেসে প্রকৃতির হাতটা আরো শক্ত করে ধরলো । বলা ভালো নিজের অজান্তেই হাতের বন্ধনটা যেন দৃঢ় হয়ে গেল।

সিদ্ধার্থ এর বাড়িতে এসে আরেক ঝামেলা বউ পাল্টে গেছে শুনে সবার মাথায় হাত পড়ে গেছে । মায়া দেবী কেঁদেই চলেছে কখন থেকে । অনু মায়ের পাশে বসে আছে আর মাকে শান্তনা দিচ্ছে । অনু প্রকৃতির বয়সীই তাই প্রকৃতিকে ওর বেশ ভালো লেগেছে কিন্তু

বিনায়কের একদম প্রকৃতিকে পছন্দ হয়নি ওর থেকে যেন ঈশিতা বেশি ভালো ছিল কারন ঈশিতা ওর বয়সীই । মায়া দেবী খুঁজে পাচ্ছেন না কি করবেন ? অনিকে উনি ছেলে হিসেবে দেখেন তাই ভাবছেন একদিকে ভালোই হয়েছে কারন এক ছেলের কষ্টে উনি কিছুতেই সুখি হতে পারতেন না আবার মনে হচ্ছে সিধুর সাথে কার বিয়ে হয়েছে কে জানে ? মেয়েটা সিধুকে বুঝবে তো ? সিধু যে বেশি চুপচাপ শান্ত শিষ্ট তাই বেশি ভয় পাচ্ছেন উনি ?

""মা দাদাভাইরা চলে এসেছে , আমি বরনডালা নিয়ে আসছি ?"" বলেই অনু রেডি করে রাখা বরনডালাটা নিয়ে এসে মায়া দেবীর হাতে ধরিয়ে দিলেন ।

"" নেমে এসো প্রকৃতি সবাই নেমে গেছে "" সিদ্ধার্থ গাড়ি থেকে নেমে প্রকৃতির দিকে হাতটা বাড়িয়ে দিল ।

কিন্তু প্রকৃতি কেঁদেই চলেছে । সিদ্ধার্থ প্রকৃতিকে কাঁদতে দেখে খারাপ লাগলো গাড়িতে উঠে প্রকৃতির পাশে বসে ওর চোখের জলটা মুছিয়ে দিয়ে বলল "" কেঁদো না তোমার চোখে জল মানায় দুষ্টুমিটাই মানায় "" কথাটা শুনে প্রকৃতি ওর ভাসা ভাসা চোখে সিদ্ধার্থ এর দিকে তাকালো আরো কয়েকফোটা জল গড়িয়ে পড়লো চোখ বেয়ে ।

সিদ্ধার্থ প্রকৃতির চোখের জলটা পুনরায় মুছিয়ে দিয়ে বলল "" তুমি

তো একেবারে বাচ্চা , এদিকে বলো তোমার উনিশ বছর বয়স হয়ে গেছে এটা সত্যি কথা তো ?""

"" আপনি আবার আমাকে বাচ্চা বললেন আমার বয়স নিয়ে সন্দেহ করছেন ?"" প্রকৃতি আবার ফুঁপিয়ে ফুঁপিয়ে কেঁদে ওঠে বলল ।

"" এই দেখো আবার কাঁদছো সেই জন্যেই তো বললাম তুমি বাচ্চা "" সিদ্ধার্থ হালকা হেসে বলল সত্যি বলতে ওর খুব জোর হাসি পাচ্ছে কিন্তু হাসতে পারছে না ।

"" কাঁদবো না এখানে আমাকে যদি কেউ মেনে না নেয় যদি বকে আমায় "" প্রকৃতি ঠোঁট দুটো টেনে বলল ।
"" কে বলল মেনে নেবে না আমার মা খুব ভালো আর বাবাকে তো দেখলেই তুমি "" সিদ্ধার্থ এর কথা শুনে প্রকৃতি ঘাড় নাড়লো ।
"" এবার তাহলে চলো অনি ঈশিতা সবাই চলে গেছে কিন্তু , বাবাও অপেক্ষা করছে আমাদের জন্য "" বলেই সিদ্ধার্থ প্রকৃতির মাথায় আলতো করে হাত বুলিয়ে দিয়ে নেমে এলো। প্রকৃতিও সিদ্ধার্থ এর হাতটা ধরে গাড়ি থেকে নেমে সামনে তাকালো । সামনে বেশ সুন্দর একটা বাড়ি বেশ বড়ো নাহলেও ডিজাইনটা খুব সুন্দর।

মায়া দেবী অনি ঈশিতাকে বরন করে ঘরে তুললেন । অনি

ঈশিতাকে একসাথে দেখে উনি বেশ খুশিই হয়েছেন সত্যিই ওদের মানিয়েছে খুব সিদ্ধার্থ এর থেকেও অনির পাশেই ঈশিতাকে বেশি ভালো লাগছে । ঈশিতাকে বরন করা হয়ে গেলে উনি বাইরে দিকে তাকালেন হয়তো সিধুর জন্য অপেক্ষা করছেন ।

কেশব বাবুর সাথে সিদ্ধার্থ প্রকৃতি এলো । প্রকৃতি বেশ ভয় পেয়ে আছে নতুন জায়গা নতুন পরিচিতি কেমন মানুষজন হবে কে জানে ? এদিকে মায়া দেবী সিদ্ধার্থ এর পাশে প্রকৃতিকে দেখে একটু অবাক হলেন এই মেয়েটা তো একদম বাচ্চা । কিন্তু এতো স্নিগ্ধ মেয়েটা দেখেই মন জুড়িয়ে যাচ্ছে । একদম রাজযোটক লাগছে দুইজনকে হয়তো বিধাতার এই ইচ্ছেই ছিলো তাই তো ওরকম একটা পরিস্থিতিতে পড়তে হয়েছে সবাইকে । মায়া দেবী বরনের থালাটা নিয়ে প্রকৃতিকে বরন করলেন । আপনের থেকেই নিজের হাতটা প্রকৃতির মাথায় চলে গেল কেশব বাবুর দিকে তাকিয়ে বলে উঠলেন "" এই মুক্তোর মত মুখ তুমি পেলে কোথায় ?"" কথাটা শুনে কেশব বাবু চমকে উঠলেন অবাক হয়ে মায়া দেবীর দিকে তাকালেন । এদিকে মায়া দেবী ও যেন কথাটা বলে হতভম্ব হয়ে গেছেন কি বলে ফেললেন ? আরেকবার প্রকৃতির মুখটার দিকে তাকালেন উনি । কোথাও না কোথাও গিয়ে এই মুখটা উনি আগে দেখেছেন কিন্তু কোথায় ? এতো মিল সেই মুখ সেই চোখ একদম অবিকল ।

মায়া দেবী প্রকৃতির দিকে তাকিয়ে জিজ্ঞেস করলেন "" আচ্ছা মা

তুমি কি তোমার মায়ের মতো দেখতে ?"" প্রকৃতি মায়া দেবীর কথায় অবাক হয়ে গেছে । এতক্ষনে সব ব্যাবহারে ও ভালো বুঝতে পারছে এটা সিদ্ধার্থ এর মা কিন্তু উনি প্রথমেই ওকে এরকম প্রশ্ন কেন করলো বুঝতে পারলো না । প্রকৃতি মায়া দেবীর কথায় না সূচক মাথা নাড়ল মায়া দেবী ও বুঝতে পারল এই সময় উনি ভুলে প্রশ্ন করে ফেলেছেন তাই উনি কিছু না মুচকি হেসে সিদ্ধার্থ প্রকৃতিকে বাড়িতে তুললেন ।

"" এসো এসো বউদিভাই , এই দেখো এটা আমার দাদার রুম , কি পছন্দ হয়েছে ?"" অনু প্রকৃতিকে সিদ্ধার্থ এর রুমে টেনে এনে বললেন আর প্রকৃতি মহা ফ্যাসাদে পড়েছে এরকম ভাবে কেউ ওর সাথে কথা বলেনি কারন ও তো নিজেই বাচ্চামি করতো আর এখানে অনুর বাচ্চামি দেখে নিজের ফ্যাসাদেই মনে হচ্ছে । তাও প্রকৃতি হজম করে নিয়ে সিদ্ধার্থ এর রুমটা ভালো করে দেখে নিল ওর পছন্দ অপছন্দ কি যায় এসে যায় এখন । বিয়েটা তো ও করতেই চাইনি কিন্তু তাও করতে হলো । সিদ্ধার্থ কে দেখে ভালো মনে হলেও এখন যেন বিশ্বাস করতে কষ্ট হচ্ছে এই বিয়ে নামক বন্ধনটাকেই ও ভয় পায় খুব ভয় পায় ছোটবেলার সেই বিভৎস

দৃশ্য গুলো যেন মরীচিকার মতো ওর পেছনে ছুটে চলে পিছু ছাড়তেই চাই না একদম ।

প্রকৃতিকে চুপ করে থাকতে দেখে অনু বলল

"" কি বউদিভাই কথা বলছো না কেন ? পছন্দ হয়নি বুঝি ?""

প্রকৃতি এবার অনুর কথা শুনে ওর দিকে চোখ তুলে তাকিয়ে শুধুই ঘাড় নাড়লো । অনু হেসে বলল

 "" বুঝতে পারছি অকোয়ার্ড ফিল করছো , চিন্তা করো না তুমি এইসব ছেড়ে নাও ওদিকে ওয়াশরুম আছে আমি তোমাকে ঠিক ভাবে রেডি করিয়ে দিচ্ছি । ""

অনুর কথা শুনে প্রকৃতি এবার চমকে উঠলো "" তৈরী করাবে মানে আবার শাড়ি পড়তে হবে নাকি ? না মানে আসলে আমি , আমি কখনো শাড়িনি তো "" আমতা আমতা করে প্রকৃতি অনুর অবাক হয়ে যাওয়া মুখটার দিকে তাকিয়ে বলল।

"" চিন্তা করো না বউদিভাই আজ কাল একটু কষ্ট করো তারপর তুমি তোমার পছন্দমত পড়ো । তাছাড়া কিছুদিন পরেই তো দাদাভাই আবার তোমাকে নিয়ে শিলিগুড়ি চলে যাবে , বউমনির সাথে যদি দাদাভাই এর বিয়ে হতো তাহলে হয়তো এত তাড়াতাড়ি নিয়ে যেতো না কিন্তু তোমার পড়াশোনা আছে তো তাই নিয়ে যাবে ""

একটা হলুদ রঙের তাঁতের শাড়ি পরিয়ে অনু প্রকৃতিকে নীচে নিয়ে এলো । ঈশিতাও একটু আগে এসেছে ওর পরনেও হলুদ রঙের শাড়ি। ঈশিতা প্রকৃতিকে দেখে সামান্য অবাক হলো মেয়েটা শাড়ি একদম পরতেই চাইনা আর শাড়ি পরেছে অবশ্য মুখ দেখেই বোঝা যাচ্ছে খুব ভয় পেয়ে আছে তাই কিছু বলেনি হয়তো এদিকে ঈশিতা ও কিছু বলতে পারছে না একটা কান্ড ও ঘটিয়েছে আর ওর কাছেও তো মানুষ গুলো নতুন । তাও ঈশিতা মায়া দেবীর পাশে থেকে আস্তে আস্তে উঠে গিয়ে প্রকৃতির পাশে দাড়ালো । দিভাইকে এভাবে পাশে দাড়াতে দেখে প্রকৃতি ওর দিকে তাকালো সঙ্গে মনে একটু সাহস ও পেল ।

মায়া দেবী ঈশিতা প্রকৃতির মুখ দেখেই বুঝতে পারলো ওদের অসুবিধাটা তাই উনি বললেন "" ঈশু প্রকৃতি .... তোমাদের কোন অসুবিধা হচ্ছে না তো ? অসুবিধা হলে কিন্তু আমাকে বলো ....আমি কিন্তু তোমাদের মা কখনো লজ্জা পেলো না .... এখন বলো তোমরা এখানে খেতে স্বাভাবিক ফিল করবে নাকি রুমে গাড়ির ব্যাবস্থা করবো ?""

মায়া দেবীর কথা শুনে প্রকৃতি এবার গড়গড় করে বুলি পড়ার মতো বলে দিল "" রুমে রুমে , দিভাই আমি ওখানেই খাবো ।""

এতক্ষন কেউ প্রকৃতির মুখের কথা শোনেনি কিন্তু এখন প্রকৃতির

কথা শুনে সবাই ওর দিকে তাকালো । সিধু অনি সেই সময় নীচে নামছিল প্রকৃতির কথা শুনে দুইজনেই থমকে গেল ।

প্রকৃতি এভাবে সবাইকে ওর দিকে তাকিয়ে থাকতে দেখে আমতা আমতা করে বলল

"" না মানে আমি , আমি , মানে আসলে আমার ক্ষিদে নেই ""

আর কিছু খুঁজে পেল না বলার জন্যে কিন্তু ক্ষিদেতে ওর পেটে পুরো ইঁদুর লাফালাফি করছে । ঈশিতা প্রকৃতির মুখে এরকম বোকা বোকা কথা শুনে ওর হাতটা চিপে ধরলো ।

প্রকৃতির কথায় কিন্তু কেউ কিছু বলল না এক অপরের মুখের দিকে তাকিয়ে জোরে জোরে হেসে দিল।

"" হুমম বুঝতে পারছি তুমি বকতে ভালোবাসো কিন্তু এত নতুনের মাঝে নিজে অকোয়ার্ড ফিল করছো "" মায়া দেবী প্রকৃতির সামনে এসে ওর মাথায় হাত রেখে বলল ।

"" না মানে আসলে আমি তো বেশি কথা বলি না খুব কম বলি , জিজ্ঞেস করুন মিঃ সেনগুপ্ত কে ? বাসে আমি কত শান্ত শিষ্ট ছিলাম একদম লক্ষী মেয়ে । দিদুন তো আমাকে সবসময় লক্ষ্মীঠাকুর বলতো । বকতে আমার একদম ভালো লাগে জানেন তাও যে কেন সবাই বলে আমি বেশি বকবক করি কে জানে ?""

প্রকৃতির কথা শুনে সবাই অবাক একদমে কেউ এতো কথা বলতে

পারে ওরা প্রকৃতিকে না দেখলে হয়তো জানতোই না । সবাই আড়চোখে সিদ্ধার্থ এর দিকে তাকালো । এদিকে সিদ্ধার্থ ও ভ্যাবাচ্যাকা খেয়ে গেছে এই মেয়ে শান্ত শিষ্ট ? সিরিয়াসলি ? এই মেয়ে বেশি কথা বলেনি বাসে এটা আমাকে বিশ্বাস করতে হবে ?

কেশব বাবু প্রকৃতির কথায় বোকাদের মতো হেসে বলল "" কিন্তু মা এই মিঃ সেনগুপ্ত টা কে ?""

কেশব বাবুর কথায় প্রকৃতির মুখে আবার খোই ফুটতে শুরু করলো ।

"" ওমা আপনি আপনার ছেলেকেই চেনেন না ? আপনার কি ভুলে যাবার রোগ আছে ? এভাবে তো ভুলে গেলে চলবে , তবে চিন্তা করবেন আমি তো ভাবি ডাক্তার আপনাকে কিছু ওষুধ লিখে দেবো । কিছু ফল শাক সবজির নাম বলে দেবো সেগুলো রোজ খাবেন তাহলে ভুলে যাওয়া রোগটা সেরে যাবে । জানেন আমার পাপা আমাকে ছোট বেলায় ওই তিতা শাক খাওয়াতো যাতে কিছু ভুলে না যায় আর এখন আমি পাপাকে ওইসব খাওয়ায় এখন আপনাকেও খাওয়াবো কারন আপনি মিঃ সেনগুপ্তের বাবা মানে এখন থেকে আমার ও বাবা তাই সো চিল থাকুন ""

কথাগুলো শুনে কেশব বাবুর হেঁচকি উঠে গেল এই মেয়ে বলে কি ? কেশব বাবুকে হেঁচকি তুলতে দেখে প্রকৃতি তাড়াতাড়ি ডাইনিং টেবিলে রাখা জলের বোতলটা ওনার হাতে দিয়ে পিঠে হাত বুলিয়ে বলল "" আরে আস্তে আস্তে এতো হেঁচকি তুলছেন কেন ?""

প্রকৃতির কথা শুনে সবাই ভ্যাবাচেকা খেয়ে ওর দিকে তাকিয়ে আছে । মেয়েটা কিছুক্ষণ আগে ভয়ে গুটিশুটি মেরে ছিল আর এখন সে এতো কথা বলছে । সিদ্ধার্থ পুরোই আহাম্মকের মতো তাকিয়ে আছে প্রকৃতির দিকে ।

মায়া দেবী ধীরে সিদ্ধার্থ এর কাছে গিয়ে মুচকি হেসে বলল "" বলছি কি সিধু প্রকৃতির সাথে কি তোর আগে থেকেই পরিচয় ?"" সিদ্ধার্থ মায়ের কথা শুনবে কি প্রকৃতি ওর মাথা পুরো হ্যাং করে দিয়েছে ।

"" কি রে কি হলো ?"" মায়া দেবী সিদ্ধার্থ এর হাতটা নাড়িয়ে বলল।

"" না কিছু না আসলে প্রকৃতির সাথে আমার বাসে দেখা হয়েছিল "" সিদ্ধার্থ নিজের হতভম্ব ভাবটা কাটিয়ে বলল।

"" এ তো পুরা রাজধানী এক্সপ্রেস এতো কথা বলে আর বলছে আমি বেশি কথা বলিনা "" বলেই মায়া দেবী ফিক করে হেসে উঠলো মায়ের দেখাদেখি সিদ্ধার্থ ও হেসে দিল প্রকৃতিকে দেখে ।

ঈশিতা প্রকৃতির কান্ড দেখে চোখ মুখ ঢেকে দাঁড়িয়ে আছে । না পারছে প্রকৃতিকে কিছু বলতে আর না প্রকৃতি ওর কোন কথা শুনছে । মাঝে মধ্যে একবার প্রকৃতির দিকে তাকাচ্ছে লজ্জার থেকে হাসি বেশি পাচ্ছে ওর কিন্তু হাসতে পারছে না গম্ভীর ভাবে দাড়িয়ে থাকতে হচ্ছে । বাড়িতে হলে এতক্ষনে হেসে গড়াগড়ি

খেতো ।

কেশব বাবু প্রকৃতির মাথায় হাত রেখে বলল "" বয়স হয়েছে তো মা তাই হয়তো ভুলে গেছি কিন্তু এখন তো আমার মা চলে এসেছে খেয়াল রাখার জন্য তাই আর ভুলে যাবো না ""
প্রকৃতি কেশব বাবুর কথায় শাড়ির আঁচলটা কোমরে গুজে কোমরে হাত দিয়ে বলল "" বললেই হলো আমার বাবা বুড়ো হতেই পারে না এখনো কত ইয়ং জানো এখনো মেয়েরা তোমার পেছনে ঘুরবে ""

আসলে কথা বলতে বলতে প্রকৃতি ভুলেই গেছে এটা ওর শশুড় বাড়ি একদম নিজের বাড়িতে যেমন সৃজিত বাবু কে বলে তেমনি কথা বলে চলেছে কেশব বাবুর সাথে ।
প্রকৃতির কথায় কেশব বাবু এবার ভ্যাবাচেকা খেয়ে গেল বাড়ি ভর্তি লোক অবশ্য এখন এখানে বেশি কেউ নেই তাও , এমন কথা বলাতে নিজেই অপ্রস্তুত হয়ে গেল ।
ঈশিতা এবার আর চুপ করে থাকতে পারলো না তাড়াতাড়ি প্রকৃতির হাতটা টেনে ধরে বলল "" প্রকৃতি চুপ কর এখানে এসব বলিস না , মেসোর কাছে বলিস ঠিক আছে কিন্তু এখন তুই কোথায় আছিস একবার ভেবে চিন্তে দেখ বাচ্চামি করিস না ""

ঈশিতার কথা শুনে প্রকৃতির এবার হুস এলো এভাবে সবাইকে আপন করে এতো কথা বলে ফেলবে সেটা বুঝতে পারেনি ।

লজ্জায় কেশব বাবুর দিকে তাকিয়ে মাথাটা তাড়াতাড়ি নামিয়ে নিল।

"" আসলে সরি আমি এইসব বলতে চাইনি "" আমতা আমতা করে বলে উঠলো প্রকৃতি । প্রকৃতির এভাবে ঠোঁট ফোলানো দেখে সিদ্ধার্থ আর থাকতে পারলো না জোরে জোরে হেসে উঠলো। এতো জোরে ও কখনোই হাসে না হাসি পেলেও দাঁতে দাঁত চেপে আটকে রাখে সবসময় মুখে গম্ভীর ভাব বজায় রাখে কিন্তু প্রকৃতির বাচ্চামি দেখে চুপ করে থাকতে পারলো না। প্রকৃতি হাসির শব্দ শুনে তাড়াতাড়ি মাথা তুলে দেখলো সিদ্ধার্থ হাসছে আর বাকি সবাই গম্ভীর ভাবে ওর দিকে তাকিয়ে আছে । ও সিদ্ধার্থ এর দিকে একভাবে চেয়ে থাকলো লোকটাকে একবারো হাসতে দেখে এভাবে সবসময় গম্ভীর হয়ে থাকে কিন্তু ও এমন কি কথা বলল যে সিদ্ধার্থ এভাবে হাসছে । সবাই সিদ্ধার্থ এর হাসির দিকেই তাকিয়ে আছে । এদিকে প্রকৃতি অপরাধীর মতো কেশব বাবুর দিকে একবার তাকিয়ে আবার মুখটা নামিয়ে নিল।

ঈশিতাও আমতা আমতা করে কিছু বলতে যাবে তার আগেই সবাই শব্দ করে হেসে উঠলো। অনি হাসতে হাসতে ঈশুকে বলল "" ভেরি ফানি প্রকৃতি এতো কিউট ইস্ তোমার উপর আমার হিংসে হচ্ছে আমার যদি এরকম একটা কিউট বনু থাকতো "" বলে আবার হাসতে লাগলো ।

কেশব বাবু প্রকৃতির কাছে এসে বলল "" তুমি তো একদিনেই আমাদের পরিবারটাকে হাসতে শিখিয়ে দিলে মা , এভাবেই থেকো

বদলে যেও না কখনো আর আমাকে এরকম শাসন করে যেও ""
কেশব বাবুর কথা শুনে সবার মুখেই হাসি ফুটে উঠলো কিন্তু
প্রকৃতি তো সিদ্ধার্থ এর দিকে তাকিয়ে আছে ।

সিদ্ধার্থ হটাৎ হাসতে হাসতে লক্ষ্য করলো প্রকৃতি ওর দিকে
তাকিয়ে আছে। প্রকৃতিকে ভালো করে লক্ষ্য করতেই দেখলো খুব
সুন্দর লাগছে প্রকৃতিকে হলুদ রঙের শাড়ি হাত ভর্তি চুড়ি কপালে
ছোট্ট একটা টিপ সিঁথিতে চওড়া করে সিঁদুর । সিদ্ধার্থ প্রকৃতিকে
এভাবে ওর দিকে তাকিয়ে থাকতে দেখে চোখে চোখে বলল "" কি
হয়েছে ?""

প্রকৃতি সিদ্ধার্থ এর ঈশারা বুঝতে না পেরে কনফিউজড হয়ে ভ্রু
কুঁচকে ওর দিকে তাকালো ।

সিদ্ধার্থ আবার ঈশারা করে বলল "" এভাবে তাকিয়ে আছো কেন
আমার দিকে ?""

প্রকৃতি এবার কথাটা বুঝতে পেরে ভ্রু দুটো আরো কুচকে গেল
তারপর মনে মনে বলল "" মিঃ সেনগুপ্ত কে যতটা গম্ভীর
ভেবেছিলাম ততটা নয় "" সবার চোখের আড়ালে ওদের এই চোখে
চোখে কথা বলাটা যেন নতুন একটা ভাষার সৃষ্টি করলো ।

আজ কাল রাত্রি সিদ্ধার্থ অনি কেউ বউ এর মুখ দেখতে পাবে না ।
অনির ব্যাপারটা না হয় আলাদা ও ভালবেসে বিয়ে করছে বাট
সিদ্ধার্থ এতো কেন উতলা হচ্ছে বুঝতে পারছে না । বারবার মনে
হচ্ছে ছুটে যায় প্রকৃতির কাছে , দেখতে ইচ্ছে করছে ওই চঞ্চল
দুষ্টু মুখখানি ।

সকাল হতেই আজ প্রকৃতির ঘুম ভেঙে গেল । এত সকালে ওর ঘুম অনেকদিন ভাঙেনি তবে নতুন জায়গা বলে হয়তো ঘুম ভেঙে গেছে । প্রকৃতি বিছানা ছেড়ে উঠে দেখে ঈশিতা এখনো ঘুমাচ্ছে পরনের শাড়িটা ঠিক ভাবে নেই ও ঈশিতার শাড়িটা ঠিক করে দিয়ে বিছানা ছেড়ে নেমে এলো । ঈশিতা শাড়ি পরে ঘুমালেও ওর একটা কুর্তি প্লাজো পরেই ঘুমিয়েছিল নাহলে রাতের বেলা শাড়ি খুলে ঘুরতে চলে যেতো । প্রকৃতি বেলকনিতে এসে দরজা খুলে বাইরে বেরোলো শীতের একটা ঠান্ডা বাতাস ওর শরীরে কাটার মতো স্পর্শ করে যাচ্ছে সঙ্গে চাদরটাও আনতে ভুলে গেছে তাই নিজের দুই হাত ঘসতে ঘসতে ঠান্ডায় কাঁপতে লাগলো তাও ভেতরে গেল না বাইরে পরিবেশটা উপভোগ করতে লাগল। এই রুমের মধ্যে পড়ে কত রকমের ফুল গাছ লাগানো আছে আর নীচেও ফুলের বাগান দেখা যাচ্ছে । প্রকৃতি মুগ্ধ হয়ে সেগুলো দেখতে থাকলো ।

"" কি করছো এখানে ? রুমে যাও, ঠান্ডা লাগানোর ইচ্ছে আছে নাকি ? "" পাশের বেলকনি থেকে কড়া ধমক শুনে প্রকৃতি ভয় পেয়ে সেইদিকে তাকালো দেখলো সিদ্ধার্থ ওর দিকে ভ্রূ কুঁচকে তাকিয়ে আছে ।

"" আরে আমার ঠান্ডা লাগছে না তো দেখুন কি সুন্দর দৃশ্য আমার দেখতে বেশ ভালোই লাগছে , আচ্ছা আপনিও এখানে আসুন আমি আপনি একসাথেই দেখবো ""

মেয়ে বলে কি ঠান্ডা লাগছে না । এই ঠান্ডায় চাদর গায়ে নেওয়া সত্ত্বেও ওর মনে হচ্ছে জমে যাবে আর এই মেয়ে ? আর যখনই কথা বলে তখনই দুটো কথা বাড়তি বলবেই না হলে এই মেয়ের শান্তি হয়না আবার আমাকে বলছে ওর সাথে পরিবেশ উপভোগ করতে সাহস কতো ? আজ পর্যন্ত কেউ আমার সাথে এভাবে কথা বলেনি আর প্রকৃতি প্রথম দিন থেকেই আমার উপর অর্ডার করে চলেছে আর আজব ব্যাপার আমিও সব কিছু শুনে চলেছি ।

"" আরে আরে আপনি ঠান্ডায় জমে গেলেন নাকি কথা বের হচ্ছে না ?"" প্রকৃতি সিদ্ধার্থ এর সামনে হাততালি দিয়ে বলল। প্রকৃতির এই কান্ডে সিদ্ধার্থ ভালোই চমকেছে গম্ভীর দৃষ্টিতে প্রকৃতির দিকে তাকিয়ে বলল "" আর একটা কথাও যেমন না শুনি চুপচাপ রুমে যাও ""

সিদ্ধার্থ এর এমন গম্ভীর স্বর শুনে প্রকৃতি যেন আর ওখানে দাঁড়িয়ে থাকার সাহস পেল না গজগজ করতে করতে রুমে চলে এলো । তারপর লেপটা দেখে ওর ঠান্ডা যেন কয়েকগুণ বেড়ে গেল তাড়াতাড়ি লেপের কাছে গিয়ে লেপের তলে ঢুকে একদম জুবুথুবু হয়ে শুয়ে পড়লো ঈশিতার গায়ের থেকেও লেপটা সরে গেছে একদম । হটাৎ ঠান্ডা অনুভব করে ঈশিতার ঘুমটা ভেঙে গেল চোখ খুলে দেখে প্রকৃতি পুরো লেপটাতে নিজেকে জড়িয়ে রেখে ঠান্ডায় কাপছে । ঈশিতা প্রকৃতির অবস্থা দেখে বুঝতে পারল কি ঘটিয়ে এসেছে রেগে গিয়ে লেপটা নিজের শরীরে ঢাকা নিয়ে বলল "" তুই কখনো বদলাবি না ""

সারাটা দিন কেটে গেল বিভিন্ন নিয়ম কানুনের মধ্য দিয়ে । রাতের বেলাতে ঈশিতা প্রকৃতি দুইজনকেই আবার বধু রুপে সাজানো হয়েছিল । অনেক আত্মীয় স্বজন দেখতে এসে বিভিন্ন রকমের কথা বলেছে কিন্তু কেউ পাত্তা দেয়নি ওনাদের । প্রকৃতিকে কেউ অপমান করতে গেলে সিদ্ধার্থ তার যোগ্য জবাব দিয়েছে । প্রকৃতি হয়তো কিছু বলতে পারতো কিন্তু বলেনি কারন ওর মনে হয়েছে এখানে সিদ্ধার্থ এর বলা দরকার ।

আজ সিদ্ধার্থ যেন প্রকৃতির দিক থেকে চোখ ফেরাতেই পারছিল না কি সুন্দর লাগছিল গাঢ় লাল রঙের লেহেঙ্গাটাই একদম ব্রাইডাল সাজ । ঈশিতাকে ও কোনো অংশে কম লাগেনি । কিন্তু সমস্যা হলো যখন সিদ্ধার্থ প্রকৃতিকে কাছাকাছি দাঁড়িয়ে ছবি তুলতে বলা হলো । দুইজনেই অস্বস্তি বোধ করছিল । প্রকৃতি তো বারবার শিহরিত হচ্ছিল সিদ্ধার্থ এর ছোয়া পেয়ে আর ততবারেই যেন মুখটা নামিয়ে নিচ্ছিল। এত কাছ থেকে প্রকৃতিকে লজ্জা পেতে দেখে সিদ্ধার্থ যেন আরো বেশি অবাক হচ্ছিল হার্টবিট ক্রমশ বেড়েই চলেছিল কিন্তু নিজের ফিলিংস গুলো কে আটকে রেখেছিল কোনো মতে ।

এবার ফুলশয্যা । প্রকৃতি ফুল দিয়ে সাজানো বিছানায় বসে ছিল কত রকমের আকাশ পাতাল চিন্তা ভাবনা করেই চলেছিল । আজ যদি সিদ্ধার্থ ওর সাথে কোনো রকমের জোর করে তাহলে বিয়েটা ওদের কি রকম পরিস্থিতিতে হয়েছে সেটা তো সবাই জানে এত

সহজে মেনে নেওয়া সম্ভব না কিন্তু ও কি করবে এবার ? ছোটবেলার কিছু দৃশ্য যেন আবার চোখের সামনে ভেসে উঠলো সেরকম যদি ওর সাথেও কিছু হয় তাহলে ? প্রশ্নটা মনে আসতেই ও একপ্রকার চেঁচিয়ে বিছানা থেকে নেমে গেল। ঠিক সেই মুহূর্তে সিদ্ধার্থ রুমে প্রবেশ করলো । এতক্ষন ওর নিজেরেই অড লাগছিল কারন যে পরিস্থিতি তে ওদের বিয়ে হয়েছে প্রকৃতি ওর সাথে কিছুতেই ফ্রি হতে পারবে না। ওকে চেষ্টা করতে হবে সম্পর্কটা কে সহজ করে তোলার । এইসব ভেবেই ও রুমে প্রবেশ করছিল কিন্তু প্রকৃতিকে এভাবে লাফিয়ে উঠতে দেখে ভ্রু দুটো অল্প কুচকে এলো । চোখ দুটো ছোট ছোট করে প্রকৃতির দিকে তাকালো দেখলো প্রকৃতি ওর দিকে ভীতু চোখে তাকিয়ে আছে । কিন্তু ওই চোখে তো ভয় দেখতে চাইনি আবার ওর প্রতি সাহস সম্মান শ্রদ্ধা দেখতে চেয়েছিল ।

"" কি হয়েছে প্রকৃতি ? কোনো সমস্যা তোমার ?"" সিদ্ধার্থ প্রকৃতির দিকে দুই কদম এগিয়ে এসে বলল ।

"" কাছে আসবেননা একদম না হলে মেরে ফেলবো বলে দিলাম "" প্রকৃতি সিদ্ধার্থ কে হুমকি দেবার স্বরে বলে উঠলো গলায় ভীতু স্বর ।

"" আরে শান্ত হোও তুমি কেন ভয় পেয়েছো সেটা তো বলো ?"" সিদ্ধার্থ নিজের গলাটাকে ততটা সম্ভব শান্ত করে বলে উঠলো ।

"" দেখুন শান্ত হবো মানে ? আপনি আমার সাথে কিছু করার চেষ্টা করলেও মেরে ফেলবো আপনাকে "" প্রকৃতি আবার বলে উঠলো । সিদ্ধার্থ প্রকৃতির কথা শুনে বুঝতে পারল প্রকৃতি আবার কোনো

উল্টো পাল্টা কিছু ভাবছিল তাই এরকম ভাবে রিয়েক্ট করেছে । বাসের ঘটনাটা মনে পড়তেই জোরে জোরে হেসে উঠলো সত্যিই মেয়েটা এতো খামখেয়ালী নিজের দুনিয়াতেই থাকে ।

সিদ্ধার্থ কে আবার হাসতে দেখে প্রকৃতি শান্ত হয়ে ভ্রু কুঁচকে কনফিউজড হয়ে ওর দিকে তাকালো আজব তো লোকটা হাসছে কেন ? পাগল হয়ে গেল নাকি ? হে ভগবান কাল সকালে খবর বেরোবে ফুলশয্যার রাতে স্ত্রী স্বামীকে কিছু খাইয়ে পাগল করে দিয়েছে।

প্রকৃতি কাঁদো কাঁদো স্বরে বলল "" আপনি হাসছেন কেন ? ""

সিদ্ধার্থ কোনো মতে হাসিটা থামিয়ে প্রকৃতির দিকে আর দুই কদম এগিয়ে এসে বলল "" রিলেক্স প্রকৃতি এতো ভয় পাবার দরকার নেই , সরি তুমি মুখটার অবস্থা এমন বানিয়ে রেখেছো না হেসে পারলাম না ""

সিদ্ধার্থ এর কথা শুনে প্রকৃতি কোথাও না কোথাও গিয়ে একটু ভরসা পেল তাও ওর কাছ থেকে খানিকটা সরে গিয়ে বলল "" সত্যিই বলেছেন আপনি ?""

"" আরে হ্যা বাবা সত্যিই সত্যিই সত্যিই তিন সত্যি হয়েছে "" বলে প্রকৃতির গাল দুটো টেনে দিল সিদ্ধার্থ । প্রকৃতি সিদ্ধার্থ এর কথা শুনে খুশি হয়ে বলল "" ওকে ওকে ধন্যবাদ জানেন আমি কতো ভয়ে ছিলাম আপনি না খুব ভালো "" বলেই প্রকৃতি সিদ্ধার্থ এর নাকটা টেনে দিয়ে ওয়াশরুমে ঢুকে গেল আর সিদ্ধার্থ হতভম্ব হয়ে এখনো নাকে হাত দিয়ে দাঁড়িয়ে আছে ।

সিদ্ধার্থ চেঞ্জ করে একটা গেঞ্জি প্লাজো পরে সোফায় বসে পড়লো । মাঝে মধ্যে একবার নাকে হাত দিচ্ছে সত্যিই মেয়েটা মনে হয় জাদু জানে কেমন করে এই কিছু সময়ের মধ্যে যেন ওকে বদলে দিল । ও বেশি কথা বলতে পছন্দ করে না কিন্তু মেয়েটার সান্নিধ্যে থেকে সেটাও পছন্দ করতে শুরু করেছে যেন ।

প্রকৃতি একটা কুর্তি পাটিয়ালা পরে ওয়াশরুম থেকে বেরিয়ে এলো । এতো সাজ গোজ খুলতে খুলতেই ওর দম বেরিয়ে গেছে তাও মাথার খোঁপা খুলতে পারেনি পরনে থাকা ফুলের গয়না গুলো গুলো কোনো মতে বেরিয়ে এসেছে ।

ওয়াশরুমের দরজা খোলার আওয়াজ শুনে সিদ্ধার্থ সেই দিকে তাকালো দেখলো প্রকৃতি শাড়ি হাতে নিয়ে দাড়িয়ে আছে আর নিজেকে সামলানোর চেষ্টা করছে মাঝে মধ্যে খোঁপায় হাত দিচ্ছে ।
"" আচ্ছা মিঃ সেনগুপ্ত বলুন তো এইসব লোকে পরে কি করে ? এতো ভারী শাড়ি আর এতো সাজ গোজ আমার তো অস্বস্তি লাগছে ।
খোঁপা টাও খুলতে পারলাম না কে জানে কতো ক্লিপ আটকানো আছে চুলে ?
আর এই শাড়ি আবার একে গোছাতে হবে আমি তো জানিও না জীবনে ভাবিনি কখনো এমন কাজ করতে হবে ।"" প্রকৃতি কোনো মতে শাড়িটা টেবিলের উপর নামিয়ে রেখে বলল কথা গুলো ।

সিদ্ধার্থ প্রকৃতির দিকে হা করে তাকিয়ে আছে হয়তো প্রকৃতিকে দেখে মুগ্ধ হয়ে গেছে কিন্তু প্রকৃতির বকবক শুনে সেই ঘোরটাও ভেঙে গেছে । উফফ্ ভগবান এই মেয়ে এতো বকবক করে কেন? একটা জায়গাতেও স্থির হয়ে দাঁড়িয়ে থাকতে পারে না , একটু যে শান্তিতে দেখবো তার ও ঠিক নেই । কথাটা মনে মনে বলে সিদ্ধার্থ নিজেই চমকে উঠলো এটা কি ভাবছে ও ? উফ্ এই মেয়েটা ক্রমশ ওর ব্রেনে ঢুকে যাচ্ছে । শুধুই কি ব্রেনে নাকি মনে ? সিদ্ধার্থ পুনরায় নিজেকে প্রশ্ন করলো ।

"" এতো কি ভাবছেন বলুন তো ?"" প্রকৃতি সিদ্ধার্থ এর সামনে তুড়ি বাজিয়ে বলল । সিদ্ধার্থ প্রকৃতির কথা শুনে ওর দিকে তাকালো সত্যিই ও এই মেয়েটার মতো ভাবুক হয়ে যাচ্ছে প্রতিদিন ।

"" কিছু না , তবে কিছু বলছিলে তুমি ?"" সিদ্ধার্থ প্রকৃতির দিকে তাকিয়ে গম্ভীর ভাবে বলল।

"" হ্যা আসলে , আসলে আমার চুল গুলো খুলতে যদি একটু সাহায্য করতেন , মানে বেশি করতে হবে না একটু একটু করলেই হবে "" প্রকৃতি আমতা আমতা করে বলে উঠলো।

প্রকৃতির এভাবে কথা বলতে দেখে সিদ্ধার্থ মুচকি হাসলো তারপর প্রকৃতির হাত নিয়ে আয়নার সামনে বসিয়ে বলল "" এতো আমতা আমতা করছো কেন ? আমরা না বন্ধু , আর বন্ধুর কাছে সব কথায় খুলে বলতে হয় নাকি ""

"" নাও কম্পলিট এবার শান্তি তো "" সিদ্ধার্থ প্রকৃতির খোপাটা খুলে দিয়ে ওর কাছ থেকে একটু সরে গিয়ে বুকের কাছে হাত ভাঁজ করে রেখে বলল ।

খোপাটা খুলে যেতেই প্রকৃতি একটা শান্তির নিশ্বাস নিয়ে এক ঝাটকা দিয়ে উঠে সিদ্ধার্থ এর দিকে ঘুরে বলল "" খুব .... এতক্ষন মনে হচ্ছিল আমার চুল গুলো কে কেউ খাঁচায় বন্দি করে রেখে দিয়েছে "" প্রকৃতি এভাবে উঠে যাওয়ায় এক পিঠ চুল পুরো ওর শরীরে ছড়িয়ে গেল আর মুখে মিষ্টি হাসিটা যেন ওর সৌন্দর্য টাকেই আরো বাড়িয়ে দিল । সিদ্ধার্থ প্রকৃতিকে দেখে আরো বেশি মুগ্ধ হয়ে গেল যেন । ওর মুগ্ধতা ক্রমশ বেড়েই চলেছে আদৌও কি কখনো মুক্তি পাবে এই মুগ্ধতা থেকে ?

"" আচ্ছা বেলকনিতে যাবেন ? আমার খুব খোলা হাওয়ায় বসতে ইচ্ছে করছে ?""

"" কি এতো ঠান্ডায় বেলকনি ? মাথা ঠিক আছে তোমার ?""

"" হু ঠিক আছে একদম , আর আপনি তো চাদর গায়ে দিয়ে থাকবেন তাহলে আপনার ঠান্ডা লাগার প্রশ্ন ওঠে না চলুন না "" প্রকৃতির এতো মিষ্টি করে বলাটা যেন সিদ্ধার্থ ফেলতে পারলো না তাই দুটো চাদর এনে একটা নিজে আর একটা প্রকৃতিকে ভালো করে ঢাকা দিয়ে বলল "" চলো ""

বেলকনিতে রাখা বিছানাটার উপর দুইজনেই বসলো । বিছানাই একজনেরই শোয়ার যোগ্য এটা সিদ্ধার্থ বানিয়েছিল গ্রীষ্ম কালের জন্য । গ্রীষ্মের রাতে রাতের আকাশ উপভোগ করতে করতে

ঘুমানোর মজাটাই যেন আলাদা ।

দুইজনের মধ্যে কিছুটা দূরত্ব রেখে বসলেও যেন এই শীতকালের শীতল বাতাস তা মেনে নিতে পারলো না। ওদের মধ্যে দুরত্বটা যেন মানায় না একদম মানায় না তাই হু হু করে বয়ে আসা একঝাঁক দক্ষিনি বাতাস ওদের কে স্পর্শ করে চলে গেল আর এতো ঠান্ডা বাতাসের স্পর্শে প্রকৃতি একদম সিদ্ধার্থ এর সাথে ঘেসে বসলো । প্রকৃতিকে এভাবে ওর কাছে আসতে দেখে সিদ্ধার্থ ওর দিকে তাকালো তারপর মুচকি হেসে একটা হাত দিয়ে ওকে জড়িয়ে ধরলো যেন এই অধিকারটা শুধুই ওর ।

প্রায় একঘন্টা ওই ভাবে দুইজনেই গল্প করার পর রুমে ফিরে এলো তখন প্রকৃতি হুহু করে কাঁপছে । সিদ্ধার্থ প্রকৃতির অবস্থা দেখে রাগ দেখিয়ে বলল "" বলেছিলাম যেতে না কিন্তু শুনলে না ""

"" এএএ,,তোও কওওথাআ বলেছেএএন কেএএন ? কোওওথাআআয় শোবোওও বলেএএ দিননাআআ ?"" কাঁপতে কাঁপতে দাত কিড়মিড় করে প্রকৃতি কথা গুলো বলল ।

শোয়ার কথা শুনে এবার সিদ্ধার্থ নিজেই একটু ধন্দে পড়ে গেল সত্যিই শোবে কোথায় ? গ্রীষ্ম কাল হলেও ও সোফায় শুয়ে পড়তে পারতো কিন্তু এই শীতকাল তারপর একটাই মাত্র লেপ আছে রুমে । এখানে তো ও থাকে না তাই রুমে খুব একটা জিনিস নেই ।

"" কিইইই হলোওওও চুউউপ করেএএ আছেএএন কেন ?""

প্রকৃতি আবাবার কাঁপতে কাঁপতে নিজের হাত দুটো ঘসতে ঘসতে বলল।

সিদ্ধার্থ প্রকৃতির অবস্থা দেখে বলল

"" তুমি বিছানায় শুয়ে পড়ো আর আমি দেখছি কি করা আজকের মতো সোফায় শুয়ে পড়ি কালকে কিছু একটা ব্যাবস্থা করবো ""

"" ওমাআআ এতো ঠাআআন্ডায় আপনিইই সোফায় শোবেন কেন ?"" কথাটা বলেই প্রকৃতি নিজেই বোকা হয়ে গেল যেন।

"" সোফায় শোবো নি তো কোথায় শোবো , তুমি আমার সাথে এক বিছানায় কম্পফরটেবল ফিল করবে ?"" সিদ্ধার্থ একটু অবাক হয়ে বলল।

প্রকৃতি নিজের ভুল বুঝতে পেরে নখ খুঁটতে খুঁটতে বলল "" না মানে আর কি করা যাবে এতো ঠান্ডায় শুলে তো আপনার সর্দি করবে তাই আপনি বরং বিছানার ওপাশে শুয়ে পড়ুন আর আমি এইপাশে তাহলেই নিশ্চয়ই কোন অসুবিধা হবে না ""

"" Are you sure ? তোমার সত্যিই অসুবিধা হবে না তো ? "" সিদ্ধার্থ প্রকৃতির কথা শুনে অবাক হয়ে বলল ।

"" একদম আপনি শুয়ে পড়ুন আমার অসুবিধা হবে আর প্লিজ কথা

বলবেন না আমার ঠান্ডা লাগছে আর ঘুম ও পাচ্ছে শুভ রাত্রি বাই বলে "" প্রকৃতি গিয়ে লেপের তলে ঢুকে গেল আর সিদ্ধার্থ কিছুক্ষণ বোকার মতো প্রকৃতির দিকে তাকিয়ে ওপর পাশে শুয়ে পড়লো।

প্রকৃতি যতই বলুক ওর অস্বস্তি হবে না কিন্তু সিদ্ধার্থ পাশে শুতেই যেন ওর অস্বস্তি বেড়ে গেল। এতক্ষন অস্বস্তি হচ্ছিল কিন্তু নিজের ঢেকে রেখেছিল একপ্রকার কিন্তু এখন আর পারছে কোই । হার্টবিট ক্রমশ বেড়ে যেতে শুরু করলো ওর । এদিকে সিদ্ধার্থ এর ও অসুবিধা হচ্ছে সোজা হয়ে শুয়ে আছে ও মাঝে মধ্যে প্রকৃতির দিকে তাকাচ্ছে ভাবছে মেয়েটা কি ঘুমিয়ে গেছে আর এভাবে মুখ ঢেকে শুয়েছে কেন ? সিদ্ধার্থ হটাৎ করে প্রকৃতির দিকে পাশ ফিরে শুল তখনই প্রকৃতি মুখের থেকে লেপটা সরিয়ে দিয়ে সিদ্ধার্থ এর দিকে তাকালো আর দুইজনের চোখাচোখি হয়ে গেল। দুইজনের চোখ দুটো স্থির হয়ে গেছে একদম কিছু তো একটা আছে চোখের মধ্যে তার ধারনা হয়তো দুইজনের মধ্যে তবে কিছু একটা হতে চলেছে ।

সিদ্ধার্থ চোখের ইশারায় আবার প্রকৃতিকে বলল "" কি হয়েছে ?""
প্রকৃতিও ঈশারা করে বলল "" কিছু না ""
আবার ইশারায় সিদ্ধার্থ বলে উঠলো "" তাহলে এভাবে তাকিয়ে আছো কেন ?""
প্রকৃতি সিদ্ধার্থ এর কথা শুনে আবার ভ্রূ কুচকালো একা দেখে সিদ্ধার্থ মুচকি হাসলো তারপর নিজের হাতটা দিয়ে প্রকৃতির চোখে

দুটো বন্ধ করে দিয়ে মুখে বলল "" ঘুমিয়ে পড়ো রাত অনেক গভীর "" এই ঠান্ডায় সিদ্ধার্থ এর স্পর্শ পেয়ে প্রকৃতি যেন কেঁপে উঠলো আর সিদ্ধার্থ ও সেটা অনুভব করতে পারলো। প্রকৃতি আর চোখ খোলার সাহস পেল না তাই ঘুমিয়ে পড়লো চুপচাপ।

তোল ছিন্ন বীনা বাঁধো নতুন তারে

ভরে নাও সুর গাও জীবনেরই জয় গান

আগামী দিনের আলো দু চোখে মেখে নাও

আঁধার ঘুচিয়ে দাও ভোল অভিমান।

তোল ছিন্ন বীনা বাঁধো নতুন তারে

ভরে নাও সুর গাও জীবনেরই জয় গান

তোল ছিন্ন বীনা।..

আরেক সকাল নেমে এলো পৃথিবীর বুকে । বাইরে থেকে আসা শীতের ঠান্ডা আমেজ আর পাখিদের কুহু কুহু কলরবের ধ্বনি যেন সিদ্ধার্থ প্রকৃতির জীবনে একটা নতুন সম্পর্কের নতুন অধ্যায়ের সূচনা করলো । হয়তো পরিস্থিতি চাইছে এই সময়টাকে অনুভব করতে জানে না কতদিন পারবে কিন্তু যতদিন আছে সেই কদিনেই বা এই উপভোগ থেকে পেছনে পড়ে থাকবে কেন ? তাই তো

মনের মতো করে উপভোগ করে নিচ্ছে ।

সকাল ছয়টা বাজে শীতকালের দিনে এতো সকালে কেউ ঘুম থেকে উঠে না কম করে সাড়ে সাতটা তো বাজেই। কিন্তু সিদ্ধার্থ এর ঘুমটা ভেঙে গেল। সকাল সকাল ওঠা ওর ছোটবেলার অভ্যাস তাই সকালের পর আর বিছানায় শুয়ে থাকতে পারে না। সিদ্ধার্থ আস্তে আস্তে চোখ দুটো খুলে সামনে তাকালো আচমকা ওর ঠোঁট দুটো কারোর কপালে স্পর্শ করলো । সিদ্ধার্থ তাকিয়ে দেখে প্রকৃতি ওর বুকের কাছে জড়োসড়ো হয়ে বাচ্চাদের মতো ঘুমিয়ে আছে আর ঘুমের ঘোরেই ওর নাকটা বারবার সিঁধুর গলায় ঘসছে আর বিড়বিড় করে কিছু একটা বলছে । প্রকৃতি ওর নাকটা সিদ্ধার্থ এর গলাতে ঘষায় সিদ্ধার্থ খানিকটা কেঁপে উঠলো। মা বোনের পর এই প্রথম কোন নারীর সংস্পর্শে এলো ও ।

সিদ্ধার্থ প্রকৃতিকে এভাবে বাচ্চাদের মতো করতে দেখে নিজের মনেই হেসে উঠলো সকাল সকাল প্রকৃতিকে এতটা কাছে দেখে ওর মনটা নিমেষেই ফুরফুরে হয়ে গেল। সিদ্ধার্থ এবার নিজের হাতের দিকে লক্ষ্য করলো ও নিজেও প্রকৃতিকে শক্ত করে ধরে রেখেছে এই নরম তুলতুলে পুতুলের মতো শরীরে হাতটা রেখে বেশ লাগছে পাশ বালিশেও যেন এতটা আরাম পাওয়া যায় না । সিদ্ধার্থ আবার প্রকৃতির স্নিগ্ধ মুখটার দিকে তাকালো । এতো ইনোসেন্ট মুখ যেন আগে কখনো দেখেনি ও কিন্তু জেগে থাকলে রাজধানী এক্সপ্রেস এর থেকে কম নয় খালি সবসময় মুখ চলে

আবার দরকার পড়লে হাত পাও চলে । বাপরে ধাবায় একেবারে ধানি লক্ষা হয়ে গেছিল ।

সিদ্ধার্থ কথা গুলো ভেবে আপন মনেই হেসে উঠলো । সত্যিই ভাবতে অবাক লাগছে এই মেয়েটার সাথে পরিচয় এই কিছু দিনের অথচ এই মেয়েটাই ওর জীবনের অপরিহার্য একটা অঙ্গ ওর অর্ধাঙ্গিনী । ও যতটা সম্ভব চেষ্টা করবে সম্পর্কটাকে স্বাভাবিক করার কখনো মেয়েটাকে ওর থেকে দূরে যেতে দেবে না কখনো না। এই কদিনেই মেয়েটা যেন ওর অভ্যাসে দাঁড়িয়ে গেছে তাই মেয়েটাকে ছাড়ার কোনো প্রশ্নই আসে না একপ্রকার মায়াতে আসক্ত হয়ে গিয়েছে ।

ও কথাটা ভাবতেই প্রকৃতি আবার নড়চড়ে ওর দিকে সরে এলো একদম শক্ত করে জড়িয়ে ধরলো। লেপের তলে ও যেন ওর ঠান্ডা যাচ্ছে না তাই সিদ্ধার্থ এর শরীরি উষ্ণতা পেয়ে বারবার ওর দিকেই সরে যাচ্ছে । এটা দেখে সিদ্ধার্থ আবার হাসলো সত্যিই মেয়েটা আসার পর যেন ওর মুখে হাসি লেগেই আছে । সিদ্ধার্থ প্রকৃতির চোখের পাতায় আলতো করে চুমু খেল ওর গালে হাত বুলিয়ে দিয়ে উঠে যেতে নিল কিন্তু প্রকৃতি এতো শক্ত করে ধরে রেখেছে নিজেকে ছাড়াতেই পারলো না । সিদ্ধার্থ প্রকৃতির দিকে তাকিয়ে দেখলো মুখে স্পষ্ট বিরক্তির ছাপ ভেসে উঠেছে সত্যিই তো এই ঠান্ডায় যদি কেউ ওর গরম জিনিস নিয়ে নেয় তাহলে বিরক্ত হওয়া স্বাভাবিক । সিদ্ধার্থ প্রকৃতির মুখের এই বিরক্তি দেখে ভ্রু কুঁচকে

ওর দিকে তাকালো ওকেই জড়িয়ে রেখেছে আবার ও উঠতে চাইলে বিরক্ত হচ্ছে ।

সিদ্ধার্থ কিছুক্ষণ ভ্রু কুঁচকে প্রকৃতির দিকে তাকিয়ে থেকে ওকে নিয়েই চিত হয়ে শুলো তারপর প্রকৃতির পিঠের উপর হাতটা রেখে লেপটা ভালো করে ঢাকা নিয়ে নিল । একটা শান্তি অনুভব করছে ও মনের মধ্যে আজ আর উঠতে ইচ্ছে করলো না বিছানা ছেড়ে তাই চুপচাপ শুয়ে রইল।

প্রায় আরো একঘন্টা পরে প্রকৃতির ঘুম ভাঙলো । প্রকৃতি মিটমিটি করে চোখ খুলে তাকালো । সিদ্ধার্থ কে দেখতে পেয়ে প্রথমে খানিকটা অবাক হলো আসলে ও ভেবেছিল বাড়িতেই আছে বিয়ের কথা বেমালুম ভুলে গেছিল কিন্তু সিদ্ধার্থ দেখে সব কিছু মনে পড়ে গেল । প্রকৃতি সিদ্ধার্থকে এতটা সামনে দেখে অবাক হলো একটু পরে বুঝতে পারলো ওকে কেউ আষ্টেপৃষ্ঠে জড়িয়ে রেখেছে আর প্রকৃতি তার বাঁধন ছেড়ে চেয়েও যেন উঠতে পারছে না।
কিন্তু এতো কিছু দেখেও প্রকৃতি কিছু বলল না কারন ভালোই বুঝতে পারছে ওর শোয়া খারাপ ভালো করেই জানতো এরকম কিছু হবে রাতের বেলা ঘুমিয়ে গেলে কেমন করে শোয় ও নিজেও জানে না। তাই বেশি কিছু চিন্তা না করে কোন মতে সিদ্ধার্থ কে ছাড়িয়ে একপাশে সরে গেল এই ঠান্ডায় লেপ থেকে বেরোতে ইচ্ছে করছে না কিন্তু বেলকনির মধ্যে থেকে আসা একটুকরো রোদের ঝলক একে টানছে তাই বাধ্য হয়েই উঠে গেল বেলকনির দিকে ।

আজকেও এই ঠান্ডায় গায়ে কিছু না জড়িয়েই বেলকনিতে চলে এসেছে আর ঠান্ডায় কাপছে । সিদ্ধার্থ এতক্ষন জেগে থাকলে ও কিছু বলেনি শুধু প্রকৃতি কাজ কর্ম দেখে কিছু আড়চোখে । এদিকে প্রকৃতি উঠে বেলকনিতে চলে যেতেই ও বিছানা ছেড়ে উঠে গেল না এই মেয়ে জীবনে শোধরাবে না আবার চাদর না নিয়েই চলে গেছে নিউমোনিয়া ধরিয়েই ছাড়বে একজন মেডিক্যাল স্টুডেন্ট হয়েও এতো খামখেয়ালী কি করে হতে পারে সেটাই তো ভেবে পাচ্ছে না।

প্রকৃতি নিজের হাত পা ঘসতে ঘসতে বাইরের দিকে তাকিয়ে আছে তখনই ওর শরীরে গরম কিছু অনুভব করলো তাড়াতাড়ি পেছনে তাকিয়ে দেখে সিদ্ধার্থ ওকে চাদরটা জড়িয়ে দিয়ে রাগি চোখে তাকিয়ে আছে । প্রকৃতি সিদ্ধার্থ এর রাগ দেখে একটু ভঁয় পেলো কারন এর আগে অনেক বার বলেছে ও কথা শোনেনি তাই এবার নির্ঘাত বকানি খাবে ।

সিদ্ধার্থ কিছু বলতে যাবে তখনই প্রকৃতি বলে উঠলো "" ওই দেখুন মিঃ সেনগুপ্ত জিজু আর দিভাই ও দাঁড়িয়ে পরিবেশটাকে অনুভব করছে আর আপনি আমাকে বকার জন্য উঠে পড়ে লেগেছেন "" প্রকৃতির কথা শুনে সিদ্ধার্থ পেছনে তাকিয়ে দেখে অনি ঈশিতা পেছন থেকে শক্ত করে জড়িয়ে ধরে কাধে মাথা রেখে কিছু একটা বলছে আর সেটা নিয়েই দুইজনে হাসাহাসি করছে ।

সিদ্ধার্থ এটা দেখে চোখ দুটো ফিরিয়ে নিল তারপর প্রকৃতির দিকে তাকিয়ে দেখলো ও হয়তো ঈশিতাকে ডাকবে এবার তাই প্রকৃতি কিছু বুঝে ওঠার আগেই সিদ্ধার্থ ওর কোমরটা শক্ত করে ধরে অন্যদিকে সরিয়ে নিল যাতে ওদেরকে দেখতে না পায় । আকস্মিক ঘটনায় প্রকৃতি হতভম্ব হয়ে সিদ্ধার্থ এর দিকে বড়ো বড়ো চোখ করে তাকিয়ে আছে । প্রকৃতি কিছু বলতে যাবে তার আগেই সিদ্ধার্থ ওর খুব কাছে এসে মুখটা নামিয়ে বলল

"" বুদ্ধি সুদ্ধি একটুও নেই তোমার ওরা প্রেম করছে আর তুমি ওদের ডিস্টার্ব করছো ""

এদিকে সিদ্ধার্থ এর কথা শুনে প্রকৃতি অবাক হয়ে ওর দিকে তাকিয়ে আছে কিছু বলার কথা খুঁজে পাচ্ছে দম আটকে আসছে সিদ্ধার্থ কে এতো কাছে দেখে পুরো শ্বাস প্রশ্বাস ওর মুখের উপর পড়তে হৃদয়ের গতি বেড়ে গেছে । ভয়ে চোখ মুখ খিচে বন্ধ করে রেখেছে ।
"" কি হলো অন্য সময় এতো কথা বলো এখন বলছো না কেন ?"" সিদ্ধার্থ প্রকৃতিকে কিছু বলতে না দেখে বলে উঠলো ।

"" আপনি প্লিজ একটু দূরে দাঁড়ান "" প্রকৃতি আমতা আমতা করে বলে উঠলো।

সিদ্ধার্থ প্রকৃতির অবস্থা বুঝতে পেরে ওকে ছেড়ে দিয়ে একটু দূরে দাঁড়ালো তারপর ভ্রূ কুঁচকে ওর দিকে তাকিয়ে কিছু বলতে যাবে প্রকৃতি দৌড়ে রুমে ঢুকে গেল।

ফ্রেশ হয়ে সিদ্ধার্থ রুম থেকে বেরিয়ে এসে কেশব বাবুর পাশে সোফায় বসে পড়লো । কেশব বাবু সিদ্ধার্থ কে পাশে বসতে দেখে চায়ের কাপটা নামিয়ে রেখে বলল "" কিছু বলবি ?""
"" হুঁ , আসলে বাবা বলছি যে আমি একটু তাড়াতাড়ি শিলিগুড়ি ফিরে যেতে চাই ""

"" কেন কি হয়েছে ? হটাৎ তাড়াতাড়ি কেন ফিরতে চাইছিস ? তোর তো পনেরো দিন থাকার কথা ছিল !""

"" হ্যা মানে ছিল কিন্তু এতদিন থাকলে প্রকৃতির কলেজ মিস হয়ে যাবে পরিস্থিতি স্বাভাবিক থাকলে তো ও আজকেই শিলিগুড়ি চলে যেতো কিন্তু যেরকম পরিস্থিতি ওর আরো সাতদিন ছুটি হয়ে যাবে ""

"" আচ্ছা বুঝলাম অষ্টমমঙ্গলাটা সেরে আয় তার পর চলে যাস এখন তোকে আটকাবো না । আমিও বুঝতে পারছি প্রকৃতির পরিস্থিতিটা ""

কেশব বাবুর কথা শুনে সিদ্ধার্থ মুচকি হাসলো তবে কেশব বাবুর

মুখটা একটু শুকিয়ে গেল । এই দুদিনেই মেয়েটা ওনার পরিবারটাকে একদম মাতিয়ে রেখেছে । হাসি খুশি তে কি ভাবে দিন কেটে যায় বুঝতেই পারেন না ।

"" দিভাই বলছি কি আমাকে একটু শাড়িটা পরিয়ে দে না আমি তো পরতে পারছি না ঠিক ভাবে "" প্রকৃতি সকাল সকাল স্নান সেরে একটা কুর্তি প্লাজো পরে শাড়ি হাতে নিয়ে ঈশিতার রুমে ঢুকলো । সেখানে গিয়ে হালকা চিৎকার করে উঠে চোখ মুখ ঢেকে নিয়ে বলল "" সরি সরি আমি আসলে .....""

আসলে অনির্বাণ আর ঈশিতা খুব ঘনিষ্ঠ ভাবে দাড়িয়ে আছে আর নক না করেই ঢুকে পড়েছিল আগে যেমন দিভাই এর রুমে ঢুকতো । প্রকৃতি কে দেখেই অনি ঈশিতাকে ছেড়ে দিল আর ঈশিতা গজগজ করতে করতে অনির্বাণ এর গুষ্টি উদ্ধার করতে লাগলো।

"" আমি আসছি দিভাই তোরা কন্টিনিউ করা "" বলেই পালাতে যাবে তার আগেই ঈশিতা ওর হাতটা ধরে নিয়ে বলল "" বেশি পাকামো করতে হবে না আয় শাড়িটা পরিয়ে দিচ্ছি , আর এই যে মহারাজ এখন যাও এখান থেকে ""
অনির্বাণ ঈশিতার কথা শুনে বলল "" আমাকেও যেতে হবে নাকি ?""
ঈশিতা কিছু বলতে যাবে তার আগেই প্রকৃতি ফিক করে হেসে দিয়ে বলল "" তো যাবে না কি তুমি ও শাড়ি পরবে নাকি ?

তাহলে আমি তোমায় শাড়ি পরিয়ে দেবো চিন্তা করো না নিজে শাড়িটা ঠিক ভাবে পরতে না পারলেও অপরকে ভালো পরাতে জানি । আর এই লাল রঙের শাড়ি টা তে তোমাকে হেবি লাগবে আমার তো ভাবতেই ভালো লাগছে ইস্‌ , আচ্ছা শাড়ি পরে কিন্তু তুমি বেশ ভালো ভালো পোজ দিও আমি ছবি তুলবো তোমার সাথে তারপর ফেসবুকের দেবো ক্যাপশন লিখবো আমার নতুন জিজুবৌদি হি হি "" বলেই দাঁত বের করে হাসতে লাগলো এদিকে ঈশিতা ও প্রকৃতির কথা শুনে হাসতে হাসতে বিছানায় বসে পড়েছে আর বেচারা অনির্বাণ কি বলবে ? ও একজন স্কুল টিচার বিনা তেলে ওকে এভাবে কেউ ধুয়ে দেবে ভাবতে পারেনি তাই আমতা আমতা করে কিছু বলতে গেলেও বলল না । এই মেয়েকে বিশ্বাস নেই আবার কি বলতে কি বলে তাই চুপচাপ ঈশিতার দিকে একবার তাকিয়ে বেরিয়ে গেল।

ঈশিতা প্রকৃতিকে শাড়ি পরিয়ে বিছানায় বসে পড়লো সত্যি মেয়েকে শাড়ি পরানো আর যুদ্ধ করা এক ব্যাপার ওকে শাড়ি পরাতে গেলে নিজেই শাড়ি পরানোর কৌশল ভুলে যাবে । ভুলবশত কোনো জায়গায় স্পর্শ করা গেলেই প্রকৃতির কাতুকুতু খেয়ে নড়ছে । এতে ঈশিতার শাড়ি পরাতেও খুব অসুবিধা হচ্ছে অনেকবার তো শাড়িটা খুলেও যাচ্ছে ।

প্রকৃতি নিজের রুমে এসে আয়নার সামনে দাড়ালো । শাড়ি পরে কেমন যেন বউ বউ লাগছে এটা ভেবে নিজেই হালকা লজ্জা পেল

তারপর সিঁদুরের কৌটা হাতে নিয়ে ওটা পরতে যাবে তখন আরেক অসুবিধা ঠিক যায়গায় কিছু তেই পড়তে চাই না । হাত কাপছে তাই এরকম হচ্ছে তাও কোনো মতে সিঁদুর টা পরে কৌটাটা নামিয়ে রাখলো । আলতো করে চুলটা ছাড়িয়ে নিয়ে একটা লাল রঙের টিপ পরতে যাবে তখনই আয়নার দিকে নজর গেল । আয়নার দিকে তাকিয়ে দেখল সিদ্ধার্থ মুগ্ধ দৃষ্টিতে ওর দিকে তাকিয়ে আছে । ওর চোখ দুটোও যেন স্থির হয়ে গেল এই আয়নার দিকে তাকিয়ে চোখে চোখে যেন কতো কথা হচ্ছে শেষ হতেই চাই না । সিদ্ধার্থ ধীরে পায়ে প্রকৃতির দিকে এগিয়ে এলো তারপর প্রকৃতির খুব কাছে দাঁড়িয়ে ওর কাঁধ দুটো ধরে নিজের দিকে ঘুরালো । সিদ্ধার্থ এর স্পর্শে প্রকৃতির হার্ট যেন পুনরায় কম্পিত হতে লাগলো চোখ দুটো সরিয়ে নিল সিদ্ধার্থ এর থেকে । সিদ্ধার্থ প্রকৃতির দিকে তাকিয়ে মুচকি হেসে ওর হাত থেকে টিপটা নিয়ে কপালে পরিয়ে দিল তারপর নিজের অজান্তেই কপালে একটা স্নেহপরশ দিয়ে ছেড়ে দিল। সিদ্ধার্থ এর ঠোঁটের স্পর্শ পেয়ে প্রকৃতি চোখ দুটো বড়ো বড়ো করে ওর দিকে তাকালো দেখলো সিদ্ধার্থর মুখে তখনো হাসি লেগেই আছে ।

"" মিঃ সেনগুপ্ত আপনি ?"" প্রকৃতি কিছু বলতে চাইলেও বলতে পারলো না সিদ্ধার্থ প্রকৃতির ঠোঁটে হাত রেখে চুপ করিয়ে দিয়ে বলল "" এতো কথা বলো কেন সবসময় ? একটু চুপ করে দাঁড়িয়ে থাকতে পারো না দেখতে পারছো তো কাজ করছি ""

সিদ্ধার্থ এর কথা শুনে প্রকৃতি অবাক হয়ে ভ্রু কুঁচকে বলল "" কি কাজ করছেন এখানে ?""

কথাটা শুনেই সিদ্ধার্থ এর ঘোর কেটে গেল সামান্য বিরক্ত ও হলো আবার অবাক ও হলো সত্যিই তো কি কাজ করছিল এখানে ? তাড়াতাড়ি প্রকৃতির কাছে থেকে সরে এসে বলল "" কিছু না খেতে চলো "" তারপরেই রুম থেকে বেরিয়ে গেল।

সিদ্ধার্থ প্রকৃতির বন্ধুত্বটা যেন আরো বেশি করে গভীর হতে লাগলো তবে শুধুই বন্ধুত্ব বৈবাহিক সম্পর্কের কোনো বাঁধন নেই তার মধ্যে । তবে বন্ধুত্বের সম্পর্কটা অটুট মাত্র কিছুদিন এর মধ্যেই যে এতো ভালো বন্ধু হতে পারে সেটা দুইজনের কারোর জানা ছিল না।

এই সময় শীতের শুষ্ক বাতাস তেমন বয়ে চলেছে তেমনি এই এক সপ্তাহ বয়ে চলে গেল কেউ কিছু বুঝতে পারলো না। এর মধ্যে দুই জুটি অষ্টমমঙ্গলাটা সেরে এসেছে । সে কতো রকম আয়োজন সৃজিত বাবু যেন এতদিন পর মেয়েকে পেয়ে আর ছাড়তেই চাইনি প্রকৃতিও সব ভুলে গেছিল বাবা মাকে কাছে পেয়ে । ভুলে গেছিল যে ওর বিয়ে হয়ে গেছে । বাড়িতে ফিরে যেন আবার বোনের সাথে দুষ্টুমি তে মেতে উঠেছিল তবে এর মধ্যে আরেকটা জিনিস ঘটেছে । বিনায়ক এখন প্রকৃতিকে পছন্দ করতে শুরু করেছিল তাই ও এসেছিল প্রকৃতিদের সাথে । বিনায়ক প্রকৃতির থেকে বেশি বড়ো তো নয় মাত্র তিনবছরের আর প্রকৃতির ননস্টপ কথা বলা যেন ওকে আরো বেশি করে ওর সাথে মিশিয়ে দিয়েছিল । একদম ভাই বোনের মতো ঝগড়া করতে শুরু করেছিল দুইজনেই।

তবে প্রীতি এই ব্যাপারটা খুব একটা পছন্দ করেনি কেন করবে ওর দিদিয়ার সাথে শুধু মাত্রই ওর ঝগড়া করার অধিকার কিন্তু অন্য কেউ যদি সেই অধিকার কেড়ে নেয় তাহলে কেমন লাগবে । তাই প্রীতিও বিনায়কের কোমর মচকে দিয়েছে ফ্লোরে তেল ফেলে । বিনায়ক ব্যাথায় সেইদিন বিছানা ছেড়ে উঠতে পারেনি । প্রীতির প্রথমে মজা লাগলেও বিনায়কের চিৎকার শুনে ওর মোটেও ভালো লাগেনি একটু কষ্ট হচ্ছিল।

আজকে সিদ্ধার্থ প্রকৃতি দুইজনেই শিলিগুড়ি চলে যাবে তাই তৈরি হচ্ছিল । বাড়ির কারোরেই মনের অবস্থা ভালো নেই একদম মনে হচ্ছে প্রকৃতি চলে গেলে যেন বাড়িটাই ফাঁকা হয়ে যাবে । সবার মনেই বিষাদের ছায়া কিন্তু কেউ প্রকাশ করছে না ।

ট্রেনে যাবে ওরা আর দুপুরেই ট্রেন তাই সবাই তাড়াহুড়ো করে রান্না করেছে। মায়া দেবী নিজের হাতে যত্ন করে সব কিছু করেছে । পৃথিবীতে সব কিছু ভালো খাবার সামনে থাকলেও মায়ের হাতের খাবারের স্বাদটাই যেন আলাদা একটা স্বাদ থাকে । সব থেকে সুস্বাদু খাবার বোধ হয় মায়ের হাতের রান্না।

সিদ্ধার্থ প্রকৃতি তৈরি হয়ে নীচে নেমে এলো। দুইজনেই শীতের পোশাক পরে আছে আর প্রকৃতিকে আবার সেই প্রথম দিনের মতো লাগছিল পুতুলের মতো । এতো ভারী ভারী শীতের পোশাক পরে

এটা লাগা অবশ্য স্বাভাবিক ।

সৃজিত বাবু পাপিয়া দেবী প্রীতি আজ এই বাড়িতে এসেছে প্রকৃতির সাথে দেখা করার জন্য। আজ আবার প্রকৃতি কাঁদছে বাবা মাকে ধরে এটা অবশ্য প্রতিবারেই করে যখনই বাড়ি আসে আর যেতে মন চাই না । মায়া দেবীকে জড়িয়ে ধরেও প্রকৃতি কেঁদেছে এই কদিনেই প্রকৃতিকে তো কম ভালোবাসেনি । কেশব বাবু প্রকৃতিকে নিজের ফ্যাশন হাউস থেকে নিজের তৈরি একটা ব্রেসলেট দিয়েছে খুব সুন্দর ডিজাইন টা ।

সৃজিত বাবু সিদ্ধার্থকে বারবার বলছে মেয়েটার খেয়াল রাখার জন্য । এতদিন প্রকৃতি ওখানে একাই থাকতো তাই ওনাদের চিন্তার যেন শেষ ছিল না আর এখন তো সিদ্ধার্থ আছে তাই বারবার বলছে । সিদ্ধার্থ ও কেশব বাবু কে জড়িয়ে আশ্বস্ত করেছে প্রকৃতির খেয়াল রাখবে বলে ।

সময় হয়ে আসছে সিদ্ধার্থ প্রকৃতির যাবার । গাড়ি রেডি আছে এখন স্টেশন পর্যন্ত গাড়িতেই যাবে তারপর ওখানে ট্রেনে যাবে । সৃজিত বাবু প্রকৃতিকে গাড়িতে তুলে দিয়ে কপালে একটা চুমু খেয়ে বলল "" সাবধানে থাকিস মা আর বেশি দুষ্টুমি করিস না শান্ত ভাবে থাকবি ""

"" ওহ পাপা এই কথাটা তো তুমি প্রতিবার বলো আমি কি পঁচা নাকি .... যে দুষ্টুমি করবো ? আমি কতো ভালো শান্ত শিষ্ট মেয়ে ""

শেষ বেলাতেও যেন প্রকৃতির কথা শুনে সবার মুখে হাসি ফুটে উঠলো ।

সিদ্ধার্থ প্রকৃতির পাশে উঠে বসতেই গাড়িটা ছেড়ে দিল আর ওরা তাকিয়ে থাকলো বাইরে নিজের পরিবারের দিকে কিন্তু সেটাও যেন ক্রমশ আবছা থেকে আবছাতর হয়ে যেতে থাকলো ।

চল রাস্তায় সাজি ট্রাম লাইন আর কবিতায় শুয়ে কাপ্লেট
আহা উত্তাপ কত সুন্দর তুই থারমোমিটারে এ মাপলে
হিয়া টুপটাপ জিয়া নস্টাল মিঠে কুয়াশায় ভেজা আস্তিন
আমি ভুলে যাই কাকে চাইতাম আর তুই কাকে ভালোবাসতিস

প্রিয় বন্ধুর পাড়া নিঝুম চেনা চাঁদ চলে যায় রিকশায়
মুখে যা খুশি বলুক রাত্তির শুধু চোখ থেকে চোখে দিক সায়
পায়ে ঘুম যায় একা ফুটপাথ ওড়ে জোছনায় মোড়া প্লাস্টিক
আমি ভুলে যাই কাকে চাইতাম আর তুই কাকে ভালোবাসতিস

পোষা বালিশের নিচে পথঘাট যারা সস্তায় ঘুম কিনতো
তারা কবে ছেড়ে গেছে বন্দর আমি পাল্টে নিয়েছি রিংটোন
তবু বারবার তোকে ডাক দিই একি উপহার নাকি শাস্তি

আমি ভুলে যাই কাকে চাইতাম আর তুই কাকে ভালোবাসতিস

ট্রেনটা কিছুক্ষণ আগেই ছেড়েছে স্টেশন থেকে । ট্রেনটা চলার সাথে সাথেই এক অদ্ভুত রকমের অনুভূতি হচ্ছে প্রকৃতির মাঝে । আগেও তো কতোবার ট্রেনে উঠেছে কিন্তু এবারে এমন অনুভূতির কোনো কারন খুজে পাচ্ছে না । জানলার পাশে সিটে বসে জানলা দিয়ে বাইরের দিকে তাকিয়ে । শীতকালিন ঝড়ো হাওয়া হুহু করে প্রবেশ করা সত্ত্বেও প্রকৃতি এত কিছু বিধিনিষেধ মানছে না । চারিদিকে সবুজকে উপভোগ করতে চাইছে যেন । এই বিকেলের দিকেও যেন মনে হচ্ছে কুয়াশা ঘিরে রেখেছে চারিদিকে । গাছ গুলো এটা স্পষ্ট আলোয় ভেসে উঠেছে । আরেকটু পরেই সন্ধ্যা নেমে যাবে শীতকালে তো তাড়াতাড়ি সন্ধ্যা নেমে যায়। ট্রেনটাও আপন গতিতে ছুটে চলেছে এসবকে পেছনে ফেলে । শিলিগুড়ি পাহাড়ে ঘেরা শহর পাশ দিয়েই বয়ে চলেছে মহানন্দা নদী । এই রকম পরিবেশে ট্রেনে জার্নিটার মাথাটাই আলাদা আর সেটা যদি রাতের জার্নি হয় তাই না। কিন্তু এখন তো শিলিগুড়ি যেতে অনেকটা পথ বাকি ।

সিদ্ধার্থ প্রকৃতির জীবনটা কিরকম ? এই তো কদিন আগেও অচেনা ছিল , অচেনা হিসেবেই বাসে পরিচয় তাও একরাতের জন্য কিন্তু ভাগ্য ওদের কোথা থেকে কোথায় এনে জুড়ে দিল আবার এই ভাগ্যই ওদের কোথায় নিয়ে যাবে কে জানে ? সেইদিন বাসে সহযাত্রি হিসেবে ছিল আজ ও সহযাত্রী তবে সেদিন ছিল অপরিচিত

আর আজ জীবনের সব বড়ো অধ্যায় , সেইদিন ছিল না কোনো সম্বন্ধ আজ স্বামী স্ত্রী । এইসব ভাবতে ভাবতেই প্রকৃতি দীর্ঘশ্বাস ফেললো , আচ্ছা ওরা কি এই সম্পর্কটাকে স্বাভাবিক ভাবে নিতে পারবে ? কখনোই কি গড়ে উঠবে স্বামী স্ত্রীর সম্পর্ক নাকি বন্ধুত্ব পর্যন্তই এর সীমাবদ্ধতা ?

"" আচ্ছা মিঃ সেনগুপ্ত আপনি কখনো শিলিগুড়ির রাতের আকাশ দেখেছেন ?

কিম্বা আপনার চা বাগান আছে তাই না ?

তাহলে চা বাগানের শ্রমিকদের সাথে কখনো চা পাতা তুলেছেন ?

কিম্বা শিলিগুড়ির এই প্রাকৃতিক পরিবেশটাকে উপভোগ করেছেন কখনো ?

আচ্ছা আমাকে দার্জিলিং নিয়ে যাবেন শিলিগুড়ি তো অনেকটাই জেনেছি দেখেছি বাট দার্জিলিং যাবার সৌভাগ্য এখনো হয়নি নিয়ে যাবেন আমায় "" প্রকৃতি এতক্ষন বাইরের দিকে তাকিয়ে ছিল । ওর বড্ড লোভ করছিল এই প্রাকৃতিক পরিবেশের সাথে মিশে যেতে বাট এই মুহূর্তে সেটা তো সম্ভব নয় তাই সিদ্ধার্থ এর দিকে তাকিয়ে কথাগুলো বলে উঠলো।

সিদ্ধার্থ এতক্ষন ফোনে কিছু কাজ করছিল নিজের মতো কিন্তু প্রকৃতির কথায় ফোনটা রেখে ওর দিকে তাকালো তারপর মুচকি হেসে গাল দুটো টেনে দিয়ে বলল "" এত প্রশ্ন একসাথে ?
কোনটার উত্তর আগে দেবো বলতো ?""

"" আরে একটা একটা করে দিননা , আমি জিজ্ঞেস করেছি বলে কি আপনি ভুলে যাবেন নাকি ? আচ্ছা এবারে শিলিগুড়ি পৌঁছে প্রথমেই আপনার চা বাগান ঘুরিয়ে দেখাতে হবে ওখানের চা শ্রমিকদের বিশেষ করে মহিলাদের সাথে কথা বলতে চাই খুব ভালো লাগে আমার ওদের । তাছাড়া আমি এমনিতেও চা খাইনা কিন্তু আপনার বাগানের তৈরি চা খাবো আপনার হাতে বানানো হি হি । কি খাওয়াবেন তো ? "" বলেই হেসে উঠলো । সিদ্ধার্থ আবার একটা দীর্ঘশ্বাস ফেললো এই মেয়ে এতো বকবক করে শুধু নিজেই বকবক করে চলে ওর প্রশ্নের উত্তর জানার প্রয়োজন বোধ করেনা । এখন আবার ওর করা সমস্ত প্রশ্নই ভুলে গেছে ।

"" আরে চুপ করে গেছেন কেন বলুন ?"" প্রকৃতি সিদ্ধার্থ এর মুখের সামনে তুড়ি মেরে বলল।

"" কি বলবো _?

ওহ আচ্ছা বলছি প্রথমের উত্তর গুলো না এত ঠান্ডায় শিলিগুড়ি তে হাঁটতে গেলে জমে যাবো তাছাড়া কাজের ফাঁকে সময় হয়ে ওঠে নি । দার্জিলিং তুমি চাইলেই নিয়ে যাবো এখন তো সেকেন্ড ইয়ারের পরীক্ষা সামনে তাই না সেটা শেষ হলেই যাবো "" সিদ্ধার্থ এক নিঃশ্বাসে বলে গেল এই মেয়েটার সাথে থেকে থেকে যেন এই মেয়েটার আসক্তে আক্রান্ত হয়ে যাচ্ছে।

"" সত্যিই যাবেন দার্জিলিং , আপনি জানেন আপনি খুব ভালো """

বলেই প্রকৃতি মুচকি হাসলো চোখে মুখে খুশির ঝলক। সিদ্ধার্থ কিছুটা অবাক হলো প্রকৃতি এহেন কান্ডে এত অল্পতেই সন্তুষ্ট মেয়েটা । প্রকৃতির খুশি দেখে যেন ওর ঠোঁটের কোনেও হালকা হাসি ফুটে উঠলো।

"" আচ্ছা এতক্ষন ধরে বসে আছি ক্ষিদে পায়নি আপনার ?

আমার না খুব ক্ষিদে পেয়েছে ,

আরে বাড়িতে তো ফোন করা হয়নি অনেকক্ষণ দাঁড়ান আগে ফোন করি "" বলতেই ফোনটা বের করলো প্রকৃতি দেখে ফোন ডেড হয়ে পড়ে আছে । এইসব কিছুর মাঝে ও ফোনটাকে খাবার দিতেই ভুলে গেছিল । অবশ্য যা পরিস্থিতি ছিল কারোর পক্ষেই সম্ভব ছিল না অন্যকিছু ভাবার ।

"" আরে আমার ফোনে চার্জ শেষ আপনার ফোনটা দিন তো "" প্রকৃতির কথা শুনে সিদ্ধার্থ নিজের ফোনটা বাড়িয়ে দিলেও প্রকৃতি দেখলো সিদ্ধার্থ এর ফোনেও খুব একটা চার্জ নেই । প্রকৃতি সিদ্ধার্থ এর দিকে হতাশ হয়ে ফোনটা দেখিয়ে বলল "" এবার কি হবে ? আপনার কাছে পাওয়ার ব্যাঙ্ক আছে ?""

সিদ্ধার্থ মাথা নাড়িয়ে না বলল । এত কিছু ব্যাগ ভর্তি করে আনার প্রয়োজন বোধ করেনি ও ।

প্রকৃতি আরো হতাশ সিদ্ধার্থ এর দিকে তাকাতেই সিদ্ধার্থ বলে উঠলো "" ল্যাপটপ আছে কথা বলবে নাকি ?""

"" কিন্তু ল্যাপটপ তো ব্যাগের ভেতরে আছে ওটা আর বের করতে

হবে না । যতক্ষনে বের করবেন ততক্ষণে আমার কথা বলার এনার্জি শেষ হয়ে যাবে জানেন তো আমি বেশি কথা বলতে পছন্দ করি না "" প্রকৃতি দীর্ঘশ্বাস ফেলে বলে উঠলো।

কিন্তু প্রকৃতির কথায় সিদ্ধার্থ এবার আর অবাক হলো না । বুঝতেই পেরেছে মেয়েটার এটাই অভ্যাস তাই কোনমতে একটা শুকনো ঢোক গিলে মনে মনে বলল ট্রেনে উঠেছি তিনঘন্টা তার মধ্যে একমিনিট ও চুপ করে বসে ছিল কিনা সন্দেহ ।

ট্রেনটা স্টেশনে থেমেছে এই মাত্রই । প্রকৃতি এতক্ষন সিদ্ধার্থ এর সাথে বকবক করছিল কিন্তু ট্রেনটাকে থামতে দেখে বাইরের দিকে তাকালো । বাইরে অনেক কিছুই বিক্রি হচ্ছিল । প্রকৃতি দেখতে পেল একজন বাদাম ভাজা বিক্রি করছে । তাড়াতাড়ি সিদ্ধার্থ এর দিকে ঘুরে ওর হাতটা ধরে বলল "" মিঃ সেনগুপ্ত বাদাম ভাজা বিক্রি করছে এনে দিন না ""
এরম বায়না শুনে সিদ্ধার্থ হতভম্ব হয়ে গেল এরকম বায়না তো ওর কাছে কেউ কখনো করেনি । একদম ছোট বাচ্চাদের মতো বায়না ।

"" প্রকৃতি এই তো চিপস খেলে এখন আবার _?"

"" আরে এনে দিন না ওই দুই প্যাকেট চিপসে কি হবে ?
আর জানেন বাদাম ভাজা শরীরের কতো উপকারী ?যদি আপনি না

যেতে চান বলুন আমি যাচ্ছি আনতে হুহু আমি কি পারি না নাকি ?
""

"" থাক তোমাকে যেতে হবে না আমিই যাচ্ছি এরপর থেকে কোনো বায়না করলে কপালে দুঃখ আছে তোমার , এত ফাস্টফুড খাও কিভাবে শরীর খারাপ করে না এই বুদ্ধি নিয়ে তুমি ডাক্তার হবে ? "" বলেই সিদ্ধার্থ উঠে গেল ।

প্রকৃতি সিদ্ধার্থ কে উঠে যেতে দেখে ওর যাবার দিকে তাকিয়ে মুচকি হাসলো । কোথাও না কোথাও গিয়ে এই মানুষটার মধ্যে ওর পাপার ছায়া দেখতে পেয়েছে যে কখনো ওকে হারিয়ে যেতে দেবে না আগলে রাখবে তাই তো বিয়েতে হ্যা বলেছিল যদিও একটু সন্দেহ ছিল কিন্তু এখন সেইটুকু সন্দেহ মিটে গেছে । সামনে থাকা একজোড়া দম্পতি ওর দিকে তাকিয়ে আছে । প্রকৃতি ওদের কে এইভাবে তাকিয়ে থাকতে দেখে মুচকি হাসলো ।

দম্পত্তির মধ্যে মহিলাটি বলে উঠলো "" তুমি খুব ভাগ্য করে স্বামী পেয়েছো মা ? এমন স্বামী সচরাচর দেখা যায় না , তুমি এতো কথা বলছো কিন্তু তোমার সব কিছুই হাসি মুখে মেনে নিচ্ছে তোমাকে কথাটা আগলে রাখছে , এমন ভালোবাসাও সচরাচর দেখা যায় না । সত্যিই তোমার স্বামী তোমাকে খুব ভালোবাসে ।"" কথাটা শুনেই প্রকৃতির হৃৎপিণ্ড দিয়ে শীতল স্রোত বয়ে গেল একটা লাল আভা দুটো গালে এসে ভর করলো সত্যিই কি তাই ? কিন্তু ওই বা লজ্জা

পাচ্ছে কেন এভাবে ?

"" আচ্ছা তোমাদের বিয়ে কতদিনের ? প্রেমের বিয়ে নাকি ?"" মহিলাটি আবার বলে উঠলো।

"" না না কাকিমা আমাদের প্রেমের বিয়ে নয় এই তো দশদিনের মতো হবে বিয়ে হয়েছে পরিচয় তেরো দিনের মতো তার আগে কেউ কাউকে চিনতাম না তাছাড়া একটা দুর্ঘটনা ভাবে বিয়ে হয়েছে আমাদের "" প্রকৃতি মুচকি হেসে বলে উঠলো।

মহিলাটি প্রকৃতির কথা শুনে অবাক গেছে সত্যিই অবাক হবারেই কথা । মাত্র তেরো দিনের পরিচয় দুর্ঘটনা প্রাপ্ত বিয়ে তা সত্ত্বেও এত ভালোবাসা ?

মহিলাটি মুচকি হেসে বললেন "" তোমাদের দাম্পত্য জীবন এভাবেই সুখের হোক মা এই কামনা করি স্বামী সন্তান নিয়ে সুখে থাকো তোমরা , জানো আমাদের বিয়ে প্রায় কুড়ি বছর হতে চললো কিন্তু এখনো আমরা সেই আগের মতোই আছি "" শেষের কথাটা মহিলাটা বেশ গর্ব করেই বলে উঠলো কিন্তু এদিকে সন্তানের কথা শুনে প্রকৃতির কান দুটো লজ্জায় লাল হয়ে গেছে । মুখ দিয়ে কোনো কথা বেরোচ্ছে না পর্যন্ত ।

এর মধ্যেই সিদ্ধার্থ চলে আসায় আর কোনো কথা হয়নি মহিলাটির সাথে । তবে প্রকৃতি সিদ্ধার্থ কে দেখে যেন আরো বেশি লজ্জা পেয়ে গেছে কথা বলাও কম করে দিয়েছে । হাতে বাদাম বাজার প্যাকেটটা এখনো ধরাই আছে । মহিলাটি আগের স্টেশনে নেমে গেলেও যেন ওকে চুপ করিয়ে দিয়ে গেছে । তবে সিদ্ধার্থ যেন

মেনে নিতে পারছে না প্রকৃতির এভাবে চুপ করে থাকাটা তাই প্রকৃতির দিকে তাকিয়ে দেখলো বাইরের দিকে একভাবে তাকিয়ে আছে যদিও জানালাগুলো লাগানোই আছে । ও প্রকৃতির হাতের উপর হাতটা রেখে বলল "" বাদাম ভাজা টা আনতে বললে খাবেনা নাকি ?""

সিদ্ধার্থ এহেন স্পর্শে যেন প্রকৃতি আরো বেশি কেপে উঠলো । লজ্জায় সিদ্ধার্থ এর দিকে একবার তাকিয়ে চিবুকটা নামিয়ে নিল তারপর আস্তে আস্তে বলল "" কিছু না মিঃ সেনগুপ্ত ""

প্রকৃতির এই নতুন রূপটা সিদ্ধার্থ এর একটুও ভালো লাগলো না । প্রকৃতিকে যেন বকবক করতে দেখতেই ও অভ্যস্ত তাই প্রকৃতির হাতটা আরেকটু শক্ত করে ধরে বলল "" ঠিক আছো তুমি ?""

সিদ্ধার্থ এর স্পর্শটা আরো গভীর হওয়ায় ও যেন আরেকটু বেশি কেঁপে উঠলো আমতা আমতা করে বলল "" একদম আমার আবার কি হবে ? "" বলেই মুখ তুলে হাসার চেষ্টা করলো ।

সিদ্ধার্থ ভ্রূ কুঁচকে বলে উঠলো "" একদম না তুমি ঠিক নেই , কখন থেকে লক্ষ্য করছি যে মেয়েটা কথা না বলে থাকতে পারে সে কেমন লজ্জাবতী লতা হয়ে আছে এটা আমার একদম ভালো লাগছে না আমার তো ওই ননস্টপ কথা বলা প্রকৃতিকেই বেশি ভালো লাগে ""

কথাটা শুনে প্রকৃতি লজ্জা পাবে না রাগ করবে বুঝতে পারলো না আপাতত লজ্জটা দূরে সরিয়ে রেখে রাগ দেখিয়ে বলল "" কি আমি ননস্টপ বকবক করি ? জানেন আমার বাড়িতে হোস্টেলে সবাই বলতো আমি সব থেকে কম কথা বলি আমাকে কথা বলার জন্য

ফোর্স করতো তাও আমি কথা বলতাম না ""

কথাটা শুনে অনেক কষ্টে হাসিটা থামিয়ে রেখে সিদ্ধার্থ বলল "" তো ঠিকেই বলে , আমি কখন বললাম তুমি বেশি কথা বলো আমি তো বললাম তুমি ননস্টপ কথা বলতেই পারো না । তুমি হয়তো কানে ভুল শুনেছো ""

এই কথাটা শুনে প্রকৃতি আরো বেশি রেগে গেল "" কি আমি কানে কম শুনি আমি কালা ""

"" আরে আমি সেটাই কখনো বললাম , আমি তো বললাম ....""
সিদ্ধার্থ কিছু বলতে গিয়েও প্রকৃতির জন্য বলতে পারলো না।

প্রকৃতি রাগে অভিমানে গজগজ করতে করতে মুখটা ফিরিয়ে নিয়ে বলল "" থাক আর এক্সপ্লেনেশন করতে হবে না এই নিন আপনার বাদাম ভাজা খান আমি খাবোনা ""

সিদ্ধার্থ প্রকৃতিকে অভিমান করতে দেখে ঠোঁট চেপে হাসলো তারপর নিজেই ভাবলো এই মেয়েটা সত্যিই আমাকে কিছু দিনের মধ্যেই বদলে দিল । নিজেকে কেমন যেন নিজেই চিনতে পারি না ।

সিদ্ধার্থ বাদাম বাজার প্যাকেটটা ছিঁড়ে বলল "" ওকে কেউ খেতে না চাইলে খাবে না আমি খাচ্ছি , আহা কি টেস্ট আগে কখনো খাইনি তাই জানি না এটা আমার আগেই খাওয়া উচিত ছিল ""

সিদ্ধার্থের কথা শুনে প্রকৃতি আড়চোখে ওর দিকে তাকালো তারপর চোখ দুটো ছোট ছোট করে প্যাকেটটা ওর কাছ থেকে ছিনিয়ে নিয়ে বলল "" একদম খুন করে ফেলবো আমার ফেভারিট জিনিস নেবার চেষ্টা করলে "" বলেই খেতে আরম্ভ করলো ।

"" বাবা এই বাদামের জন্য তুমি তোমার স্বামীকে খুন করবে ?""
সিদ্ধার্থ মজার ছলে বলে উঠলো।

"" হ্যা তো করবোই যে আমার প্রিয় জিনিসগুলো কেড়ে নিতে চেষ্টা করে তাকে আমি ছেড়ে দেবো নাকি ?"" প্রকৃতিকে এভাবে কথা বলতে দেখে সিদ্ধার্থ প্রথমে ভ্রু কুঁচকানো তারপর মুচকি হাসলো এতক্ষণে প্রকৃতি যেন ওর আসল রুপে ফিরে এসেছে ।

রাত নয়টা

ট্রেনটা এই মুহূর্তে একটা স্টেশনে দাঁড়িয়ে আছে ওই ভোর চারটের দিকে শিলিগুড়ি ঢুকবে ওরা তারপর গাড়িতে করে সিদ্ধার্থ এর বাড়িতে যাবে । সেখান থেকে আরো দুইঘন্টা লাগবে যেতে যেতে হয়তো সাতটা বেজে যাবে ।

রাতের খাওয়া দাওয়া সেরে সিদ্ধার্থ ওয়াশরুম থেকে ফিরে এসে দেখে প্রকৃতি সিটের সাথে হেলান দিয়ে ঘুমিয়ে পড়েছে ওর মাথাটা ক্রমশ। জানলার দিকে হেলে যাচ্ছে এখনি ব্যাথা পাবে। যদিও শোয়ার জন্য দুটো সিট বুক করে রেখেছে তাও এই কিছু সময়ের জন্য ওর ঘুমাতে ইচ্ছে করলো না । তাছাড়া ওদের সিটটাতেও দুজন লোক বসে আছে হয়তো তাড়াতাড়ির জন্য তারা সব সিট বুক করতে পারেনি আর সিদ্ধার্থ এই রাতের বেলা ওদের উঠিয়ে দিতে পারেনা তাই ও প্রকৃতির পাশেই বসে পড়লো । সিদ্ধার্থ তাড়াতাড়ি প্রকৃতির মাথাটা ধরে সিটে খুব যত্ন করে শুইয়ে দিল

তারপর প্রকৃতির মুখটার দিকে তাকালো । মেয়েটা সারাদিনে এতো বকবক করে আর ঘুমালে এত শান্ত লাগছে । ওর কানে এখনো বাজছে প্রকৃতির সারাদিনে বলা কথাগুলো ।

প্রকৃতির মায়াবী মুখটার দিকে কিছুক্ষন তাকিয়ে থাকার পর ওই অবস্থায় সিটে হেলান দিল কিন্তু পরক্ষনেই দেখে প্রকৃতি আবার জানলার দিকে হেলে যাচ্ছে । সিদ্ধার্থ আবার প্রকৃতির মাথাটা সিটে রাখতে গিয়েও রাখলো না প্রকৃতির বাহু ধরে নিজের দিকে প্রকৃতির মাথাটা নিজের বুকে রাখলো তারপর শক্ত করে জড়িয়ে ধরলো । প্রকৃতি এতক্ষনে হালকা ঠান্ডা লাগছিলো তবে এখন গরম কিছুর আভাস পেয়ে আরো বেশি সিদ্ধার্থ এর দিকে সরে এসে সিদ্ধার্থ এর জ্যাকেটটা শক্ত করে ধরলো পরম আবেশে । সিধু অবাক হয়ে কিছুক্ষণ প্রকৃতির দিকে তাকিয়ে থাকলো তারপর মুচকি ওর কপালে নিজের ওষ্ঠদ্বয় স্পর্শ করালো গালে হালকা স্লাইড করে মুচকি হেসে চোখ দুটো বন্ধ করে নিল তবে ঘুমানোর জন্য নয় একটুকরো শান্তির জন্য ।

ভোর সাড়ে তিনটে বাজে এবার ট্রেনটা কিছুক্ষণ এর মধ্যেই স্টেশনে ঢুকবে । সিদ্ধার্থ এর খুব আধঘন্টা আগেই ভেঙে গেছে , ভেবেছিল ঘুমাবে না - তবে চোখটা লেগে গেছিল সামান্য কিন্তু

ট্রেনের হুইসেল এর শব্দে ঘুমটা ভেঙে গেছে । ঘুমটা ভাঙতেই চোখ খুলে প্রথমে প্রকৃতির মুখটা দেখতে পেল । প্রকৃতির মুখের দিকে কিছুক্ষন তাকিয়ে থেকে মুচকি হাসলো , একদম ওর বুকে মুখ গুজে রেখে ঘুমাচ্ছে । সিদ্ধার্থ প্রথমে প্রকৃতিকে ডাকতে গিয়েও ডাকলো না তারপর। কিছুটা ইতস্তত করে ওর গালে হাতে রাখলো ।

"" প্রকৃতি , এই প্রকৃতি ওঠো - আর কিছুক্ষণ এর মধ্যেই স্টেশনে পৌঁছে যাবো নামতে হবে তো ?""

"" উম্ম হুমম আরেকটু ঘুমায় না "" ঘুম জড়ানো কণ্ঠে প্রকৃতি বলে উঠলো । এমন ঘুম জড়ানো কণ্ঠে শুনলে কে না মাতাল হয় ? সিদ্ধার্থ এর হৃদয়ের গভীরে স্পর্শ করে গেল কথা গুলো __

"" আচ্ছা আচ্ছা বাড়িতে গিয়ে যত পারো ঘুমাবে কিন্তু এখন ওঠো নাহলে ট্রেনটা স্টেশনে থেকে বেরিয়ে যাবে এরপর ""

কথাটা শুনেই প্রকৃতি তাড়াতাড়ি চোখ খুললো সিদ্ধার্থ এর কাছ থেকে সামান্য সরে এসে বলল
"" কি ট্রেন বেরিয়ে গেছে ? আমরা শিলিগুড়ি পেরিয়ে চলে এসেছি ? তাহলে এবার বাড়ি যাবো কি করে ? আপনি আমাকে একটু আগে থাকতে পারলেন না ?""

প্রকৃতির এরকম কথায় সিদ্ধার্থ কি করবে খুঁজে পেল না , প্রকৃতি এখনো ঘুমের ঘোরেই আছে আধা কথা শুনেই এইসব বলে দিল।

"" শান্ত হোও প্রকৃতি এখনো ট্রেন স্টেশনে ঢুকেনি , তুমি ঘুমের ঘোরে কথাগুলো না শুনেই ভয় পাচ্ছো "" সিদ্ধার্থ প্রকৃতিকে শান্ত করে ওর গালে হাত দিয়ে বলল ।

"" ওহ্ , এখনো ঢুকেনি আগে বললেন তো ! তাহলে এই ভোরে আমাকে এতো কথা বলার পরিশ্রমটা করতে হতো যাই হোক আমার তাহলে আরেক ঘুম দেওয়া যেতে পারে "" বলেই আবার সিটে হেলান দিয়ে ঘুমাতে যাচ্ছিল কিন্তু সিদ্ধার্থ এর ধমক খেয়ে নড়েচড়ে বসলো ।
"" একদম ঘুমাবে না যাও ওয়াশরুম থেকে ফ্রেশ হয়ে এসো না হলে এখানেই ফেলে দিয়ে চলে যাবো তোমাকে ""
"" কিন্তু ..."" কিছু বলতে যাচ্ছিল প্রকৃতি সিদ্ধার্থ ওর ঠোঁটে হাত দিয়ে বলল "" চুপ এতো কথা বলো কিভাবে যাও ফ্রেশ হয়ে এসো আর হ্যা একটা কথাও বলবে না তুমি এখন ""

 ভোর বেলাতেই সিদ্ধার্থ এর ধমক খেয়ে প্রকৃতি ঢুলতে ঢুলতে উঠে গেল ওয়াশরুমের দিকে । বেচারির মেজাজ একেবারে তিতিক্ষা হয়ে গেছে এই সময় কে বকে ভাই ? কিন্তু ঘুমের ঘোরে ছিল বলে কিছু বলল না ।

ট্রেনটা এসে স্টেশন থামতেই সিদ্ধার্থ উঠে দাঁড়ালো। লাগেজ গুলো

সব নামিয়েই রেখেছে আর প্রকৃতি এখনো বসে বসে ঢুলছে । সিদ্ধার্থ আবার ধমক দিয়ে উঠলো "" তোমার কি এখানে বসে থাকার ইচ্ছে আছে নাকি ? ঢুলছো কেন ? ভোরে কখনো উঠোনি ? জানো না ভোরের বেলা পড়াশোনা করলে বেশি মনে থাকে ! "" সিদ্ধার্থ এর মুখে এতো কথা আর ফালতু জ্ঞান শুনে প্রকৃতি খালি গাল ফুলিয়ে ওরদিকে তাকালো । ওর মাথায় ঢুকছে ওর বকবক করা রোগটা কি এই শান্ত শিষ্ট মানুষটার মধ্যে ট্রান্সফার হয়ে গেছে ।

"" আরে আস্তে আস্তে , কোন দিকে হুস থাকে ? আরেকটু হলে পড়ে যেতে "" ট্রেনটা একবার ঝাকানি দিয়ে স্টেশনে এসে থামলো তখনই প্রকৃতি অন্যমনস্ক থাকার কারনে পড়ে যাচ্ছিল কিন্তু সামনে সিদ্ধার্থ থাকায় ওর উপরেই পড়েছে । সিদ্ধার্থ কোনো মতে নিজেকে সামলে ট্রেনের সিটের হাতলটা ধরে প্রকৃতিকে ঠিক করে দাঁড় করিয়ে কথা গুলো বলল।

"" আরে আমি কি করবো ঘুম পাচ্ছে তো__ জীবনে কখনো ভোরে উঠিনি !"" প্রকৃতি খানিকটা অবাক হয়ে বলল ভয় পেয়েছে আরেকটু হলে বত্রিশটা দাঁতের একটাও থাকতো না হয়তো __

সিদ্ধার্থ প্রকৃতির কথা শুনে কিছু বলল না _ তবে ওর হাতটা শক্ত করে ধরলো আরেকটা হাতে লাগেজ গুলো নিয়ে নেমে এলো । "" আরে আরে কি করছেন ? আমি কি বাচ্চা নাকি ? এভাবে

বাচ্চাদের মতো হাত ধরে কেন নিয়ে যাচ্ছেন ? আমি তো চলতে পারি ! আপনি আর পাপা একরকম সবসময় বাচ্চাদের মতো আগলে রাখেন ?"" প্রকৃতি একজায়গায় দাঁড়িয়ে সিদ্ধার্থকে বলছিল তারপর ওর হাত থেকে লাগেজটা নিয়ে বলল "" আমি আমার জিনিস নিজে বইতে পারি বুঝলেন উহু "" বলেই সামনে দিকে এগিয়ে গেল কিন্তু বেশি দুরে যেতে হলো না তার আগেই একটা পাথরে হোঁচট খেল ভাগ্যিস বুট জুতো পরে ছিল পা টা যেতো তাও হালকা ব্যাথা পেয়ে চেঁচিয়ে উঠলো ।

সিদ্ধার্থ প্রকৃতির এরুপ বাচ্চামো দেখে ঠোঁট চেপে হেসে নিল কিছুক্ষন তারপর প্রকৃতির কাছে এগিয়ে গিয়ে বলল "" হ্যা হ্যা জানি তুমি নিজের কাজ নিজে করতে পারো __ তবে সেটা নাহয় জেগে থেকে করো ঘুমিয়ে নয় । এখন চলো পরেশ চলে এসেছে আমাদের জন্য অপেক্ষা করছে বোধ হয় "" বলেই সিদ্ধার্থ প্রকৃতির হাতটা ধরে এগিয়ে গেল আর প্রকৃতি অবাক চোখে সিদ্ধার্থ এর দিকে তাকিয়ে আছে মানুষটা ওকে এতো সহ্য করছে কিভাবে ? যেখানে খুব কম জন ছাড়া ওকে আর কেউ সহ্য করতে পারে না , এতো বকবক করে ও তারপর এতো ইরিটেটিং তাই সত্ত্বেও মানুষটার রাগ নেই একদম , আচ্ছা ও কি তাহলে এই মানুষটাকে বিশ্বাস করতে পারে ? কিন্তু বিশ্বাস শব্দটা শুনলেই তো ছোটবেলার কথা মনে পড়ে যায় কতটা ছোট ছিল তখন সাত বছরের বাচ্চা তাও যেন সব কিছুই ওর চোখের সামনে ভেসে ওঠে । কিন্তু কেন বিশ্বাস করবে না ও ? মামনিকে পাপা কে কি ও বিশ্বাস করেনি ?

করেছে তো ? এসব ঘটনার পরেও ! কিন্তু ওনারা তো ওর আপন কিন্তু এই লোকটার সাথে পরিচয় মাত্র কয়েকদিনের তা সত্ত্বেও লোকটা ওর বিশ্বাস অর্জন করে নিচ্ছে যেন , ওর তো বিশ্বাসের ভীতটাই নড়বড়ে তাও মানুষটা ওর মনে বিশ্বাসের ভীতটাকে শক্ত করে তুলছে।

গাড়ি চলছে আপন গতিতে । ফেলে যাচ্ছে এদিকের সমস্ত রাস্তা ঘাট । বাইরে শীতল বাতাস বইছে ক্রমাগত কিন্তু ভেতরে প্রবেশ করার অনুমতি তার নেই । প্রকৃতি আবার সিদ্ধার্থ এর বুকে মাথা রেখে ঘুমিয়ে পড়েছে আর সিদ্ধার্থ সে কি করছে ?
সে তো একদৃষ্টিতে তাকিয়ে আছে প্রকৃতির দিকে , বড়োই আজব যেন মেয়েটা কখনো ওর এতটা কাছে কোনো মেয়েকে আসতে দেয়নি ও অথচ এই মেয়েটা ওর চারপাশে অনাবিল ঘুরছে কিন্তু ও কিছু বলছে বরং আরো প্রবেশ করার অনুমতি দিচ্ছে ওর ভেতরে সেই প্রথম দিন থেকেই যেন । মেয়েটার কোনো গুন ওর পছন্দ নয় তাও ও মেয়েটাকে পছন্দ করছে , ধীরে ধীরে যেন মেয়েটার মতো হয়ে উঠছে । ওর গাম্ভীর্য ভাবটাকেই এই মেয়েটা ওর জীবনে থেকে সরিয়ে দিচ্ছে ।
এইসব ভাবতে ভাবতে দেখলো প্রকৃতির মাথার টুপিটা খুলে গেছে চাদরটা ও সরে গেছে । সিদ্ধার্থ অতিযত্নে প্রকৃতির টুপিটা ঠিক করে দিয়ে চাদরটা ঢাকা দিয়ে দিল । এতো ঠান্ডায় পড়েছে যে মনে হয় মানুষ জমে যাবে ।

পরেশ কখন থেকে গাড়ি চালাতে চালাতে সিদ্ধার্থ প্রকৃতির দিকে তাকাচ্ছে । স্যারকে এভাবে ও কখনো দেখেনি তাই উৎসাহিত হয়ে ও সিদ্ধার্থ কে জিজ্ঞেস করেই ফেললো "" স্যার বউদিমনি কে আপনি খুব ভালোবাসেন তাই না ?""

পরেশের কথা শুনে সিদ্ধার্থ চমকে উঠলো যেন , ভালোবাসা ? ভালোবাসা কোথা থেকে আসবে? বিয়েটাই তো এমন ভাবে হলো ! তবে যেন ওদের সম্পর্কটা বন্ধুত্বের থেকে বেশি কিছু , অনেকটা গভীর সেই গভীরে সিদ্ধার্থ এখন ডুব দিতে যেন চাইছে না ।

"" কি হলো স্যার বলেছেন না যে ?"" পরেশ আবার প্রশ্ন করে উঠলো । পরেশের কথা শুনে সিদ্ধার্থ কিছু বলল না শুধুই মুচকি হাসলো এই হাসির মানে সিদ্ধার্থ এর কাছে অন্যরকম হলেও পরেশ অন্য রকম ধরলো ।

"" স্যার আমাদের মিনুদির খুব জ্বর , আপনি এখানে ছিলেননা বলে বলিনি মিনুদি আপানাকে বলতে বারন করেছিল কিন্তু আমি ডাক্তার দেখিয়েছি _ মিনুদি এখন ভালো আছে । ""

"" কি মিনুদির জ্বর সেটা তোমরা আগে বলোনি কেন আমাকে ?""

"" স্যার শান্ত হোন ; মিনুদি আমাকে বলতে বারন করেছিল তাই বলিনি ""

"" কি মিনুদি বারন করবে আর তোমাকে সেই কথা শুনতে হবে ,

এতটা কন্ডজ্ঞানহীন তুমি !""

"" স্যার স্যার মিনুদি এখন সুস্থ আছে চিন্তা করবেন হয়তো সিজন জ্বরটা এসেছিল ""

পরেশের কথা শুনে সিদ্ধার্থ আর কিছুই বলল না শুধু গম্ভীর দৃষ্টিতে ওর দিকে তাকালো । মিনুদি পরেশ ওর অনেক দিনের কর্মচারী খুব বিশ্বস্ত দুইজনেই আর সিদ্ধার্থ কে খুব ভালোবাসে তাই সিদ্ধার্থ ও ওদের কোনো কষ্ট হলে সহ্য করতে পারে না ।

গাড়ি এসে সিদ্ধার্থ এর বাড়ির কাছে পৌঁছালো । এই বাড়িটাও খুব একটা বড়ো নয় তবে ছোটও নয় । সকাল হয়ে গেছে এখন তাই সব কিছু স্পষ্ট বোঝা যাচ্ছে । বাড়িটার চারিদিকে বাগানে ভর্তি কত গাছ লাগানো আছে ফুল ফল সবজি , এখানের শ্রমিকরাই করেছে । কিছুটা দূরে চা বাগান দেখা যাচ্ছে তবে বাড়িটা এখানে বড্ড নিরিবিলি চারপাশে আরো মাত্র কটা বাড়ি দেখা যাচ্ছে।

প্রকৃতি এখনো ঘুমিয়ে আছে । গাড়িটা বাড়ির গেটে ঢুকতেই সিদ্ধার্থ প্রকৃতিকে ডাকতে গেল কিন্তু প্রকৃতির ঘুমন্ত মুখটার দিকে তাকিয়ে থেমে গেল । ডাকতে ইচ্ছে করলো না আর মেয়েটাকে তাই গাড়িটা থামাতেই সিদ্ধার্থ পরেশকে বলল "" পরেশ তুমি লাগেজ গুলো আমার রুমে দিয়ে এসো , আমি প্রকৃতিকে নিয়ে ভেতরে যাচ্ছি ""

সিদ্ধার্থ গাড়ি থেকে নেমেই প্রকৃতিকে কোলে তুলে নিল চারিদিকে একবার তাকিয়ে বাড়িটার ভেতরে ঢুকে গেল ।

সিদ্ধার্থ প্রকৃতিকে কোলে নিয়ে একটা রুমের ভেতরে ঢুকলো । রুমটা বেশ বড়ো সাজানো গোছানো । রুমের প্রতিটা দেওয়ালের কিছু না কিছু পেইন্টিং আছে কোথায় সিদ্ধার্থ এর ছবি টাঙানো আছে আবার কোথাও প্রাকৃতিক দৃশ্যপট দেখা যাচ্ছে। রুমের ঠিক মাঝ বরাবর একটা বিছানা পাশে একটা টেবিল চেয়ার টেবিল ল্যাম্প । পাশেই একটা বুকসেল্ফ অনেক বই রাখা আছে সেখানে । রুমের একদিকে এটাতে ওয়াশরুম একদিকে আলমারী সোফা রাখা আছে । আরো একটা রুমে সব প্রোয়োজনীয় জিনিস গুলো রাখা আছে । সিদ্ধার্থ ধীরে ধীরে প্রকৃতিকে এনে বিছানায় শুইয়ে দিল বালিশটা টেনে নিয়ে ভালো করে মাথার নীচে রেখে আলমারী থেকে ব্ল্যাঙ্কেটটা বের করে আনলো । ওটা প্রকৃতিকে ঢাকা দিতে যাবে কিন্তু দিল না । প্রকৃতি এতো ভারী ভারী গরমের পোশাক গুলো পরেছিল আর এই ব্ল্যাঙ্কেটটা দিলে তো গরম লাগবে । ও ভাবলো প্রকৃতির শরীর থেকে গরম পোশাক গুলো খুলে দেবে কিন্তু পরক্ষনেই থেমে গেল । ইতস্তত বোধ করছে কিন্তু না খুললেও নয় ফিমেইল সার্ভেন্টরাও হয়তো এতো সকালে উঠবে না তাই ওই সোয়েটার চাদর যা ছিল সব খুলে দিয়ে একপাশে নামিয়ে রাখলো তারপর ব্ল্যাঙ্কেটটা ভালো করে ঢাকা দিয়ে দিল ।

প্রকৃতির এতক্ষন ঠান্ডা লাগছিলো কিন্তু ব্ল্যাঙ্কেটটা ওর গায়ে পড়াই গরম কিছুর আভাস পেয়ে জড়োসড়ো হয়ে শুয়ে পড়লো পাশ ফিরে

। সিদ্ধার্থ প্রকৃতির মুখটার দিকে একদৃষ্টিতে তাকিয়ে ছিল গাল দুটো কি রকম লাল হয়ে গেছে ঠান্ডায় ? ভাবতেই হাসি পেল । ওর ঠান্ডা হাত দিয়ে প্রকৃতির গালে দুটো টিপে দিল কিন্তু আবার কিছু ঠান্ডা পেয়ে প্রকৃতি সিদ্ধার্থ এর হাত দুটো সরিয়ে দিল এতে সিদ্ধার্থ আপন মনেই হেঁসে উঠলো । ও যেন একটা মজা পেয়েছে , তাই আবার ওর ঠান্ডা হাত দুটো প্রকৃতির গলার একপাশে রাখলো । এবার তো প্রকৃতি ঘুমের মধ্যেই ভ্রূ কুঁচকে নিল খুব রেগে গেছে কখন থেকে ঘুমের ডিস্টার্ব করেই চলেছে কেউ একটা ; প্রকৃতি তাড়াতাড়ি সিদ্ধার্থ হাত দুটো ধরে টান দিল নিজের দিকে উদ্দেশ্য একটাই যাতে ওকে আর কেউ জ্বালাতে না পারে কিন্তু এতে হিতে বিপরীত হয়ে গেল । সিদ্ধার্থ গিয়ে প্রকৃতির উপর পড়লো আর ওর ওষ্ঠদ্বয় দুটো একদম প্রকৃতির ওষ্ঠে স্পর্শ করে গেল । আচমকা নিজের ঠোটে কারোর স্পর্শ পেয়ে প্রকৃতির ঘুমটা ভেঙে গেল । চোখ খুলেই সিদ্ধার্থ কে এমন অবস্থায় দেখে চোখ দুটো বড়ো বড়ো করে ওর দিকে তাকালো দেখলো সিদ্ধার্থ ও ওর দিকে এভাবেই থাকি আছে ।

প্রকৃতি তাড়াতাড়ি করে সিদ্ধার্থ ঠেলে নিজের উঠে বসলো মার্বেলের মতো চোখ দুটো নিয়ে সিদ্ধার্থ এর দিকে তাকিয়ে আমতা আমতা করে বলল "" কি করছিলেন এখানে ? আপনার তো সাহস কম নয় আমাকে কিস করছেন ? ""

সিদ্ধার্থ কি বলবে ও তো নিজেই হতভম্ব হয়ে গেছে খানিকক্ষণ আগের ঘটে যাওয়া ঘটনাটাই তাও আমতা আমতা করে বলল "" সরি আমি ইচ্ছে করে করিনি তোমাকে একটু জ্বালাতে গিয়ে

এক্সিডেন্টলি হয়ে গেছে । তাছাড়া তুমিই তো আমার হাত ধরে টান দিলে আমি তো কিছুই করিনি ""

সিদ্ধার্থ এর কথা শুনে প্রকৃতি রেগে গেছে খুব । কি বলছে মানুষটা ও কিস করেছে "" কি ? কি বলতে চাইছেন আপনি ? আমি কিস করেছি আপনাকে ? আপনি জানেন আজ পর্যন্ত কেউ আমার হাতটা ধরতেও সাহস পায়নি । শুধু তাকে ধরতে অনুমতি দিয়েছি সে ছাড়া , কি ভেবেছেন আপনি যা বলবেন বিশ্বাস করে নেবো । একজন কলেজে একবার আমার সাথে অভদ্রতা করেছিল তার হাত মচকে দিয়েছিলাম আর আপনি বলছেন আমি কিস করেছি ? শুনে রাখুন আমি ...."" ব্যাস আর কিছু বলতে পারলো না সিদ্ধার্থ ওর কোমরটা ধরে কাছে টেনে নিয়ে আবার ওষ্ঠ দ্বয় ডুবিয়ে দিল। প্রকৃতি তো একমনে কথা বলে যাচ্ছিল সিদ্ধার্থ কে কিছু বলতেই দিচ্ছিল না তাই সিদ্ধার্থ প্রকৃতিকে চুপ করাতে এটা করেছে । এদিকে প্রকৃতি পুরো জমে গেছে নড়াচড়া করার ক্ষমতা নেই পর্যন্ত ওর মধ্যে আর থাকলেও সেটা লাগাতে ইচ্ছে করছে না। চোখ দুটো আগের থেকেও বড়ো বড়ো হয়ে গেছে ।

কিছুক্ষণ পর সিদ্ধার্থ প্রকৃতিকে ছেড়ে দিয়ে বলল "" সরি কিন্তু এছাড়া তোমাকে চুপ করানোর আর কোনো রাস্তা পেলাম না । আমি তখন ইচ্ছে করে কিস করিনি কিন্তু এখন পুরোপুরি নিজের ইচ্ছেতেই করেছি হয়েছে এবার চুপচাপ ঘুমাবে ঘুমাও নাহলে ফ্রেস হয়ে নীচে এসো খেতে হবে তো নাকি ?"" বলেই ডোন্ট কেয়ার ভাব নিয়ে বেরিয়ে গেল রুম থেকে আর প্রকৃতি জাস্ট শকড হয়ে সিদ্ধার্থ এর যাবার দিকে তাকিয়ে ঠোঁটে হাত দিল । ওর পেস্টিজের

একদম ফালুদা বানিয়ে দিল ওর বন্ধুরা সবাই বয়ফ্রেন্ড দের কিস করেছে তার কত গল্প কতোরকমের অভিজ্ঞতা ওর কাছে শেয়ার করতো আর ও কি শেয়ার করবে ওর ফাস্ট কিসের অভিজ্ঞতা এরকম ভাবতেই কান্না পেয়ে গেল একবার নাকের ডগায় হাতটা ঘসে মুখ ফুলিয়ে দরজার দিকে তাকিয়ে থাকলো।

সিদ্ধার্থ ফ্রেশ হয়ে নীচে নেমে এসে দেখে সার্ভেন্টরা সবাই উঠে গেছে । অবশ্য অন্যদিন এর আগেই ওঠে কিন্তু এতদিন সিদ্ধার্থ ছিল না বলে হয়তো উঠতো না । ওদিকে বাগানের শ্রমিকরাও হয়তো চলে এসেছে । সিদ্ধার্থ কে নেমে আসতে দেখে সবাই যে যার কাজ আরম্ভ করে দিল । মিনুদি ও আছে । সিদ্ধার্থ মিনুদি কে দেখে খানিকটা গম্ভীর স্বরে বলল "" তুমি এখানে কি করছো মিনুদি ? তোমার তো রুমে রেস্ট নেওয়া উচিত ? যাও রুমে যাও কোনো কথা না বলে ""

সিদ্ধার্থ এর এই গম্ভীর স্বরের উপর কেউ কখনো কথা বলতে পারে না তাই মিনুদি ও বলতে পারলো না চুপচাপ রুমে চলে গেল।

নয়ন তুই কিছু রান্না করেছিস এখনের মতো । নয়ন সিদ্ধার্থ এর

কথা শুনে হ্যা সূচক মাথা নাড়ল । নয়ন মিনুদির ছেলে ছোট ছেলেটি এখানে মায়ের সাথে থাকে ।

"" ঠিক আছে দুটো প্লেটে খাবার রেডি করে দে আমি আজ উপরেই খাবো আর হ্যা তোর বউমনি আছে ওকে সব কিছু বুঝিয়ে বলে দিস একসময় করে বুঝলি "" সিদ্ধার্থ এর কথা শুনে নয়ন আবার মাথা নাড়িয়ে রান্নাঘরে চলে যায় ।

নয়ন রান্নাঘরে যেতেই সিদ্ধার্থ মুচকি হেসে চেয়ারে বসে পড়লো । ওর এই গাম্ভীর্য টার জন্য সবাই ওকে ভয় পাচ্ছে আর প্রকৃতি ওর এই গাম্ভীর্য টাকেই কেড়ে নিতে চাইছে -- আজব ! বড়োই আজব মেয়েটা ___

নয়নের হাত খাবার প্লেট দুটো নিয়ে সিদ্ধার্থ রুমে এলো । এখানে এসে দেখে প্রকৃতি বসে বসে ঢুলছে । সিদ্ধার্থ হালকা হেসে প্রকৃতিকে দেখে তারপর এগিয়ে গিয়ে প্রকৃতির পাশে বসে । এইভাবে কাউকে পাশে বসতে দেখে প্রকৃতি চমকে উঠে পাশে তাকিয়ে দেখে সিদ্ধার্থ বসে আছে ওর দিকে ভ্রূ কুঁচকে তাকিয়ে। প্রকৃতির ভ্রূ দুটোও সামান্য কুঁচকে যায় আবার কিছুক্ষণ আগেই ঘটে যাওয়া ঘটনাটাই বেশ লজ্জা পায় মাথাটা নীচু করে নেয় তৎক্ষণাৎ ___

" কি হলো _?
এখানে বসে আছো কেন _?

যাও ফ্রেশ হয়ে এসো _!

তখনের ঘটনাটা তে এতটা হেজিটেট হবার দরকার নেই আমি তোমার হাসবেন্ড আমাদের মধ্যে এসব কমন ব্যপার তাই না _? " মুচকি হেসে বলে ওঠে সিদ্ধার্থ ।

কথাটা শুনে প্রকৃতি বড়ো বড়ো চোখ করে ওর দিকে তাকায় তারপর কিছু বলতে যাবে সিদ্ধার্থ বলে ওঠে " আরে বাবা আর কখনো তোমার অনুমতি না নিয়ে স্পর্শ করবো না তোমাকে ঠিক আছে _?

এতটা হেজিটেট করতে হবে না -- এখন চলো তো ফ্রেশ হয়ে নেবে জানো কতো সকাল হয়ে গেছে , আজকের দিনটা রেস্ট নাও কাল সকাল থেকে আবার কলেজ শুরু করবে | " বলেই সিদ্ধার্থ প্রকৃতির হাতটা ধরে ওয়াশরুমে নিয়ে আসে প্রকৃতি এখনো হতভম্ব হয়ে দাঁড়িয়ে আছে এই লোকটার কাছ কর্ম ওর কিছুই যেন মাথায় ঢুকছে ।

" কি হলো এভাবে তাকিয়ে আছো কেন _?

ফ্রেশ হয়ে নাও খাবারটা খেতে হবে তো _!

পাপা ফোন করেছিল আমি ধরে জানিয়ে দিয়েছি , তোমার সাথেও কিছুক্ষণ পর কথা বলবে বলেছে ।" বলেই সিদ্ধার্থ চলে আর প্রকৃতি ওয়াশরুমে থাকা আয়নাটার দিকে তাকিয়ে নিজেকে দেখতে থাকে । একটা লাল আভা যেন ওর পুরো মুখে ছড়িয়ে ছিটিয়ে আছে ।

এগারোটা বাজে কিন্তু প্রচুর ঠান্ডা এখনো । আজ সকালে খুব

কুয়াশা পড়েছিল তার রেশ এখনো বাইরে আছে। প্রকৃতি চাদরে মুড়ে রেখেছে নিজেকে। বেলকনিতে যেতে ইচ্ছে করছে খুব মাঝে মাঝে সেইদিকে উকিও দিচ্ছে কিন্তু। সিদ্ধার্থ ওকে যেতে একদম মানা করে দিয়েছে তাছাড়া গলাটাও কেমন ব্যাথা করছে ও ভালোই বুঝতে পারছে দুইরকম আবহাওয়ায় থাকার কারনে ওর সর্দি হবে এটা মাস্ট।

"" প্লিজ মিঃ সেনগুপ্ত যায় না একটু বেলকনিতে। আমি এখানের সব কিছু ঘুরে দেখতে চাই বাইরেটা দেখতে চাই , কি সুন্দর জায়গাটা _?

অনুভব করতে চাই কিন্তু আপনি তো আমাকে এখানে বন্দি করে রেখে দিয়েছেন। আর আপনিও আমার সাথে গল্প করছেন না সেই কখন থেকে লেপটপে মুখ গুজে বসে রয়েছেন।

আরে বাবা আমার কি এখানে একা থাকতে ভালো লাগে নাকি ?

আচ্ছা আপনি বাইরে যেতে দেবেন না ঠিক আছে কিন্তু নীচে যায় , সবার সাথে পরিচিত হই।

আচ্ছা আপনি দুপুরে কি খাবেন ? আমি রান্না করবো ! জানেন আমি ভাত আলুর ভর্তা ডিমভাজা খুব ভালো পারি , ইয়ামি কি টেস্ট লাগে --- খেতে আমার তো ফেভারিট। " গাল দুটো ফুলিয়ে বলে উঠলো প্রকৃতি।

না আবার শুরু হয়ে গেছে বকবকের মেশিন বাবারে একসাথে এতো কথা কেউ বলতে প রে সেটা এই মেয়েকে না দেখলে বিশ্বাস করা বড়োই কষ্টকর। কি বলল সব ভুলে গেলাম , বিড়বিড়

করে সিদ্ধার্থ বলে উঠলো ।

মুচকি হেসে প্রকৃতি দিকে তাকিয়ে বলল " তাই _! কিন্তু এখন তো তুমি কোথায় যেতে পারছো না চুপচাপ বসে থাকো এখানে , একে ঠান্ডা লাগিয়ে বসে আছে বলছে বাইরে যাবে " ধমকে উঠে সিদ্ধার্থ। সিদ্ধার্থ এর ধমক শুনে প্রকৃতির ভারী রাগ হলো । ছোট থেকেই ওর অভ্যাস কেউ ওকে বকে যেটা করতে বারন করবে ও আরো সেটাই বেশি করে করবে । আর সেই জেদটা এখনো রয়ে গেছে । তাই প্রকৃতি এবার বিছানা থেকে নেমে বলল " আমি যাবোই ___ ভালো লাগছে না আমার এখানে তাই বেশি কথা বলবেন না , এতো কথা বলেন কি করে আপনি ? খালি কানের সামনে পকপক করেই চলেছেন " বলেই সিদ্ধার্থ কে কিছু না বলতে দিয়ে ঝড়ের গতিতে রুম থেকে বেরিয়ে গেল ।
হতভম্ব হয়ে সিদ্ধার্থ দাঁড়িয়ে আছে __ কি বলে গেল মেয়েটা _? What is pokpok ? আমি নাকি বেশি বকছি _? সিরিয়াসলি _? না এই মেয়ের কাছ থেকে আমাকে কতো কিছু শিখতে হবে কে জানে _? একটা দীর্ঘশ্বাস ফেলে সিদ্ধার্থ আর প্রকৃতির পেছনে গেল না নিজের কাজ করতে বসে গেল কারন জানে ওই মেয়েকে আটকাতে এই মুহূর্তে পারবে না । যা পারছে করুক তারপর জ্বর এলে আমাকে বললে তখন বুঝবে ঠেলা ।

প্রকৃতি বাইরে এসেই সবাইকে দেখতে পেল । একটা তেরো চোদ্দ বছরের ছেলে কাজ করছে । রান্নাঘরে একজন রান্না করছে । আর

কাউকে দেখতে পেল না ও । প্রকৃতি ধীরে ধীরে ছেলেটার কাছে এগিয়ে গিয়ে মুচকি হেসে বলল " কে তুমি _? তোমার নাম কি _? তুমি কি এখানেই থাকো _? পড়াশোনা করো না তুমি এখানে কাজ করছো যে_? "

একসাথে এতো কথা বলাতে ছেলেটা বড়ো সড়ো ভিরমি খেল । কোনো মতে নিজেকে সামলে নিয়ে বলল

" বউদিমনি তুমি _? "

" বউদিমনিটা কে _? আমাকে দিদিভাই বলে ডাকলেই চলবে বুঝলে _! এতো কিছু সম্পর্ক ধরার দরকার নেই । " বলেই প্রকৃতি মুচকি হাসলো ।

ছেলেটা প্রকৃতির এরূপ ব্যবহার দেখে অবাক হয়ে গেছে ভাবছে দাদাবাবু এতো গম্ভীর আর বউদিমনি এমন ?

" ওহ বউদিমনি , না মানে দিদিভাই আমি নয়ন , এখানেই ছোট থেকে থাকি পড়াশোনাও করি আর বাড়ির টুকটাক কাজ ও করি । কিন্তু তুমি এইসময় এখানে নামতে গেলে কেন ? বাইরে কতো ঠান্ডা !"

" তো কি হয়েছে _?

তুমি ও ঠান্ডায় কাজ করছো আমিও করবো তোমাদের সাথে না হয়

--

তাছাড়া এইটুকু ঠান্ডায় কিছু হবে না , আমি তো দুইবছর আছি এখানে কোই সমস্যা তো হয়নি ..... হাচচচচচো " কথা টা বলা শেষ হয়নি তার আগেই প্রকৃতি হাঁচি উঠে গেল । নয়ন খালি অবাক

হয়ে তাকিয়ে আছে প্রকৃতির দিকে ।

" দিদিভাই তোমার তো সর্দি করেই গেছে _? "

" ছাড়ো তো এতে কিছু হবে না , এবার বলো রান্না ঘর কোন দিকে আজ আমি রান্না করবো খুব ইচ্ছে করছে আমার রান্না করতে "

" আরে না দিদিভাই রান্না করতে হবে না ওটা মা করছে ... তুমি অন্যদিন করো , এখন উপরে যাও নাহলে দাদাবাবু বকবে " নয়ন প্রকৃতিকে বাধা দিয়ে কথাগুলো বলল ।

" আরে ছাড়োতো কিছু বলবে না তোমার দাদাবাবু, যদি রান্না করতে নাই দেবে তাহলে আমাকে বাইরেটা ঘুরতে দেখাবে চলো । আমি বেলকনি থেকে দেখলাম কি সুন্দর ফুল ফুটে আছে বাইরে "

" কিন্তু বাইরে তো শিশির পড়ছে _? "

" তো কিছু হবে না চলো তো ... দরজাটা কোনদিকে " বলে প্রকৃতি নয়নের হাতটা ধরে নিয়ে গেল বাইরে ।

দেখি তো মেয়েটা কি করছে ? সেই কখন গেছে এখনো আসার নাম নেই এসব ভাবতে ভাবতে সিদ্ধার্থ নীচে নেমে এলো । নীচে এসে কোথায় প্রকৃতিকে দেখতে না পেয়ে বাইরে গেল । চারিদিকটা কুয়াশায় এখনো ভর্তি । সিদ্ধার্থ বাগানের দিকে হাসির আওয়াজ শুনে সেদিকে এগিয়ে গেল ।

" আরে কি সুন্দর ফুল নয়ন ? আগে বলবে তো তোমাদের এখানে এতো ফুল গাছ আছে । আমাদের হোস্টেলে এসব দেখতেই পাওয়া যায় না , জানো নয় একবার একটা চন্দ্রমল্লিকা গাছ লাগিয়েছিলাম সেটাও ছাগলে খেয়ে চলে গেছিল । হোস্টেল সুপার গুলো খুব বদ খেয়ালেই রাখেনি আমার গাছটার...... খুব রাগ হয়েছিল , তাই আমি আর আমার বন্ধুরা রেগে হোস্টেল সুপারের টাকে তেলের সাথে হলুদ মিশিয়ে ঢেলে দিয়েছিলাম । " প্রকৃতি ফুল গুলো হাতে নিয়ে দেখছে আর কথা গুলো বলছে এদিকে ওর পেছনে কে দাঁড়িয়ে আছে সেটা দেখার প্রয়োজন বোধ করেনি । চন্দ্রমল্লিকা গাছটাকে ছেড়ে দিয়ে পাশের ফুটে থাকা রক্ত গোপালটা শুয়ে দেখলো বেশ সুন্দর লাগছে ফুলটাকে । আচ্ছা এখানে ও যদি কিছু ফুল তোলে তাহলে মিঃ সেনগুপ্ত ওকে বকবে ? কিন্তু ফুল গুলো তো গাছেই বেশি মানাচ্ছে কিন্তু তাও ওর তুলতে খুব ইচ্ছে করছে । ও আর বেশি না ভেবে কিছু লাল হলুদ রঙের চন্দ্রমল্লিকা আর রক্ত গোলাপ টা তুলে নিল তারপর সেগুলো একজায়গায় রেখে ঘাস পাতা দিয়ে বেঁধে ফুলের তোড়ার মতো বেঁধে নিল । কাজগুলো করে পেছনে ঘুরতে যাবে তখনই কারোর সাথে ধাক্কা লাগলো । ওর মাথাটা একেবারে গিয়ে মানুষটার থুতনিতে লাগলো । মাথায় হাত দিয়ে কিছু টা পেছনে সরে এসে আহ্ করে উঠলো । তারপর মাথাটা তুলে তাকিয়ে দেখে সিদ্ধার্থ দাঁড়িয়ে আছে গম্ভীর চোখে ওর দিকে তাকিয়ে । মাথায় হাত দিয়ে আশেপাশে তাকালো , নয়নকে খুঁছলো কিন্তু পেল না । সিদ্ধার্থ কে দেখে ভয়ে হাতে থাকা ফুল গুলো তাড়াতাড়ি পেছনে লুকিয়ে বলল " আপনি _? আপনি এখানে

কি করছেন ? না মানে দেখুন আমি কিন্তু ফুল তুলিনি ওরাই আমার কাছে এসেছে না মানে আমাকে লোভ দেখিয়েছে তোলার জন্য । মানে আমার কোনো দোষ নেই তাই আমাকে একদম বকবেন না । তাছাড়া এটা কি আপনার বাগান নাকি ? এখন থেকে এটা আমার ও বাগান আপনার স্ত্রী আমি , অধিকার আছে আমার ...... তাই আমার জিনিস তুলেছি আমি , তাই আপনি আমাকে কিছু বলতে পারেননা " কথা গুলো এক নিঃশ্বাসে বলে প্রকৃতি থামলো ।

" আমি কিছু বলেছি তোমায় ?" গম্ভীর স্বরে সিদ্ধার্থ আবার বলে উঠলো । কথাটা শুনে প্রকৃতি ওর দিকে তাকালো । লোকটার কপালে দুটো ছোট ছোট ভাঁজ পড়েছে একভাবে ভ্রু কুঁচকে ওর দিকে তাকিয়ে আছে । সিদ্ধার্থ এর গাঢ় কালো চোখের মনি দুটো ওর খুব পছন্দ হয়েছে । ইস্ ওর এরকম চোখের মনি কেন নয় ওর তো হালকা ব্রাউন রঙের। সিদ্ধার্থ এর গায়ের রঙটাও ওর পছন্দের শ্যামবর্ন ঠিক কালোও নয় আর বিদেশিদের মতো ফর্সাও নয় কিন্তু ও তো ফর্সা তাই ওর গায়ের রঙটা ওর একদম পছন্দ নয়। সিদ্ধার্থ এর চুলটাও কি সুন্দর ঘন কালো হালকা কুঁচকানো কিন্তু ওর তো পুরোটাই প্রাকৃতিক লাল আর স্ট্রেট যেটা একদম পছন্দ নয় ওর । গভীর দৃষ্টিতে প্রকৃতি সিদ্ধার্থ কে পর্যবেক্ষণ করতে লাগলো মানুষটার মধ্যে একরকম মায়া আছে যেটাতে ও জড়িয়ে পড়েছে হয়তো জড়াতে চাইছে ।

তাই মুচকি হেসে বলল " না বলেননি পরে তো বলতে পারেনি তাই না যে আমি না বলে ফুল তুলেছি তাই জানিয়ে রাখলাম।

তাছাড়া এগুলো আমি একদম আমার জন্য তুলিনি , এগুলো তো আপনার জন্য তুলেছি আপনাকে দেবো বলে জানেন যারা ফুল আর গান ভালোবাসে তাদের মনটাও খুব পবিত্র হয় তাই আমিও তাদের খুব ভালোবাসি খুব পছন্দ করি । এবার ধরুন তো ফুল গুলো নাহলে শুকিয়ে যাবে আর ফুল গুলো কখনো ফেলবেন না কিন্তু শুকিয়ে গেলেও না বলে দিলাম না আমি আপনাকে খুন করবো হুহু । আমার প্রিয় জিনিসগুলো কেউ কেড়ে নেয় সেটা পছন্দ করি না আবার আমার প্রিয় জিনিস আমি কাউকে দেয়না শুধু আপনাকে দিচ্ছি । আপনি ...... " বলতে পারলো না আর কিছুই এক দৃঢ় বাহুবন্ধনে আবদ্ধ হয়েছেন তার আগেই ।

সিদ্ধার্থ কথা বলবে কি প্রকৃতি এতো কথা বলছিল। থামতে বলছিল কিন্তু থামলে তো তাই সিদ্ধার্থ ওকে শক্ত করে জড়িয়ে ধরলো । প্রকৃতির হাত থেকে ফুল গুলো নিয়ে বলল " এতো কথা বলো কেন তুমি ? অবশ্য আমার বেশ ভালোই লাগে তোমার টিয়াপাখির মতো বকবক শুনতে কিন্তু অপর জন ও যে কিছু বলতে চাই সেটাও তো ভাবতে পারো তাই না । আর কি বলছিলে তোমার প্রিয় জিনিস কিন্তু আমি তোমার প্রিয় হলাম কবে থেকে ?""

একে জড়িয়ে ধরাতে প্রকৃতি ঠান্ডায় যত না বেশি ফ্রিজ হয়েছিল সিদ্ধার্থ এর ছোঁয়ায় অনেক বেশি ফ্রিজ হয়ে গেছে । একদম সিদ্ধার্থ এর গলার কাছে গিয়ে ওর মুখটা পড়ছে আর ঠোট দুটি বারবার স্পর্শ করে চলেছে ।

সিদ্ধার্থ এর কথা শুনে প্রকৃতির এবার হুস এলো কি বলতে কি বলেছে ও নিজেই জানে না ? তাই আমতা আমতা করে বলল "

এটা কখন বললাম আমি ? আর ফুল তো আমার খুব প্রিয় তাই দিয়েছি আপনাকে পছন্দ হয়নি তাহলে ফেরত দিয়ে দিন আমি নিজের কাছে রাখবো। জানেন ভালোবেসে কাউকে কিছু দিলে নিতে হয় কিন্তু আপনি তো আমাকে বন্ধু ভাবেননা তাই এমনি বলছেন খুব খারাপ আপনি "

সিদ্ধার্থ প্রকৃতিকে ছেড়ে ওর কোমরটা জড়িয়ে ধরে আলতো করে নিজের কাছে টেনে নিল কপালে নেমে আসা চুল গুলো কানের ওপাশে গুঁজে দিয়ে আদুরে গলায় বলল "" এতো কথা বলো কেন তুমি ? একটুও কি চুপ করে থাকতে পারো না ? সকালে কি হয়েছিল ভুলে গেছো ? আমি বলেছি নেবো না তুমি দেবে আমি তো নিতে বাধ্য এবার ঘরে চলো........এখানে আর কিছুক্ষণ দাঁড়িয়ে থাকলে জ্বর নিশ্চয়ই আসবে । "

" আরে যাবো না এখানে কি সুন্দর লাগছে জানেন ? ছাড়ুন আমাকে ," সিদ্ধার্থ এর এইরূপ স্পর্শে প্রকৃতি কেঁপে উঠলো আমতা আমতা করে কথা গুলো বললো কোনো রকমে ।

" উহু থাকো তাহলে এভাবেই যদি রুমে না যাও , ভালোই কি সুন্দর রোমান্টিক পরিবেশ আর তুমি আমি সদ্য বিবাহিত দম্পতি ..... এই পরিবেশে প্রেমটা ভালোই জমবে কি বলো ?" সিদ্ধার্থ মজা করে কথা বললেও প্রকৃতির গাল দুটো লাল হয়ে গেছে একদম ।

কিছু বলতে যাবে তার আগেই " হাচ্চো " । সিদ্ধার্থ প্রকৃতিকে ছেড়ে দিয়ে ভ্রু কুঁচকে ওর দিকে তাকালো তারপর ওর হাতটা শক্ত করে ধরে বলল " আর যদি কখনো এখানে আসতে দেখি খবর আছে ""

" হাচ্চো হাচ্চো , দেখুন হাচ্চো ... দেখুন আমি এসব হাচ্চো .... দেখুন আমি এসব খাবো না । ছিঃ দেখতেই কেমন বিশ্রি লাগছে জানি না হাচ্চো ...... কতো গোলমরিচ গুঁড়ো আদা দিয়েছেন । আমি আদা খাইনা ভালো লাগে না আমার হাচ্চো...... এর থেকে বরং ওষুধ খেয়ে নিচ্ছি সেটাই ভালো হবে আমার জন্য হাচ্চো ...." আজ সকালে প্রকৃতি বিছানায় বসে আছে আর সিদ্ধার্থ ওর সামনে গোলমরিচ আদা চা নিয়ে বসে আছে । প্রকৃতির সর্দিটা যেন আরো বেড়ে গেছে কথাও বেরোচ্ছে না ঠিক ভাবে একদম ভারী হয়ে গেছে গলাটা আর কিছুক্ষণ পর হয়তো কথাও বেরোবে না ।

" আমি একটা কথাও শুনতে চাইছি খেয়ে নাও চুপচাপ " সিদ্ধার্থ ধমকে বলে উঠলো ও ভেবে পাচ্ছে না মেয়েটা এতটা জেদি কেন ? সিদ্ধার্থ এর ধমক শুনে প্রকৃতি ওর দিকে চোখ ছোট ছোট করে তাকালো তারপর গাল দুটো ফুলিয়ে বলল

" খেতে.... হাচ্চো ই হবে _?"

" হ্যা খেতেই হবে চুপচাপ খাও ..."

প্রকৃতি আর কি করে সিদ্ধার্থ এর হাত থেকে কাপটা নিয়ে এক

নিঃশ্বাসে খেয়ে ফেললো অবশ্য এতে লাভ কিছু হবে বলে মনে হয়না কারন এতক্ষণে পুরো জিনিসটা ঠান্ডা হয়ে গেছে ।

" পড়তে বোসো আরেকটু পর নীচে নামবে , এতদিন এইসবের চক্করে একটুও পড়োনি " সিদ্ধার্থ প্রকৃতির হাত থেকে কাপটা নিয়ে বলল।

" কি আজ থেকে পড়া হাচ্চো ... পড়া শুরু করতে হবে নাকি হাচ্চো , এই তো কালকেই এলাম হাচ্চো ... আজকে রেস্ট নিই , কাল থেকে পাক্কা পড়তে বসবো হাচ্চো " প্রকৃতি সিদ্ধার্থ এর কথা শুনে চমকে উঠে বললো ।

" একদম না চুপচাপ পড়তে বোসো নাহলে ফেল করবে বুঝলে , পরীক্ষা কবে সেটা মনে আছে ?ফেল করা বউ আমার চাই না" সিদ্ধার্থ ধমকে উঠলো ।

" হূ , ফেব্রুয়ারি চলছে হাচ্চো .... জুন জুলাইয়ের দিকে হবে ..... হাচ্চো কিন্তু ফেল করা হাচ্চো ... বউ চাই না মানেটা কি ? " প্রকৃতি মুখটাকে ছোট ছোট করে বলে উঠলো। সিদ্ধার্থ এর কথা শুনে একটু খারাপ ও লাগলো । তাহলে কি সিদ্ধার্থ ও ওর স্ট্যাটাস দেখবে ?

" তাহলে তো বেশি সময়ে নেই তোমার হাতে সেটা জানো , যাও চুপচাপ পড়তে বোসো । তোমার সমস্ত বই হোস্টেল থেকে এনে

দিয়েছি আমি .... ফেল করা বউ চাইনা মানে চাই না .... ফেল করলে তো সবাই বলবে আমার বউ ফেল করেছে তাই কারোর কাছে কথা শুনতে আমি রাজি নোই " সিদ্ধার্থ প্রকৃতির কাছ থেকে সরে এসে হাত দুটো বুকের কাছে ভাঁজ করে নিয়ে বলল।

" মিঃ সেনগুপ্ত ..." প্রকৃতি সিদ্ধার্থ এর দিকে অসহায় ভাবে তাকালো কিন্তু এতে সিদ্ধার্থ এর কোনো রুপ পরিবর্তন হলো বলে মনে হয় না।
বরং " যাও " গম্ভীর স্বরে বলে উঠলো।

এরপর প্রকৃতি আর কি বলবে বিছানা ছেড়ে নেমে গেল । বাবারে কি ঠান্ডা ! নীচে পা রাখতেই কষ্ট হচ্ছে ... আর এই ঠান্ডায় আমাকে চেয়ার টেবিলে পড়তে হবে ভাবা যায় । মাও আমাকে এতো জোর করেনি পড়ার জন্য যতটা না এই মানুষটা করছে মাত্র কদিন দেখা হয়েছে আর তাতেই এতো দাপট পরবর্তী তে কি হবে কে জানে ? তোর সুখের দিন শেষ প্রকৃতি , কি হবে এবার ? ফাকি সরি এবার আরামে কাটাবি কেমন করে ? আমি জানতাম বিয়ে করে মানুষ পড়া থেকে বেঁচে যায়.... অনেককে তো পড়তেই দেওয়া হয়না ..... আর এখানে উল্টো আমাকে ধরে বেঁধে পড়ালেখা করাবো বলছে.... কি কপাল আমার ? কি জন্যে পাপার মুখটা দেখে গলে গিয়েছিলাম আর এই লোকটাকে বিয়ে করেছিলাম কে জানে ? ধুর একটুও পাপার ছায়া নেই এর মধ্যে বরং হিটলার মাকে দেখতে পাচ্ছি এই মুহূর্তে । দেখিতো পেছনে তাকিয়ে দেখে গেল কিনা ,

বাবারে এতো দেখি আমার দিকেই তাকিয়ে আছে .... এখানে বসে থাকবে নাকি ? তাহলে আমি পড়বো কেমন করে মানে পড়তে পড়তে ঘুমাবো কেমনে করে ? এই সকাল সকাল কেউ পড়ে নাকি ?

" কি হলো আকাশ পাতাল চিন্তা হয়ে গেলে পড়তে বোসো " গম্ভীর গলায় আবার বলে উঠলো সিদ্ধার্থ এতক্ষন প্রকৃতির আচার ব্যবহার পর্যবেক্ষণ করছিল ।

" হু পড়ছি তো.... আপনি জান এখান থেকে " প্রকৃতি আড়চোখে সিদ্ধার্থ এর দিকে তাকিয়ে বই গুলো বের করলো ।

" যাচ্ছি কিন্তু মাঝে মধ্যে আসবো যদি দেখেছি পড়া বাদ দিয়ে অন্য কিছু করছো তাহলে আমার থেকে খারাপ কেউ হবে না বলে দিলাম । আঙ্কেলকে কথা দিয়ে এসেছি তোমার সব কিছুর দায়িত্ব আমার তাই পড়াশোনার কোনো ক্ষতি হলে মেনে নেবো না " বলেই সিদ্ধার্থ রুম থেকে বেরিয়ে গেল আর প্রকৃতি হতবিহ্বল চোখে সিদ্ধার্থের যাবার দিকে তাকিয়ে আছে ।

নয়টার দিকে ফোনটা বেজে উঠলো প্রকৃতির তাকিয়ে দেখে নদী ফোন করেছে । এতক্ষন কোনো দিকে হুস ছিল না। এই একটা জিনিস পড়তে বসলে কোথায় কি হচ্ছে সেটা মনেই থাকে না একদম । সময় কি করে কেটে যায় বুঝতেই পারে না ।

ও তাড়াতাড়ি ফোনটা তুলতেই ওপাশ থেকে বলে উঠলো " কি রে কবে কলেজ আসবি ? দিদির বিয়েতে গিয়ে এদিকে সব কিছু

ভুলেই গেছিস । তোর তো এতদিন কামায় করার কথা ছিল না মনে আছে তো আজ পোয়েন্টের সমস্ত কাজ দেবে আর প্র্যাকটিক্যল আছে সেটাও মনে আছে নাকি ভুলে গেছিস "একদমে পুরো কথাটা বলে নদী থামলো ।

নদীর কথা শুনে প্রকৃতি মাথায় হাত দিয়ে বলল " এ বাবা যা আমি তো ভুলেই গেছিলাম সব কিছু " কিন্তু কোনো কথা বেরোলো না গলাটা একদম বসে গেছে ওর চেষ্টা করেও কথা বলতে পারছে না ।

" কি রে কোনো কথা বলছিস না কেন? কথা বল হ্যালো " নদী আবার তড়িঘড়ি করে বলে উঠলো ।

প্রকৃতি আবার কিছু বলতে গিয়েও থেমে গেল ভালোই বুঝতে পারছে গলাটা একদম গেছে ওর আজ আর কথা বেরোবে বলে মনে হচ্ছে না । কি করবে খুঁজে না পেয়ে ফোনটা কেটে দিলো তারপর টেক্সট করলো " যাবো রে রেডি হচ্ছি আমি , আমার গলা বসে গেছে একদম কথা বেরোচ্ছে না তবে চিন্তা করিস না ঠিক সময়ে পৌছে যাবো " বলেই ফোনটা রেখে ঘড়ির দিকে তাকালো দেখলো নয়টা দশ বাজে । এটা দেখে প্রকৃতি তাড়াতাড়ি চেয়ারে ছেড়ে উঠে নীচে গেল সেখানে সিদ্ধার্থ কে দেখতে না পেয়ে পাশের রুমে গেল দেখলো সিদ্ধার্থ কিছু কাজ করছে। প্রকৃতি তাড়াতাড়ি সিদ্ধার্থ এর কাছে গিয়ে দাঁড়ালো । সিদ্ধার্থ প্রকৃতিকে দেখে হাতে থাকা ফাইল গুলো রেখে বলল
" কিছু বলবে _?"

প্রকৃতি কিছু না বলে ঘাড় নাড়লো ।

" বলো কি বলবে _? "

প্রকৃতি খুঁজে পাচ্ছে না কি করে বলবে ঈশারাটাও ঠিক ভাবে করতে জানে না কিন্তু তাও চেষ্টা করলো বলতে কিন্তু বলতে পারলো না কিছুই । তবে প্রকৃতিকে এতক্ষন এরকম ব্যবহার করতে দেখে সিদ্ধার্থ ভালোই বুঝতে পারলো প্রকৃতির গলা বসে গেছে । এটা দেখি ও একটা দীর্ঘশ্বাস ফেললো মেয়েটা এমন কেন ? সবসময় ঝামেলার দিকে যায় ।

প্রকৃতি কিছু বলতে না পেরে টেবিলের উপর খাতা কলমটা দেখে সেখানে লিখে দিল " আমার কলেজ আছে , অনেক আর্জেন্ট .... এখনি যেতে হবে "

" কি তুমি এই অবস্থায় কলেজ যাবে ?" সিদ্ধার্থ লেখাটা পড়ে প্রকৃতির দিকে এগিয়ে কথাটা বলল । এতে প্রকৃতি ঘাড় নেড়ে সম্মতি জানালো ।

" অবস্থা দেখেছো তোমার _? মুখ দিয়ে কথা বের হচ্ছে না _! আর বলছো কলেজে _? " সিদ্ধার্থ ধমকে বলে উঠলো ।

সিদ্ধার্থ এর ধমক শুনে প্রকৃতি একটু ভঁয় পেলো তাও লিখলো " এটাই কিছু হবে না কিন্তু কলেজ যাওয়াটা খুব আর্জেন্ট আমার । ওষুধ খেয়ে নেবো চিন্তা নেই ঠিক হয়ে যাবে ... এর আগেও হয়েছে আমার ওষুধ খেতেই ঠিক হয়ে গেছে "

লেখাটা পড়ে সিদ্ধার্থ আরো বেশি রেগে গেল। এর আগেও হয়েছে তাও মেয়েটার নিজের দিকে খেয়াল নেই ঠান্ডা বানিয়ে বসে আছে । রেগে গিয়ে প্রকৃতিকে কিছু বলতে যাচ্ছিল কিন্তু চুপ করে গেল ।

" You are just impossible , যাও তৈরি হয়ে নাও আমিও তৈরি হয়ে নিচ্ছি তবে আজকের পর থেকে নিজের অনিয়ম করলে আমার থেকে খারাপ কেউ হবে না "

সিদ্ধার্থ রাগি ভাবে গাড়ি চালাচ্ছে আর প্রকৃতি সিদ্ধার্থ এর দিকে তাকিয়ে বসে আছে । আজব তো মানুষটা এতো রাগ করছে কেন সেটাই মাথায় আসছে না । আরে বাবা এটা তো সাধারন ব্যপার কালকেই ঠিক হয়ে যাবে তাবলে কি জীবনটা উপভোগ করবো না । মন যেটা বলে সেটা কি করবো না ? একটাই তো জীবন যতদিন বেঁচে আছি ততদিন নিজের মতো করে জীবনটাকে উপভোগ করতে পারবো না ।

প্রকৃতি সিদ্ধার্থ এর মুখ দেখে কিছু বলতে গিয়েও থেমে গেল । গলা দিয়ে আওয়াজ বেরোচ্ছে না তো কথা বলবে কেমন করে । সিদ্ধার্থ গাড়ি চালাচ্ছে তাই ওর দিকে তাকানোর কথাও বলতে পারছে না। তাই ও ব্যাগটা থেকে একটা খাতা কলম বের করে লিখলো " এভাবে ভালো লাগছে না আপনাকে একদম , মুখটা ভার করে রেখেছেন কখন থেকে । জানেন হাসলে আপানাকে কতটা সুন্দর লাগে কিন্তু না আপনি তো সবসময় মুখটাকে পঁচা করলার মতো ফুলিয়ে রাখবেন । আমার গলা দিয়ে কথা না বেরোলে আমি কি করবো বলুন তো ? দেখুন আমিও কষ্ট পাচ্ছি ... আপনি জানেন আমি কথা না বলে থাকতে পারি না যদিও আমি বেশি কথা বলিনা

তাও তো ..... তাই প্লিজ এভাবে রাগ করবেন না " লিখেই খাতা থেকে পেজটা ছিঁড়ে নিল তারপর সেটা বাদ করে হাতে রেখে খাতা কলমটা ব্যাগে ঢুকিয়ে নিল ।

সিদ্ধার্থ এতক্ষন প্রকৃতির দিকে না তাকালেও এতক্ষনে তাকাতে বাধ্য হলো প্রকৃতির খাতাটা ছিঁড়ার আওয়াজ শুনে । ভ্রূ কুঁচকে একবার ওর দিকে তাকিয়ে তারপর আবার গাড়ি চালানোতে মন দিল । ওর ও ভালো লাগছে না প্রকৃতির এভাবে চুপ করে যাওয়াতে বড্ড বেশি মিস করছে প্রকৃতির বকবক করাতে । যদি গলাটা বসে না যেতো তাহলে প্রকৃতি কতো কথা বলতো ওর সাথে কিন্তু কিছুই হচ্ছে না। এদিকে প্রকৃতি নিজেও চুপ করে থাকতে থাকতে বোর হয়ে গেছে আর সিদ্ধার্থ এর দিকে তাকিয়ে ভাবছে " মানুষটা রোবট নাকি একটাও কথা বলছে না..... এতো কম কথা বলে কেমন করে ? আমি তো দম আটকে মারা যেতাম এখনি কেমন লাগছে যেন "

" কলেজ এসে গেছে তোমার _" এতক্ষন পর সিদ্ধার্থ মুখ খুললো ।

সিদ্ধার্থ এর কথা শুনে প্রকৃতি বাইরে তাকিয়ে দেখে সত্যিই কলেজে চলে এসেছে । এতদিন পর কলেজটা দেখে ও সত্যিই খুব আনন্দিত হলো । আনন্দে সিদ্ধার্থ এর দিকে তাকিয়ে আবার কিছু বলতে যাচ্ছিল কিন্তু গলা দিয়ে কথা বের হলো না ।

এটা দেখে সিদ্ধার্থ একটা দীর্ঘশ্বাস ফেললো সত্যিই এই কিছু

সময়ের মধ্যেই প্রকৃতির বকবক করাটা অনেক মিস করছে ।

" শোনো কলেজে সাবধানে থাকবে .... একদম ঝামেলা করবে না আর কলেজ শেষ হতেই আমাকে ফোন করবে .... এমনিতেই শরীরটা খারাপ তারপর যদি আবার কিছু বানিয়ে বোসো তো আমি তোমাকে কলেজ আসতে দেবো না । জানিনা এতদিন কি করে তুমি হোস্টেলে ছিলে ...? " কথা গুলো বলে সিদ্ধার্থ থামলো প্রকৃতির দিকে তাকিয়ে দেখে সে ভ্রূ কুঁচকে ওর দিকে তাকিয়ে আছে ।

" কি হলো কি দেখছো যাও " সিদ্ধার্থ আস্তে করে বলে উঠলো। প্রকৃতি যাই বলুক না কেন মনে মনে সিদ্ধার্থ এর সব কিছু ও ভালোই উপভোগ করছে। মা বাবার পর এই প্রথম কেউ ওকে এতটা শাসন করছে এতটা যত্ন করেছ । হটাৎ প্রকৃতির কি হলো কে জানে সিটবেল্টটা খুলে তাড়াতাড়ি সিদ্ধার্থ কে জড়িয়ে ধরে ওর গালে নিজের ঠোট স্পর্শ করালো তারপর সিদ্ধার্থ এর হাতে ওর লেখা কাগজটা গুজে দিয়ে তাড়াতাড়ি গাড়ি থেকে নেমে গেল । তখন ব্যাপারটা খেয়াল না থাকলেও এখন যেন বেশ লজ্জা লাগছে । উৎসাহের বসে জড়িয়ে ধরেছে ঠিক আছে কিন্তু কিস টা কেন করতে গেল সেটাই বুঝতে পারছে না । লজ্জায় সিদ্ধার্থ এর দিকে তাকাতেও কেমন লাগছে তাই গাড়ি থেকে অন্য দিকে তাকিয়ে বলল " আসছি আমি " বলে যেতে যাবে তখনই সিদ্ধার্থ এর কথা শুনে থমকে গেল । এতক্ষনে সিদ্ধার্থ নিজের হতভম্ব ভাবটা কাটিয়ে উঠছে । প্রকৃতির কাজ কর্ম দেখে ও মাঝেমধ্যে অবাক না হয়ে পারে না । মুচকি হেসে গাড়ি থেকে নেমে বলল " চলো আমিও

ভেতরে যাবো দরকার আছে আমার "

কথাটা শুনে প্রকৃতি তাড়াতাড়ি সিদ্ধার্থ এর দিকে তাকালো ।

" আপনি আমার নামে স্যারদের কাছে নালিশ করবেন নাকি ? জানেন আমি পড়াশোনায় খুব খারাপ নোই স্যাররা আমাকে যথেষ্ট স্নেহ করেন " কাঁদো কাঁদো চোখে বলে উঠলো ।

প্রকৃতির অবস্থা দেখে সিদ্ধার্থ এর খুব হাসি পেল তাও কিছু বলল না শুধুই মুচকি হাসলো ।

" চলো "

" আরে কোথায় যাচ্ছেন ? সত্যিই বলবেন নাকি ?" প্রকৃতি সিদ্ধার্থ এর পেছনে যেতে যেতে বলল ।

" কিছু বলবো না তুমি তোমার ক্লাসে তাও চুপচাপ " এবার সিদ্ধার্থ ধমকে বলে উঠলো।

কথাটা শুনে প্রকৃতির একটু স্বস্তির নিঃশ্বাস ফেললো যেন তারপর চোখ দুটো ছোট ছোট করে সিদ্ধার্থ এর দিকে তাকিয়ে চুলটা কাঁধ থেকে সরিয়ে চলে গেল আর সিদ্ধার্থ প্রকৃতির যাবার দিকে তাকিয়ে মুচকি হাসলো সত্যিই মেয়েটা একদম বাচ্চাদের মতো । জীবনটাকে উপভোগ করতে চাই বয়সটাকে উপভোগ করতে চাই কোন বাঁধন মানতে চাই না হয়তো বা ....

প্রকৃতি ক্লাসে ঢুকতেই নদী এসে ওর সামনে দাড়ালো । কোমরে

হাত দিয়ে একপ্রকার বলে উঠলো " এই তুই এলি জানিস কত কিছু মিস করেছিস ? মনে দিদির বিয়ে ছিল না নিজেই বিয়ে করে এসেছিস "

কথাটা শুনে প্রকৃতি বিষম খেল বেচারি সত্যি কথাটা হজম করতে পারেনি । কোনোমতে নিজেকে সামলিয়ে বেঞ্চে বসলো । তারপর খাতাটা কলমটা বের করে লিখলো " না রে কিছু না .... গলাটা গেছে একদম .....আমাকে প্লিজ কিছু পড়া বুঝিয়ে দে নোট গুলোতো আমি নিয়ে নিয়েছি তোর কাছে কিন্তু কিছু জায়গা বুঝতে পারিনি , আজ বারোটার দিকে প্র্যকটিক্যল আছে তার আগে কোনো ক্লাস তো নেই "

" আবার গলা বসিয়েছিস তুই _? আচ্ছা তুই এতো খামখেয়ালী কেন বলতে পারিস ? " নদী গম্ভীর ভাবে বলে উঠলো ।
প্রকৃতি আর কি বলবে ঘাড় নাড়লো শুধু । সবার কাছেই এখন বকানি খাবে ভাগ্যিস এখনো পাপা মামনি জানে না তাই রক্ষে ।

প্র্যাকটিকেল ক্লাস থেকে বেরিয়ে নদী আকাশকে দেখতে পেল । আকাশের মুখোমুখি একবারে দাঁড়িয়ে কিছু বলতেও পারছে না । শুধু ফ্যলফ্যল করে তাকিয়ে আছে আকাশের দিকে। আকাশ এই কলেজে লাস্ট ইয়ার স্টুডেন্ট দেখতে হ্যান্ডসাম অনেকের ক্রাশ । নদীও তাই আকাশের উপর ক্রাশ খেয়ে বসে আছে তবে আজ পর্যন্ত আকাশের সাথে কথা বলার সাহস টুকু পায়নি আর প্রকৃতি তার তো আকাশের সাথে খুব ভাব দেখা হলেই প্রকৃতির মুখে খোই

ফুটতে আরম্ভ করে ।

তবে আজ আকাশকে দেখে প্রকৃতি কিছু বলল শুধু মুচকি হেসে হাত নাড়লো । আকাশ নদীর দিকে আড়চোখে তাকিয়ে প্রকৃতির দিকে তাকালো । প্রকৃতিকে কোনো কথা বলতে না দেখে আকাশ অবাক হয়ে গেছে ।

" কি হলো আজ কোন কথা বলছো না ? কি ব্যপার ? তোমার বান্ধবীর মতো কি তুমি ও কথা বলা ছেড়ে দিয়েছো ?" এভাবে সরাসরি আকাশ কথাটা বলবে নদী একদম ভাবতে পারেনি তাই মাথাটা। নীচু করে আস্তে আস্তে বলল " হাঁদারাম এটা বলার কি দরকার ছিল ?"

প্রকৃতি আকাশের কথা শুনে কি আর বলবে শুধু হাত নাড়িয়ে বোঝাতে চেষ্টা করলো যে গলা বসে গেছে । কিন্তু অনেকক্ষণ পর যখন আকাশ কিছু বুঝতে পারলো না তখন বাধ্য হয়েই নদী বলে উঠলো " ওর গলা বসে গেছে কথা বেরোচ্ছে না এখন আমরা যায় "আকাশ নদীর মুখ দেখে বুঝতে পারলো আবহাওয়া গরম তবে কেন গরম সেটার আভাস পেল না । ভালো ছেলের মতো ঘাড় নাড়লো শুধু ।

কলেজ থেকে বেরিয়েই প্রকৃতি সামনে তাকিয়ে পুরো থমকে গেল । সিদ্ধার্থ গাড়ির সাথে হেলান দিয়ে দাড়িয়ে আছে । এত সুন্দর লাগছে চোখে কালো চশমাটা যেন সৌন্দর্য আরো বাড়িয়ে দিয়েছে ।

সিদ্ধার্থ কে দেখে প্রকৃতি আবার ক্রাশ খেল ।

" কি রে কি দেখছিস ? এভাবে দাঁড়িয়ে আছিস কেন ? ইনিই বা কে ? এখানে দাড়িয়ে আছে কেন ? আগে তো কখনো দেখিনি ? " নদী প্রকৃতিকে একভাবে সিদ্ধার্থ এর দিকে তাকিয়ে থাকতে দেখে বলে উঠল।

প্রকৃতি নদীর দিকে একবার তাকিয়ে হাসিমুখে ওর হাতটা ধরে সিদ্ধার্থ এর কাছে নিয়ে গেল ।

" ক্লাস শেষ ? " সিদ্ধার্থ চশমাটা খুলে হাতে রেখে প্রকৃতিকে বলল । নদীর দিকে একবার তাকিয়েছে বুঝতে পেরেছে প্রকৃতির কোনো বন্ধু ।

এদিকে নদী প্রকৃতির কানে কানে বলছে " কে রে ইনি তুই কি চিনিস ?"

প্রকৃতি কোনোমতে দুইজনের পরিচয় করিয়ে দিল । নদী সব কিছু হতভম্ব হয়ে গেছে কিন্তু এখন কিছু বলল না হাসিমুখে সিদ্ধার্থ এর সাথে আলাপ করলো তারপর বাড়ি চলে গেল । নদীর বাড়ি এখানেই আর প্রকৃতির সাথে ওর পরিচয় আরো আগে ফেসবুকের মাধ্যমে হয়েছিল তখন এতটা বন্ধুত্ব না থাকলেও কলেজে ওঠার পর একদম বেস্ট ফ্রেন্ড হয়ে গেছে ।

বাড়িতে এসে প্রকৃতি ফ্রেশ হয়ে নিল ক্ষিদেও পেয়েছে খুব । সিদ্ধার্থ নিজেও কিছু খাইনি এখনো পর্যন্ত প্রকৃতিকে এখানে নামিয়ে দিয়েই তো নিজের অফিসে চলে গেছিল সেখানে সবার সমস্যা সমাধান করে দিয়ে আবার প্রকৃতির কলেজ । কিন্তু তাও মুখে এতটুকু ক্লান্তি

নেই । সিদ্ধার্থ ফ্রেশ হয়ে নীচে নামতেই দেখে প্রকৃতি টেবিলে খাবার সাজাচ্ছে । সাদা রঙের কুর্তি আর পাটিয়ালাটাই বেশ সুন্দর লাগছে । এত লম্বা চুলটা ছেড়েই রেখেছে সিঁথিতে সিঁদুর আর কপালে ছোট একটা টিপ একদম গৃহিণী লাগছে । একটু আগেও যে মেয়েটাকে বাচ্চা মনে হচ্ছিল এখন সেই মেয়েটাকেই কেমন বউ বউ লাগছে । ওর মনে গেল গাড়িতে প্রকৃতির দেওয়া কাগজটা । ওটা তখন পড়ে খুব হেসেছিল সত্যিই মেয়েটা পারেও বটে । এতো কিউট যে কিন্তু এত দুষ্টু তাও যেন বকতে পারে না মেয়েটাকে কে জানে কি দেখছে মেয়েটার মধ্যে । মাত্র কয়েকদিনের মধ্যেই মেয়েটা ওকে গভীর মায়াই ঘিরে ফেলেছে আর সেই মায়াজাল কেটে বেরোনো হয়তো ওর পক্ষে সম্ভব নয়।

রাতের বেলা সিদ্ধার্থ রুমে এসে দেখে প্রকৃতি চেয়ার টেবিলে বই এর উপর মাথা দিয়ে ঘুমিয়ে পড়েছে । ওর উপস্থিতি প্রকৃতির পড়ার ডিস্টার্ব করতে পারে বলে ও অন্যরুমে নিজে কাজ গুলো করে । রাত প্রায় একটা বাজে এতক্ষণে রুমে এসেছে আর এসে প্রকৃতিকে এভাবে দেখে । সিদ্ধার্থ হালকা হেসে হাতে থাকা ফাইলগুলো আলমারিতে তুলে রাখলো । আলমরিটা দেখেও অবাক ওর আলমারি পুরো ভর্তি হয়ে গেছে প্রকৃতি জামা কাপড়ে একটুও জায়গা বেছে নেই আর ।

সিদ্ধার্থ ধীরে পায়ে প্রকৃতির কাছে এসে দেখে প্রকৃতি গভীর ঘুমে আচ্ছন্ন হয়তো সারাদিন এর পরিশ্রমের ফল । ও প্রকৃতির মাথায়

হাত বুলিয়ে দেয় তারপর কোলে তুলে নিয়ে বিছানায় শুইয়ে দেয় । একদম বাচ্চাদের মতো করে ঘুমাচ্ছে । কথা বলতে পারেনি বলে কষ্ট ও পেয়েছে মেয়েটা । সিদ্ধার্থ প্রকৃতিকে শুইয়ে লেপটা ভালো করে ঢাকা দিয়ে ওর কাছ থেকে সরে যেতে যায় কিন্তু প্রকৃতির হাত ওর জামাটা শক্ত করে ধরে নিয়েছে ততক্ষণে । এটা দেখে সিদ্ধার্থ মুচকি হাসে তারপর প্রকৃতির দিকে একটু ঝুকে ওর গালে হাত রেখে কপালে আলতো করে চুমু খায় ।

" আমি কোথায় যাচ্ছি না প্রকৃতি আলোটা বন্ধ করে দিয়ে আসি " বলেই প্রকৃতির হাত দুটো ছাড়িয়ে নেয় ও ।

একটা জিরো বাল্ব জ্বেলে আস্তে আস্তে প্রকৃতির পাশে এসে শুয়ে পড়ে । কিন্তু ঘুম যেন কিছুতেই আসতে চাইছে না । ধীরে ধীরে প্রকৃতির দিকে সরে যায় একটু উঠে বালিশের সাথে হেলান দিয়ে হালকা আলোয় প্রকৃতির মুখটার দিকে তাকায় কি সুন্দর মুখখানি ! নিস্পাপ স্নিগ্ধ সরলতায় ভর্তি , এই মেয়েকে সবাই ভালোবেসে ফেলবে না চাওয়া সত্বেও । মেয়েটাই এমন যে ভালোবাসতে বাধ্য ... প্রকৃতির কপালে নেমে আসা চুল গুলো সরিয়ে দেয় ... গালে হাত রেখে নিজের ওষ্ঠদ্বয় প্রকৃতির গালে স্পর্শ করায় । মুচকি হেসে শুয়ে পড়ে ওখানেই হয়তো মনে মনে বলে উঠে " তোমার কোমল মনে জানি না কবে জায়গা করতে পারবো তবে অপেক্ষায় থাকবো সারাজীবন ধরে ... শুধু তুমি ধরে থেকো আমায় ...... তোমার সমস্ত ইচ্ছে পূরণ করার দায়িত্ব আমার শুধু তুমি পাশে থাকলেই চলবে । জানি তোমার কোনো লোভ নেই আমি অতিরিক্ত ধনী নোই তবে যতটুকু আছে সেখানে তুমি আমি পরিবার সুখেই

থাকবে । তুমি এসেছে এক দমকা হাওয়ার মতো আমার জীবনে এক অপ্রত্যাশিত অতিথি তুমি .... কিন্তু আমার কাছে বড়োই মূল্যবান উপহার .... ভয় করে খুব যেমন এক দমকা হাওয়ার মতো আমার জীবনে এসেছে সেভাবেই হারিয়ে যাবে না তো ... জানি না ভবিষ্যতে কি অপেক্ষা করছে আমাদের জন্য ? ভয় করে খুব ... আজ প্রথম ভয় পাচ্ছি কাউকে হারানোর তোমাকে হারানোর .... হয়তো ভালোবাসি তোমাকে যে শব্দের কোনো অতীত বর্তমান ভবিষ্যৎ নেই তবুও যেন আছে চিরকাল "

শিলিগুড়িতে শীতের ভোরের একরাশ ঠান্ডা হাওয়া একটুকরো জানলার ফাঁক দিয়ে সিদ্ধার্থ প্রকৃতির শরীরে স্পর্শ করে গেল। ভোর চারটে বাজছে এইসময় বাইরে এখনো ঘুটঘুটে অন্ধকার ঘন কুয়াশায় ভর্তি পরিবেশে আকাশে এখনো কিছু তারার মেলা বসে আছে । চাঁদটাও আবছা হয়ে আসছে ক্রমশ হয়তো সূর্য এর আগমন হতে চলেছে তার জানান দিচ্ছে ।

একরাশ ঠান্ডা হাওয়ার আভাস পেয়ে প্রকৃতি হালকা কেঁপে উঠলো । সেই ঠান্ডা থেকে বাঁচতে কোনো কিছু উষ্ণ স্পর্শ পাবার জন্য আরো বেশি করে সিদ্ধার্থ এর দিকে ওকে জড়িয়ে ধরলো । সিদ্ধার্থ এর ঘুম অনেকক্ষণ আগেই ভেঙে গেছে হয়তো এতক্ষণে উঠেও

যেতো যদি প্রকৃতি ওকে শক্ত করে ধরা না রাখতো । প্রকৃতির কান্ড দেখে সিদ্ধার্থ ওর দিকে তাকালো তারপর মুচকি হেসে ওর মাথায় হাত বুলিয়ে দিতে লাগল ।

" প্রকৃতি ওঠো এখনি পড়তে বসবে তুমি , কাল রাতে ঘুমিয়ে পড়েছিলে তো ?" কিছুক্ষণ পর সিদ্ধার্থ ডেকে উঠলো । ভোরের এই শান্ত পরিবেশে পড়াটা সত্যিই ভালো হয় ।

কিন্তু এতো ভোরে প্রকৃতি কখনোই উঠেনি তাই উম হুম করে আবার ঘুমিয়ে পড়লো । এবার যেন সিদ্ধার্থ রেগে গেল , প্রকৃতিকে নিজের থেকে ছাড়িয়ে হালকা ধাক্কা দিয়ে ধমকে বলল " ওঠো বলছি "

সকাল সকাল কারোর ধমক শুনে প্রকৃতি ভয় পেয়ে গেল তাড়াতাড়ি বিছানা ছেড়ে উঠে ভুত ভুত বলে চেঁচিয়ে উঠলো ।

প্রকৃতির রিয়েকশন দেখে সিদ্ধার্থ হাসবে না কাঁদবে বুঝতে পারলো সত্যিই মেয়েটা এতো বাচ্চা কেন ? কোনো মতে নিজেকে সামলে গম্ভীর স্বরে উঠে বসে প্রকৃতির মুখটা নিজের দিকে ঘুরিয়ে বলল " ভুত কোথায় প্রকৃতি ? Look at it's me Mr. Sengupta . " সামনে সিদ্ধার্থ কে দেখে প্রকৃতি কিছু টা স্বাভাবিক হলো এতক্ষনে ঘুম পালিয়েছে ওকে ছেড়ে । চোখ দুটো ছোট ছোট করে সিদ্ধার্থ কে বলল " কি হয়েছে মিঃ সেনগুপ্ত ? আমার এতো সুন্দর ঘুমের তোরোটা না বাজালে আপনার চলছিল না ?"

" না চলছিল না এবার ত্যাড়ামি ছেড়ে চুপচাপ পড়তে যাও "

সিদ্ধার্থ প্রকৃতির কথা শুনে পুনরায় গম্ভীর স্বরে বলল।

" কি এখন পড়বো ? ইমপসিবল ? অসম্ভব ! আমি পড়বো না, কিছুতেই না .... ঘুমাবো এখন ..... রাতের বেলা এতক্ষন পড়েছি আবার এখন ...... আমাকে কি পেয়েছেন বলুন তো ? আমি গেলাম ঘুমাতে টাটা । " বলেই আবার শুয়ে পড়তে যাচ্ছিল কিন্তু গলায় হাত দিয়ে চুপ করে গেল । সিদ্ধার্থ কিছু বলতে যাবে তার আগেই প্রকৃতি প্রায় লাফ দিয়ে বিছানা ছেড়ে উঠে গেল। আনন্দে চেচিয়ে উঠলো " ইয়েস আমার গলা ফিরে এসেছে মিঃ সেনগুপ্ত , আমি কথা বলতে পারবো আবার ! জানেন কাল কথা না বলে মনে হচ্ছিল এখনি দম আটকে যাবে । কতক্ষন কথা বলিনি আমি , তাই আমি ঠিক করেছি কালকের যতকথা আজকে বলবো তার সঙ্গে আজকের টাও ইয়েস কত আনন্দ হচ্ছে আমার " বলেই আনন্দে বিছানায় বসে পড়ে সিদ্ধার্থ এর গালে আবার নিজের ওষ্ঠদ্বয় স্পর্শ করালো । প্রকৃতির আগের ঘটনায় সিদ্ধার্থ অবাক তো হয়েছিল এখন আবার হতভম্ব হয়ে ওখানেই বসে রইল প্রকৃতির দিকে তাকিয়ে ....সঙ্গে সঙ্গে ওর হাতটাও গালে চলে গেছে ।

সিদ্ধার্থ কে এভাবে চোখ ছোট করে ওর দিকে তাকিয়ে থাকতে দেখে প্রকৃতি ঘাবড়ে গেল । মনে পড়ে গেল কিছুক্ষণ আগের কথা । ঠান্ডায় তো ওর গাল লাল হয়েই আছে এই ঘটানার একদম পাকা বেদানার মতো হয়ে গেল । তাও নিজেকে সামলে নিল তৎক্ষণাৎ আমতা আমতা করে চোখ বন্ধ করে বলল " আসলে উত্তেজনার বসে হয়ে গেছে , আমি করতে চাইনি আপনাকে কিস বিশ্বাস করুন আসলে কতক্ষন পর কথা বলবো বলুন তো কুড়ি

ঘন্টা ছাব্বিশ মিনিট সাত সেকেন্ডে পর .... ভাবা যায় ! আমি এতক্ষন কথা না বলে কখনো থাকিনি "

প্রকৃতিকে ননস্টপ বকবক করতে দেখে সিদ্ধার্থ কি করবে খুঁজে পেল না এতক্ষন না হয় গলা বসে ছিল তাই বলতে পারছিল না কিন্তু এখন এবার এই ঘূর্ণিঝড় থামাবে কি করে ? এত কথা বলছে মেয়েটা .... সিদ্ধার্থ শুধু হা করে এই ভোর রাতে প্রকৃতির কান্ড দেখে চলছে । না প্রকৃতি তো বকবক করেই চলেছে ওকে থামাতেই হবে যে করেই হোক তাই সিদ্ধার্থ কিছু না ভেবে প্রকৃতিকে কাছে টেনে নিয়ে নিজের ওষ্ঠদ্বয় প্রকৃতির ওষ্ঠে স্পর্শ করলো ।

সিদ্ধার্থ প্রকৃতির নিজের হাত দিয়ে ওর কানের পাশে শক্ত করে ধরে প্রকৃতির কপালে নিজের কপাল ঠেকালো । তারপর ওর নাকে নিজের নাকটা ঘসে দিয়ে জোরে একটা শ্বাস নিয়ে বলল " আর একটা কথাও বলবে না তুমি , চুপচাপ পড়তে বোসো গিয়ে , আমি তোমাকে ভোরে ডেকেছি পড়ার জন্য আমার সাথে গল্প করার জন্য নয় " বলেই সিদ্ধার্থ প্রকৃতিকে কিছু বলতে না দিয়ে ওয়াশরুমে ঢুকে গেল আর প্রকৃতি হতভম্ব হয়ে এখনো সিদ্ধার্থ এর পানে চেয়ে আছে ।

এত স্ট্রিক্ট বাবারে এর থেকে হোস্টেলে ভালো ছিলাম পড়তে বলার কেউ ছিল না অত্যন্ত । মা গো এই লোক আমাকে একদিনেই পড়িয়ে শহিদ করে দেবে । লোকটা আবার আমাকে কিস করলো ? ভাবতেই ওর ডান হাতটা গিয়ে মুখটা চেপে ধরলো , আবার কিস

করলো এটাই মনের মধ্যে বেজে উঠতে লাগলো । মুখটাকে একপ্রকার ভার করেই বিছানা থেকে নেমে সোয়েটার চাদর টুপি মজা যা ছিল সব পরে নিয়ে চেয়ারে বসে পড়লো ।

সিদ্ধার্থ ওয়াশরুম থেকে বেরিয়ে এসে দেখে প্রকৃতি পড়ছে তাই ওকে ডিস্টার্ব না করে বাইরে গেল । দেখতে দেখতে কখন যে পাঁচটা বেজে গেছে বুঝতেই পারেনি তাই আর দেরি না বাগানে নিজের কাজে ব্যাস্ত হয়ে গেল । আজ ও শিশির খুব পড়ছে কাছের জিনিস গুলো পর্যন্ত দেখা যাচ্ছে না কিন্তু কি আর করার শরীরচর্চা করা ওর প্রতিদিনের অভ্যাস । এটা না করে ও থাকতে পারবে না। তাছাড়া এই শীতের মধ্যে চা বাগানের শ্রমিকরা হয়তো কাজে চলে এসেছে । ওরা সারাদিনে কতো কষ্ট করছে , তাও মুখে হাসি ধরে রেখেছে তাহলে ও কেন পারবে না ? ও চাই এই শ্রমিকদের কষ্টটা অনুভব করতে হোক না ওদের মালিক ওদের থেকে উঁচু কিন্তু মানুষ তো , তাই ওদের সাথে ভেদাভেদ করার কোনো মানেই হয়না । হয়তো বাইরে থেকে স্ট্রিক্ট সময়ের কাজ সময়ে করা পছন্দ করে কিন্তু কখনো কারোর সাথে খারাপ ব্যবহার করেনি । তাই তো শ্রমিকরা ওকে ভয় পেলেও খুব ভালোবাসে।

সাততা বাজে । প্রায় তিনঘন্টা ধরে পড়তে পড়তে প্রকৃতি ক্লান্ত হয়ে গেছে তাই চেয়ার ছেড়ে উঠে বেলকনিতে এলো । বেলকনির দরজা খুলতেই একরাশ শীতল বাতাস ওকে যেন আহ্বান জানালো ওখানে যাবার জন্য । প্রথমে একটু ঠান্ডা লাগলেও পরে প্রকৃতি

গিয়ে একদম বেলকনির রেলিং ঘেসে দাঁড়ালো । হাত দুটো ঘসতে ঘসতে সামনের দিকে তাকিয়ে অবাক হয়ে গেল মুখ দিয়ে আপনেই বেরিয়ে এলো " ওয়াও "

এটা হওয়ারেই কথা এতো সুন্দর দৃশ্য দেখে যে কেউ এটাই বলবে । প্রকৃতি এই তিনদিনে একবারো বেলকনিতে আসেনি কিন্তু আজ এসে একদম মুগ্ধ হয়ে গেছে। সামনের দিকে একদৃষ্টিতে তাকিয়ে আছে। এখন কুয়াশা কিছুটা কমে এসেছে । বড়ো বড়ো গাছে ভর্তি এলাকা চা বাগান দেখা যাচ্ছে কিছুটা দূরে , কাঠের একটা ব্রিজ ও দেখা যাচ্ছে কিছু উঁচু নিচু খাদ ঢিবি ও দেখা যাচ্ছে । প্রকৃতি কিছুক্ষণ মুগ্ধ দৃষ্টিতে সেদিকে তাকিয়ে থাকলো তারপর ওর চোখ গেল নীচের বাগানের দিকে , এই সকাল বেলায় ওখানে সিদ্ধার্থ কে গাছে জল দিতে দেখে চমকে উঠলো । এত ঠান্ডায় উনি গাছে জল দিচ্ছেন ? কেন মালি নেই ? এতো বড়ো বাগান উনি একাই দেখাশোনা করেন নাকি ? প্রশ্ন গুলো হটাৎ এসে ওর মাথায় ধাক্কা মারলো যেন । একটা অজানা আকর্ষন অনুভব করলো সিদ্ধার্থ এর প্রতি , সাদা শার্ট আর কালো প্যান্ট পরে আছে অসম্ভব সুন্দর লাগছে আর এই শীতের সকাল বেলায় ওনাকে দেখলে যে কেউ পেয়ে পড়তে বাধ্য । একি পরনে সোয়েটার নেই কেন ? এতো ঠান্ডায় এভাবে বেরিয়ে পড়েছে আর আমাকে বারন করছে এদিকে নিজের কোনো ঠিক নেই । ভাবতে ভাবতে প্রকৃতি বেলকনি থেকে রুমে এসে একটা চাদর নিয়ে নীচে নামলো ।

" এই নাকি আপনি আমাকে বকছেন ? নিজের কোনো ঠিক নেই ,

এতো ঠান্ডায় কখন থেকে এখানে আছেন দেখুন নিজেকে শিশিরে পুরো ভিজে গেছেন " একটা মিষ্টি রাগ মেশানো শাসনের কণ্ঠ শুনে সিদ্ধার্থ পেছনে ফিরলো । ফিরেই প্রকৃতিকে দেখে অবাক হয়ে গেল একটু ভ্রু টা কুঁচকে ও গেল । মেয়েটা না পড়ে এখানে কি করছে ?

" তুমি ? এখানে ? এখন , কি করছো ?"

" আপনি যে কারনে এখানে আছেন সেই কারনেই আমি এসেছি মশায় " প্রকৃতি মুচকি হেসে হাতের চাদরটা সিদ্ধার্থ এর দিকে বাড়িয়ে দিয়ে বলল ।

" কি ? তুমি এখানে এই শিশিরে ভিজবে নাকি ?"

" হ্যা তো ভিজবোই , আপনি যদি ভিজতে পারেন আমি কেন পারিনা ?" প্রকৃতি ঠোঁটের কোণে হাসি ফুটিয়ে ভ্রু নাচিয়ে বলে উঠলো ।

প্রকৃতির এই রুপ কথায় সিদ্ধার্থ রাগতে গিয়ে ও পারলো না হেসে ফেললো । মাঝে মাঝে ছোটদের মতো আচরন করে ঠিক আছে কিন্তু এই মুহূর্তে একদম বড়োদের মতো লাগছে ।

" আচ্ছা আপনি জানেন এই বাড়ির চারপাশটা কি সুন্দর ? আমি আজ বেলকনি থেকে লক্ষ্য করলাম , নিয়ে যাবেন আমাকে ওদিকে বেড়াতে ? জানেন কি সুন্দর চা বাগান গুলো ? আর ব্রিজের

আশেপাশে এতো বড়ো বড়ো গাছ পাখিদের কিচিরমিচির আওয়াজ ..... চলুন না নিয়ে .... " অনুরোধের স্বরে বলে উঠলো ।

এতো সুন্দর প্রেমের আহ্বান কি কোনো ভালোবাসার মানুষ উপেক্ষা করতে পারে সিদ্ধার্থ ও পারছে না । আজ পরিবেশটাই এতটা রোমাঞ্চকর যে কেউ প্রেমে পরতে বাধ্য । কিন্তু তাও সিদ্ধার্থ নিজের মনকে শাসন করে উঠলো । এই সময় ওর এতটা আবেগ ভালো না , মেয়েটা না হয় আবেগে ভরপুর বয়সটাই যে ওরকম তাবলে ও কেন আবেগে ভাসবে ? আবেগ জিনিসটা একদিকে ভালো হলেও খারাপ জিনিসটা অনেক বেশি , আর এইমুহূর্তে যদি ও আবেগকে প্রশ্রয় দেয় তাহলে প্রকৃতির পড়াশোনার ক্ষতি হতে পারে তাই নিজের মনটাকে শক্ত করে গম্ভীর স্বরে বলে উঠলো " ভেতরে যাও প্রকৃতি ... অন্যদিন তোমাকে আমি নিয়ে যাবো "

" না আমি আজকেই যাবো ....নিয়ে চলুন না প্লিজ প্লিজ প্লিজ "

" না একদম না " আবার সেই গম্ভীর স্বর ।

এবার প্রকৃতি থমকে গেল চোখ দুটো নিজের অজান্তেই সামান্য ভিজে গেল । সিদ্ধার্থ এর দিকে একটু সরে গিয়ে ওর হাতটা শক্ত করে ধরে বলল

" প্লিজ প্লিজ প্লিজ নিয়ে চলুন আমি আর কখনো বলবো না নিয়ে যেতে পাক্কা "

প্রকৃতির এমন মন ভোলানো কথায় সিদ্ধার্থ এর মনটা নিমেষেই ভরাক্রান্ত হয়ে উঠলো । মেয়েটা এতবার নিয়ে যেতে বলছে , ও তো নিয়ে যেতেই পারে আবার বলছে কখনো যাবেও না কিন্তু আমি যদি প্রতিবার এই মুখটা দেখে গলে যায় তাহলে ,

" জেদ করো না প্রকৃতি !" সিদ্ধার্থ একটু নরম স্বরে বলে উঠলো ।

" আমি মোটেও জেদ করছি না , নিয়ে চলুন না এবার .... আমি তো কথা দিয়েছি আপনাকে "

এবার আর মানা করতে পারলো না সিদ্ধার্থ। সামান্য একটা দীর্ঘশ্বাস ফেলে বলল " চলো কিন্তু বেশিক্ষণ নয় কিন্তু , আর আমার হাত ধরে থাকবে সবসময় । এমনিতেই তুমি দুই পা চলো আর তিনবার কাছাড় খাও "

" মোটেও না আমি এতবার পড়ি না মোটেও , আমি তো ভালো মেয়ে একদম দুষ্টুমি করিনা " প্রকৃতি বাচ্চাদের মতো করে দুইদিকে মাথা নাড়িয়ে গাল দুটো ফুলিয়ে বলে উঠলো । আর প্রকৃতির এইরকম বাচ্চাদের মতো মুখ দেখে সিদ্ধার্থ এর গম্ভীর মুখেও যেন একরাশ হাসি ফুটে উঠল ।

সিদ্ধার্থ এর বাড়িটা যেখানে সেখানে পাহাড় না থাকলেও বড়ো বড়ো ঢিবি তো আছে । একদম অন্যরকম এখান থেকে প্রকৃতির কলেজটাও বেশি দূরে নয় ওই গাড়ির করে আধঘন্টার মতো লাগবে । চারপাশে আরো কয়েকটা বাড়ি দেখা যাচ্ছে তারপর সঙ্গে কিছু ঝুপড়ি হয়তো এখানকার শ্রমিকদের বাড়ি ওগুলো ।

এই ঠান্ডায় শিশির ভেজা ঘাসের উপর হাটতে কে না চাই ? সিদ্ধার্থ প্রকৃতিও হাঁটছে একমনে , সিদ্ধার্থ পকেটে হাত ঢুকিয়ে একদৃষ্টিতে প্রকৃতির দিকে তাকিয়ে আছে আর প্রকৃতি গাছের পাতা গুলো অল্প অল্প নাড়ছে ঘাসে ভেজা শিশিরে নিজের হাত ভেজাচ্ছে ।

" আচ্ছা মিঃ সেনগুপ্ত ওটা কি গাছ আগে তো দেখিনি কখনো ... কি গাছ ওটা ? " প্রকৃতি সিদ্ধার্থ এর কাছে এসে নিজের গান হাতে ঈশারা করে বলল ।

প্রকৃতির হাতটা অনুসরন করে সিদ্ধার্থ সেদিকে তাকালো তারপর আস্তে আস্তে বলে উঠলো " ওটা জারুল গাছ , এতদিন শিলিগুড়িতে আছো ? তুমি গাছটাকে দেখনি ?"

সিদ্ধার্থ এর কথা শুনে প্রকৃতি গাছটাকে ভালো করে দেখলো সত্যিই তো জারুল গাছ । মুচকি হেসে বলল " দেখেছি তবে এখন ভালো করে লক্ষ্য করিনি "

" চলুন ওদিকটায় দেখি কি সুন্দর শ্রমিকরা চা পাতা তুলছে আমিও তুলবো ওদের সাথে "

" একদম না চুপচাপ দেখো তারপর বাড়ি ফিরবো তুমি আমাকে কি কথা দিয়েছো ভুলে গেছো ? " প্রকৃতির কথাটা শুনেই সিদ্ধার্থ এর গম্ভীর স্বর শোনা গেল ।

সিদ্ধার্থ এর কথা শুনে প্রকৃতি আর কিছুই বলতে পারলো না কেন যে কথা দিতে গেল কে জানে ? আর কিছু না বলেই সিদ্ধার্থ হাতটা শক্ত করে ধরে প্রকৃতি সামনের দিকে এগিয়ে গেল।

শীতের রোদ গায়ে মেখে সবুজ রঙের কচি কচি পাতা যেন সদ্য আড়মোড়া ভাঙছে, উত্তরের চা বাগানের ছবি এখন এমনই। এই শীতের শেষে আর বসন্তের শুরুতে এই কচি কচি চা পাতা গুলো তোলার সময় স্বাদে গন্ধেও অনন্য এই চা পাতা । মহিলা শ্রমিকরা কি সুন্দর বাচ্চাদের পিঠে বেঁধে কাজ করছে ? এই দৃশ্য যেন বাকি সব দৃশ্যকে হার মানিয়ে যায় ... কতটা দূর্গম তাদের জীবন যাপন তার সত্ত্বেও তারা হাসি মুখে জীবিকা নির্বাহ করে ছেলে মেয়েদের মানুষ করছে ।

এইসব দেখে প্রকৃতি আরো একবার সিদ্ধার্থ এর দিকে তাকালো। বেচারির খুব ইচ্ছে করছে চা পাতা তোলার কিন্তু বলতে সাহস পাচ্ছে না ।

সিদ্ধার্থ প্রকৃতির মুখটা দেখে বুঝতে পারছে ওর মনের কথা তাও নিজেকে শান্ত করে রেখেছে ।

ওরা চা বাগানে ঘুরতে হঠাৎ দুটো ছোট ছোট বাচ্চা হয়তো চার পাঁচ বছর বয়স তাদের , তারা ছুটে এলো প্রকৃতির কাছে । হয়তো পছন্দ হয়েছে তাদের প্রকৃতিকে । আকস্মিক ঘটনায় প্রকৃতি হতভম্ব

হলেও পরে মুচকি হাসলো । কিছুক্ষণ এর মধ্যেই ওদের মধ্যে বন্ধুত্ব হয়ে গেল । সিদ্ধার্থ গাছের সাথে হেলান দিয়ে দাড়িয়ে আছে আরো একটা কাজে ব্যস্ত হয়তো প্রকৃতিকে দেখতে .....

এখানে সমস্ত শ্রমিক কম বেশি সবাই সিদ্ধার্থ কে চেনে তাই প্রকৃতিকে ওর সাথে দেখে কারোর বুঝতে বাকি নেই এটাই ওদের মালকিন । হয়তো ভেবেছিল ওদের মালকিন আসার পর সিদ্ধার্থ বদলে যাবে কিন্তু প্রকৃতি তো পুরো উল্টো ওদের সাথে কেমন অনায়াসে মিশে যাচ্ছে কতটা সাবলিল ভাবে ।

অনেক বৃদ্ধরাও এখানে কাজ করছে তারা তো সিদ্ধার্থ প্রকৃতিকে মন প্রান ভরে আশির্বাদ করলো তাদের দাম্পত্য জীবনের সুখের জন্য ।

সিদ্ধার্থ এখনো সেই গাছের সাথে হেলান দিয়ে প্রকৃতির দিকে তাকিয়ে আছে । আর প্রকৃতি ওই বাচ্চাদুটোর সাথে কত রকমের কথা বলছে হাসছে আর সিদ্ধার্থ মুগ্ধ দৃষ্টিতে দেখে চলেছে । হয়তো এরকম দৃশ্য ও প্রকৃতিতে বড়োই বিরল কিন্তু এটা ও চোখের সামনে দেখতে পাচ্ছে । সেই মুক্তোর মতো হাসি , প্রকৃতির খিলখিলিয়ে হেসে ওঠা ওকে যেন বারবার বাধ্য করছে প্রকৃতির প্রেমে পড়তে , জড়িয়ে পড়তে ইচ্ছে করছে এক গভীর ভালোবাসার বন্ধনে , নিজেকে আবদ্ধ করতে চাইছে প্রকৃতির বন্ধনে হয়তো এটাই নিয়তি ....

" গাধি তুই বিয়ে করে নিলি আর আমাকে কিছু বললি না " নদী প্রকৃতির দিকে রেগে তাকিয়ে আছে আর বকছে কখন থেকে । কলেজ আজ আর ক্লাস প্র্যাকটিক্যাল কিছু নেই । বিকেল হয়ে গেছে হয়তো একটু পরেই গোধূলি নেমে আসবে । পশ্চিম আকাশে একটা লাল আভা চারিদিকে ছড়িয়ে ছিটিয়ে পড়বে । ওরা দুই বন্ধু কলেজ থেকে বেরিয়েই একটা ফাঁকা জায়গায় দাঁড়িয়ে গল্প করছিল আর অপেক্ষা করছিল সিদ্ধার্থ এর জন্য।

" আরে ভাই বোঝার চেষ্টা কর আমি কি বিয়ে করতে গেছিলাম নাকি ? বিয়ে খেতে গেছিলাম কিন্তু আমি কি করে জানবো যে আমাকেই ফাঁসিকাঠে মাথা দিতে হবে ?" প্রকৃতি অসহায় দৃষ্টিতে নদীর দিকে তাকিয়ে বলল।

" আমি কিছু বুঝতে চাই না , এখানে এসেও তো বলতে পারতিস ফোন করে কিন্তু বলিস নি " নদী অভিমানী স্বরে বলে উঠলো ।

" আরে বোঝার চেষ্টা কর " প্রকৃতি আবার ও বোঝানোর চেষ্টা

করলো ।

" আচ্ছা আচ্ছা ঠিক আছে আর বলতে হবে না _

তোর বিয়ের ভোজ খেতে পায়নি এখন তো ফুচকা পার্টি দিতেই পারিস তাই না .... " নদী চোখ মেরে বলল ।

নদীর কথা শুনে প্রকৃতি ওর দিকে চোখ দুটো ছোট করে তাকালো ।

" ওহ তাই বল কিসের জন্য এতক্ষন ধরে নটাঙ্কি হচ্ছিল .... চল খাবি চল " বলেই প্রকৃতি নদীকে নিয়ে যেতে যাবে তখনই আকাশ এসে ওদের সামনে দাঁড়ালো ।

নদী প্রকৃতি দুইজনেই আকাশকে দেখে চোখ দুটো ছোট করে ওর দিকে তাকালো । আজ এইসময় আকাশ এখানে কি করছে বুঝতে পারছে না ।

" আকাশ দা তোমার আজ ডিউটি নেই " প্রকৃতি হাত দুটো বুকের কাছে ভাঁজ করে রেখে বলল ।

" না তাই তো তোমাদের সাথে আড্ডা দিতে এলাম " আকাশ মাথায় হাত বুলিয়ে নদীর দিকে আড়চোখে তাকিয়ে বলল এটা দেখে প্রকৃতি আগের থেকে আরো ছোট চোখে তাকিয়ে বলল " তাই নাকি ? আমাদের সাথে ! নাকি ......"

" আ প্রকৃতি কি হচ্ছে চল আমাকে ফুচকা খাওয়াবি " বলেই নদী কথাটাকে অন্য দিকে কাটিয়ে নিল এদিকে আকাশ ও প্রকৃতির সন্দেহ দেখে আমতা আমতা করতে লাগলো ।

প্রকৃতি এবার নদীর পাশ থেকে সরে এসে ওদের দিকে কোমরে হাত দিয়ে তাকিয়ে বলল " তোমাদের দুইজনের কি ব্যপার বলতো

? এতো চোখে চোখে কথা কিসের ?" প্রকৃতির কথা শুনে এবার দুইজনেই বিষম খেল । ওদের অবস্থা দেখে প্রকৃতি হো হো করে হেসে দিল ।

" মনের কথা মুখে বলে দিলেই তো পারো , জানো না মনের কথা বেশিদিন চেপে রাখতে নেই নাহলে হারাতে হয় । সবসময় নিজের জিনিস নিজের কাছে রাখতে হয় তার উপর কারোর ভাগ দিতে কারোকে অধিকার দিতে নেই । " বলেই প্রকৃতি ওদের দিকে তাকালো । এদিকে নদী আকাশ প্রকৃতির কথা শুনে খুব লজ্জা পেয়েছে । আকাশ তো আমতা আমতা করে নদীর দিকে একবার তাকিয়ে কেটে পড়লো ।

" আচ্ছা প্রকৃতি তোর যার সাথে বিয়ে হয়েছে সে তোকে ভালোবাসে ?" ওরা দুইজনই ফুচকার দোকানের সামনে দাঁড়িয়ে আছে আর গল্প করছে । দোকানি ফুচকা রেডি করছে তাই একটু দেরি হচ্ছে ।
নদীর কথাটা শুনে প্রকৃতি চমকে উঠলো অবাক হয়ে নদীর দিকে তাকালো তারপর শূন্য দৃষ্টিতে তাকিয়ে মুচকি হাসলো।

" ভালোবাসে কিনা জানিনা তবে খুব কেয়ার করে আমাকে আমার মতো থাকতে দেয় কখনো ইচ্ছের বিরুদ্ধে কাজ করে না ।

আমাকে অবাধ স্বাধীনতা দিয়েছে , হ্যা শাসন করে তবে মিষ্টি করে

জানিস ওনাকে দেখলে মনেই হয় না উনি আমাকে এই কয়দিন আগেও চিনতেন না ..... ওনার সাথে আমার বিয়েটা এক্সিডেন্টলি হয়েছে সেটাও মনে হয় না।

উনি খুব ভালো বন্ধু আমার বোঝে আমাকে ওনার চোখে এইটুকু দেখেছি রে কখনো আমাকে একা ছেড়ে দেবেননা হাতটা সবসময় শক্ত করে ধরে রাখবেন হয়তো আমি চাইলেও ছাড়বেন না ।
জানিস তো আমি এতো জ্বালায় বকবক করি কিন্তু কখনো বিরক্ত হননি আমার উপর কিন্তু উনি খুব শান্ত শিষ্ট
আমাকে হয়তো আমার মতো করে মেনে নেওয়ার চেষ্টা করছে
আমি জানি না ওনাকে ভালোবাসতে পারবো কিনা তবে শ্রদ্ধা করি সম্মান করি খুব , মনে অনেকটা জায়গা জুড়ে নিয়েছে উনি আমার , নিজেকে সেভ মনে হয় ওনার কাছাকাছি থাকলে ,
জানিস তো আমাদের বিয়ে হয়েছে তার মাঝে কখনো আমার কাছে আসার চেষ্টা করেনি নিজের থেকে অথচ অধিকার আছে ওনার আমি বলি যে আমি আপনার স্ত্রী অধিকার আছে আমি অধিকার দেখায় কিন্তু উনি কখনো অধিকার এর দাবী করেননা "
প্রকৃতির মুখে এইসব কথা শুনে নদী অবাক হয়ে গেছে । যে মেয়েটা কাল পর্যন্ত কোনো ছেলের কথা শুনলে কথা এড়িয়ে যেতো ভালোবাসায় বিশ্বাসী ছিল সেই মেয়েটাই এতোটা পরিবর্তন ।
প্রকৃতির অতীত কিছু জানে না নদী তবে এইটুকু জানে হয়তো খারাপ কিছু আছে । নদীও কখনো জোর করেনি বলতে কারন এতে প্রকৃতি কষ্ট পাবে আর যে কথাতে কেউ কষ্ট পায় সে কথাটা

না জিজ্ঞেস করাই ভালো ।

" দিদি তোমাদের ফুচকা রেডি হয়ে গেছে " দুইজনেই কথা বলতে বলতে ফুচকার কথা মনেই ছিল না । দোকানির কথায় ঘোর কাটলো ওদের। ফুচকার ছেলেটা বয়স বড্ড জোর ষোল কি সাতেরো বছর বয়স হবে অথচ এই বয়সেই নিজের সংসার চালাতে এখানে ফুচকা বিক্রি করছে । প্রকৃতি ছেলেটার কথা শুনে ওর দিকে তাকিয়ে মিষ্টি হাসলো তারপর বললো
" ভাই তুই ঝাল দিয়েছিস তো বেশি করে ?
জানিস তো আমি ঝাল ছাড়া খেতে পারি না ?"

" জানি তো দিদি তাই জন্যে তোমার জন্য স্পেশাল করে বানিয়েছি , নদী দিদির কম ঝাল আর তোমার বেশি " বলেই ছেলেটাও হাসলো । নদী প্রকৃতিকে খুব ভালো করে চেনে ছেলেটা । চিনবে না কেন ওরা প্রতিদিন এখানে ফুচকা খাই আবার সময়ে অসময়ে সাহায্য করেছে অনেক । বাড়িতে ওর মা অসুস্থ বাবা নেই বোনটাও ছোট তাও এই বয়সেই চা বাগানে কাজ করছে আর ও এখানে ফুচকা বিক্রি ।

" কখন থেকে তোমাকে খুঁজছি আর তুমি এখানে ফুচকা খাচ্ছো ? জানো না এইসব খেলে শরীর খারাপ করবে তাও খাচ্ছো ?"
পেছন থেকে কারোর গম্ভীর স্বর শুনে প্রকৃতি একটা ফুচকা মুখে পুরে সেদিকে তাকালো । পেছনে তাকিয়েই দেখে সিদ্ধার্থ পকেটে

হাত ঢুকিয়ে ওর দিকে ভ্রু কুঁচকে তাকিয়ে আছে । পরনে একটা ব্ল্যাক শার্ট প্যান্ট সিল্কি চুল গুলো মৃদু বাতাসে উড়ছে । প্রকৃতি এই গোধূলি বেলার আলোয় এই প্রথম সিদ্ধার্থ কে এভাবে দেখলো । ওর একেই লাল আর কালো রঙটা পছন্দ আর সিদ্ধার্থ কে তো কালো রঙে আরো বেশি সুন্দর লাগছে । মুগ্ধ দৃষ্টিতে কিছুক্ষণ সিদ্ধার্থ এর দিকে তাকিয়ে থাকলো প্রকৃতি ।

" তো খাবো না !

আপনি জানেন কি সুন্দর খেতে এগুলো ?

অবশ্য জানবেন কি করে ?

কখনো খেয়েছেন কি ?

আসুন আসুন খাবেন , একবার খেয়ে দেখুন কি সুন্দর লাগে খেতে .... আপনি তো ...." হয়তো আরো কিছু বলতে যাচ্ছিল কিন্তু ফুচকা টা গলায় লেগে গেল ।

প্রকৃতি কাশতে কাশতে একাকার সিদ্ধার্থ কোনো মতে গাড়ি থেকে জলের বোতলটা এনে প্রকৃতিকে জলটা খাইয়ে দিয়ে ধমকে উঠল ।
" ঠিক আছো তুমি ? " সিদ্ধার্থ প্রকৃতির মাথায় হাত বুলিয়ে দিতে লাগলো ।

" খাচ্ছো আর কথা বলছো , জানো না খেতে খেতে কথা বলতে নেই "

সিদ্ধার্থ ধমক খেয়ে প্রকৃতি নিজেকে ঠিক করে ওর দিকে চোখ দুটো ছোট করে আরেকটা ফুচকা মুখে পুরে নিয়ে বলল " তো" আর বেশি কিছু বলল না কারন আরেকবার গলায় লাগানোর কোনো ইচ্ছে নেই ওর ।

" আবার খাচ্ছো এগুলো ?

রাখো বলছি ?" সিদ্ধার্থ প্রকৃতির থেকে ফুচকার প্লেটটা নিতে যাবে তার আগেই প্রকৃতি সরে গেল ।

সিদ্ধার্থ পুনরায় কিছু বলতে যাবে তখনই পেছন থেকে ওর কাঁধে হাত দিয়ে বলে উঠলো " আরে সিধু তুই এখানে ? অবাক ব্যপার এখানে কি খবর তোর ?"

কথা গুলো শুনে সিদ্ধার্থ পেছনে তাকিয়ে দেখে বৃন্দা ওর সাথেই পড়তো একি স্কুলে তারপর মাধ্যমিকের পর দুইজনের স্কিম আলাদা হয়ে গেছিল ।

সিদ্ধার্থ বৃন্দাকে এখানে দেখে অবাক হয়েছে কারন অনেক দিন বৃন্দার কোনো খোঁজ খবর ছিল না । একবার আড়চোখে প্রকৃতির দিকে তাকিয়ে বৃন্দার দিকে তাকিয়ে মুচকি হাসলো তারপর বললো
" এই তো এদিকেই কাজে এসেছি "

" ওহ তাই, কেমন আছিস এখন ? "

" এই তো ভালো ... তুই কেমন আছিস ?"

" হুম ভালো তো এতদিন পর যখন দেখা হলো চল কোনো কফিশপে গিয়ে বসি "

" আরে না আসলে আমার তাড়া আছে একটু "

" উফ্ কিসের এতো তাড়া বলতো , সেই আগের মতোই রয়ে গেলি সবসময় কাজের বাহানা । তবে আগের থেকে আরো বেশি হ্যান্ডসাম হয়ে গেছিস আমি প্রথমে দেখে আবার ক্রাশ খেলাম " বলেই হেসে উঠলো বৃন্দা ।

এদিকে প্রকৃতি ফুচকা খাওয়া ভুলে সিদ্ধার্থ আর বৃন্দার দিকে তাকিয়ে আছে ভ্রু কুঁচকে । ব্যপারটা বোঝার চেষ্টা করছে । সিদ্ধার্থ এখানে দাড়িয়ে দাড়িয়ে অন্য কোন মেয়ের সাথে কথা বলছে সেটা কেমন যেন একটা লাগছে তারপর বৃন্দা ম্যামকে দেখে আরো অবাক , ম্যাম তো খুব ভালো ও খুব শ্রদ্ধা করে ম্যামকে তবে এই মুহূর্তে ওনার কফি খাবার প্রস্তাবটা ওর একটুও পছন্দ হয়নি । আবার বলছে ক্রাশ খেয়েছে ওর বর আর অন্য কেউ ক্রাশ খাবে এটা কি করে মেনে নেবে ও ?

প্রকৃতি রাগে দুঃখে আরেকটা ফুচকা মুখে ঢুকিয়ে নিয়ে সিদ্ধার্থ এর সামনে এসে বলল " আপনাকে বললাম না ফুচকা খেতে কিন্তু আপনি খাচ্ছেন না আর আমাকে এখানে দাড় করিয়ে রেখে দিয়েছেন ।"
প্রকৃতি কথা শুনে সিদ্ধার্থ ওর দিকে ভ্রু কুঁচকে তাকালো তারপর মুখ খুলে কিছু বলতে যাবে তার আগেই প্রকৃতি ওর মুখে একটা ফুচকা ঢুকিয়ে দিল ।

ওর ফুচকা এমনিতেই ঝাল কেউ খেতে পারে না আর সিদ্ধার্থ ঝাল

একদম খাইনা তাই ওর খুব ঝাল লাগলো কিন্তু তাও সেটা চুপচাপ গিলে নিল কিছু বলল না । প্রকৃতি এবার বৃন্দার দিকে তাকিয়ে বলল " ম্যাম আপনি খাবেন ফুচকা ?"

বৃন্দা তো প্রকৃতির কান্ড হয়ে এতক্ষন হতভম্ব হয়ে ওর দিকে তাকিয়ে ছিল। প্রকৃতিকে ও খুব ভালো করে চেনে এমনিতে মেয়েটা পড়াশোনাতে খুব ভালো তবে একটু বেশি বকবক করে ওর সাথেও ভালো সম্পর্ক আর ও বন্ধুদের সাথে মেশে বলে প্রকৃতির কোনো পড়া বুঝতে না পারলে অনায়াসে ওর কাছে যায় আর বকবক করে কিন্তু ও কিছু বলতে পারেনা ।

কিন্তু এখন প্রকৃতির ব্যবহার দেখে ও নিজেই অবাক হয়ে গেছে সিধু কে চিনলো কেমন করে প্রকৃতি ?

" না , না তুমি খাও "

" আরে ম্যাম খাননা খুব সুন্দর খেতে , আপনি আমাকে কত সাহায্য করেন বলুন আর আপনি আমাদের ম্যাম নাকি বন্ধুতো তাই বন্ধুদের সাথে খেতে লজ্জা কোথায় ?"

প্রকৃতিকে এভাবে স্পষ্ট মুখের উপর বলে দিতে দেখে বৃন্দা খানিকটা কেশে উঠলো আসলে ওর কেমন একটা লাগছিল স্টুডেন্ট দের সাথে খেতে ।

" আরে কি ভাবছেন খান তো " বলেই বৃন্দার মুখে আরেকটা ফুচকা ভরে দিল আর বৃন্দা এখনো হতভম্ব হয়ে দাঁড়িয়ে আছে ।

প্রকৃতি আরো ফুচকা নিতে যাচ্ছিল কিন্তু সিদ্ধার্থ এবার রেগে হাতটা ধরলো তারপর রেগে বলল " কখন থেকে বারন করছি খেতে

শুনছো না কেন ? চুপচাপ গাড়িতে গিয়ে বোসো বলছি " সিদ্ধার্থ খুব জোরে না বললেও খুব আস্তেও বলেনি তাই বৃন্দা পাশে থাকায় সব কিছু শুনতে পেয়েছে । এদিকে নদী তো সব কিছু এতক্ষন হতভম্ব হয়ে দেখে যাচ্ছে সব কিছু ।

সিদ্ধার্থ এর ধমক শুনে প্রকৃতি কিছু বলল না শুধু কোনা চোখে ওর দিকে তাকিয়ে চোখ দুটো ফিরিয়ে নিল । মনটা কিছুতেই মানছে না ওর মিঃ সেনগুপ্ত কেন অন্যকারোর সাথে কথা বলবে ? মিঃ সেনগুপ্ত শুধুই ওর ওকে বকবে ওকে শাসন করবে আবার ওর সাথেই হেসে কথা বলবে আবার ওকেই ভালোবাসবে অন্য কাউকে নয় হুহ ।

" কি হলো যাও গাড়ি তে বোসো ?" সিদ্ধার্থ গম্ভীর স্বরে বলে উঠলো ।

" যাচ্ছি তো ভাই এর টাকা টা দিয়ে দিতে দিন তো আজব মানুষ তো আপনি ? ফুচকা ভালোবাসেন না তাহলে কি ভালোবাসেন হুহ ?" ভেঙচি কেটে দিয়ে প্রকৃতি বলে উঠলো ।

" কোনো দরকার নেই আমি মিটিয়ে দিচ্ছি যাও "

" আপনি ...." কিছু বলতে যাচ্ছিল প্রকৃতি কিন্তু সিদ্ধার্থ এর দিকে তাকিয়ে চুপ করে গেল তারপর আস্তে আস্তে নদীর কাছে গিয়ে বলল " আসছি রে বাই "

" হুম বাই , কিন্তু জিজু কে দেখে তো আমি নিজেই অবাক হয়ে গেছি সত্যিই তুই খুব লাকি যা বললি পুরোটা মেলাতে না পারলেও

কিছু টা তো মিলছেই " নদীর কথা শুনে প্রকৃতি মুচকি হাসলো তারপর বৃন্দার কাছে এসে মাথা নীচু করে বলল " সরি ম্যাম আসলে আপনি তো আমাদের সাথে বন্ধুদের মতো মেশেন তাই আর কি ..."

" আরে না না ঠিক আছে যাও তুমি " বলেই বৃন্দা বোকা হাসলো এতক্ষণে যা হয়েছে সব মাথার উপর দিয়ে গেছে ওর ।

প্রকৃতি চলে যেতেই বৃন্দা সিদ্ধার্থ কে জিজ্ঞেস করলো " প্রকৃতি কে হয় তোর ? "

" আমার স্ত্রী "

" ওহ তাই বল সেইজন্যেই ..." বৃন্দা আনমনেই বলে উঠলো আসলে ও একটা মেয়ে তো তাই ভালো করেই প্রকৃতি ভাবনা চিন্তা বুঝতে পেরেছে ।

" কি , কি বললি ? মানে কি ?" সিদ্ধার্থ বৃন্দার কথা বুঝতে না পেরে বলে উঠলো ।

" আসলে তুই বুঝবি ওটা , তবে তুই খুব লাকি তোর বউ তোকে খুব ভালোবাসে তাই তো আমার সাথে কথা বলতে দেখে এমন ব্যবহার করলো ওই সিধে বাংলায় বললে জেলাসি " বলেই মুচকি হাসলো বৃন্দা । বৃন্দার কথা শুনে সিদ্ধার্থ ওর মুখের দিকে তাকালো তারপর হাসলো হয়তো প্রথমে এটা বুঝতে পারেনি তবে এখন বুঝতে পারছে । এটা মনে হতেই প্রকৃতির একটা কথা মনে পড়ে গেল " আমার প্রিয় জিনিসগুলো কেউ কেড়ে নেয় সেটা পছন্দ করি

না আবার আমার প্রিয় জিনিস আমি কাউকে দেয়না ।" কথাটা মনে হতেই সিদ্ধার্থ নিজের মনে হেসে উঠলো তারপর বৃন্দার দিকে তাকিয়ে বলল " হতেও পারে , আজ আসি রে বুঝলি আমার বাড়ি আসিস এখান থেকে সামনেই । তুই কতোদিন এখানে আছিস ? "

" আচ্ছা যাবো , এই তো বেশিদিন না আটমাসের মতো "

" ওহ , আচ্ছা আসি "

" ওকে "

প্রকৃতি গাড়িতে বসে বাইরের দিকে তাকিয়ে আছে কেন তখন এমনি ব্যবহার করলো সেটা এখনো নিজের কাছেই স্পষ্ট নয় তবে ও কারোকে দেবে না ওর মিঃ সেনগুপ্ত কে এটা জানে ও । প্রকৃতিকে চুপ করে থাকতে দেখে সিদ্ধার্থ এর নিজেরেই অস্থির লাগছে কতক্ষন ধরে প্রকৃতির কথা শুনতে পায়নি কে জানে ? এতো কাজের ব্যাস্ততার মাঝেও তো তাই প্রকৃতিকে মিস করেছে । তাই তো কাজ শেষ হতেই ছুটে এসেছে প্রকৃতির কাছে । প্রকৃতি যেন দিনদিন ওর শ্বাসপ্রশ্বাসে মিশে যাচ্ছে অভ্যাস হয়ে যাচ্ছে ।

" বকবক রানী আজ এতো চুপচাপ ! কারনটা জানতে পারি ?" সিদ্ধার্থ এর এহেন কথা শুনে প্রকৃতি ঘাড় ঘুরিয়ে ভ্রূ কুঁচকে ওর দিকে তাকলো তারপর গাল ফুলিয়ে বলল " আমি বকবক করি ? জানেন আমি কতো কম কথা বলি যদি না জানেন তাহলে যান না আপনার বন্ধুর কাছে জিজ্ঞেস করুন আমি ম্যামকে কখনো জ্বালায়নি কখনো না হুহ "

প্রকৃতির কথা টা শুনে সিদ্ধার্থ প্রথমে হতভম্ব হয়ে গেল তারপর হো হো করে হেসে উঠলো হাসি যেন থামতেই চাইছে না একদম । বৃন্দা ঠিকেই বলেছে সত্যিই প্রকৃতি জেলাস ফিল করছে ।

" হাসছেন কেন ? আমি ভুল বলেছি কিছু ?" সিদ্ধার্থ এমন ভাবে হাসতে দেখে প্রকৃতি রেগে গিয়ে বলল ।

প্রকৃতির রাগ দেখে সিদ্ধার্থ কোনমতে হাসি থামিয়ে দিয়ে বলল " একদম না তুমি কি ভুল বলতে পারো ? আমি কই হাসছি না তো একদম " বলেই আবার হেসে উঠলো ।

কথা বলতে বলতে কখন যে গাড়িটা বাহির সামনে এসে থেমে গেছে এটা প্রকৃতি লক্ষ্য করেনি কিন্তু এখন রেগে গিয়ে চারিদিকে তাকালো তারপর সিদ্ধার্থ এর দিকে রেগে তাকালো ।

" মজা করছেন আমার সাথে কথাই বলবো না আপনার সাথে যান , খুব খারাপ আপনি ..... একটুও ভালোবাসেন না " প্রকৃতি রাগে দুঃখে গাড়ি থেকে নেমে যেতে যাচ্ছিল কিন্তু পারলো না সিদ্ধার্থ একটানে ওর হাতটা ধরে ওর বুকে এনে ফেললো । প্রকৃতিকে শক্ত করে জড়িয়ে ধরে বলে উঠলো " জেলাসি ফিল করছো ম্যাডাম এখন থেকেই "

সিদ্ধার্থ এর কথা শুনে প্রকৃতি তাড়াতাড়ি সিদ্ধার্থ এর বুক থেকে মাথা তুলে ওর দিকে তাকালো একদম সিদ্ধার্থ কালো গভীর চোখ দুটোর দিকে তারপর মুখটা ফিরিয়ে নিল ।

" মোটেও না আমি কেন জেলাস ফিল করতে যাবো "

" জেলাস তো ফিল করছো ই মানো আর না মানো "

" একদম না " প্রকৃতি সিদ্ধার্থ এর কাছ থেকে সরে যেতে চেষ্টা

করলো ।

" একদম হ্যা ম্যাডাম , তবে চিন্তা নেই তোমার এতো জেলাস হতে হবে না তোমাকে সারাজীবন তোমার কাছেই থাকবো তোমার এই হাতটা ধরে কখনো ছেড়ে যাবো না , যেমনই পরিস্থিতি হোক না কেন শারিরীক দূরত্ব থাকলেও মানসিক দূরত্ব কখনো হতে দেবো না কথা দিলাম " সিদ্ধার্থ প্রকৃতির মুখটা ওর হাতের মাঝে রেখে নিজের দিকে ঘুরিয়ে ওর চোখে চোখ রেখে কথা গুলো বলে উঠলো । কথা গুলো শুনে এক অজানা লজ্জা প্রকৃতিকে ঘিরে ধরলো । তাড়াতাড়ি সিদ্ধার্থ এর থেকে নিজেকে ছাড়িয়ে গাড়ি থেকে নেমে গেল তারপর পেছনে ফিরে বলল

" আমি যেতেও দেবো না তবে আমি একদম জেলাসি হইনি হুহ " বলেই চলে যেতে যাবে তখনই সিদ্ধার্থ পেছন থেকে বলে উঠলো " সে তুমি মুখে অস্বীকার করতেই পারো মনকে অস্বীকার করবে কেমন করে ?"

কথা গুলো শুনতে পেয়ে প্রকৃতি একবার পেছনে ফিরে সিদ্ধার্থ এর মুখের দিকে তাকিয়ে মুচকি হাসলো তারপর দৌড়ে ভেতরে চলে গেল ।

আচ্ছা সময় কেন এভাবে কেটে যায় ? যদি একজায়গায় স্থির হয়ে দাঁড়িয়ে থাকতো কতোই না ভালো হতো তাই না ? শীত পেরিয়ে বসন্তের ছোঁয়া লেগেছে । গাছের পাতা গুলো ধরে গিয়ে নতুন

পাতা গজাতে আরম্ভ করেছে । কোকিলের কুহু কুহু ডাক যখন তখন শোনা যায় । তবে এখন সময়টা বসন্তের শেষ ধারে এসে পৌঁছেছে ।

সিদ্ধার্থ এখানে এসে নিজের কাজে ব্যস্ত হয়ে পড়েছিল আর প্রকৃতিও নিজের পড়াশোনায় । প্রকৃতি পড়তে না চাইলেও সিদ্ধার্থ ওকে জোর করে ভোরে তুলতো ফাঁকি দিতে কখনোই দিতো না । আর প্রকৃতির এতো বকবক করা কারন অকারনেই বিপদে পড়া সব কিছু সিদ্ধার্থ মেনে নিয়েছে । এই তো কদিন আগেও বৃষ্টিতে ভিজে জ্বর বাধিয়েছিল তাও মেয়ের শখ কম নয় জ্বরে মধ্যে আইসক্রিম খাবে । সেই দিন সিদ্ধার্থ এতো জোরে ধমকেছে তারপর থেকে ভয়ে দুইদিন আইসক্রিমের নাম উচ্চারন করেনি একটু অভিমান ও হয়েছিল কিন্তু এখন সেটা চলে গেছে ।

" প্লিজ এমন কেন বলছেন ? চলুন না আজকে চা বাগানে , কতদিন তো এই বাড়িতে আছি ; কলেজ ছাড়া একটুও বেরোতে সময় পায়না , ভালো লাগে না আমার এভাবে বন্দি হয়ে থাকতে .... জানেন আমি এই বন্দিদশা একটুও পছন্দ করি না , আমি তো খোলা আকাশ পছন্দ করি তার মাঝে নীল আকাশের মাঝে ভিজে ঘাসের উপর খালি পায়ে হাঁটতে পছন্দ করি , বৃষ্টিতে ভিজতে ভালোবাসি কিন্তু আপনি পড়ার জন্য কোথাও বেরোতেই দেননা "
আজ কখন থেকে প্রকৃতি সিদ্ধার্থ এর পেছনে ঘুরছে আর সিদ্ধার্থ নিজের কাজ করে চলেছে । এতদিন প্রকৃতিকে ধমকে ওর সমস্ত বায়না বন্ধ করে রেখেছিল কিন্তু আজ আর পারছে কোই ? সত্যিই

তো মেয়েটা অনেকদিন এখানে বন্দি অবস্থায় আছে আর বাড়িতেও বেশি কেউ নেই যে তাদের সাথে সময় কাটাবে । ও তো সকালে অফিসে চলে যায় তারপর সন্ধ্যার দিকে ফিরে আসে কিন্তু প্রকৃতি সেই কলেজ যায় মাঝে মধ্যে হয়তো নয়নের সাথেই গল্প করে একটু আধটু কিম্বা মিনু দির সাথে রান্নায় সাহায্য করে ।

এইসব ভাবতে ভাবতে সিদ্ধার্থ সামনে ঘুরতে তখনই প্রকৃতির মাথাটা ওর থুতনিতে লাগলো । প্রকৃতি একদম ওর পেছনেই দাঁড়িয়েছিল আর সিদ্ধার্থ এভাবে ওর দিকে ঘুরে যাবে বুঝতেই পারেনি ।

প্রকৃতি আহ্‌ শব্দ করে মাথায় হাত দিয়ে সিদ্ধার্থ এর দিকে তাকালো । দুইজনেই খুব কাছাকাছি দাঁড়িয়ে আছে সিদ্ধার্থ ওর দিকে ভ্রূ কুঁচকে তাকিয়ে আছে । হয়তো ভাবছে মেয়েটা ঝামেলা ছাড়া এক পাও চলতে পারে না ।

" আপনার থুতনিটা কি দিয়ে তৈরি বলুন তো ? আমার পুরো কপাল এখনো ঝনঝন করছে । মা গো মনে হচ্ছে স্মৃতিশক্তি হারিয়ে যেতো আরেকটু হলে " প্রকৃতি এই নাটক দেখে সিদ্ধার্থ এর কপালে আরো কয়েকটা ভাঁজ পড়লো তারপর একটা দীর্ঘশ্বাস ফেলে প্রকৃতির হাত টা ধরে নিয়ে সোফায় বসালো । নিজে ওর পাশে বসে কপালটা দেখলো কোথায় ফুলেছে কিনা । কিন্তু কোথাও কিছু দেখতে না পেয়ে আবার ও একটা দীর্ঘশ্বাস ফেললো ।

প্রকৃতি এতক্ষন ধরে সিদ্ধার্থ এই নীরবতা দেখছিল কিন্তু এখন আর

সহ্য করতে পারলো না খানিকটা বিরক্তি নিয়ে জিজ্ঞেস করলো " মাথাটা আপনার গেছে ? এতো শান্ত থাকেন কি করে আপনি ? আমি তো হার্টফেল করতাম এতো শান্ত থাকতে হলে। কখন থেকে চেঁচিয়ে মরছি কিন্তু আপনার একটাও রেসপন্স নেই , দাঁড়ান দাঁড়ান আপনি কি আমাকে পাগল ভাবছেন নাকি ?"

প্রকৃতির কথা শুনে সিদ্ধার্থ বিড়বিড় করে বলে উঠলো " ভাবছি সেটা অলরেডি তুমি হয়ে গেছো এখন আমাকে পাগল বানানো তোমার বাকি আছে "

সিদ্ধার্থ এই কথা গুলো প্রকৃতি শুনতে পেল না তবে ঠোঁট নাড়ানোটা দেখতে পেল ভ্রু কুঁচকে বলে উঠলো " কি বলছেন ? আপনি নিয়ে যাবেন কিনা বলুন না হলে আমি একাই যাবো , আর এই সন্ধ্যা বেলায় নিশ্চয়ই আমাকে একা ছাড়তে চাইবেন না "
প্রকৃতির কথা শুনে সিদ্ধার্থ এবার গম্ভীর স্বরে বলে উঠলো " তোমার পরীক্ষার কতদিন বাকি ?"
কথাটা শুনে প্রকৃতি মুখটা ছোট করে নিল মাথা টা নীচু করে নিয়ে দাতে দাঁত চেপে বসে রইল । যখনই ও ঘুরতে যাবার কথা বলে তখনই সিদ্ধার্থ ওর পরীক্ষার কথা মনে করিয়ে দেয় তাই তখন আর কিছু বলতে পারে না কিন্তু আজ আর নয় আজ তো ও ঘুরতে যাবেই ।

" দেখুন প্লিজ নিয়ে চলুন না তারপর আমি আর পরীক্ষা শেষ না

হওয়া অবদি এমন কোন বায়না করবো না পাক্কা " প্রকৃতি নিজের মুখটাকে যতটা সম্ভব ইনোসেন্ট করে বলল কারন ও জানে প্রকৃতির মুখটা দেখে যে কেউ গলতে বাধ্য ।

সিদ্ধার্থ আর না করতে পারলো না গম্ভীর স্বরে বলে উঠলো " যাও রেডি হয়ে নাও কিন্তু কথাটা মনে রেখো কিন্তু "

এতো ধীর স্থির শান্ত মেজাজের একজন মানুষ সিদ্ধার্থ যে কেউ চাইবে নিজের জীবনসঙ্গি হিসেবে আর এই মানুষটাকে ভালো না বেসে তো থাকাই যাবে না । প্রকৃতির ক্ষেত্রেও তাই জানে না ভালোবাসে কিনা ? অনুভূতি গুলো এখনো ধরা দেয়নি ওকে কিন্তু ভালো লাগে ওর সিদ্ধার্থ এর কাছে বায়না করতে ওর কাছে বকানি খেতে ওকে জ্বালাতে , সব থেকে অবাক তখন হয় যখন ও এতো বকবক করে , রাতের বেলায় ক্লান্ত থাকা সত্ত্বেও ও সিদ্ধার্থ কে ঘুমাতে না দিয়ে বকবক করেই চলে কিন্তু সিদ্ধার্থ কিছু বলে না চুপচাপ ওর কথা শোনে । একটা মানুষের এতটা ধৈর্য কি করে থাকতে পারে সেটা দেখেই ও আশ্চর্য হয় । এতটা পারফেক্ট ভাবে প্রতিটা কাজ করে আজ পর্যন্ত ওর প্রতি প্রতিটা দায়িত্ব পালন করেছে । আচ্ছা এইসব সত্যিই কি দায়িত্ব নাকি সিদ্ধার্থ ওকে ভালোবাসে ? জানে না ও হয়তো জানতেও চাই না শুধু জানে সিদ্ধার্থ কে ছাড়া ওর চলবে না একটুও না ।

মাঝে মাঝে রক্তের সম্পর্কগুলো আপন হতে পারে না কিন্তু জীবনে এমন কিছু মানুষ আসে যারা আমাদের আপন করে নেয় আর

প্রকৃতির পুরো জীবনটাই তো এভাবে কেটেছে । কখনোই ওর রক্তের সম্পর্ক গুলো ওকে মেনে নেয়নি বরং সেখানে আছে দূর্বিসহ অতীত যেটা ওর পিছু কখনো ছাড়ে না হয়তো ছাড়তেও চাইনা । ওটাই বারবার মনে করিয়ে দেয় ওর অবস্থান ।

সিদ্ধার্থ নীচে ডাইনিং রুমে সোফায় বসে আছে আর প্রকৃতির জন্য অপেক্ষা করছে । রান্নাঘরের দিকে একবার তাকিয়ে দেখলো মিনুদি রান্না করছে তারপর সিঁড়ির দিকে তাকালো। কিন্তু কাউকেই দেখতে পেল না বিরক্ত হয়ে চোখ ফিরিয়ে নিল তারপর আবার তাকাতেই দেখতে পেল প্রকৃতি নেমে আসছে । প্রকৃতিকে দেখেই আজ যেন ওর চোখ দুটো আটকে গেল । কি সুন্দর লাগছে এই লাল শাড়িটাতে ? চোখ না ফেরানোর মতো । মুগ্ধ দৃষ্টিতে তাকিয়ে আছে প্রকৃতির দিকে । কিন্তু কোনো সাজ নেই মুখে শুধুই কাজল ছোট্ট একটা টিপ আর ঝুমকো । সিথিতে অল্প সিঁদুর একপাশে সিঁথি করে চুল গুলো ছাড়া আছে । হাত ভর্তি চুড়ি শাখা পলা তো সবসময় থাকে আজ কিছু লাল চুড়ি যুক্ত হয়েছে তার সাথে ।

প্রকৃতির চুড়ির ঝনঝন আওয়াজে ওর ঘোর ভাঙলো । সামনে তাকিয়ে দেখে প্রকৃতি একদম ওর সামনে মুচকি হেসে দাঁড়িয়ে আছে চোখে কিছু একটা ঈশারা করছে ।
প্রকৃতীর ঈশারা বুঝতে পেরে সিদ্ধার্থ মুচকি হাসলো তারপর ঈশারা করেই বলল " খুব সুন্দর লাগছে তোমাকে "
সিদ্ধার্থ এর ঈশারা বুঝতে পেরে প্রকৃতি আবার ও মুচকি হাসলো

তারপর হাত দুটো বাড়িয়ে দিয়ে মুখে বলে উঠলো " যায় তাহলে "

" একদম " বলেই সিদ্ধার্থ ও সামান্য হেসে উঠলো । সত্যিই আজকাল ওর যে কি হয়েছে কে জানে ? দিনদিন আরো বেশি করে প্রকৃতির মতো হয়ে যাচ্ছে ।

সামনে মহানন্দা নদীর ব্রিজ নীচে নদী বয়ে চলেছে আপন গতিতে । আশেপাশে চা এর বাগান আলো জ্বলছে মৃদুমন্দ । কিছু ঝুপড়ি দেখা যাচ্ছে চারপাশে । ব্যাঙ ডেকে চলেছে আপন খেয়ালে কালকেই তো ঝড় বৃষ্টি হয়েছিল খুব তার রেশ আজ ও রয়ে গেছে । সব কিছু যেন আরো নতুন রূপে নতুন ভাবে উৎফুল্ল হয়ে আছে হয়তো নতুন বছরে অপেক্ষায় কারন সামনেই তো বাঙালিদের নতুন বছরের আগমন হতে চলেছে নববর্ষের আগমন হতে চলেছে । চৈত্রের মাস ও শেষের পথে আরো দুই একদিন বাকি আছে । আবার বসন্ত শেষ হবার সাথে হয়তো কারোর কারোর মনে বসন্তের রেশ লেগেই রয়েছে প্রেমিক প্রেমিকারা নতুন উদ্যমে প্রেম করছে ।

গাড়ি থেকে নেমে সিদ্ধার্থ প্রকৃতির পাশে এসে দাঁড়াল । প্রকৃতি আগেই গাড়ি থেকে নেমে পড়েছে । শীততা একদমেই নেই সেটা নয় হালকা ঠান্ডা আছে তবে ওটা কিছু নয় । শিলিগুড়ি তো তাই গরমটা লাগছে না ।

" আচ্ছা মিঃ সেনগুপ্ত আপনি কখনো এই ব্রিজের ধারে আগে আসেননি ? দেখুন কি সুন্দর সব কিছু ? "

প্রকৃতি সিদ্ধার্থ এর দিকে ঘুরে গিয়ে বলল ।

প্রকৃতির এতো আনন্দ দেখে সিদ্ধার্থ মনে মনে হাসলো তারপর বলল

" না কাজের চাপে আসা হয়নি তাছাড়া আমি এতো প্রকৃতি প্রেমি নোই "

' প্রকৃতি প্রেমি নোই ' কথাটা শুনে প্রকৃতি ভ্রু কুঁচকে ওর দিকে তাকালো । মানেটা কি প্রকৃতি প্রেমি নয় ! ওর নাম ও প্রকৃতি তাহলে ওকেও কি ভালোবাসে না ? প্রকৃতিকে এভাবে বাকা চোখে তাকাতে দেখে সিদ্ধার্থ ভ্রু কুচকালো । কি এমন ভুল বলল যে প্রকৃতি এভাবে তাকাচ্ছে ?

" আপনি প্রকৃতি প্রেমি নন সেটা তো জানি একটা আস্তো গোমড়ামুখোর দোকান সবসময় কাজ আর কাজ , জানেন প্রকৃতির কাছে কতটা ফ্রেশ এয়ার পাওয়া যায় কতটা শান্তি পাওয়া যায় , আমার তো যখনই মন খারাপ থাকে তখনই প্রকৃতির মাঝে চলে আসি , একমাত্র প্রকৃতিই আমার মন ভালো করার ওষুধ আর এখন তো আপনিও আছেন তাই মন খারাপ হয়না আমার " বলেই সিদ্ধার্থ এর দিকে তাকালো ।

সিদ্ধার্থ প্রকৃতির কথার এতটা গভীরতা বুঝতে পারলো না কারন ওর তো কিছুই জানা নেই ভাবলো হয়তো বাবা মায়ের জন্য মন খারাপ হয় ।

" আমি গোমড়ামুখো ? জানো আমি কাজ না করলে এতো শ্রমিক

কাজ পাবে না " ভ্রু কুঁচকে সিদ্ধার্থ বলে উঠলো ।

" জানি তো আপনি খুব ভালো সেইজন্যেই তো আপনাকে আমি বন্ধু বানিয়েছি নাহলে কথা বলতাম নাকি আপনার সাথে ?" বলতেই বলতেই প্রকৃতি সামনের দিকে এগিয়ে গেল । এদিকে এই কথাটাও সিদ্ধার্থ বুঝতে পারলো না প্রকৃতি কখন কি বলে তার অর্ধেক কথার মানে ও বুঝতে পারে না তাও জিজ্ঞেস করে না কখনো ।

" আচ্ছা তুমি আমার মধ্যে কি এমন ভালো দেখতে পেলে যে আমাকে বন্ধু করে নিলে ?" সিদ্ধার্থ প্রকৃতির পাশে গিয়ে হাঁটতে হাঁটতে বলল ।

" জানি না তো কি দেখতে পেয়েছি .... তবে একজন খুব ভালো মানুষ আপনি , জানেন আজ পর্যন্ত পাপা মামনি ছাড়া কেউ আমার ইচ্ছের মূল্য দেয়নি কিন্তু আপনি দিয়েছেন ..... " প্রকৃতি সিদ্ধার্থ এর কথা শুনে ওর দিকে তাকিয়ে বলল । চোখ দুটো ভাসা ভাসা প্রকৃতির এই দৃষ্টির সাথে সিদ্ধার্থ পরিচিত নয় যেন খুব কষ্ট লুকিয়ে আছে ওই দৃষ্টিতে ।

সিদ্ধার্থ ধীরে ধীরে প্রকৃতির একটু কাছে গেল তারপর ওর গালে হাত রাখলো । সিদ্ধার্থ এর স্পর্শ পেয়ে প্রকৃতি হালকা কেঁপে উঠলো। প্রকৃতিকে এভাবে কেঁপে উঠতে দেখে সিদ্ধার্থ ঠোঁট চেপে

হাসলো তারপর বলল " সারাজীবন এভাবেই থেকো .....বদলে যেও না কখনো .... সবসময় মনের কথা শোনো কখনো কারোর জন্য নিজেকে বদলে ফেলো না কারণ সেটা বোকামি .... আর যদি কখনো কারোকে ভয় পেয়ে থাকো তাহলে খুশির কারন গুলো মনে করবে দেখবে ভয় আপনেই কেটে যাবে "

সিদ্ধার্থ এর উষ্ণ নিঃশ্বাস প্রশ্বাসে প্রকৃতি এতক্ষন জমে গেছে । এতটা কাছে সিদ্ধার্থ শাড়ির আঁচলটা শক্ত করে ধরে রেখেছে কিন্তু সিদ্ধার্থ এর কথা গুলো ওর মন ছুয়ে গেছে । আবারও সেই ভাসা ভাসা দৃষ্টিতে সিদ্ধার্থ এর দিকে তাকিয়ে আছে । এই মুহূর্তে ওর একটা ইচ্ছে খুব করে করছে সিদ্ধার্থ এর ওই লাল ঠোঁট দুটো তে স্পর্শ করতে কিন্তু সেটা কি আদৌ সম্ভব ?
" আচ্ছা তুমি তো আমাকে বন্ধু বলো তাহলে আপনি করে কেন বলো ?" সিদ্ধার্থ এর এই রুপ কথায় প্রকৃতির ঘোর ভাঙলো ।

" কেন বলি জানি না হয়তো ভালো লাগে " প্রকৃতি মুচকি হেসে জবাব দিল ।

এবার সিদ্ধার্থ নিজের ঠান্ডা হাত দুটো প্রকৃতির উন্মুক্ত কোমরে রেখে ওকে নিজের কাছে টেনে নিল । এতটা গভীর স্পর্শে প্রকৃতি আবার কেঁপে উঠলো । ওর হাত দুটো আপনেই সিদ্ধার্থ এর বুকের কাছে শার্টটা খামচে ধরেছে । সিদ্ধার্থ ওর একটা হাত প্রকৃতির উন্মুক্ত কোমরে স্পর্শ করে আছে আরেকটা হাতে প্রকৃতির ঘাড়ের

কাছে রাখলো । প্রকৃতি সিদ্ধার্থ কে এতটা কাছে দেখে চোখ দুটো নামিয়ে নিল ঠোঁট দুটো অনবরত কেপে চলেছে । সিদ্ধার্থ এর খুব হাসি পাচ্ছে প্রকৃতির এই অবস্থা দেখে কিন্তু মুখটাকে গম্ভীর করে রেখেছে ।

" কি হলো ? আজ থেকে তুমি আমাকে তুমি করেই বলবে ? আপনি খুব দূরের সম্পর্ক কিন্তু আমাদের সম্পর্ক তো দূরের নয় খুব কাছের যদি স্বামী স্ত্রী ধরি তাহলে তো কথায় নেই ওটা তো হৃদয়ের সম্পর্ক , হৃদয়ের গভীরতার সঙ্গে সংযুক্ত আর বন্ধুত্বের সম্পর্ক যদি বলি তাহলে সেটাও হৃদয়ের সম্পর্ক তাই আমাকে আজ থেকে আপনি বলবে না " সিদ্ধার্থ প্রকৃতির একদম কাছে গিয়ে কথা গুলো বলল । সিদ্ধার্থ কথা বলতে বলতে একদম ওর ঠোঁট দুটো কপালে ঠেকে যাচ্ছে কিন্তু প্রকৃতি তাও চোখ তুলে তাকাতে পারছে না।

" কি হলো কথা বলছো না কেন ?" সিদ্ধার্থ আবার গম্ভীর সুরে বলে উঠলো।

" চেষ্টা করবো " কাঁপা কাঁপা কণ্ঠে সিদ্ধার্থ বলে উঠলো এতে যেন সিদ্ধার্থ এর হৃদয় খানিকটা নাড়িয়ে গেল । এতটা গভীর ভাবে ওর হৃদয়ে স্পর্শ করলো যে ও প্রকৃতিকে আরো কাছে টেনে নিল ।

" চেষ্টা করলে হবে না এখনি বলতে হবে "

" পারবো না আমি ? "

" আমি জানি না তোমাকে বলতে হবেই "

" কি বলবো ?" বলেই প্রকৃতি এবার চোখ দুটো খুলে সিদ্ধার্থ এর দিকে তাকালো দেখলো একদম ওর খুব কাছেই সিদ্ধার্থ । ওর নাকটা সিদ্ধার্থ এর নাকটাকে ছুঁয়ে যাচ্ছে ।

" আমাকে ছাড়ুন বলছি আমি ...... " আবারো কাঁপা কাঁপা গলায় বলে উঠলো প্রকৃতি ।

" উহু ছাড়বো না আগে বলো " সিদ্ধার্থ প্রকৃতিকে আরো গভীর ভাবে স্পর্শ করে বলল ।

" ছাড়ো আমাকে প্লিজ " কথাটা বলার সাথে সাথেই সিদ্ধার্থ ওর ঠোঁট দুটো প্রকৃতির ঠোঁটে মিলিয়ে দিল যেন এতক্ষন এটাতেই অপেক্ষা করছিল ।

প্রকৃতিকে ছেড়ে সিদ্ধার্থ প্রকৃতি মাথাটা ধরে ওর কপালের সাথে কপাল ঠেকিয়ে রাখলো । প্রকৃতি তখনো চোখ দুটো বন্ধ করে রেখেছে লজ্জায় তাকানো ওর পক্ষে সম্ভব নয় মনের মধ্যে একরাশ প্রশ্ন ঘোরেফেরা করছে কিন্তু তার উত্তর ওকে কে দেবে ওর জানা

নেই ? সিদ্ধার্থ প্রকৃতির দিকে তাকিয়ে হালকা হেসে বলে উঠলো " আমাদের বাঁধন ছাড়া এই খেলাঘর কি কখনোও পূর্নতা পাবে জীবনের গল্পে ? মিশে যাবে কি আমাদের এই আস্তে আস্তে গড়ে তোলা খেলাঘর ? আমার জীবনের একটা গুরুত্বপূর্ণ অংশ হয়ে গেছে মিশে গেছে আমার ভাবনা কল্পনা শরীরের সাথে আমাদের এই খেলাঘর ! চাইলেও আমি আলাদা করতে পারবো না আমাদের এই সংসার , আজ আর আমি শুধু আমি নেই .... তুমি আমি মিলেমিশে আজ আমরা হয়ে গেছি শুধুই আমরা সেখানে তুমি আমির কোনো জায়গা নেই । "

মাস যায় বছর যায় আবার ফিরে আসে । আরো কেটে গেছে অনেক দিন । বসন্ত শেষ হয়ে গেছে নববর্ষের আগমনে চারিদিকে সেজে উঠে ছিল কিন্তু এখন পুরো নিস্তব্দ । গ্রীষ্মের ভাপসা গরম আর বিকেলের কালবৈশাখী ঝড়ে সবাই অস্থির হয়ে পড়ছে । শিলিগুড়ি বলে এতটা গরম না লাগলেও গরম তো আছেই । আচ্ছা সময় এতো তাড়াতাড়ি কেন পেরিয়ে যায় ? উত্তর জানা নেই হয়তো কখনো জানতেও পারবে না কেউ এভাবেই অনন্ত কাল পেরিয়ে যাবে । মাঝে একবার পরিবারের সবাই এসে ওদের সাথে কাটিয়ে এসেছে । সিদ্ধার্থ প্রকৃতি যেতে পারেনি কারন প্রকৃতির পরীক্ষা সেটা শেষ হলেই ওরা বাড়ি যাবে । পরিবারের সবাই একটু শান্তিতে আছে সিদ্ধার্থ প্রকৃতির মধ্যে সম্পর্ক স্বাভাবিক দেখে । সবাই স্বস্তির নিঃশ্বাস ফেলেছে যেন । ঈশিতা নিজেকে দোষী

ভাবলেও প্রকৃতির মুখের হাসি দেখে কোনো কথা বলতে পারেনি আর সিদ্ধার্থ এর ব্যাক্তিত্ব ও তো আলাদা । ওর সাথে ফোনে যে কদিন কথা বলেছে সেই কদিনেই সিদ্ধার্থ কে একটু হলেও চিনতে পেরেছে । কিন্তু সৃজিত বাবু এখনো স্বস্তির নিঃশ্বাস ফেলতে পারেনি কারনটা তো উনিই জানেন । যে ভয়ে আছেন সেই ভয়টা পূর্ন হতে বেশি দেরি নেই যে আর মাত্র একটা বছর তারপর কোথায় লুকিয়ে রাখবেন প্রকৃতিকে সেটাই ভেবে পাননা উনি। মাঝে মাঝে নিজেকে দোষী মনে হয় নিজের মেয়ের জীবনের জন্য অন্য একটা ছেলের জীবন বাজি রেখেছেন ।

আমেরিকা

রাত বারোটা নাইট ক্লাবে তখনো যেন সন্ধ্যা নেমে এসেছে । কম বয়সী অনেক ছেলে মেয়ে নাচ করছে ডিস্কের সাথে সাথে তাল মিলিয়ে । কেউ ড্রিঙ্ক কর্নারে গিয়ে ড্রিঙ্ক করছে আবার কেউ নিজেদের প্রেমে মত্ত । বিদেশের মতো জায়গায় শারিরীক জিনিসটা কোনো ব্যপারেই নয় ।

এর মধ্যে একটা ড্রিঙ্ক কর্নারে বসে বসে ড্রিঙ্ক করছে রিক , রিক চৌধুরী বয়স আঠাশ কিম্বা উনত্রিশ হবে । চোখের মনি দুটো ব্রাউন

অনেকটা বিদেশীদের মতো , মেদবিহীন পুরুষালী দেহ যে কোনো নারীকে নিজের দিকে টানার জন্য যথেষ্ট । প্রতিটা মেয়ে রিকের এই রুপের জন্য আকৃষ্ট হয় ওর সাথে একরাত কাটানোর জন্য ওর পেছনে পড়ে থাকে । রিক ও এইসবের বেশ মজা নেয় আজ প্রায় আট বছর বিদেশে আছে আরো ওকে একটা বছর থাকতে হবে তবেই দেশে ফিরতে পারবে । পড়াশোনার জন্য এই দেশে আসা তাছাড়া আরো একটা কারন আছে । কিন্তু রিক পড়াশোনা না করে নিজেকে এখানে বিলিয়ে দিয়েছে হয়তো কাউকে ভুলে থাকার প্রচেষ্টা । বাবা সোহেল চৌধুরীর বিরাট বড়ো ব্যবসা দেশের নাম্বার ওয়ান ব্যবসায়ী বলতে গেলে কিন্তু ওর সেদিকে মন নেই । ভালোই তো আছে এই নারী সঙ্গ নিয়ে । কোনো একটা বিশেষ কারনে সোহেল চৌধুরী ওকে বিদেশ পাঠিয়ে দেয় তারপর আর দেশে ফিরতে দেয় না তবে এবার ওকে ফিরতেই হবে খুঁজে বের করতে হবে একজনকে ।

" Hey babes, come here, look at me since you've been drinking
I'm dressed just for you tonight " একটা মেয়ে এসে রিককে পেছন থেকে জড়িয়ে ধরে বলল । মেয়েটার পরনে ছোট্ট একটা জামা কাঁধে খোলামেলা কোনো পোশাক নেই । এইভাবে অনেকেই আছে বিদেশে এইসব জামা কাপড় কোন বড়ো ব্যপার নয় ।
" Hey babes, let's go " রিক ড্রিঙ্কের গ্লাসটা নামিয়ে রেখে

মেয়েটার কোমর জড়িয়ে ধরে নিজের কাছে টেনে এনে বলল ।
" Didn't you tell me how I feel today?" মেয়েটাও রিকের
কাঁধে হাত রেখে বলে উঠলো ।

" You look so sexy today Ana " রিক মেয়েটার কথা শুনে
একবার ওর দিকে তাকিয়ে নিল । এতক্ষন তাকায়নি পর্যন্ত
এমনকি প্রতিদিন যে মেয়েদের সাথে রাত কাটায় তাদের নামটাও
পর্যন্ত জানে না চেহারা দেখা তো দূরের কথা তাও এনার দিকে
একবার ভালো করে তাকিয়ে হালকা হেসে কথা গুলো বলল ।
কথাটা শুনে এনা গদগদ কণ্ঠে রিককে জড়িয়ে ধরে বলল " I
can't wait. Babes go to the room ."
এনার কথা শুনে রিক হাসলো তারপর বললো
" Yes sexy girl come on "
আজ রাতটা রিকের খুব ভালো যাবে সেটা ওর মুখ দেখেই বলা
যাচ্ছে । রিক প্রথমে এনার কোমর ধরে কাছে টেনে নিয়ে ঠোঁটে
কিস করলো ।

" সিদ্ধার্থ !!" রাতে প্রকৃতি খেতে চাইছে না আর সিদ্ধার্থ ওর
সামনে খাবার নিয়ে বসে আছে ।
" কি সিদ্ধার্থ হ্যা , চুপচাপ পুরো খাবারটা খেয়ে নাও আরে কাল

পরীক্ষা ..... না খেলে তো দূর্বল হয়ে যাবে মাথা ঘুরাবে তাই কোন কথা না বলে চুপচাপ খাবে । "

" মানে কি ?

দেখছো না আমি চিন্তাই মরে যাচ্ছি ......

কাল কি পরীক্ষা হবে কে জানে ?

আর তুমি এই খাবারের পেছনে পড়ে আছো? "

" হ্যা পড়ে আছি কারন এটা তোমার জরুরি ।সারাদিন এভাবে পড়াশোনা করছো বিশ্রাম নেবার ও সময় পাওনি তাই আজ তোমাকে আর পড়তে হবে না । খেয়ে ঘুমিয়ে পড়ো রেস্ট নাও আজকের দিনটা দেখবে কাল ভালো পরীক্ষা হবে তোমার । তাই চিন্তা না করে নিজের মনটাকে ফ্রেশ করার চেষ্টা করো ।"

" ফ্রেশ করবো ?

কিভাবে ?

তুমি জানো আমি কখনো আগে পরীক্ষার আগে খায়না এই পরীক্ষার জন্য চিন্তায় শেষ হয়ে যায় আর তুমি বলছো পড়তে হবে না কিন্তু এতদিন নিজেই আমাকে পড়িয়ে পড়িয়ে শেষ করে দিয়েছো । "

প্রকৃতির কথা শুনে সিদ্ধার্থ কিছু বলল না মুচকি হাসলো এর মধ্যে সিদ্ধার্থ যে কখন ওকে খাবারটা খাইয়ে দিয়েছে সেটা ও নিজেই

বুঝতে পারেনি ।

" নাও খাবে না বলেছিলে ? শেষ খাবার এবার তুমি বসো আমি আসছি " সিদ্ধার্থ প্লেটটা প্রকৃতিকে দেখিয়ে বলল ।

" এমা , এতটা খাবার কে খেলো ?" প্রকৃতি নিজেই অবাক হয়ে গেছে এতটা খাবার ও খেয়ে নিয়েছে বলে ।

" আমার সামনে একটা পেত্নি বসে আছে সেই খেয়েছে হয়তো " সিদ্ধার্থ প্রকৃতিকে রাগানোর জন্য বলে উঠলো ।

" কি আমি পেত্নি ?" প্রকৃতি রেগে গিয়ে গাল দুটো ফুলিয়ে বলে উঠলো । পেত্নি ! ওকে দেখে পেত্নি মনে হয় সিদ্ধার্থের ?

" হ্যা তাও বকবক পেত্নি সবসময় খালি বকবক করো "

" কি আমি বকবক পেত্নি ? জানো আমি কতো কম কথা বলি ? আমার বন্ধুদের জিজ্ঞেস করবে তুমি ? আমি অনেক সুন্দর দেখতে .... পেত্নি তো তুমি , না মানে তোমার ফেসবুকে মেয়ে বন্ধুরা যারা আপনার পোস্টে কমেন্ট করে । হুহ আমাকে পেত্নি বলা কতো সুন্দর দেখতে আমি "

প্রকৃতির কথা শুনে সিদ্ধার্থ এবার জোরে জোরে হেসে উঠলো । কি শেষ পর্যন্ত ওর ফেসবুক ফ্রেন্ডদের ও ছাড়লো না । সিদ্ধার্থ এর হাসি দেখে প্রকৃতি ভ্রু কুঁচকে তাকালো।

" তুমি সত্যিই খুব কিউট এতো সুন্দর করে কথা বলো কেন তুমি ? বারবার তোমাতেই আটকে যায় আমি । " বলেই আবার হাসতে থাকলো । এদিকে সিদ্ধার্থ এর কথা গুলো শুনে প্রকৃতি ও হেসে দিল এতো কিছুর মাঝে প্রকৃতির মনটা কখন ফ্রেশ হয়ে গেছে বুঝতেই পারেনি । সত্যিই প্রকৃতির মন ভালো করার একমাত্র ওষুধ সিদ্ধার্থ ।

প্রকৃতি এতক্ষনে ঘুমিয়ে পড়েছে কাল থেকে সেকেন্ড ইয়ার পরীক্ষা শুরু ওদের । খুব চিন্তায় আছে ও মনে হচ্ছে কিছুই পড়েনি । সিদ্ধার্থ ও এতদিন চিন্তায় ছিল তবে সেটা প্রকাশ করেনি প্রকৃতিকে ভরসা জুগিয়ে গেছে তার ওর খেয়াল রাখা তো আছেই । পেছনের তিনমাস হয়তো তিনঘন্টা ঘুমাতো প্রতিদিন ....এর থেকে বেশী ঘুমানোর সময় হতো না আর প্রকৃতির । সাথে সাথে সিদ্ধার্থ ও জেগে থাকতো নিজের কাজ করতো । সারাদিন এতো পরিশ্রম তাতেও কোনো অভিযোগ ছিল না কেন থাকবে ? স্ত্রী কষ্ট করছে আর স্বামী ঘুমিয়ে পড়বে এটা তো হতে পারে না । স্বামী স্ত্রীর সমস্ত দুঃখ কষ্ট ভাগ করে নেবার অধিকার কাছে ।

রাত একটার দিকে সিদ্ধার্থ এর কাজ শেষ হলো । সিদ্ধার্থ ল্যপটপটা বন্ধ করে দিয়ে জানলার কাছে গেল । আজ জোৎস্না , জানলা থেকে পুরো চাঁদের একঝাঁক আলো ভেতরে ঢুকে আসছে । বাইরে মৃদুমন্দ বাতাস দিচ্ছে বর্ষা ঢুকেবো ঢুকবো করেও যেন

ঢুকছে না । হয়তো কিছু দিন পর চলে আসবে । রুমে এসিটা চলছে তাই হয়তো এই গরম থেকে রক্ষে । সিদ্ধার্থ জানলার পর্দাটা ভালো করে টেনে দিয়ে বিছানার কাছে এলো । দেখলো প্রকৃতি গভীর ঘুমে আচ্ছন্ন হাত দুটো জড়োসড়ো হয়ে বাচ্চাদের মতো ঘুমিয়ে আছে । সিদ্ধার্থ মুচকি হেসে ওর মাথায় হাত বুলিয়ে দিল তারপর আস্তে ওর পাশে শুয়ে পড়লো । প্রকৃতির দিকে তাকিয়ে দেখে দেখে কতটা নিস্পাপ মুখখানি , সিদ্ধার্থ প্রকৃতির দিকে সরে গিয়ে ওর কপালে হালকা করে ঠোঁট ছোঁয়ালো তারপর ওর চুলে মুখ ডুবিয়ে গলায় নাক ঘষলো । মেয়েটা ওকে ভালোবাসি বলুক আর নাই বলুক ও তো ভালোবাসে আর ওর বিশ্বাস প্রকৃতিও ওকে ভালোবাসে তাই তো ওর উপরেই এতো রাগ অভিমান আব্দার ।

আরো একমাস কেটে গেছে । প্রকৃতির পরীক্ষা প্র্যাকটিক্যাল শেষ হলো আজ আর কিছু দিনের মধ্যেই নতুন ক্লাস শুরু হবে এখন সম্পুর্ন রেস্ট। প্র্যাকটিক্যাল পরীক্ষা দিয়ে রুম থেকে নদীর সাথে বেরিয়ে এলো । বাইরে এসেই দেখে আকাশ দাঁড়িয়ে আছে । আকাশ কে দেখে ওরা দুইজনেই মুচকি হাসলো । নদীর সাথে আকাশ এখন কথা বললেও মনের কথা কেউ কাউকে বলে উঠতে পারেনি তবে বন্ধুত্বটা মজবুত হয়েছে আগের থেকে ।

আকাশকে দেখে প্রকৃতি মুচকি হেসে নদীর দিকে তাকালো। ওর দিকে চোখ টিপে আকাশের দিকে কিছু একটা ঈশারা করলো । প্রকৃতির ঈশারা বুঝতে পেরে নদী লজ্জায় মাথা নামিয়ে নিল । আকাশ বোকার মতো ওদের দুইজনের দিকে তাকিয়ে আছে ওর চোখে চোখে কি ঈশারা করছে ওর মাথায় ঢুকছে না ।

" বলছি তোমরা কি কথা বলছো আমাকে বলবে একটু ?" আকাশ আর চুপ করে থাকতে না পেরে বলে উঠলো ।

আকাশের কথা শুনে প্রকৃতি হেসে উঠলো তারপর এগিয়ে এসে আকাশের সামনে দাঁড়িয়ে আস্তে আস্তে বলল " বলছি তোমাদের এই চোখে চোখে প্রেম কতদিন চলবে ? নদী তো লজ্জাবতী , তুমিও প্রোপোজ করছো না , জানো তো আমার এক দাদা আগের কিছু দিন আগে আমার ফোনে নদীর ছবি দেখেছিল .... দাদার কথা বার্তা শুনে মনে হলো নদীকে পছন্দ হয়েছে , এবার তুমি বলো কি করবো ? তুমি যদি প্রোপোজ না করো তাহলে দাদার সাথে নদীর লাইনটা করিয়ে দিই "

প্রকৃতির কথা শুনে আকাশ হতভম্ব হয়ে ওর দিকে তাকিয়ে থাকলো সামান্য চেঁচিয়ে উঠে বলল " না "

এদিকে নদী তো পুরাই ভ্যাবাচ্যকা খেয়ে গেছে কে দাদা ? কোথায় কি ? কে জানে ? সব ওর মাথার উপর দিয়ে গেল । এমন বন্ধু যে বন্ধুর প্রেমে ভিলেন সাজছে সিরিয়াসলি ? এমন বন্ধু যেন শত্রুর ও না হয় ভেবেই একটা দীর্ঘশ্বাস ফেললো নদী ।

" কি বলছো প্রকৃতি ? কেন ভিলেন সাজছো ? আমি বলবো তো

আর কিছু দিন যাক " আকাশ আমতা আমতা করে বলে উঠলো ।
" হ্যা সেই আশাতেই থাকো তুমি এর থেকে বরং আমি প্রকৃতির
দাদাকে হ্যা বলে দিই " রেগে কথাটা বলে উঠলো নদী । কতদিন
অপেক্ষা করছে আকাশের মুখে ভালোবাসি শোনার জন্য কিন্তু
আকাশ এতো লাজুক যে মনের মুখে বলতে বাঁধছে আর আজ যখন
মিইয়ে কথা বলতে শুনলো তখন খুব রাগ হলো নদীর তাই তো
আকাশকে ওভাবে বলে চলে গেল । নদীর কথা শুনে আকাশ
হতভম্ব হয়ে ওর যাবার দিকে তাকিয়ে আছে এই মেয়ে এতো
লাজুক ছিল আর আজ সেই মেয়ে !!

নদী চলে যাচ্ছে আকাশ কিছু করছে না দেখে প্রকৃতি আকাশের
কাঁধে হাত রেখে গম্ভীর স্বরে বলল " তুমি এতো ভ্যবলা কেন
বলতো ? ওকে আটকাও গিয়ে মনের কথাটা বলো না হলে আর
বলতেও পারবে না যাও "
" উম হ্যা যাচ্ছি বলে " আকাশ হতভম্ব হয়ে নদীর পেছনে গেল ।

" স্যার কালকে সোহিনী ইন্ড্রাস্ট্রিজ এর ম্যানেজার আসবেন চায়ের
প্রোডাক্ট দেখতে , ওনাদের খুব পছন্দ হয়েছে চায়ের প্রোডাক্ট গুলো
" ম্যানেজারের কথা শুনে সিদ্ধার্থ মুখ তুলে তাকালো । চোখ দুটো
খুশিতে ভরে উঠলো । এতো বড়ো একজন কম্পানি ওদের সাথে
ড্রিল করতে চাইছে এটা মেনে বিশ্বাস হচ্ছে না ওর । সিদ্ধার্থ এর
খুব ইচ্ছে এই ছোট ব্যবসাটাকে অনেক বড়ো করার তার জন্য
রীতিমতো পরিশ্রম করে চলেছে হয়তো এটাই ওদের সবার

পরিশ্রমের প্রথম পুরস্কার উঁচু তে ওঠার প্রথম ধাপ ।

" কখন আসবেন ওনারা ?"

" স্যার কাল দুপুরের দিকে , তাছাড়া কারখানা চায়ের বাগান ও ঘুরে দেখবেন "

" ওকে ঠিক আছে সব কিছু রেডি করুন দেখুন যাতে ওনাদের আপ্যায়নের কোনো ত্রুটি না হয় "

" ওকে স্যার " বলেই ম্যনেজার চলে গেল আর সিদ্ধার্থ ফাইলটা দেখতে ব্যস্ত হয়ে গেল আবার ।
কিছুক্ষণ পর ঘড়ির দিকে তাকিয়ে দেখে দুপুর হয়ে গেছে তারমানে প্রকৃতির প্র্যকটিক্যল এক্সাম শেষ ওকে আনতে যেতে হবে ভেবে একবার ল্যপটপের দিকে তাকালো অনেক কাজ বাকি আছে আবার দুইদিন পর বর্ধমান যেতে হবে কতদিন প্রকৃতি বাড়ি থেকে দূরে আছে এইটুকু সময়ের মধ্যে এতোকিছু সামলাবে কি করে সেটাই বুঝতে পারছে না ।

" রিক রিক কতবার বলছি এমন করিস না কিন্তু আবার সেই হাত কেটে বসে আছিস ,
আচ্ছা বলতো এমন করে তুই লাভ কি পাস ?

আর তো মাত্র একটা বছর তারপরেই তো দেশে ফিরছিস " মনিকা রিকের হাতে ব্যান্ডজ করতে করতে বলল ।

মনিকা সেন , বয়স পঁচিশ বছর রিকের থেকে ছোট হলেও দুইজনেই বেস্ট ফ্রেন্ড । রিক কোনো মেয়েকে না মানলেও মনিকাকে কখনো কিছু বলতে পারে না । মনিকার সমস্ত বকানি মুখ বুজে সহ্য করে নেয় মনিকা ওর উপর এতো অধিকার দেখায় তাও কখনো কিছু বলতে পারে না । মায়ের পর যদি কাউকে মেয়ে বলে মানে সে এই মনিকাই আর একজন আছে অবশ্য তবে সে এখন কেমন আছে জানে না ।

" তুই জানিস না কেন এমন করি ?
আচ্ছা বলতো পাপা আমাকে কেন বিদেশে রেখেছে এভাবে ,
আমি আর কতদিন পর ওকে দেখতে পাবো বলতো ?
জানি না কেমন আছে ? কোথায় আছে ?
মাঝে মাঝে মনে হয় নিজেকে শেষ করে দিই "
কথাটা বলার সাথে সাথেই মনিকা রিকের মুখে হাত রাখলো কিন্তু পরক্ষনেই সরিয়ে নিয়ে চোখ রাঙিয়ে বলল " কি বলছিস এসব ?
একদম এসব কথা বলবি না আর তো একটা বছর তারপরেই তো আমরা ফিরে যাবো "

" হু " আর কিছু বলল না রিক সোফায় হেলান দিয়ে শুয়ে পড়ল পুরো ড্রাঙ্ক অবস্থায় রয়েছে হাত কেটে রক্ত বেরিয়ে গেছে তার

দিকে কোনো খেয়ালেই নেই । মনিকা রিককে নিস্তেজ হয়ে যেতে দেখে ওকে কোনো মতে তুলে এনে বিছানায় শুইয়ে দিল । গায়ের উপর কম্বলটা টেনে দিয়ে হাতটা সাবধানে রাখলো । অনেকটা কেটে গেছে ওর কষ্ট হচ্ছে তাও কখনো কিছু বলেনি রিককে । ছোট থেকেই বড্ড ভালোবাসে তাও মুখ ফুটে বলে উঠতে পারে না যদি বন্ধুত্বটুকুও হারিয়ে ফেলে এই ভয়ে । রিক তো ছোটবেলায় এমন ছিল না কিন্তু কেন যে এমন হয়ে গেছে কে জানে ? হয়তো বেশি টাকা স্ট্যাটাস ওকে এমন বানিয়ে দিয়েছে তাছাড়া জেদটা তো ওর বরাবরেই বেশি । পুরো সাইকো হয়ে গেছে , মনিকা জানে না দেশে ফিরে ওই মেয়েটার অবস্থা কি হবে ? তবে ভয়ঙ্কর কিছু অপেক্ষা করছে ।

" আহ্ সিদ্ধার্থ বাবু কি করছো বলতো ? এখন আমাকে এত সময় না দিলেও চলবে তোমার এতো বড়ো একটা কাজ এখন সেটা দেখো " প্রকৃতি সিদ্ধার্থ এর সামনে গাল ফুলিয়ে বলে উঠলো । আসলে রাতের বেলায় প্রকৃতির একদম খেতে ইচ্ছে করছে না করবে কি করে ? আজ এতো ফুচকা কাটলেট চাওমিন খেয়ে এসেছে , আকাশ পার্টি দিয়েছে নদীকে ওর মনের কথা বলে দেবার জন্য তাই তো খেতে পারছে না আর সিদ্ধার্থ কে বলতেও পারছে না কিছু । যদি বলে তো এখনি বকানি খাবে তাই যেচে কে বকানি খেতে যাবে সেইজন্য কিছু বলেনি ।

" আমার কাজ নিয়ে তোমাকে ভাবতে হবে না তুমি খাও চুপচাপ, আজ তো পরীক্ষা শেষ হলো আগে কদিন বিশ্রাম নাও নিজের শরীরের যত্ন নাও । "

বলেই সিদ্ধার্থ প্রকৃতির মুখে এক লোকমা ভাত তুলে দিল । রাতের বেলায় ভাত ওয়াক থু ছিঃ একদম পছন্দ করি না আমি তাও এই লোকটা আমাকে জোর করে ভাত খাওয়ায় । মনে বলে কয়েকটা কথা বলে মনটাকে ঠান্ডা করার চেষ্টা করছে আর মুখ ফুলিয়ে খাচ্ছে ।

অর্ধেক খেয়ে প্রকৃতি তাড়াতাড়ি চেয়ারে ছেড়ে উঠে গেল।

" আর খাবো না আমি একটাও , এবার মরে যাবো খেলে প্লিজ আর না আপনি খান আমি গেলাম বাই " বলে প্রকৃতি দৌড়ে রুমে চলে গেল এখানে থাকা মানেই সব খেতে হবে ।

সিদ্ধার্থ প্রকৃতির যাবার দিকে তাকিয়ে কিছু বলতে যাবে সেই সুযোগটাও পেল না। আর জোর ও করলো না নিজে চুপচাপ খেয়ে নিল আজ অনেক কাজ পড়ে আছে সেগুলো করতেই অনেক রাত হয়ে যাবে ।

সিদ্ধার্থ রুমে এসে দেখলো প্রকৃতি বিছানায় নেই । এতো রাত হয়ে গেছে পায় সাড়ে বারোটা কিন্তু প্রকৃতিকে দেখতে না ভয় পেয়ে গেল । এতক্ষন পাশের রুমে কাজ করছিল কিন্তু এখন কাজ কমপ্লিট হওয়ায় রুমে এসেছে ।

সিদ্ধার্থ ওয়াশরুমের কাছে গিয়ে দুইবার দরজায় নক করলো কিন্তু

কোন সাড়া পাওয়া গেল না । রুমের চারিদিকে তাকিয়ে কোথায় প্রকৃতিকে দেখতে না পেয়ে আরো বেশি ভয় পেয়ে গেল । রুমের বাইরে প্রকৃতিকে খুঁজতে যাবে কিন্তু বেলকনি থেকে আসা শীতল বাতাসের আভাস পেয়ে থেমে গেল । ধীর পায়ে সেদিকে এগিয়ে গিয়ে দেখে প্রকৃতি দাড়িয়ে আছে । বাইরে ঝমঝম বৃষ্টি হচ্ছে এতক্ষন ও বৃষ্টি হচ্ছে বুঝতেই পারেনি তবে এখন বুঝতে পারলো । বৃষ্টির তেজ বেশি নাহলেও বৃষ্টি হচ্ছে । একরাশ জলের ছিটা এসে বেলকনিতে ছিটকে পড়ছে । তার সঙ্গে হালকা ঠান্ডাও লাগছে ।

সিদ্ধার্থ প্রকৃতিকে বেলকনিতে দাঁড়িয়ে থাকতে দেখে রেগে গেল । একে তো ভয় পেয়ে গেছিল প্রকৃতিকে খুঁজে না পাওয়ায় তারপর এই বৃষ্টির মাঝে বেলকনিতে দাঁড়িয়ে আছে । সিদ্ধার্থ রেগে প্রকৃতির কাছে গিয়ে ওর হাতটা শক্ত করে ধরে রুমে নিয়ে এলো । বেলকনির দরজাটা লাগিয়ে রেগে প্রকৃতির দিকে তাকালো । এতক্ষন প্রকৃতি আপন মনে বাইরের দিকে তাকিয়ে ছিল সিদ্ধার্থ উপস্থিতি টুকুও বুঝতে পারেনি তাই হটাৎ করে সিদ্ধার্থ কে দেখে ভয় পেয়ে গেল । অবাক হয়ে সিদ্ধার্থ এর দিকে তাকিয়ে আরো বেশি ভয় পেল কারন সিদ্ধার্থ এর মুখের গাম্ভীর্যতা প্রমান করছে সিদ্ধার্থ খুব রেগে আছে ।

" তুউউমি ... আসলে আমিই "

" কি , কি তুমি হ্যা ? জানো কতটা ভয় পেয়েছিলাম ? এতো রাত হয়ে গেছে না ঘুমিয়ে পড়ে বেলকনিতে দাঁড়িয়ে আছো ?" রেগে

খানিকটা চেঁচিয়ে বলে উঠলো । সিদ্ধার্থ আগেও প্রকৃতিকে ধমকেছে কিন্তু আজকের মতো এতো জোরে ধমক আগে কখনো দেয়নি । ভয় পেয়ে প্রকৃতি কেঁপে উঠলো ছলছল চোখে সিদ্ধার্থ এর দিকে তাকালো ।

" একদম কাঁদবে না , তোমার চোখের জল দেখে প্রতিবার গলে যায় আমি কিন্তু এবারে হবে না জানো কতটা ভয় পেয়েছিলাম আমি , মনে হচ্ছিল তোমায় আমি হারিয়ে ফেললাম "
সিদ্ধার্থ এর এতো জোরে ধমক খেয়ে প্রকৃতির চোখের জলটা পড়তে গিয়েও যেন পড়লো না । সিদ্ধার্থ এর দিকে একপলক তাকিয়ে চোখ দুটো নামিয়ে নিল ।

" কি হলো ? চুপ করে আছো কেন ? উত্তর দাও ! এতো রাতে ওখানে কি করছিলে ?"

প্রকৃতি এবারেও কিছু বলতে পারলো না শুধু তাকিয়ে থাকলো সিদ্ধার্থ এর দিকে । সিদ্ধার্থ কে দেখেই বোঝা যাচ্ছে কতটা ভয় পেয়েছিল , এতো রাতে বেলকনিতে দাঁড়িয়ে থাকাটা ওর একদম উচিত হয়নি । মানুষটা ওকে সমস্ত রকম স্বাধীনতা দিয়েছে কিন্তু ও সেটার ঠিক মতো ব্যবহার করছে না । সিদ্ধার্থ ওকে নিজের কাছে আটকে রাখতে চাইছে কিন্তু আরেকজন ও ওকে এভাবে নিজের কাছে আটকে রাখতে চাইতো কিন্তু সেটা ভালোবাসা দিয়ে নয় বন্দি করতে চেয়েছিল সে নিজের কাছে কিন্তু সিদ্ধার্থ ওকে ভালোবাসা

দিয়ে নিজের কাছে আটকে রাখতে চাইছে ।

প্রকৃতি সিদ্ধার্থ এর কথার কোনো কিছু বলল না শুধু মুখটা নামিয়ে নিয়ে সিদ্ধার্থ এর দিকে দুই কদম এগিয়ে গিয়ে ওকে শক্ত করে জড়িয়ে ধরলো । প্রকৃতি কে এভাবে জড়িয়ে ধরতে সিদ্ধার্থ খুব অবাক হয়েছিল কিন্তু কোনো রেসপন্স করলো না চুপচাপ দাঁড়িয়ে থাকলো খুব কষ্ট হচ্ছে ওর ক্ষনিকের জন্য মনে হয়েছিল প্রকৃতিকে আর পাবে না । প্রকৃতিকে ও খুব ভালোবাসে হারাতে দিতে চাই না একদম ... যদি প্রকৃতি হারিয়ে যায় তাহলে ও কি করবে জানে না ও ? ও নিজে খুবেই প্র‍্যাকটিক্যাল মানুষ ভালোবাসার হারিয়ে গেলে মারা যাবে না এটা জানে ও বেঁচেই থাকবে আর ওর জীবনটাও না থেমে এগিয়ে যাবে যাবে তবে হয়তো মনটা থেমে যাবে সারাজীবনের জন্য । পুরো প্রকৃতিটাই যেন ওর অভ্যাসে দাঁড়িয়ে গেছে এই অভ্যাসটা থেকে আজীবন ।

" আমি আর কখনো এমন করবো না সিদ্ধার্থ বাবু , তোমাকে ছেড়ে কোথায় কখনো যাবো না " প্রকৃতি সিদ্ধার্থ এর বুকে মুখ গুজেই বলল । শক্ত করে ওর গলাটা ধরে রেখেছে ।

প্রকৃতির কথা শুনে সিদ্ধার্থ রাগটাকে কমাতে চেষ্টা করলো একটা দীর্ঘশ্বাস ফেলে প্রকৃতির মাথায় হাত বুলিয়ে বলল " শোবে চলো "

" না আমি যাবো না আগে আপনি রাগ কমান " প্রকৃতি সিদ্ধার্থ এর বুকে মুখ গুজেই দুই দিকে মাথা নাড়লো । এতে সিদ্ধার্থ এর বুকের সাথে প্রকৃতির নাক ঘসা খেতে লাগলো । প্রকৃতির এই স্পর্শটা যেন সিদ্ধার্থ এর রাগটা কে মুহূর্তেই কমিয়ে দিল মুখে

মুচকি হাঁসি ফুটে উঠলো। মেয়েটার উপর যতই রাগ করুক না কেন বেশিক্ষণ রেগে থাকা যায় না ।

এবার সিদ্ধার্থ প্রকৃতিকে শক্ত করে জড়িয়ে ধরে বলল " ঘুমাবে চলো প্রকৃতি , কাল কতো কাজ আছে আমার .... আবার পরশু বাড়িও যেতে হবে তাই না "

" হুম "

" তাহলে চলো "

" হুম "

" কি হলো চলো ?"

" হুম "

" প্রকৃতি তোমাকে শুতে যেতে বলছি আর তুমি হুম হুম করছো ?" এতক্ষন সিদ্ধার্থ একটা কথাও প্রকৃতি শোনেনি , সিদ্ধার্থ ওর বুকে প্রকৃতির মুখটা তুলে ধরে বলল । সিদ্ধার্থ এর বুকে মাথা রেখে খুব ভালো লাগছিল অনেকদিন পর সিদ্ধার্থ কে জড়িয়ে ধরলো । এতদিন পড়াশোনার চাপে কোনোদিকে তাকানোর সময় পর্যন্ত পায়নি আর সিদ্ধার্থ ও কখনো ওর কাছে আসেনি , বরং পড়তে পড়তে ঘুমিয়ে পড়লে ওকে প্রতিদিন কোলে করে বিছানায় শুইয়ে দিয়েছে যত্নকরে কিন্তু কখনো নিজের অধিকার চাইনি ।

" কিছু না , জানো এতদিন পর তোমাকে জড়িয়ে ধরলাম খুব শান্তি লাগছিল আমার " মুচকি হেসে প্রকৃতি বলে উঠলো । প্রকৃতির কথায় সিদ্ধার্থ ও হাসলো তারপর গালে হাত রেখে বলল " চলো "

প্রকৃতি বিছানায় শুয়ে শুয়ে সিদ্ধার্থ এর দিকে তাকিয়ে আছে । মানুষটা বিনা স্বার্থে ওর এতো খেয়াল রাখে কিন্তু কোন দিন ওর কাছে কিছুই আশা করে না । ও তো নিজেও জানে না ও মানুষটাকে ভালোবাসে কিনা তবে এই মানুষটা ওর জীবনে খুব স্পেশাল ।

সিদ্ধার্থ ঘুমন্ত মুখটার দিকে কিছুক্ষন চেয়ে থেকে ওর দিকে কিছুটা সরে এলো বাইরে তখনো ঝমঝম করে বৃষ্টি পড়ছে , এখন বোধহয় বৃষ্টির গতি আরো বেড়ে গেছে । প্রকৃতি সিদ্ধার্থ এর দিকে সরে এসে ওর গালে হাত রাখলো তারপর আধশোয়া করে উঠে টুপ করে সিদ্ধার্থ এর গালে একটা চুমু খেয়ে নিল ।

নিজের কাজ করে সিদ্ধার্থ এর কাছ থেকে সরে আসতে যাবে তার আগেই সিদ্ধার্থ ওকে ধরে বিছানায় শুইয়ে ওর উপর চড়া হয়ে শুলো ।

সিদ্ধার্থ কে জেগে থাকতে দেখে প্রকৃতি অবাক হয়ে গেছে । ইস্ লোকটা জেগে ছিল এতক্ষন আর কিনা ভাবছিল ঘুমিয়ে পড়েছে তাই তো ওকে চুমু খেল নাহলে কখনো চুমু খাওয়ার কথা কল্পনাও করেনি ।

" বটে রাতের আধারে আমাকে কিস কথা হচ্ছে " মুচকি হেসে সিদ্ধার্থ বলে উঠলো প্রকৃতির এই লজ্জিত মুখটা দেখতে খুব ভালো লাগে ওর তাই তো বারবার জেনে শুনে লজ্জা দেয়।

সিদ্ধার্থ এর কথায় প্রকৃতি আরো বেশি লজ্জায় কুকড়ে গেল ।

" তুমি আমাকে কিস করেছো এবার কিন্তু আমি করবো " বলেই সিদ্ধার্থ প্রকৃতির আরেকটা কাছে এসে ওর কপালে নিজের কপালটা ঠেকালো । সিদ্ধার্থ এর এতো কাছে আসায় প্রকৃতি অবাক হয়ে ওর দিকে তাকালো দম বন্ধ হয়ে আসছে শ্বাসগতি বেড়ে গেছে কিন্তু সিদ্ধার্থ ওর কাছ থেকে দূরে যাচ্ছে না ।

" ছাড়ো আমাকে , কেমন যেন লাগছে আমার " প্রকৃতি সিদ্ধার্থ কে দূরে সরিয়ে দেবার চেষ্টা করলো কিন্তু পারলো না ।

" কেমন লাগছে ?" সিদ্ধার্থ আরেকটু কাছে গেল প্রকৃতির ।

" জানি না তবে অস্বস্তি লাগছে "

" আচ্ছা " বলে সিদ্ধার্থ ওর গালে কপালে ঠোটে কিস করে ঘাড়ে নিজের মুখটা ডুবিয়ে দিল । প্রকৃতির এতটা কাছে প্রথম সিদ্ধার্থ এলো আর প্রকৃতি পুরো জমে আছে । কি থেকে কি হয়ে গেল বুঝতেই পারলো না ।

ঘুমিয়ে পড়ো তুমি .... আমি কিছুই করবো না .... ভালোবাসি তোমাকে কখনোই সেটার অসম্মান করবো না ..... আমাদের এই সংসার গড়ে উঠেছে আস্তে আস্তে ..... তুমি আমার স্ত্রী আমার পরিনীতা ..... তোমার সমস্ত স্বপ্ন ইচ্ছে আমার ও স্বপ্ন .....তাই সেগুলো আগে পূরন হোক .... তাছাড়া তুমি নিজেকে চিনতে শেখো .... নিজেকে বুঝতে শেখো ..... নিজের মনের কথা বোঝো .....

ততদিন না হয় আমি অপেক্ষা করবো ......

কথাগুলো সিদ্ধার্থ প্রকৃতির কপালে কপাল ঠেকিয়ে বলে ওর পাশে শুয়ে পড়লো । আর প্রকৃতি যেন এখনো সিদ্ধার্থ এর বুকের সাথে মিশে আছে ছাড়তে ইচ্ছে করছে না এই মানুষটা ওকে এতটা বোঝে কেন ?

চা বাগানে সিদ্ধার্থ সোহিনী ইন্ড্রাস্ট্রিজের সাথে কথা বলছে নিজের চা বাগান ঘুরিয়ে দেখাচ্ছে । সোহিনী ইন্ড্রাস্ট্রিজ এর মালিক সোহেল চৌধুরী সিদ্ধার্থ এর চায়ের প্রোডাক্ট দেখে খুশি হয়েছেন আর ডিলটা করতে চেয়েছেন ।

প্রকৃতি আজ অনেক দিন পর এখানে এসেছে চা বাগানের শ্রমিকদের সাথে গল্প করছে কথা বলছে । অবশ্য গল্প করছে বললে ভুল হবে ও নিজেই বকবক করে যাচ্ছে শ্রমিকদের কথা বলার সুযোগ দিচ্ছে কোই ?

" তাহলে স্যার এদিকে কাজ হয়ে গেল আমার বাড়িতে চলুন দুপুর তো হয়ে গেছে লাঞ্চ আমার বাড়িতেই করুন না হয় "

সিদ্ধার্থ এর কথা শুনে সোহেল চৌধুরী ওর দিকে তাকালো । হালকা হেসে বলল

" না না ঠিক আছে আমি হোটেলে লাঞ্চ সেরে নেবো "

" তা বললে কি করে হয়? আপনি আমাদের গেস্ট , তাই আপনার কোনো কথা শুনবো না " সৌজন্যতার হাসি দিয়ে সিদ্ধার্থ বলে উঠলো । দুপুর দুটো বাজে আশে পাশে কোথায় কোনো রেস্টুরেন্ট নেই তাই সিদ্ধার্থ আগে থেকেই সব কিছু রেডি করে রেখেছিল । সিদ্ধার্থ এর এতো জোর করাতে সোহেল চৌধুরী আর না করতে পারলেন না মুচকি হাসি দিয়ে সম্মতি জানালেন।

" ওকে স্যার আপনি একটু গাড়িতে গিয়ে বসুন আমি আমার মিসেস কে আসতে বলি "

" আপনার মিসেস এখানে এসেছেন নাকি ?"

" হ্যা স্যার আসলে অনেক দিন কোথায় বেরোয়না তাই এসেছে এদিকে , আসলে এই প্রাকৃতিক পরিবেশ ও খুব ভালোবাসে তাই "

" ওকে ঠিক আছে আমি গাড়িতে ওয়েট করছি "

সিদ্ধার্থ সোহেল চৌধুরীর কাছ থেকে বিদায় নিয়ে প্রকৃতির কাছে এলো । এখানে এসে দেখে প্রকৃতি ওখানের ছোট বাচ্চাদের সাথে গল্পে মেতে আছে । ওর সঙ্গে অনেক সমবয়সি ও আছে তারাও গল্প করছে কাজ ছেড়ে । কাজ ছেড়ে এভাবে গল্প করাতে সিদ্ধার্থ এর বেশ রাগ হলো গম্ভীর স্বরে প্রকৃতির পেছনে গিয়ে বলে উঠলো " প্রকৃতি ?"
সিদ্ধার্থ এর এরকম গুরুগম্ভীর স্বর শুনে প্রকৃতি হাসি মুখেই পেছনে

ফিরলো কিন্তু সিদ্ধার্থ এর এই গাম্ভীর্যের কারন বুঝতে পারলো না ।

" কিছু বলবে তুমি ? জানো এরা কতো ভালো আমি অনেক দিন পর এতো কথা বললাম যদিও আমি বেশি কথা বলিনি ওরাই বেশি কথা বলেছে তাও খুব ভালো লাগলো ।

ওরা তো আমার খুব ভালো বন্ধু হয়ে গেছে ,

তোমার কাজ শেষ ? ওনারা চলে গেছেন ?

এখন গেল নাকি ? দুপুরে যেতে দিলে কেন ? "

সিদ্ধার্থ প্রকৃতির এত প্রশ্নের উত্তর কিভাবে দেবে বুঝতে না পেরে হতভম্ব হয়ে দাঁড়িয়ে আছে। মেয়েটা এতো বেশি কথা বলে কেন ? আর একদমে পুরো বলে যায় ... আচ্ছা এতক্ষন শ্বাস ধরে রাখে কিভাবে ?

" আস্তে প্রকৃতি ... একটা একটা করে বলো .... আমি তোমাকে সেই জন্যেই ডাকতে এলাম বাড়ি যাবো বলে .... ওনারা লাঞ্চ আমাদের বাড়িতেই করবে "

" ওহ তাহলে চলুন এখানে দাড়িয়ে আছেন কেন ? আমি তোমার স্ত্রী ... আমাকেই তো আপ্যায়ন করতে হবে ওদের .... নাহলে এখনি তোমার বদনাম হবে ..... চলো চলো ..... তুমি না কি ? এখানে দাড়িয়ে থেকে ফালতু সময় নষ্ট করছো "

বলেই প্রকৃতি ওখানের বাচ্চাদের আদর করে দিয়ে নিজের শাড়িটার কুচিটা সামান্য তুলে সামনের দিকে এগিয়ে গেল আর সিদ্ধার্থ এখনো হতভম্ব ভাবটা কাটিয়ে উঠতেই পারেনি সিরিয়াসলি মেয়েটা এমন কেন ? সিদ্ধার্থ একটা দীর্ঘশ্বাস ফেলে প্রকৃতির পেছনে গেল না এই মেয়ের সাথে ও কখনোই পারবে না সেটা

ভালোই বুঝতে পেরেছে তাই চুপ করে থাকায় শ্রেয় ।

বাড়িতে এসে সিদ্ধার্থ সোহেল চৌধুরী কে একটা রুম দেখিয়ে দিয়ে ফ্রেশ হয়ে নিতে বলল । প্রকৃতির সাথে এখনো সোহেল চৌধুরীর দেখা হয়নি ।

সিদ্ধার্থ রুমে এসে দেখে প্রকৃতি শাড়ি চেঞ্জ করছে আর দরজা লাগায়নি । সিদ্ধার্থ কে হটাৎ রুমে প্রবেশ করতে দেখে প্রকৃতি তাড়াতাড়ি শাড়ির আঁচলটা তুলে নিল ততক্ষণে পুরো শাড়িটা অবশ্য খুলে ফেলেছিল । আজ প্রথম এমন ঘটনা ঘটল কারন এতদিন বাড়িতে কেউ না থাকায় সিদ্ধার্থ অন্য রুমে চেঞ্জ করে নিত।

প্রকৃতিকে এই অবস্থায় দেখে সিদ্ধার্থ একদম স্থির হয়ে গেল আর প্রকৃতি লজ্জায় নিজেকে গুটিয়ে নিয়েছে কিই বা বলবে ওরেই তো দোষ দরজা লাগানো উচিত ছিল । একেই শাড়ি পরতে ঠিক মতো জানেন না ইউ টিউব দেখে শাড়িটা পরেছিল তার সঙ্গে কম করে পনেরোটা সেফটিপিন আটা ছিল এখন সেগুলো খুলতেই দম বেরিয়ে যাচ্ছে আর এমন পরিস্থিতি ....

সিদ্ধার্থ প্রকৃতির দিকে কিছুক্ষন তাকিয়ে থেকে ওয়াশরুমে চলে যাচ্ছিল কিন্তু প্রকৃতির আহ্ শব্দ শুনে থেমে গেল । প্রকৃতি কোমরের কাছে শাড়িটা একটা সেফটিপিন দিয়ে আটকে রেখেছিল সেটাই খুলে গিয়ে কোমরে ঢুকে গেছে আর রক্ত বেরোচ্ছে । প্রকৃতির চিৎকার শুনে সিদ্ধার্থ তাড়াতাড়ি পেছনে ফিরে ওর কাছে এসে বলল " কি হয়েছে চিৎকার করলে কেন ?"

" আসলে ... আসলে সেফটিপিন ব্যাথা করছে খুব " সেফটিপিন টা

পুরো পেটের একসাইডে ঢুকে যাওয়ায় ব্যাথায় ঠিক মতো কথাও বেরোচ্ছে না । কিন্তু প্রকৃতির কথা সিদ্ধার্থ পুরোটা বুঝতে পেরে শাড়ির আঁচলটা প্রকৃতির হাত ফেলে দিয়ে কাঁধটা দেখে বলল " কোথায় সেফটিপিন ঢুকেছে ?"

" ওখানে না সিদ্ধার্থ কোমরে , পুরো ঢুকে গেছে "

" কিই? ওখানে কেন সেফটিপিন আটকাতে গেলে ?" সিদ্ধার্থ হাঁটু ভাঁজ করে ফ্লোরে বসে প্রকৃতির কোমরে হাত দিল । দেখলো সত্যিই সেফটিপিন টা ঢুকে গেছে রক্ত বেরোচ্ছে ।

" শাড়ি পরতে জানো না পরতে গেছিলে কেন ? তাছাড়া যদি পরতে এতোই ইচ্ছে হয়েছিল তাহলে আমাকে বলতে মিনুদি কে বলতে পরিয়ে দিতো " বলেই সিদ্ধার্থ প্রকৃতির দিকে তাকালো দেখলো ব্যাথায় চোখ দুটো বন্ধ করে রেখেছে অনবরত সেই চোখ দিয়ে জল গড়িয়ে পড়ছে । আজ এতদিন ওর সাথে আছে প্রকৃতিকে একদিনের জন্যেও কাঁদতে দেখেনি না জানি মেয়েটা কতটা ব্যাথা পেয়েছে ভেবেই সিদ্ধার্থ তাড়াতাড়ি প্রকৃতির কোমর থেকে সেফটিপিন টা টেনে বের করে আনলো । ব্যাথায় প্রকৃতি কুকড়ে গিয়ে সিদ্ধার্থ এর কাধটা শক্ত করে জড়িয়ে ধরলো । এতে যেন ওরা দুইজনে ই আরো কাছাকাছি চলে এলো । সিদ্ধার্থ এর গরম শ্বাস প্রকৃতির পুরো কোমরে পড়তে লাগলো এতে প্রকৃতি বারবার যেন শিহরিত হতে লাগলো । প্রকৃতিকে এতো কাছে পেয়ে সিদ্ধার্থ এর খুব ইচ্ছে হলো প্রকৃতিকে ছুঁয়ে দেবার কিন্তু পরক্ষনেই নিজের ইচ্ছা ত্যাগ করে শাড়িটা পুরো খুলে দিয়ে একটা কুর্তি পাটিয়ালা এনে ওর সামনে রেখে বলল " আস্তে আস্তে চেঞ্জ করে

নাও .... পারবে তো ?"

প্রকৃতি সিদ্ধার্থ এর কথা শুনে আস্তে আস্তে মাথা নাড়িয়ে ওয়াশরুমে গেল এর মধ্যে সিদ্ধার্থ অন্য একটা রুম থেকে ফ্রেশ হয়ে এসে বিছানায় একটা মহলম হাতে নিয়ে বসলো । প্রকৃতির জন্য মাঝে মধ্যে ওর খুব চিন্তা হয় মেয়েটা সবসময় ঝামেলার সাথে জড়িত কে জানে কখন কি ঘটে যায় ? প্রকৃতির কতটা রক্ত বেরিয়ে গেছে ভেবেই ওর খুব কষ্ট লাগছে মেয়েটা কেঁদে কেঁদে চোখ দুটো ও ফুলিয়ে ফেলেছিল ।

প্রকৃতি ওয়াশরুম থেকে বেরিয়ে এসে দেখলো সিদ্ধার্থ বিছানায় বসে আছে । ও আস্তে আস্তে সিদ্ধার্থ কাছে এলো । হাঁটতেও কষ্ট হচ্ছে কোমরে ব্যাথা লাগছে খুব ।

সিদ্ধার্থ প্রকৃতিকে দেখে ওকে বিছানার উপর হেলান দিয়ে বসালো তারপর গম্ভীর স্বরে বলে উঠলো " আর কখনো শাড়ি পরতে হবে না তোমায় , তুমি যেটাও কম্পফরটেবল সেটাতেই থাকবে "

" কিছু তো হয়নি সিদ্ধার্থ তাহলে কেন শাড়ি পরতে পারবো না , আমার ভালোই লাগে শাড়ি পরতে , প্লিজ এমন করো না "

সিদ্ধার্থ প্রকৃতির জামাটা তুলে কেটে যাওয়া অংশটা দেখলো এখনো রক্ত বেরোচ্ছে । ও তাড়াতাড়ি কিছু টা তুলো দিয়ে রক্তটা মুছে মহলমটা লাগিয়ে দিয়ে প্রকৃতির কথা শুনে গম্ভীর স্বরে বলল " একদম না , না মানে না ... তুমি বোঝো না আমায় কতটা তোমাকে ভালোবাসি .... তোমার এতটা কষ্টে আমার ও তো খুব কষ্ট হয় তাহলে কেন মিছে মিছে নিজেকে কষ্ট দাও " কথা বলার সময় সিদ্ধার্থ এর স্বরটা একটা কেপে উঠেছিল প্রকৃতির ওই চোখে

ভাসা ভাসা জলটা দেখতে যেন খুব কষ্ট হচ্ছিল ।

" দাদাবাবু খাবার রেডি , উনি এসে গেছেন আপনারাও আসুন "
নয়ন সিদ্ধার্থ এর রুমে এসে নক করলো ।

" আচ্ছা তুই যা আমি আসছি আর তোর বউমনির খাবারটা রুমে
দিয়ে যা "

" ঠিক আছে দাদাবাবু " বলেই নয়ন চলে গেল ।

" এটা কি হলো ? আমি নীচেই খাবো ..... "

" একদম না , চুপচাপ এখানে বসে থাকো "

" এটা ঠিক নয় সিদ্ধার্থ .... নীচে গেস্ট বসে আছেন আর আমি না
থাকলে খারাপ দেখায় প্লিজ বোঝার চেষ্টা করুন ... আমার কিছু
হয়নি , মেডিক্যালের স্টুডেন্ট আমি সিদ্ধার্থ ..... প্রয়োজন নেই
আমাদের অনেক কিছুই করতে হয় আর এটাতো সামান্য "

" তাও তোমাকে যেতে হবে না উনি কিছু মনে করবেন না "

" না আমি যাবোই ... আরে বাবা আমি মোমের পুতুল নই কিছু
হবে না আমার .... হ্যা সামান্য ব্যাথা করবে তবে ব্যাথা এটুকু সহ্য
না করলে শক্ত হবো কি করে ? মেয়েরা তো অনেক সময় এর
থেকে ও বেশি ব্যাথা সহ্য করে তাই না সিদ্ধার্থ ?"

প্রকৃতি এরকম কথা শুনে সিদ্ধার্থ আর কিছু বলতে পারলো না শুধুই বুঝতে পারছে কোন প্রকৃতিটা আসল যে সবসময় বাচ্চামি করে ওর কাছে থাকে নাকি এখনকার প্রকৃতি .... এক এক সময় প্রকৃতি হটাৎ করে বদলে যায় কিভাবে সেটাই বুঝতে পারে না তবে এটুকু জানে ওর প্রকৃতি বিরাট স্ট্রং .... হয়তো কিছুটা সময়, কিছুটা পরিস্থিতি ওর এই পরিবর্তনের কারন শুধু হয়তো একটা শক্ত হাতের প্রয়োজন ছিল কিন্তু এখন মনে হয় সেটাও পেয়ে গেছে .... এইসব ভেবে সিদ্ধার্থ একটা দীর্ঘশ্বাস ফেলে বলল " ওকে চলো তবে সাবধানে থাকবে "

সিদ্ধার্থ এর হাতটা ধরে প্রকৃতি আস্তে আস্তে নিচে নেমে এলো কোমরে একটু তো চাপ লাগছে তাও সেটাকে পাত্তা দিচ্ছে না । ওর জীবনটা যে আরো জটিল আরো কঠিন তাই মনটার সাথে সাথে নিজেকেও শক্ত হতে হবে ।

প্রকৃতি নীচে এসে দেখে মিনু দি টেবিলে খাবার সাজাচ্ছে আর নয়ন ওর মাকে হেল্প করছে । আশেপাশে তাকিয়ে দেখলো সোফায় একজন বছর বাহান্ন তিপ্পান্নর লোক বসে আছে। প্রকৃতি ভাবলো এই হয়তো সোহেল চৌধুরী । সিদ্ধার্থ প্রকৃতিকে চেয়ারে বসিয়ে দিয়ে সোহেল চৌধুরীর কাছে গিয়ে বলল " স্যার চলুন "
" ওকে " বলে সোহেল চৌধুরী হেসে সোফা থেকে উঠে ডাইনিং টেবিলে একটা চেয়ারে বসে পড়লো । প্রকৃতি সোহেল চৌধুরী কে দেখে একটু ভ্রু কুচকালো , কেমন যেন চেনা চেনা লাগছে

লোকটাকে , আগে কি কোথাও দেখেছে ? মনে পড়ছে না তো তবে হৃদয়ের কোনে একটা আবছা স্মৃতি ভেসে আসছে কে এই লোকটা ? হয়তো কোথাও দেখেছে মনে নেই ? পৃথিবীতে অনেক মানুষকেই তো দেখছে তাদের কি মনে রাখা সম্ভব হয়তো এই লোকটাও তেমনি হবে ।

" স্যার মাই ওয়াইফ প্রকৃতি " বলেই সিদ্ধার্থ সোহেল চৌধুরী কে প্রকৃতির দিকে ইশারা করলো । এতক্ষন সোহেল চৌধুরী পকৃতিকে দেখেনি তবে এখন দেখে যেন চমকে উঠলো । প্রকৃতির মুখটা ওনার খুব চেনা চেনা লাগছে কিন্তু কোথায় দেখেছে মনে করতে পারলোনা । প্রকৃতি সোহেল চৌধুরীর দিকে তাকিয়ে একটা সৌজন্য মূলক হাসি দিল বিনিময়ে সোহেল চৌধুরী ও তাই করলো কিন্তু মনের মধ্যে যেন একটা খটকা থেকেই গেল ।

" সিদ্ধার্থ দেখো দেখো .... বৃষ্টি পড়ছে ... জানো আমার না এই বর্ষাকাল আর শীতকাল খুব প্রিয় ... জানি না কেন এতো মুগ্ধতা অনুভব করি কিন্তু খুব ভালো লাগে ...... আচ্ছা তোমার কোন ঋতুটা পছন্দ ? নিশ্চয়ই গ্রীষ্মকাল !! কারন তুমি তো গ্রীষ্মের মতোই গম্ভীর আর গোমড়ামুখো ..... দাঁত বের করে কখনো হাসতে

জানো না । আচ্ছা তোমার কি বত্রিশটা দাত নেই সামনের কিছু দাঁত ঝরে গেছে তাই তুমি লোককে দেখাতে চাও না । "

একনিঃশ্বাসে সব কথা বলে প্রকৃতি ভাবুক দৃষ্টিতে গালে হাত দিয়ে সিদ্ধার্থ এর দিকে তাকালো ।

আর সিদ্ধার্থ .... সে এখনো গম্ভীর হতবাক হয়ে প্রকৃতি এর দিকে তাকিয়ে আছে , সত্যিই কি গাম্ভীর্য ধরে রেখেছে নাকি গম্ভীর হবার ভান করছে ?

হয়তো বা ভাবছে সত্যিই মেয়েটা পারেও বটে সবসময় ওকে নিয়ে রিসার্চ করেই চলেছে .... আচ্ছা ও কি করবে যদি ও গম্ভীর হয়ে ? ও কি একদম সত্যিই হাসে না ? হাসে তো বরং মেয়েটা ওর জীবনে আসার পর থেকে থেকে ঠোঁটের কোনে হাসি টা সবসময় লেগেই থাকে ।

" ওই দেখো .... আবার তুমি চুপচাপ .... কপাল তোমাকে নিয়ে কি করবো বলতো ? হাসতে পারো না ? দেখো আমি তো সবসময় হাসি .... জানো হাসিখুশি থাকলে শরীর ভালো থাকে । আচ্ছা তুমি তো আমার প্রশ্নের উত্তর দিলে না ? কি ঋতু পছন্দ তোমার ?"

আবার একসাথে এতো প্রশ্ন ? সিদ্ধার্থ একটা দীর্ঘশ্বাস ফেলে প্রকৃতির হাতটা ধরে নিয়ে বেলকনিতে এলো । বেলকনিতে থাকা

বিছানাটাই ওকে বসিয়ে দিয়ে নিজেও প্রকৃতির পাশে বসলো ।

" এতো বকবক কি করে তুমি ? "

" এতো জানি না কিন্তু আমি কোথায় বকবক করি ? কতো কম কথা বলি , তুমি তো খুব খারাপ .... খালি আমাকে বলো বকবক করি ? কিন্তু তুমি আমার প্রশ্নের উত্তর দাও না কখনো " বলেই গাল দুটো ফুলিয়ে বাইরের দিকে তাকালো ।

সিদ্ধার্থ প্রকৃতির এভাবে গাল ফোলানো দেখে এবার জোরে জোরে হেসে উঠলো অনেকক্ষণ থেকে হাসিটা চেপে রেখেছিল কিন্তু এখন আর পারলো না ।

সিদ্ধার্থ প্রকৃতির গালে হাত দিয়ে হাসতে হাসতে বলল " সত্যিই তুমি সব থেকে আলাদা "

" তুমি জানো তোমার এই বকবক করাকেই আমি সব থেকে বেশি পছন্দ করি , দিনদিন তোমার উপরেই নির্ভর হয়ে যাচ্ছি আমি .... তুমি আমাকে এতো ভালো বোঝো কেন ? সত্যিই আমার গ্রীষ্ম ঋতু পছন্দ কারন গ্রীষ্ম ঋতুতে হটাৎ হটাৎ সব কিছু হয় আমার এই জিনিসটাই সব থেকে বেশি টানে .... তোমার আমার আকাশ পাতাল তফাৎ তাও আমি তোমাকেই ভালোবাসি " বলেই সিদ্ধার্থ হাসতে হাসতে প্রকৃতিকে জড়িয়ে ধরলো । সিদ্ধার্থ এর কথা শুনে প্রকৃতির মুখেও হাসির রেখা ফুটে উঠেছে পরম আবেশে ওর বুকে মাথাটা এলিয়ে দিল ।

বাইরে বৃষ্টির ঝমঝম আওয়াজ আর ব্যাঙের ডাক যেন পরিবেশটাকে আরো মনোরম করে তুলছে । পাতার উপর জলের টুপ টুপ আওয়াজ এটা আরো সুন্দর । আর মেঘটাও যেন সিদ্ধার্থ

প্রকৃতির এই পরিস্থিতি বুঝতে পেরে জোরে ডেকে উঠলো । একটা আলোর ঝিলিক যেন পুরো জায়গাটা আলোকিত করে তুললো । এতো জোরে শব্দ শুনে প্রকৃতি আনন্দ পেল আবার ভয় ও পেল । ভয়ে সিদ্ধার্থ কে আরো শক্ত করে জড়িয়ে ধরে গুটিসুটি মেরে বসে রইলো সিদ্ধার্থ এর বুকের সাথে মিশে । বেলকনির জানালা টা লাগানো আছে তাই রক্ষে না হলে হয়তো ওদের এতক্ষনে ভিজিয়ে দিয়ে চলে যেতো ।

সিদ্ধার্থ প্রকৃতিকে জড়িয়ে ধরেই ওই বিছানায় শুয়ে পড়লো । ওয়ান বেড তাই দুইজনের শুতে অসুবিধা হবার কথা কিন্তু প্রকৃতি সিদ্ধার্থ তে এমন ভাবে মিশে আছে যে বিছানাটাই এখনো জায়গা বেছে আছে ।

" আচ্ছা কাল সকালের দিকে তো ট্রেন ?
আচ্ছা বাসে গেলে হতো না ?
আগের বার কি সুন্দর বাসে গেছিলাম তুমি আমি .... যদিও তখন অপরিচিত ছিলাম কিন্তু এবারে তো পরিচিত তুমি আছো তাহলে চলো না " প্রকৃতি সিদ্ধার্থ এর বুক থেকে মাথাটা তুলে নিয়ে বলল ।

" না প্রকৃতি অন্যবারে যাবো এবারে ট্রেনেই যায় আমরা ... তুমি তো জানো আমার কাজ পড়ে গেছে .... তোমার পরীক্ষা হয়ে গেছে বলেই বাড়ি যাচ্ছি নাহলে এখন বাড়ি যেতাম না " সিদ্ধার্থ প্রকৃতির গালে হাত বুলিয়ে মুচকি হেসে বলল ।

" আচ্ছা ঠিক আছে কিন্তু পরের বার বাসে যাবো বলে দিলাম , আগের বার বাড়ি গেলে তখনো সেই একি কথা বলে কাটিয়ে দিয়েছো এবারে যদি কথা না রাখো তো তাহলে তোমার সাথে কথা বলবো না " বলেই প্রকৃতি রাগ করে সিদ্ধার্থ এর বুকেই মুখ গুজে দিল । প্রকৃতির এরকম বাচ্চামো দেখে সিদ্ধার্থ মনে মনে হেসে উঠলো।

একটুকু ছোঁয়া লাগে, একটুকু কথা শুনি

তাই দিয়ে মনে মনে রচি মম ফাল্গুনী।

একটুকু ছোঁয়া লাগে একটুকু কথা শুনি।

কিছু পলাশের নেশা, কিছু বা চাঁপায় মেশা

কিছু পলাশের নেশা, কিছু বা চাঁপায় মেশা

তাই দিয়ে সুরে সুরে, রঙে রসে জাল বুনি

তাই দিয়ে সুরে সুরে, রঙে রসে জাল বুনি

রচি মম ফাল্গুনি।

একটুকু ছোঁয়া লাগে একটুকু কথা শুনি।

গানের এই কটা কলি আপন মনেই সিদ্ধার্থ গেয়ে উঠলো। প্রকৃতি প্রথমে সিদ্ধার্থ এর কণ্ঠে গান শুনে অবাক হয়েছিল কিন্তু পরে উপভোগ করতে লাগলো গানের লাইন গুলো কে । সিদ্ধার্থ এর এতো সুন্দর কণ্ঠস্বর হয়তো নিজের কানে না শুনলে বিশ্বাসেই

করতো না।

" উফ্ কতদিন পর বাড়ি যাচ্ছি প্রায় তিনমাস , কখনো এতদিন পর বাড়ি যায়নি ..... জানো আমার এতো আনন্দ হচ্ছে মনে হচ্ছে প্রানপাখিটা ফিরে এলো " ট্রেনের সিটে হেলান দিয়ে বসার পর প্রকৃতি কথা গুলো বলে উঠলো। প্রকৃতির কথা শুনে সিদ্ধার্থ কিছু বলল না শুধুই হাসলো । আজ ওরা বাড়ি যাচ্ছে প্রথমে প্রকৃতির বাড়ি যাবে তারপর সিদ্ধার্থ নিজের বাড়ি যাবে ।

ট্রেনটা চলছে আপন গতীতে কতো নতুন নতুন মানুষ যাওয়া আসা করছে । বিকেল তো তাই কেউ ঘুমিয়ে আছে আবার কোনো নতুন সদ্য বিবাহিত দম্পতি নিজেদের মতো সময় কাটাতে ব্যস্ত আবার কেউ বাচ্চা নিয়ে ব্যস্ত । প্রকৃতি চারিদিকে তাকাচ্ছে বেশ ভালো লাগছে ওর । অনেকক্ষণ থেকেই ও দেখছে সামনে একটা বাচ্চা তার বাবার কোলে খেলছে হাসছে , বাচ্চাটা নিজের ছোট ছোট হাত পা বাবার সারা শরীরে বুলিয়ে দিচ্ছে পাশে মা মুচকি হাসছে বাবা মেয়ের খুনসুটি দেখে। এটা দেখে প্রকৃতির চোখ দুটো ছলছল করে উঠলো .... ওর ও তো ছোটবেলাটা এমন হতে পারতো কিন্তু কেন হয়নি ? খুব হিংসে হচ্ছে ওইটুকু বাচ্চাটার উপর .... কিছু পুরোনো ভয়ঙ্কর স্মৃতি মনের কোনে ভেসে আসছে পুরো শরীর যেন ঘামতে শুরু করেছে । কেন ও সব কিছু ভুলতে পারে না জানে না তবে সব কিছু ভুলে যেতে চাই , যেখানে মনের শান্তি নেই সেখানে হাজার কিছু পেলেও ভালো থাকা যায় না ।

প্রকৃতিকে একদৃষ্টিতে একদিকে তাকিয়ে থাকতে দেখে সিদ্ধার্থ ওর দিকে তাকালো এতক্ষন বাড়িতে কথা বলছিল। প্রকৃতিকে ঘামতে দেখে ফোনটা রেখে ওর হাতটা শক্ত করে ধরে বলল " কি হয়েছে ?"

সিদ্ধার্থ হাতের স্পর্শে প্রকৃতি একবার কেঁপে উঠলো ছলছল চোখে সিদ্ধার্থ এর দিকে তাকিয়ে ওর বুকে মাথা রাখলো কোনো কথা বলতে পারলো না হয়তো লুকাতে চাই নিজের চোখের জলটা সিদ্ধার্থ এর থেকে ।

সিদ্ধার্থ এর শার্টটা শক্ত করে হাতের মুঠোয় ধরে ওর বুকে মাথা রেখেই দুইদিকে মাথা নাড়লো বুঝিয়ে দিল কিছু হয়নি । কিন্তু সিদ্ধার্থ এর মন যেন মানতে চাইলো না , কিছু তো একটা হয়েছে নাহলে প্রকৃতি এরকম ভাবে চুপ করে যাবে না । কি এমন কারন যার জন্য প্রকৃতি কষ্ট পায় ? ও তো কিছুই জানে না আর না প্রকৃতি ওকে কখনো বলেছে । প্রকৃতিকে ও জোর করতে পারে কিন্তু করেনা কারন যেটা প্রকৃতি বলতে চাই না সেখানে ও জোর করে করবে টা কি ? সিদ্ধার্থ প্রকৃতির মাথায় হাত রেখে বলল " তাহলে কষ্ট পাচ্ছো কেন ?"

সিদ্ধার্থ এর কথা প্রকৃতির কর্ণগোচর হলেও কিছু বলল না । সিদ্ধার্থ একটা দীর্ঘশ্বাস ফেলে প্রকৃতির মাথায় হাত বুলিয়ে দিতে লাগলো ।

সন্ধ্যে নেমে গেছে । ট্রেনটা স্টেশনে এসে দাঁড়িয়েছে এখানে ট্রেনটা অনেকক্ষণ দাঁড়াবে । প্রকৃতি এখন অনেকটাই স্বাভাবিক হয়ে

গেছে । সিদ্ধার্থ প্রকৃতিকে নিয়ে ট্রেন থেকে নেমে এসেছে । এখানে অনেকেই কিছু কিছু খেয়ে নিচ্ছে রাতে তাছাড়া খাবার কোথায় পাবে ? একটা জায়গায় ঝালমুড়ি হচ্ছিল প্রকৃতি সেটা দেখতে পেয়ে বায়না ধরেছে খাবে বলে সিদ্ধার্থ ধমকেও কিছু লাভ পায়নি তাই কিনতে গেছে । প্রকৃতি এখন বাইরে দাঁড়িয়ে আছে ।

" এই নাও তোমার ঝালমুড়ি " সিদ্ধার্থ একটা ঠোঙায় করে ঝালমুড়ি এনে প্রকৃতির হাতে দিল । প্রকৃতি সেটা পেয়ে আনন্দে সিদ্ধার্থ এর হাত থেকে নিয়ে বলল " অনেক দিন পর খাবো জানো তুমি ? কত ভালো খেতে জানো তুমি ?"

প্রকৃতির আনন্দ দেখে সিদ্ধার্থ অবাক হয়ে গেছে । এই সামান্য ঝালমুড়ির জন্য প্রকৃতি এত খুশি .... অথচ এটা খেলে যে শরীর খারাপ করবে এটা ও জানে না ।

" আমার দিকে তাকিয়ে আছো কেন ? আমি কিন্তু আগেই বলে দিচ্ছি তোমাকে ভাগ দেবো না তুমি তো নিজের জন্য আনতে পারতে " প্রকৃতি অন্যদিকে ফিরে গিয়ে বলল ।

সিদ্ধার্থ প্রকৃতির কথা শুনে ভ্রু কুঁচকে ওর দিকে তাকালো কিন্তু প্রকৃতি কোনো ভ্রুক্ষেপ করলো না ।

" নাও নাও আমি খুব দয়ালু তাই তোমাকে ভাগ দিচ্ছি অন্যকেউ হলে দিতাম না হুহু ..... এখন বলো না যে তুমি খাবে না .... এতো সুস্বাদু খাবার তুমি কিন্তু পরে খুঁজলে পাবে না " বলেই প্রকৃতি

সিদ্ধার্থ এর দিকে ঠোঙাটা বাড়িয়ে দিল ।

সিদ্ধার্থ প্রকৃতির কথা শুনে কপালে দুই তিনটা ভাঁজ পড়ে গেল ।

" না আমি খাবো না তুমি খাও এগুলো "

" আরে দিচ্ছি তাও ফিরিয়ে দিচ্ছো .... আর কখনো তোমাকে কিছু দেবো না আমি দেখে নিও " বলেই প্রকৃতি আবার নিজের মতো খেতে শুরু করলো আর সিদ্ধার্থ প্রকৃতির দিকে তাকিয়ে একদৃষ্টিতে । মেয়েটা এমন কেন ? কখনো বাচ্চাদের মতো ব্যবহার আবার কখনো বড়োদের মতো , কখন কি মুখ থাকে সেটাই বুঝতে পারে না ।

স্টেশনে একটা বেঞ্চে সিদ্ধার্থ প্রকৃতি পাশাপাশি বসে আছে । সিদ্ধার্থ নিজের ফোনে ব্যস্ত আর প্রকৃতি খেতে .... এর মধ্যেই প্রকৃতির চোখ দুটো একদিকে চলে গেল । স্টেশনের ঝকঝকে আলোতে স্পষ্ট একটা মুখ দেখতে পাচ্ছে ও । ও চাইলেও এই মুখটাকে কখনো ভুলতে পারবে না কখনো না। প্রকৃতি একদৃষ্টিতে সেইদিকে তাকিয়ে আছে । আস্তে আস্তে কখন যে বসা থেকে উঠে দাঁড়িয়েছে বুঝতেই পারেনি , হাতে থাকা মুড়ির ঠোঙা টা কখন পড়ে গেছে , চোখ দুটো ছলছল করে উঠছে ক্রমশ , ঘৃণায় হাতের মুঠো শক্ত করে নিয়েছে । ফিরে যাচ্ছে বারবার অতীতে , এই লোকটার জন্য ওর জীবনে এতো সমস্যা যে সমস্যার সমাধান আজ পর্যন্ত করতে পারেনি । সামনে দুইপা এগোতে তার আগেই হটাৎ মাথাটা কেমন যেন ঘুরে উঠলো । পড়ে যাচ্ছিল কিন্তু দুটো শক্ত

হাত ওকে বুকের মধ্যে তাড়াতাড়ি জড়িয়ে নিল , জ্ঞান হারানোর পূর্ব মুহূর্তে শুনতে পেল একটা টেন ঢোকার হুইসেল , আধো আধো চোখে সিদ্ধার্থ মুখটা আবছা ভাবে দেখতে পেল আর মুখে বিড়বিড় করতে লাগলো শুধুই কোহিনুর ব্যানার্জী তারপর অজ্ঞান হয়ে গেল । কিন্তু প্রকৃতির মুখে বিড়বিড় করা নামটা সিদ্ধার্থ শুনতে পেল না। সিদ্ধার্থ ওকে তাড়াতাড়ি কোলে তুলে নিয়ে ট্রেনে উঠে বসলো হটাৎ করে প্রকৃতি অজ্ঞান হয়ে গেল কেমন করে বুঝতে পারলো না ।

সিদ্ধার্থ প্রকৃতির পুরো মুখে জল ছিটিয়ে ওর জ্ঞান ফেরানোর চেষ্টা করছে । সিদ্ধার্থ সবসময় শান্ত থাকে কখনোই অস্থির হয়ে যায় না কিন্তু আজ কেমন যেন নিজেকে অস্থির লাগছে প্রকৃতিকে অজ্ঞান হয়ে যেতে দেখে । তখন স্টেশনে প্রকৃতি বসে বসে থাকতে হটাৎ অমন অদ্ভুত ব্যবহার কেন করলো বুঝতে পারলো না । এতবার ও প্রকৃতিকে থাকলো কিন্তু প্রকৃতি একবারো ওকে সাড়া দিল না নিজের মনেই সামনে দিকে এগিয়ে যাচ্ছিল তাই তো উঠে প্রকৃতিকে ধরতে যাচ্ছিল কিন্তু তার আগেই তো অজ্ঞান হয়ে গেল ।

কিছুক্ষণ পর প্রকৃতির জ্ঞান ফিরলো কিন্তু স্থায়ী হলো না ওর দিকে একবার তাকিয়ে আবার অজ্ঞান হয়ে পড়লো । সিদ্ধার্থ বুঝতে পারছে না কি করবে ? এখানে ডাক্তার কোথায় পাবে ? ট্রেনটাও তো ছেড়ে দিয়েছে ..... প্রকৃতি তো সুস্থই ছিল তাহলে হটাৎ করে কি হয়ে গেল ? তখন সিদ্ধার্থ এর সামনে একজন ভদ্রলোক বসে ছিলেন তিনিই এগিয়ে এলেন প্রকৃতির অবস্থা দেখে। উনিও

একজন ডক্টর তাই সিদ্ধার্থ এর কোনো অসুবিধা হলো না । উনি দেখে সিদ্ধার্থ কে বললেন " উনি খুবই দূর্বল আর মানসিক ভাবে বিপর্যস্ত , আঘাত ও পেয়েছেন মানসিক ভাবে তাই শকটা সামলাতে না পেরে জ্ঞান হারিয়েছেন । চিন্তা করার কিছু নেই জ্ঞান ফিরে আসবে " ডক্টরের কথা শুনে সিদ্ধার্থ স্বস্তি ফেললেও পুরোপুরি নিশ্চিত হতে পারলো না। একরাশ চিন্তা চোখে নিয়ে প্রকৃতির দিকে তাকিয়ে থাকলো । এর মধ্যে ট্রেনটা বর্ধমানে ঢুকে গেছে তখন রাত দশটা বাজে । এবার নামতে হবে প্রকৃতির জ্ঞান নেই তাই ও নিজের লাগেজ গুলো নিয়ে কোনো মতে প্রকৃতিকে কোলে তুলে নিয়ে ট্রেনে থেকে নেমে এলো । ট্রেন থেকে নামতেই ওদের বাড়ির ড্রাইভারকে দেখে আরেকটু স্বস্তির নিঃশ্বাস ফেললো ।

গাড়িতে উঠে বসে প্রকৃতিকে ভালো করে জড়িয়ে নিল নিজের মধ্যে । এর মধ্যে আবার বৃষ্টি নামিয়ে দিয়েছে । এবার বৃষ্টি দেখে সিদ্ধার্থ খুব বিরক্ত হলো এমনিতে চিন্তাই মরে যাচ্ছে প্রকৃতির কি হলো ? আর এই অসময়ে বৃষ্টি , নিজের কষ্টটা প্রকাশ করতে না পেরে সেটা রাগে রূপান্তরিত হয়েছে আর সমস্ত রাগটা গিয়ে এই অসময়ে বৃষ্টিটার উপর পড়লো ।

এর মধ্যেই সিদ্ধার্থ লক্ষ্য করলো প্রকৃতির শরীর হালকা গরম লাগছে । ভালো করে লক্ষ্য করতে বুঝতে পারলো হালকা না বেশ গরম লাগছে এতক্ষন ও লক্ষ্যই করেনি চিন্তাই । এবার নিজের উপরেই রাগ হতে লাগলো কি করবে বিভ্রান্ত হয়ে গেছে । প্রকৃতির

এই অবস্থায় ওর নিজেকে বড্ড অসহায় লাগছে । এতটা রাগ লাগছে যে পুরো রাগটা ড্রাইভারের উপর ঝেড়ে দিয়েছে । ড্রাইভার নিজেও অবাক এতদিন এখানে কাজ করছে কিন্তু বড়ো দাদাবাবুকে কখনো রাগতে দেখেনি সবসময় মাথা ঠাণ্ডা রেখে কাজ করেছে কিন্তু আজ হটাৎ করে ..... সিদ্ধার্থ এর নিজের ও খারাপ লাগছে কিন্তু এতসব ভাবার সময় ওর কাছে নেই এখন শুধুই চিন্তা প্রকৃতিকে নিয়ে ।

" দাদাবাবু বাড়ি চলে এসেছি "

ড্রাইভারের কথা শুনে সিদ্ধার্থ এর ঘোর ভাঙলো । প্রকৃতির মুখটার দিকে একবার তাকিয়ে বাড়িটার দিকে তাকালো । আজ অনেকদিন পর বাড়ি আসছে ও । অবশ্য প্রকৃতির বাড়িতে যাবার কথা ছিল প্রথমে কিন্তু যাওয়া হলো না ।

" আমি তোর বউমনিকে নিয়ে ভেতরে যাচ্ছি তুই গাড়িটা রেখে লাগেজ গুলো নিয়ে ভেতরে আয় " গম্ভীর স্বরে কথাটা বলেই সিদ্ধার্থ প্রকৃতিকে কোলে তুলে নিয়ে ভেতরে চলে গেল। বৃষ্টিটা পড়ছিল কিন্তু ছাতা মেলার ও সময় পায়নি তাই দুইজনের হালকা ভিজে গেল । প্রকৃতিকে সিদ্ধার্থ এর কোলে এভাবে আস্তে কেশব বাবু মায়া দেবী অবাক হয়ে গেছেন । বাকিরা সবাই নিজের রুমে চলে গেছে এগারোটা বাজে তাই এইসময় কে আর বাইন্ডিং রুমে বসে থাকবে । শুধু কেশব বাবু আর মায়া দেবী অপেক্ষা করছিলেন সিদ্ধার্থ প্রকৃতির জন্য ।

" কি হয়েছে ওর ? "

মায়া চেয়ার ছেড়ে উঠে প্রকৃতির কাছে গিয়ে বলে উঠলো ।

" হ্যা তুই ওকে এভাবে নিয়ে আসছিস কেন ? ঠিক আছে তো ও "
কেশব বাবু ও কাতর স্বরে বলে উঠলো ।

" আমি বলছি বাবা সব কিছু তুমি আগে ডক্টর আঙ্কেলকে ফোন
করো আমি ওকে রুমে নিয়ে যাচ্ছি .... মা এক বাটিতে করে জল
নিয়ে এসো ওর জ্বর এসেছে জলপটি দিতে হবে মনে হয় "

" কি জ্বর এলো কি করে ? ঠিক আছে তো ও ? আচ্ছা যাচ্ছি তুই
যা "

" জানি না ঠিক ছিল কিন্তু হটাৎ করেই সব কিছু হয়ে গেছে আমি
রুমে যাচ্ছি " বলেই সিদ্ধার্থ প্রকৃতিকে নিয়ে রুমে চলে গেল ।

জ্ঞান ফিরতেই প্রকৃতি একটা অচেনা অজানা রুমে নিজেকে
আবিষ্কার করলো । পুরো শরীর ব্যাথা করছে নড়াচড়া করবে সেই
শক্তিটুকুও মনে হয় ওর থেকে কেড়ে নেওয়া হয়েছে । আস্তে আস্তে
চোখ মেলে চারিদিকে ভালো করে দেখতেই রুমটাকে চিনতে
পারলো বুঝতে পারলো এটা সিদ্ধার্থ এর রুম । পাশে তাকিয়ে
দেখে সিদ্ধার্থ বালিশে হেলান দিয়ে শুয়ে আছে , সিদ্ধার্থ এর একটা
হাত ওর পেটের উপর রাখা আছে । এই বর্ষাকালেও ওর শীত
করছে খুব একটা ব্ল্যাঙ্কেট ঢাকা দেওয়া আছে তাও যেন শীতটা
কমছে না । মাথাটা প্রচন্ড ধরে আছে চোখ তুলে তাকাতেই পারছে

না । নিজের গলায় মাথায় হাত ঠেকিয়ে দেখলো জ্বর আছে তার মানে ও কাল সারারাত অচৈতন্য অবস্থায় ছিল । প্রকৃতি বিছানা ছেড়ে আস্তে আস্তে ওঠার চেষ্টা করলো , হালকা উঠে হেলান দিয়ে বসে পাশে দেখলো একটা জল ভর্তি বাটি রাখা আছে তারমানে সিদ্ধার্থ ওকে সারারাত জলপটি দিয়েছে । আর মা বাবা তারা কোই সেই প্রশ্নটাও ওর মনে জেগে উঠলো । প্রকৃতি ভালো করেই জানে কেশব বাবু মায়া দেবী ওর সম্পর্কে শশুড় শাশুড়ি হলেও মা বাবার থেকে কোন অংশে কম নয় আর ওর মামনি পাপা কেমন আছে ? ওর শরীর খারাপ শুনে তো রাতেই চলে আসবে , তাহলে কি এসে গেছে ওরা ? মামনি পাপা ওকে প্রীতির থেকে ও বেশি ভালোবাসে কিন্তু ওদের সাথে ওর কোন রক্তের সম্পর্ক নেই যা আছে হৃদয়ের সম্পর্ক । আর যার সাথে রক্তের সম্পর্ক ছিল সে তো .....? এই সব ভাবতেই ওর কালকে স্টেশনের কথা মনে পড়ে গেল । কোহিনুর ব্যানার্জী নামটা মনে পড়তেই শরীরে লোম গুলো ওর খাড়া হয়ে গেল । অসুস্থ শরীরে আরো নেতিয়ে গেল বিছানার মধ্যে । শ্বাসকষ্ট হচ্ছে প্রচুর পরিমাণে অবশ্য প্রতিবারেই এমন দম আটকে আসে ঘটনা গুলো মনে পড়লে ।

সিদ্ধার্থ এর দিকে গুটিসুটি মেরে সরে গিয়ে ঠুকরে কেঁদে উঠলো। হটাৎ কারোর কান্নার শব্দ পেয়ে সিদ্ধার্থ এর ঘুমটা ভেঙে গেল । ঘুম ভেঙে গিয়েই দেখে প্রকৃতি কাঁদছে । ঘড়ির দিকে তাকিয়ে দেখে ছয়টা বাজে এখন ... সিদ্ধার্থ প্রকৃতিকে কাঁদতে দেখে তাড়াতাড়ি ওকে জড়িয়ে ধরলো মাথায় হাত বুলিয়ে দিয়ে বলল "

কি হলো প্রকৃতি? কাদছো কেন ? আমাকে বলো ? কোথায় কষ্ট হচ্ছে ? "

কিন্তু প্রকৃতির কান্না থামছেই না আরো বেশি বেড়ে চলেছে সিদ্ধার্থ প্রকৃতিকে আরো বেশি কাঁদতে দেখে অবাক হয়ে গেল প্রকৃতিকে আরো শক্ত করে জড়িয়ে ধরলো । এতে যেন প্রকৃতির কান্নাটা হালকা হয়ে এলো । এটা দেখে সিদ্ধার্থ একটা স্বস্তির নিঃশ্বাস ফেললো ।

দুপুরে প্রকৃতি বিছানায় বসে আছে বালিশে হেলান দিয়ে সামনে কেশব বাবু পাপিয়া দেবী প্রীতি ঈশিতা অনির্বাণ সবাই ওর সামনে বসে আছে । আজ সকালে খবর পেয়েই অনি আর ঈশু নিজেদের ফ্ল্যাট থেকে এসেছে আর সৃজিত বাবু ও চলে এসেছেন । প্রকৃতি স্টেশনে কেন অজ্ঞান হয়ে গেছিল কাউকে কিছু বলেনি চুপচাপ বসে আছে । জ্বরটাও এখন অনেকটাই কমে গেছে । সৃজিত বাবু প্রকৃতিকে বকেই চলেছে না খাওয়ার জন্য শরীরে যত্ন না নেবার জন্য ওনারা ভেবেছেন হয়তো প্রকৃতি ঠিকঠাক নিজের যত্ন নেয়নি কিন্তু সিদ্ধার্থ এর মনে অন্য খটকা লাগছে । একদৃষ্টিতে প্রকৃতির দিকে তাকিয়ে আছে। মেয়েটার মুখটা পুরো শুকিয়ে গেছে কাল পর্যন্ত যে মেয়েটা ওর হাসির কারণ ছিল আজ সেই মেয়েটার মুখে হাসি নেই ।

" আর কতোদিন ড্যাড আমাকে কতদিন এখানে পড়ে থাকতে হবে " রিক চিৎকার করে সোহেল চৌধুরী কে কথা গুলো বলে উঠলেন

।

" রিক এসব কি ব্যবহার তোমার ?

তোমাকে বিদেশে পাঠিয়েছি পড়াশোনার জন্য আর তুমি এখনো ওই মেয়েটিকে নিয়ে পড়ে আছো ? "

" একদম বাজে কথা বলবে না ড্যাড .... মেয়েটা আমার জীবন ... " রিক চিৎকার করে বলে উঠলো।

রিকের কথা শুনে ওপাশ থেকে সোহেল চৌধুরীর একটা দীর্ঘশ্বাস শোনা গেল শুধু মুখে কিছু বলল না ।

" একবছর পর আসছো তো .. তারপর যা ইচ্ছে করো কিন্তু এখন নিজের কাজে ফোকাস করো " বলেই ফোনটা কেটে দিলেন ছেলের সাথে কথা বলার ইচ্ছে আর নেই । দিনদিন ছেলেটা ভয়ঙ্কর হয়ে উঠছে ..... যে কারনে উনি রিককে বিদেশে পাঠিয়েছিলেন সেটা কিছুই হলো না বরং উল্টে আরো বেশি ভয়ঙ্কর হয়ে উঠেছে ।

" স্যার ভোটের সম্প্রচারের সময় এগিয়ে আসছে তো .... "

" জানি আমি .... শোনো আমার কাছে পাওয়ার সব কিছুর মুলে তাই আমি কোনো মুল্যেই হারতে চাই না । আমি হারতে ঘৃনা করি আজ পর্যন্ত কখনো হারিনি সবসময় জিতেছি .... এই জেতার জন্য সব কিছু করেছি আমি যতদূর যেতে হয় গেছি ..... স্ত্রী সন্তানকে মানিনি তাই কোনো মূল্যেই হারতে চাই না । বিরোধী পার্টি অনেক শক্তিশালী জানি তাই সে ভাবেই এগোয় ... আর আমার কথা মতো যদি কাজ না হয় তাহলে আমি খুন করতেও একবারো ভাবিনা তুমি জানো " ফোল্ডিং চেয়ারে বসে থাকা লোকটা পায়ের উপর পা তুলে

গম্ভীর কণ্ঠে বলে উঠলো ।

" ওকে স্যার আমরা সর্বোচ্চ চেষ্টা করবো " বলেই লোকটা চলে গেল ।

" জিজু শান্ত হন .... এখন রাগার সময় নয় মিষ্টি মুখে সব কাজ করতে হবে জানেনেই তো পাবলিক আমাদের সব " পাশ আরেকটা ফিসফিস কণ্ঠ স্বর শোনা গেল ।

' জানি তো শৈলেন্দ্র তাই তো এখন এই খুন খারাবি চাইছি না .... আর তোমার উপর আমার সর্বস্ব আস্থা তাই যা করার করো যেকেনো মূল্যে আমি জিততে চাই ....

তাছাড়া প্রকৃতির কোনো খোঁজ পেলে ? একবছর পর ওর একুশ বছর পূর্ন হবে আর সব সম্পত্তি আমার নামে হবে এতো বড়ো সম্পত্তি ...."

" না জিজু পায়নি তবে ... জিজু "

" হ্যা হ্যা জানি তোমার থার্টি পার্সেন্ট তুমি পেয়ে যাবে " বলেই কোহিনুর ব্যানার্জী চেয়ার ছেড়ে উঠে নিজের রুমের দিকে পা বাড়ালেন । পেছনে থেকে শৈলেন্দ্র কোহিনুর ব্যানার্জী এর দিকে এক অদ্ভুত দৃষ্টিতে তাকিয়ে আছে যার অর্থ কেউ জানে না ।

" আমি জানি না তুমি নিয়ে যাবে আমায় ফুচকা খেতে নাহলে আমি তোমার সাথে কথা বলবো না "

" কি সামান্য ফুচকা খাবার জন্য .... তুমি অসুস্থ এই অবস্থায় ফুচকা খাবে তুমি? আর ভাবলে কি করে আমি এনে দেবো "

সিদ্ধার্থ রেগে উঠলো ।

" কি ফুচকা টা তোমার কাছে সামান্য .... আমি বলেছি আমি অসুস্থ দেখুন একদম ঠিক হয়ে গেছি ... কিছু খেতে ভালো লাগছে না আমার তাই ফুচকা খাবো বলেছি কিন্তু তুমি .... বেরোও বলছি রুম থেকে যাও এখান থেকে .... থাকবো না তোমার সাথে .... আজ দিভাই এর সাথে ঘুমাবো আমি ..." বলেই প্রকৃতি সিদ্ধার্থ অনির্বাণ কে বের করে দিয়ে ধরাম করে দরজাটা মুখের উপর লাগিয়ে দিল আর সিদ্ধার্থ এখনো হতভম্ব হয়ে দাঁড়িয়ে আছে ।

"আরে আরে কথাটা তো শোনো আরে .." কিন্তু ততক্ষণে প্রকৃতি দরজা লাগিয়ে দিয়েছে ।

" ভাই কি এটা ? আমার রুম থেকে আমাকেই বের করে দিল " বলেই অনির্বানের দিকে অসহায় ভঙ্গিতে তাকালো। এদিকে অনির ও সেই অবস্থা বেচারা তো এখনো বুঝতেই পারেনি ওর কি দোষ ? ওকে কেন বউ এর থেকে আলাদা থাকতে হবে ।

" এরেই নাম বউ দাদা ভায়েরা বুঝলে কিছু " পাশ থেকে বিনায়ক টিপ্পনি কেটে বলে উঠলো ।

দুইদিন পেরিয়ে গেছে প্রকৃতি এখন পুরোপুরি সুস্থ তাও সিদ্ধার্থ ওকে সবসময় সাবধানে রাখছে । কিন্তু জ্বর আসার কারনে আর সিদ্ধ খাবার খেয়ে প্রকৃতির খাবার রুচিটাই উঠে গেছে তাই আজ সিদ্ধার্থ কে বলছিল ফুচকা খাবে কিন্তু ফুচকার নাম শুনেই সিদ্ধার্থ একদম মানা করে দিয়েছে তাই প্রকৃতি রেগে গিয়ে সিদ্ধার্থ কে রুম

থেকে বের করে দিয়েছে ।

সিদ্ধার্থ প্রথমে রাগ করে অনির রুমে গিয়ে সোফায় বসে ছিল । তারপর ভেবে দেখলো এই মেয়ে যা এড়গা ফুচকা না এনে দিলে সত্যি সত্যি ওর সাথে কথা বলবে না। দুইচড় মারবে তার ও উপায় নেই ওরেই কষ্ট হবে তার থেকে আজকের দিনে ফুচকা এনে দিক কিন্তু অন্য দিন আর আনবে না ।

সন্ধ্যায় সবাই সিধুর রুমে বসে আছে ট্রুথ ডেয়ার খেলছে । বিনায়ক প্রীতির ঝগড়া লেগেই আছে । প্রীতি বলছে আমার দিদিয়ার সাথে কথা বলবে না বিনায়ক তত বেশি করে প্রকৃতির সাথে ভাব জমাচ্ছে এটা দেখে প্রীতি রাগে ফেটে পড়ছে । বেচারার হাত দুটো চিমটি কেটে রক্ত বের করে দিয়েছে তাই বিনায়ক প্রীতির নাম দিয়েছে ঝগড়ুটি হিংসুটি মশা । আর ওদের ঝগড়া সবাই বেশ উপভোগ করলেও প্রকৃতি ভ্রূ কুঁচকে ওদের দিকে তাকিয়ে আছে সিরিয়াসলি ওকে নিয়ে এখানে ভাগাভাগি চলছে । অনু আর ঈশিতা কথা বলছে নিজেদের মধ্যে । এর মধ্যে সিদ্ধার্থ অনির্বাণ হাতে ফুচকা প্যাকেট নিয়ে রুমে ঢুকলো । ফুচকা দেখে সবার আনন্দের সীমা নেই ... অনু তো লাফিয়ে ফুচকার প্যাকেট সিদ্ধার্থ এর হাত থেকে ছাড়িয়ে নিয়েছে । একপ্রকার ফুচকার উপর সবাই হামলে পড়েছে কিছুক্ষণ এর মধ্যে এতো ফুচকা শেষ । সিদ্ধার্থ আর অনির্বাণ শুধু মাত্র নীরব দর্শক । ফ্যালফ্যাল করে তাকিয়ে আছে

সবার দিকে । এতক্ষনে প্রকৃতি একবারো সিদ্ধার্থ এর দিকে তাকিয়নি ফুচকা খেতে ব্যস্ত কিন্তু এখন তাকালো । হাতে লাস্ট ফুচকা টা নিয়ে রেখেছে । সিদ্ধার্থ এর দিকে তাকিয়ে দেখে সিদ্ধার্থ ওর দিকে গভীর দৃষ্টিতে তাকিয়ে আছে। এটা দেখে প্রকৃতি ভ্রু কুচকালো তারপর বিছানা ছেড়ে উঠে সিদ্ধার্থ এর কাছে এসে বলল " এভাবে তাকিয়ে আমার খাবার দিকে নজর দিচ্ছো কেন ? বলতেই তো পারো আমিও খাবো তাহলেই দিতাম "

প্রকৃতির কথা শুনে সিদ্ধার্থ এর ও ভ্রু দুটো কুঁচকে এলো সিরিয়াসলি ও ফুচকা খাবার জন্য ওর দিকে তাকিয়ে আছে । সিদ্ধার্থ কিছু বলতে যাবে তার আগেই প্রকৃতি ওর মুখে ফুচকা টা ঢুকিয়ে দিয়ে বলল " নাও খাও আমার আবার দয়ার শরীর "

আজকের ফুচকা টা আগের দিনের থেকেও ঝাল । হটাৎ করে প্রকৃতি ওর মুখে ফুচকা টা পুরে দিতে সিদ্ধার্থ চিবিয়ে ফেলেছিল কিন্তু এখন বুঝতে পারছে কতবড়ো ভুল করেছে । ঝালে কান দিয়ে ধোঁয়া বেরোচ্ছে পর্যন্ত । কিন্তু তাও মুখে টু শব্দ পর্যন্ত করলো না কোনো মতে ফুচকা টা গিলে নিল মনে মনে বলছে সবাই যদি না থাকতো তাহলে হয়তো প্রকৃতিকে দেখে নিতো একবার ।

প্রকৃতি একদৃষ্টিতে সিদ্ধার্থ এর দিকে তাকিয়ে আছে মানুষটা কেমন ঝাল খেতে পারে না তাও ওকে কিছু বলল না । কিছুক্ষণ সিদ্ধার্থ এর দিকে তাকিয়ে চোখ দুটো ফিরিয়ে নিল তারপর টেবিলে রাখা বোতলটা সিদ্ধার্থ এর হাতে দিয়ে বলল " জলটা খেয়ে নিন .... এতো ঝাল দিয়েছি ফুচকাতে তাও আপনি কিছু বললেন না ......

খেয়ে নিলেন ? " কথাটা বলার সময় প্রকৃতির ঠোঁট দুটো হালকা কেঁপে উঠলো চোখের কোনে কিছু টা জল এসে জমা হয়েছে কিন্তু প্রকৃতি নিজের সামলে নিল । এটা কেউ দেখতে পেল না কিন্তু সিদ্ধার্থ এর চোখে ঠিকেই পড়লো ।

বোতলটা হাতে নিয়ে সিদ্ধার্থ কিছু টা জল খেয়ে নিয়ে বাইরে চলে গেল অনির্বান ও পিছু পিছু গেল । এতক্ষন সবাই নীরব দর্শক হিসেবে সব কিছু দেখছিল । অনু বিনায়ক তো অবাক ওদের দাদাভাই একটুও ঝাল খেতে পারে না কিন্তু ফুচকাটা এতটা ঝাল হওয়া সত্ত্বেও খেয়ে নিল বউদিভাইকে কিছু বলল না ।

রাতের বেলা প্রকৃতি খাবার খেয়ে বিছানায় হেলান দিয়ে বসে আছে । দিন গুলো কি ভাবে কেটে যাচ্ছে বোঝাই যাচ্ছে না । ওর অগোছালো জীবনটাকে সিদ্ধার্থ সত্যিই গোছালো করে তুলছে । সবাই কতটা ভালোবাসে ওকে কতটা আপন করে নিয়েছে ।
" হ্যালো ম্যাডাম কি ভাবছো ? কাল চলে যেতে হবে আমাদের কষ্ট লাগছে বুঝি " সিদ্ধার্থ প্রকৃতির সামনে বসে ওর চোখের সামনে তুড়ি মেরে বলল ।

" খুব ... সবাই কতো ভালোবাসে আমায় কষ্ট হবে না " মুচকি হেসে বলে ওঠে প্রকৃতি । সিদ্ধার্থ এর দিকে তাকায় পরক্ষনেই মুখটা গম্ভীর হয়ে ওঠে ।

" আচ্ছা আপনি কি ? ঝাল খেতে পারেননা তাও খেয়ে নিলেন আমাকে কিছু বললেন না একটু বকতে তো পারতেন " কাঁদো স্বরে

বলে উঠলো প্রকৃতি ।

সিদ্ধার্থ প্রকৃতির কথা শুনে ওর গাল দুটো নিজের হাতের মাঝে রেখে কপালে কপাল ঠেকালো । দুইজনের নিঃশ্বাস একে অপরের উপর পড়ছে । প্রকৃতি তাকিয়ে থাকলো সিদ্ধার্থ এর দিকে আজ আর চোখ দুটো বন্ধ করতে ইচ্ছে করলো না অনুভব করছে এই সময়টাকে ।

" উহূ তোমাকে বকতে ইচ্ছে করে না ..... ভালোবাসি যে তোমায় "

" কিন্তু আমি যে বকানি খেতে অভ্যস্ত তোমার "

" তুমি এমন কেন ? তুমি আপনি দুটো মিলিয়ে বলো আমাকে "

" অভ্যাস যে কি করবো বলুন "

" আবার !!"

" হূ " বলেই হেসে উঠলো প্রকৃতি সিদ্ধার্থ ও ওর সঙ্গে তাল মিলিয়ে হাসতে লাগলো । কে জানে এই মিষ্টি মধুর সম্পর্ক এর ভবিষ্যৎ কি ? জানি খারাপ ভালো মিশিয়েই জীবন কিন্তু ...? কিন্তু তাও অপেক্ষা করতে হবে ... ভয় না পেয়ে সামনে এগিয়ে যেতে হবে ... জীবনে চলার পথে বিপদ আসে বিচ্ছেদ ও আসে কিন্তু একটা সম্পর্কে ভালোবাসা থাকলে সম্মান থাকলে শ্রদ্ধা থাকলে সব কিছুই জয় করা সম্ভব ......

গ্রীষ্ম বর্ষা শরৎ হেমন্ত পেরিয়ে আবার শীত এসে গেছে । কনকনে ঠান্ডায় আবার মানুষের বাড়ি থেকে বেরোনো দায় হয়ে পড়েছে । পৌষ মাঘ চলছে এখনেই তো পিঠেপুলির সময় । সিদ্ধার্থ প্রকৃতি আরো অনেক গুলো দিন কাটিয়ে ফেলেছে একসাথে । বাড়ির সবাই আসবে এখানে এই নিয়ে প্রকৃতির খুশির অন্ত নেই । কত ব্যবস্থা চলছে সব কিছুর । এর মধ্যে একটা খুশির খবর ও আছে । অনির্বাণ ব্যাঙ্কে চাকরি পেয়ে গেছে । বিনায়ক প্রীতির মধ্যে কিছুটা ভাব জমে উঠছে প্রীতির উচ্চামাধ্যমিক হয়ে গেছে অনু আর প্রকৃতির কলেজে পরীক্ষা কিছু দিন পর । অনুর অনার্স লাস্ট ইয়ার আর প্রকৃতির থার্ড ইয়ার ।

" এখানে বসে বসে কার কথা ভাবা হচ্ছে ? জিজুর কথা বুঝি ? আজকাল এতো ভাবুক কেন হয়ে গেছিস রে ? তা হাতে বই আছে আর মুখে লাজুক হাসি তা এটা কি রকমের পড়া? " নদী একটা ফাঁকা রুমে এসে প্রকৃতির পাশে বসে পড়লো । ক্লাসটা পুরোটাই ফাঁকা ক্লাস শুরু হতে এখনো আধঘন্টা বাকি তাই এখনো কেউ ক্লাসে আসেনি । প্রকৃতির আজ কিছু বই তোলার ছিল লাইব্রেরি থেকে তাই তাড়াতাড়ি এসেছে । আরো কত গুলো দিন পেরিয়ে গেল কিভাবে বুঝতেই পারলো না । স্বপ্নের মতো কেটে যাচ্ছে দিন

গুলো ওর জীবনেও যে এত আনন্দ এত খুশি আসতে পারে সেটা ও কখনো কল্পনাও করতে পারেনি ।

" কি রে কি ভাবছিস ? আমার কথা গুলো কি তোর কানেই যাচ্ছে না ?" প্রকৃতি নিজের খেয়ালে এতোই ডুবে ছিল যে নদীর কথা গুলো শুনতেই পায়নি । তাই নদী আবার প্রকৃতির হাতে জোরে একটা চিমটি কেটে কথা গুলো বলে উঠলো ।

" উম হুম কিছু না রে বল কিছু বলবি " আস্তে আস্তে প্রকৃতি বলে উঠলো ।

" বাব্বা তুই তো পুরা ডুবে আছিস জিজুর প্রেমে এতো কম কথা আমার তো বিশ্বাস হচ্ছে না " নদী নিজের গালে হাত দিয়ে একটু ন্যাকামি করে বলে উঠলো।
নদীর কথা শুনে প্রকৃতি মুচকি হাসলো হাতের বইটা বন্ধ করে দিয়ে ব্যাগের ভেতরে ঢুকিয়ে নিল ।
" জানিস আর একমাস পরে আমাদের ফাস্ট এনিভার্সারী ভাবছি কি সেইদিন আমি আমার মনের কথা ওকে বলে দেবো "

প্রকৃতির কথা শুনে নদী গালে হাত রাখলো । মেয়েটার এতটা পরিবর্তন ..... ফাজিল হাসলো প্রকৃতির দিকে চেয়ে ।
" ওকে !!" খানিকটা টোন কেটে নদী বলে উঠলো । নদীর কথা শুনে প্রকৃতি লাজুক হাসি দিল ।

সিদ্ধার্থ প্রচুর পরিমাণে ব্যস্ত আছে এই মুহূর্তে । সোহেল চৌধুরীর সাথে যে ডিলটা হয়েছিল সেটা নিয়েই ব্যস্ত । এতো বড়ো কম্পানি কি ভাবে কি করবে বুঝতে পারছে না । এতো দিন ধরে নিজের সমস্ত বেস্টটা দিয়ে কাজ কর্ম করার চেষ্টা করেছে । আর মাত্র কিছুদিন আছে তারপরেই ওর সমস্ত চায়ের প্রোডাক্ট নিয়ে সোহেল চৌধুরীর কম্পানি ডিল ফাইনাল করবে ।

কখন থেকে সিদ্ধার্থ এর ফোনটা বেজে চলেছে কিন্তু একটা মিটিং এ ব্যস্ত থাকার দরুন ফোনটা তুলতেই পারেনি । খানিকটা বিরক্তি ও হয়েছে কারন এতো বার ধরে ফোনটা কেটে দেওয়া সত্ত্বেও কেউ ফোন করেই চলেছে । শেষে বিরক্তি হয়ে ফোনটা দেখলো প্রকৃতি ফোন করেছে । ও ফোনটা তুলে নিয়ে বলল " তুমি আজ একটু অপেক্ষা করো আমার যেতে একটু দেরি হবে " বলেই ফোনটা কেটে দিলো ওপাশ থেকে প্রকৃতি কি বলছে সেটা শুনলো না পর্যন্ত ।

এদিকে প্রকৃতি তো রেগে গেছে খুব । রেগে ফোনটা সুইচড অফ করে দিয়ে নদীকে বলল " তুই আর আকাশদা আজকে যা আমি অন্য দিন যাবো "

" কেন প্রকৃতি ? জিজু মানা করলো তোকে ?"

" হ্যা আজ আমাদের সাথে ঘুরতে গেলে খুব ভালো হতো প্লিজ না করো না "

" না গো আজকে তোমরা যাও ফালতু আমি তোমাদের মধ্যে গিয়ে

কাবাব মে হাড্ডি হতে চাই না " প্রকৃতির কথা শুনে নদী কিছু বলতে যাচ্ছিল তার আগেই প্রকৃতি বলে উঠলো " না রে তোরা যা আমি আজকে যাবো না এমনিতেও ভালো লাগছে না আমার "

এলোমেলো ভাবে প্রকৃতি হেঁটে চলেছে । খুব খারাপ লাগছে ওর । সিদ্ধার্থ আজ প্রথম বার এমন ভাবে কথা বলল ওর সাথে । আগে এতো বিরক্ত করেছে তাও সিদ্ধার্থ ওর উপর বিরক্তি প্রকাশ করেনি কিন্তু আজ ? আজ ও স্পষ্ট সিদ্ধার্থ এর গলায় বিরক্তির আভাস পেয়েছে । আচ্ছা ও কি পুরোনো হয়ে গেছে সিদ্ধার্থ এর কাছে তাই এভাবে বিরক্ত হচ্ছে সিদ্ধার্থ ওর উপর ? নাকি অন্য কোন মেয়েকে পেয়ে ওকে ভুলে গেছে ? ভাবতেই প্রকৃতি কেমন শিউরে উঠলো । কপালে রাগ ফুটে উঠলো মনে মনে ভাবলো এমন যদি হয় তাহলে পাক্কা সিদ্ধার্থ কে খুন করবো হুহ ... খুব বাজে ও এখন আর আমাকে ভালোবাসে না সামনে আমাদের ফাস্ট এনিভার্সারী আমাকে একবারো বলেনি পর্যন্ত ভুলে গেছে সব ভুলে গেছে ভেবেই মুখটাকে ফুলিয়ে সামনে এগিয়ে গেল । কিন্তু হটাৎ করে একটা গাড়ি ওর সামনে এসে পড়লো আর ঠিক এই সময় ওর হাতটা ধরে কেউ একটা হেঁচকা টান মারলো । প্রকৃতি ছিটকে গিয়ে রাস্তার পাশে একটা পিলারে ধাক্কা খেল । হাতে জোরে আঘাত লাগলো মাথাটাও ফেটে গেছে রক্ত বেরোচ্ছে । প্রকৃতি মাথায় হাত দিয়ে আহ্ বলে চেঁচিয়ে উঠলো এদিকে ডান হাতটা নাড়াতে পারছে না । বাহাত দিয়ে মাথায় স্পর্শ করে দেখলো রক্ত .... বুঝতে পারলো মাথাটা ফেটে গেছে । ডান হাতটা নাড়াতে চেষ্টা করলো

কিন্তু তখন পারলো বরং ব্যাথা বেড়েই চলেছে তখন বুঝতে পারলো হাত ভেঙে গেছে মনে হয় । কিছুক্ষণ এর মধ্যেই সব কিছু ঝাপসা দেখতে শুরু করলো তারপর জ্ঞান হারালো ।

সিদ্ধার্থ ফোনটা রেখে হন্তদন্ত হয়ে হাসপাতালে ঢুকলো । মিটিং শেষ হয়ে যখন কলেজে আসছিল ও তখনই নদীর ফোন পায় । নদী ওকে জানায় প্রকৃতির এক্সিডেন্ট হয়ে গেছে । খবরটা শুনে নিজেকে ঠিক রাখতে পারেনি কোন মতে গাড়ি চালিয়ে হাসপাতাল পর্যন্ত এসেছে । ওর নিজের ও আরেকটু হলে এক্সিডেন্ট হতো কিন্তু হয়নি নিজেকে সামলে নিয়েছিল কোনো মতে । মেয়েটা এমন কেন বুঝতে পারে না ও । এতো কেন নিজের প্রতি অনীহা ..... নিজের কথা নাই ভাবতে পারে কিন্তু ওর কথা তো ভাবতে পারে । সিদ্ধার্থ ওকে এতটা ভালোবাসে .... প্রকৃতির কিছু হয়ে গেলে সিদ্ধার্থ এর কি হবে ? সেটা কখনোই ভাবে না । খুব রাগ হচ্ছে প্রকৃতির উপর আর নিজের উপর । কেন তখন প্রকৃতির উপর বিরক্তি দেখালো একটু শান্ত হয়েও তো বলতে পারতো তাহলেই হতো কিন্তু না । প্রকৃতির বুদ্ধি নেই নাহলে কিন্তু ও তো সব কিছু ভেবে চিন্তে করে তাহলে ?

" এখন কেমন অনুভব করছেন আপনি ?" প্রকৃতি চোখ মেলে তাকাতেই কেউ একজন প্রশ্নটা করে উঠলো । প্রকৃতি সেইদিকে তাকিয়ে দেখে একটা লোক অবশ্য লোক বললে ভুল হবে একটা ছেলে ওর দিকে মুচকি হেসে তাকিয়ে আছে । চারিদিকে তাকিয়ে দেখে বুঝতে পারলো ও হাসপাতাল এর কেবিনে । হাতটা বেঁধে

দেওয়া হয়েছে মাথায় ব্যান্ডেজ।

" ভালো ! আপনি কে ? " লোকটার দিকে তাকিয়ে কথা টা বলে উঠলো প্রকৃতি তারপর আস্তে আস্তে উঠে বসার চেষ্টা করলো ।

" উহু কি করছেন আপনি ? উঠবেন না শুয়ে থাকুন .... এখন আপনার একমাস সম্পুর্ন বেড রেস্ট .... অবশ্য এটা আপনাকে নিশ্চয়ই বলতে হবে না কারন আপনিও ভাবী ডাক্তার "

ছেলেটার কথা শুনে প্রকৃতি কিছুক্ষণ ছেলেটার দিকে তাকিয়ে থেকে দরজার দিকে তাকালো । সিদ্ধার্থ কে খুঁজছে কখন থেকে । আচ্ছা সিদ্ধার্থ কি ওর খবরটা জানে ? নাকি জেনেও আসছে না ? ভেবেই অভিমনাটা আরো গাঢ় হলো । কথা বলবে না ও সিদ্ধার্থ এর সাথে । ওর এক্সিডেন্টের খবরটা শুনেও এখনো আসেনি তার মানে সত্যিই ওকে ভালোবাসে না । ভেবেই মুখটা ফিরিয়ে নিল চোখ দিয়ে কয়েক ফোঁটা জল গড়িয়ে পড়লো । আজ প্রথম বার সিদ্ধার্থ ওর চোখের জলের কারন হলো সেটা নিজের অজান্তেই ।

সিদ্ধার্থ কোনো মতে হাঁপাতে হাঁপাতে রাগটাকে কন্ট্রোল করে নদীকে জিজ্ঞেস করে প্রকৃতির কেবিনে গেল । গিয়ে সেখানে দেখে একজন ডক্তর আর নার্স দাড়িয়ে আছে আর প্রকৃতি ওর থেকে উল্টো দিকে মুখ ফিরে শুয়ে আছে । সিদ্ধার্থ তাড়াতাড়ি প্রকৃতির কাছে গিয়ে একটা চেয়ারে বসে বলল " সাবধানে চলতে কি হয় তোমার ? আমাকে টেনশনে না রাখলে তোমার চলে না তাই না ? জানো আমার কি অবস্থা হয়েছিল তোমার এক্সিডেন্ট এর কথা শুনে

?"

উত্তেজনার বশে সিদ্ধার্থ একটু জোরে কথা গুলো বলে ফেলেছে । সাধারনত এতো জোরে কথা কখনো বলেনি আর প্রকৃতির উপর তো কখনোই চিৎকার করেনি কিন্তু আজ ?

এতো জোরে কথা বলাতে প্রকৃতি চমকে উঠলো অবাক হয়ে সিদ্ধার্থ এর দিকে তাকালো। সিদ্ধার্থ এর মুখটা দেখেই চমকে উঠলো এই শীতের মধ্যেও যেন মানুষটা ঘেমে গেছে চোখে মুখে ভয় । সিদ্ধার্থ প্রকৃতির ছলছল করা চোখের দিকে একবার তাকিয়ে বুঝাতে পারলো এতো জোরে কথা বলা ওর উচিত হয়নি । তাই নিজেকে শান্ত করে নিয়ে পাশে দাঁড়িয়ে থাকা ছেলেটার দিকে তাকালো । একটা দীর্ঘশ্বাস ফেলে বলল " বলছি আমার ওর সাথে একটু কথা আছে আপনার একটু বাইরে গেলে ভালো হতো "

ছেলেটা এতক্ষন হতভম্ব হয়ে সিদ্ধার্থ এর দিকে তাকিয়ে ছিল কিন্তু সিদ্ধার্থ এর কথায় ঘোর ভাঙলো । ধীর কন্ঠে বলে উঠলো " এটা হাসপাতাল এতো জোরে কথা বলবেন না আমরা যাকে তাকে এখানে কথা বলার জন্য এলাও করতে পারি না ..... জানেন নিশ্চয়ই কিন্তু আপনি কে ?"

" আমি ওর হাসবেন্ড " একটা দীর্ঘশ্বাস ফেলে কথাটা বলে উঠলো ।

সিদ্ধার্থ এর কথা শুনে ছেলেটা চুপ করে গেল ।

" ওকে ঠিক আছে " বলেই ছেলেটা বাইরে চলে গেল এখানে

অহেতুক দাঁড়ানোর কোনো কারন হয়তো ছেলেটা খুঁজে পায়নি । বেচারা তো বুঝেতেও পারেনী প্রকৃতি বিবাহিত কারন সোয়েটার টুপিতে নিজেকে মুড়ে রেখেছে .... বিবাহিত হবার সমস্ত চিহ্নই তো ধাকা পড়ে আছে ।

ছেলেটা চলে যেতেই সিদ্ধার্থ প্রকৃতির দিকে তাকিয়ে ওর হাতটা শক্ত করে ধরলো । মাথায় হাত বুলিয়ে দিয়ে বলে উঠলো " সরি " সিদ্ধার্থ এর মুখে সরি শুনে প্রকৃতি ভ্রু কুঁচকে ওর দিকে তাকালো । হটাৎ সরির কারন ও বুঝতে পারল না ।

" কিসের জন্য ?"

" তখন ওভাবে তোমার সাথে কথা না বললে তোমার এতো কষ্ট হতো না .... কিন্তু তুমি কি নিজের একটুও খেয়াল রাখবে না বলে ঠিক করে নিয়েছো ? আমি যদি কখনো তোমার কাছে না থাকি তাহলে কি হবে তোমার ? এতটাও কারোর নির্ভরশীল হওয়া ভালো নয় প্রকৃতি যে নিজের খেয়াল রাখতে ভুলে যাও .... "

সিদ্ধার্থ এর কথা শুনে প্রকৃতির চোখ বেয়ে জল গড়িয়ে পড়লো । সব অভিমান ভুলে গেল এইমুহূর্তে ।কাঁদতে কাঁদতে বলল " মানে তুমি কোথায় যাবে আমাকে ছেড়ে?"

" কোথাও না তোমাকে ছেড়ে কি কোথাও যেতে পারি? এটাতো শুধু কথার মানে বলছিলাম মাত্র "

" না এমন কথার মানে তোমাকে কখনো বলতে হবে না আমি চাইনা এইসব শুনতে " বলেই প্রকৃতি এবার মুখটা ফিরিয়ে নিল আর কাঁদতে চাই না এই লোকটার সামনে । এই লোকটা ওকে

একটুও ভালোবাসে না তাই তো আজ এতো কষ্ট দিল ।

আজ দুইদিন হলো প্রকৃতি বাড়িতে এসেছে । এই দুইদিনে প্রকৃতি একটুও সিদ্ধার্থ এর সাথে বকবক করেনি । সিদ্ধার্থ নিজের অফিস শেষে বাড়ি ফিরে এসে প্রকৃতির সাথে কথা বলতে গেলেই এড়িয়ে যেতো সেইদিনের অভিমানটা এখনো শেষ হয়নি । সিদ্ধার্থ নিশ্চয়ই ওকে আর ভালোবাসে না তাই ওর সাথে এমন ব্যবহার করেছিল এটাই মনে করে ও ।

আজ ও সিদ্ধার্থ অফিস থেকে ফিরে এসে প্রকৃতির দিকে তাকালো দেখলো বিছানায় বসে বসে একদৃষ্টিতে বই পড়ছে অন্য দিকে হয়তো খেয়ালেই । প্রকৃতির ওকে এভাবে ইগনোর করার কারন সিদ্ধার্থ কিছুতেই বুঝতে পারে না । প্রকৃতির সাথে এতো বার ধরে কথা বলার চেষ্টা করছে কিন্তু প্রকৃতি নিজের মুখটা একদম সেলাই করে রেখে দিয়েছে কথাই বলছে না । আরে প্রকৃতি তো জানে না ওর বকবক করা সিদ্ধার্থ এর আসক্তি হয়ে দাঁড়িয়েছে ।

সিদ্ধার্থ ফ্রেশ হয়ে এসে প্রকৃতির পাশে বসে পড়লো । এটা দেখেও প্রকৃতি না দেখার ভান করে বইটা নিয়ে পড়তে লাগলো । সিদ্ধার্থ

কান্ড দেখে মুচকি হাসলো তারপর বইটা প্রকৃতির কাছে নিয়ে সোজা করে দিয়ে বলল " আচ্ছা উল্টো ধারে বই কি করে পড়ে আমাকে শিখিয়ে দেবে তাহলে আমিও পড়তাম আর কি ? "

সিদ্ধার্থ এর কথা শুনে প্রকৃতি নিজেই ভ্যাবাচ্যাকা খেয়ে গেছে মনে মনে নিজেকেই বকছে পেস্টিজের এভাবে দফারফা হয়ে যাওয়াতে ।

" কি হলো বলো শিখিয়ে দেবে না ?" সিদ্ধার্থ আবার প্রকৃতিকে জিজ্ঞেস করলো কিন্তু প্রকৃতি কোনো উত্তর না দিয়ে উল্টো দিকে মুখ টা ফিরিয়ে নিল ।

এটা দেখে সিদ্ধার্থ সামান্য রেগে গেল কিন্তু মুখে প্রকাশ করলো না । প্রকৃতির কি হয়েছে সেটাই তো বুঝতে পারছে না প্রকৃতিও কিছু বলছে না ।

সিদ্ধার্থ প্রকৃতির গাল দুটো নিজের হাতের মাঝে রেখে নিজের দিকে ফেরালো তারপর কপালে কপাল ঠেকিয়ে বলল " কি হয়েছে প্রকৃতি ? এমন কেন করছো ? আমি কি কিছু বলেছি তোমাকে ? "

" উহু ছাড়ুন আমাকে আপনার সাথে আমার কথা নেই "

" কিন্তু কেন ? কি করেছি আমি সেটা তো বলো ?"

" আপনি কি করেছেন ? আপনি .. আপনি আমাকে আর ভালোবাসেন না অন্যকাউকে ভালোবাসেন তাই তো আমার সাথে ওভাবে কথা বললেন সেদিন .... আমি দেখেছি একটা শাকচুন্নি কে আপনার সাথে বলতে আপনার ফেসবুকে সমস্ত পোস্টে রিয়েক্ট দেয় .... আর ওই দিন ... ওইদিন শাকচুন্নি কার সাথে হেসে হেসে

একটা রেস্টুরেন্টে কথা বলছিলেন ... তুমি না খুব বাজে .... আমাকে আর ভালোবাসো না .... আমার না মাঝে মধ্যে ইচ্ছে করছে তোমাকে খুন করতে কিন্তু কি দিয়ে খুন করবো সেটাই তো পাচ্ছি না .... আর ওই শাকচুন্নির নাম বলো আমি ওকেও খুন করবো ... এই যে এই হাত দিয়ে .... দাঁড়াও হাতটা একবার ঠিক হয়ে যেতে দাও .... আমার হাতটাও ওই শাকচুন্নির জন্য ভেঙেছে ..... বদদোয়া লেগেছে ওই শাকচুন্নির তাই ভেঙেছে .... আমি ওর পা ভাঙবো আর আপনার কোমর ....." একদমে পুরো কথাটা বলে গেল প্রকৃতি । এর মাঝে প্রকৃতি কতবার ডান হাতটা নাড়ানোর চেষ্টা করেছে আর কতবার কেঁদে কেঁদে চোখের জল মুছেছে ওই জানে । সিদ্ধার্থ প্রকৃতির কথা শুনে হাসবে না কাঁদবে বুঝতে পারছে না প্রথমে খুব রাগ হলেও এখন আর হচ্ছে না। সত্যিই মেয়েটা বাচ্চা ।

" হয়ে গেছে তোমার কথা শেষ ... এবার একটা দম নাও .... এই যে জলটা খাও " বলেই টেবিল থেকে একটা গ্লাসে করে জল ওর দিকে বাড়িয়ে । জলটা পেয়ে প্রকৃতি সেটা নিয়ে খেতে আরম্ভ করলো ।

" পুরোটা খাবে কিন্তু তাহলে শক্তি পাবে আরো বকবক করার .... উফ্ শান্তি কতদিন পর তোমার বকবক শুনছি .... " বলেই সিদ্ধার্থ মুচকি হাসলো । এদিকে প্রকৃতি তো আরো রেগে গেছে গ্লাসের জলটা কোনোমতে খেয়ে গ্লাসটা টেবিলের উপর রেখে পাশে থাকা বালিশটা তুলে নিয়ে সিদ্ধার্থ এর দিকে ছুঁড়ে দিয়ে বলল " কি আমি বকবক করি ? তোমাকে তো আমি ....? মজা করছো আমার সাথে

.... তুমি জানো আমি কে ? আমি মিসেস সিদ্ধার্থ সেনগুপ্ত । তোমাকে আমি মেরেই ফেলবো " বলেই আরেকটা বালিশ নিয়ে সিদ্ধার্থ এর দিকে ছুড়লো বেচারি এর থেকে বেশী আর কিছু করতেও পারছে না হাতটা তো ভেঙে আছে নাড়াচাড় করলেই ব্যাথা করছে ।

" আরে আরে কি করছো ? তুমি নিজেকে আমার মিসেস বলছো আর আমাকেই মারছো এটা ঠিক আরে থামো ক্ষেপছো কেন ? ওই মেয়েটা কেউ না .... সোহেল চৌধুরীর পিএ ওই মেয়েটা ওদের কম্পানি থেকে সব কিছু দেখাশোনা করছে "

" আমি শুনতে চাই না যাও তো " বলেই প্রকৃতি আশেপাশে আরো কিছু খুঁজতে শুরু করলো কিন্তু বালিশ পেল না পাশবালিশ ছিল সেটা একটা হাতে তোলা যাবে তাই কিছু না পেয়ে হাত দিয়েই মারতে থাকলো । সিদ্ধার্থ প্রকৃতির হাতটা কোনো মতে ধরে নিয়ে বলল " কি করছো কি এখনি তো লেগে যাবে ... অনেকক্ষণ হলো এসব এবার শান্ত হোও .... খাবার খাবে চলো ওষুধ ও খেতে হবে । একজায়গায় শান্ত হয়ে থাকতে পারো না তুমি কখনোই ? তাই এতো ক্ষতি হয় তোমার .... তুমি জানো সেইদিন কতটা ভয় পেয়েছিলাম তোমাকে দেখে আমার মনে হচ্ছিল আগে দুটো চড় মারি তারপর অন্যকিছু কিন্তু পারিনি শুধু তোমাকে ভালোবাসি বলে " বলেই সিদ্ধার্থ প্রকৃতির কপালে একটা কিস উঠে চলে গেল খাবার আনতে ।

দেখতে দেখতে কেটে গেছে আরো কয়েকটা দিন । প্রকৃতির হাতের ব্যান্ডেজটা খুলে দেওয়া হয়েছে । এই একমাসে ও পুরো রেস্ট ছিল । তবে মাঝে মধ্যে কলেজ যেতো না হলে পড়াশোনায় পিছিয়ে পড়বে । তবে এই কদিন ও একটুও ফাঁকি দিতে পারেনি সেই আগের মতো পড়তে হয়েছে । ডান হাতে লিখতে পারবে না বলে বা হাতে লিখতে হয়েছে । আর বা হাতের লেখা দেখলে প্রকৃতির নিজেরেই কেমন দৌড়ে পালাতে ইচ্ছে করতো কিন্তু সিদ্ধার্থ ওকে ছাড়েনি । এতো বাহানা দিতো তাও কোনো লাভ হয়নি । এই তো দুই তিনদিন আগে ও হাতের ব্যান্ডেজটা খুলিয়ে এসেছে তাও এখন রেস্ট আছে । সিদ্ধার্থ এই এই কদিন ওকে যেমন খাইয়ে দিয়েছে তেমনি এখনো খাইয়ে দেয় । আজ তো ওদের ফার্স্ট এনিভার্সরী তবে সিদ্ধার্থ এটা নিয়ে প্রকৃতির সাথে কোনো আলোচনা করেনি । কিন্তু প্রকৃতি একটা সারপ্রাইজ প্ল্যান করেছে ।

দুপুর গড়িয়ে বিকেল নেমেছে একটু আগে । সিদ্ধার্থ আজকেও রেডি হয়ে সোফায় বসে আছে । পরনে কালো শার্ট প্যান্ট ব্লেজার বেশ ভালো লাগছে ওকে । এই কালো রঙটাতেই ওকে সব থেকে বেশি মানায় তাই তো প্রকৃতি আজেকের জন্য এই কালো পছন্দ করেছে সিদ্ধার্থ এর জন্য । প্রকৃতি নিজেও কালো রঙের একটা শাড়ি পরেছে । শাড়ি পরা ও শিখে নিয়েছে তাই এবারে আর বেশি সেফটিপিন আটকাতে হয়নি ওকে । ওর তো মনেই পড়েনা সেই

বারের পর কবে আর শাড়ি পরেছিল । প্রকৃতি হালকা সেজে নিজেকে আয়নায় দেখে নিল । না ঠিকেই লাগছে ওকে এটা ভেবেই মুচকি হাসলো তারপর রুম থেকে বেরিয়ে এলো ।

প্রকৃতি নীচে নেমে সিদ্ধার্থ এর সামনে এসে দাড়ালো । সিদ্ধার্থ এতক্ষন কোনো কাজ না পেয়ে নিজের ফোন নিয়ে ব্যস্ত ছিল তাই প্রথমে প্রকৃতিকে লক্ষ্য করেনি ।

" বউমনি কি সুন্দর লাগছে তোমায় ... কোথায় বেড়াতে যাচ্ছো ?" নয়ন পাশ থেকে দাঁড়িয়ে কথাটা বলে উঠলো । নয়নের কথা শুনে সিদ্ধার্থ ফোনটা রেখে বলল " তুমি চলে এসেছে ?" বলে প্রকৃতির দিকে তাকালো কিন্তু আর চোখ ফেরাতেই পারলো না । কি সুন্দর লাগছে প্রকৃতি অন্য দিনের তুলনায় আজ বেশি আনকমন লাগছে । কালো শাড়িতে লাল আঁচল কপালে ছোট একটা কালো টিপ সিঁথিতে আজ চওড়া করে সিঁদুর পরেছে যেটা প্রকৃতি কোনো দিনেই পরে না । চোখে গাঢ় কাজল হাত ভর্তি চুড়ি কানে ঝুমকো .... প্রকৃতির এই সৌন্দর্যতাই সিদ্ধার্থ যেন বারবার হারিয়ে যাচ্ছে ।

" দাদাবাবু দাদাবাবু ..." নয়ন সিদ্ধার্থ কে প্রকৃতির দিকে এভাবে তাকিয়ে থাকতে দেখে ঠেকে উঠলো । নয়নের এই অহেতুক কণ্ঠস্বরে সিদ্ধার্থ খুব বিরক্ত হলো । বিরক্তি নিয়ে নয়নের দিকে তাকাতেই নয়ন বলে উঠলো " দাদাবাবু এভাবে তাকিয়ে না থেকে বউমনির সাথে যাও .... বউমনি তো গেল "

সিদ্ধার্থ সামনে তাকিয়ে দেখে সত্যিই তো প্রকৃতি নেই । সিদ্ধার্থ তাড়াতাড়ি বাইরে গিয়ে দেখে প্রকৃতি গাড়িতে উঠে বসে আছে তাও

আবার ড্রাইভারের সিটে । সিদ্ধার্থ তাড়াতাড়ি গাড়ির কাছে গিয়ে বলল " তুমি এখানে কেন ? আমিই তো চালিয়ে যেতাম "

" কেন আমি পারিনা না নাকি আফটার অল আমার মিঃ সেনগুপ্ত আমাকে ট্রেনিং দিয়েছে বলে কথা .... মিসেস সেনগুপ্ত তার মান রাখবে তুমি চিন্তা করো না .... " বলেই মুচকি হাসলো প্রকৃতি । সিদ্ধার্থ কিছু না বলে চুপচাপ প্রকৃতির পাশে বসে পড়লো ।

" আচ্ছা আমরা কোথায় যাচ্ছি এটা তো বলো ?"

" আরে চুপ করো তো এতো বকবক করছো কেন ? আমি তোমাকে কিডনাপ করিনি "

" আরে আমি তো জানতে চাইলাম মাত্র "

" আমিও তো বলছি গেলেই দেখতে পাবেন "
বলেই প্রকৃতি গাড়িতে জোরে ব্রেক মারলো । এতো জোরে ব্রেক মারাতে দুইজনেই কিছু টা সামনে ঝুঁকে গেল । সিদ্ধার্থ নিজের হাতটা তাড়াতাড়ি প্রকৃতির মাথার সামনে রাখলো যাতে প্রকৃতির না লাগে ।

" আরে সাবধানে চালাও .... তুমি ছাড়ো আমাকে দাও এখনি তোমার লেগে যেতো ... এই তো কদিন আগে মাথা ফাটিয়েছিলে আবার কি মাথা ফাটানোর ইচ্ছে আছে নাকি ?"
" আরে আমরা পৌছে গেছি তাই তো গাড়িটাকে থামাতে চাইলাম

কিন্তু এতো জোরে ব্রেক মারবো সেটাই কি করে জানবো ? ভুল হয়ে গেছে আর হবে না এবার নামুন তো " বলেই প্রকৃতি দরজা খুলে বেরিয়ে গেল । সিদ্ধার্থ প্রকৃতিকে নামতে দেখে একটা দীর্ঘশ্বাস ফেললো । এই মেয়ে মুখের সাথে সাথে হাত পাও চলছে তাড়াতাড়ি ।

সিদ্ধার্থ গাড়ির দরজা খুলে বাইরে আসতেই অবাক হয়ে গেল । আরে প্রকৃতি ওকে নদীর পাড়ে এনেছে । পুরো নদীর পাড় হালকা আলোয় আলোকিত করা আছে । ঘাটে একটা নৌকা সেটাও ছোট ছোট লাইট ফুল দিয়ে সাজানো আছে । একজন মাঝি বসে আছে সেই নৌকাতে । সিদ্ধার্থ এসব দেখে খুব অবাক হয়ে গেল প্রকৃতি এসব করেছে ওর জন্য ।

" কেমন লাগলো আমার সারপ্রাইজ টা ?" প্রকৃতি এসে সিদ্ধার্থ এর পাশে দাঁড়িয়ে ওর হাতটা শক্ত করে ধরলো । প্রকৃতির মুখে কথাটা শুনে সিদ্ধার্থ মুচকি হেসে ওর দিকে তাকালো ।
" খুব সুন্দর .... তুমি করেছো এসব ?"
" তো আমি করবো না তো কে করবে .... জানো কতো কষ্ট হয়েছে ..... এখন বেশি কথা না বলে চললো " বলেই প্রকৃতি সিদ্ধার্থ এর হাতটা টেনে নৌকার কাছে নিয়ে গেল ।
প্রকৃতি নৌকার কাছে এসে মাঝিকে বলল " মাঝি চাচা সব কিছু রেডি তো "
" হ্যা মা সব কিছু তৈরি তোমরা উঠে এসো "

মাঝির কথা শুনে প্রকৃতি সিদ্ধার্থ কে নৌকায় ওঠার জন্য ঈশারা করতে সিদ্ধার্থ মুচকি হেসে নৌকাতে উঠলো তারপর প্রকৃতির হাতটা শক্ত করে ধরে নৌকাতে তুললো । যদিও শাড়ি পরে ওর উঠতে বেশ কষ্ট হচ্ছিল সেটা বুঝতে পেরে সিদ্ধার্থ প্রকৃতির হাতটা শক্ত করে ধরে সামান্য তুলে নিয়ে প্রকৃতির কোমরটা শক্ত করে ধরলো তারপর নৌকায় বসিয়ে দিল আর নিজেও বসে পড়লো ।

মাঝি নৌকা বাইতে শুরু করলো জলের উপর দিয়ে এই মধ্য সন্ধ্যায় নৌকার উপর সূর্যাস্ত দেখার দৃশ্যটাই আলাদা। এই দৃশ্য দেখতে দেখতে ওরা কখন মাঝ নদীতে চলে এসেছে বুঝতেই পারেনি । চারিদিকে শুধু জল আর জল । হটাৎ জলের উপর কিছু একটা ভেসে উঠলো সেটা প্রকৃতির চোখে পড়তেই সামান্য পিছিয়ে গেল । এটা দেখে মাঝি আর সিদ্ধার্থ জোরে জোরে হাসতে থাকলো ।
" ওটা কি সিদ্ধার্থ ? তোমরা হাসছো ? জানো ওটা দেখে কত ভয় পেয়ে গেছিলাম " মুখ ফুলিয়ে বলে উঠলো প্রকৃতি ।

" প্রকৃতি তুমি একটা পানকৌড়ি দেখে ভয় পাচ্ছো " বলেই সিদ্ধার্থ আবার হাসতে থাকলো ।

" কি ওটা পানকৌড়ি ?" বলেই প্রকৃতি ভালো ভাবে জলের দিকে তাকালো ততক্ষণে পানকৌড়িটা আবার ডুব দিয়েছে জলে ।

কিছুক্ষণ পর আবার দুটো পানকৌড়ি জলে ভেসে উঠলো । এটা দেখে প্রকৃতি প্রথমে চমকে উঠলেও আর ভয় পায়নি ।

" আচ্ছা তুমি আমাকে এতো সারপ্রাইজ দিলে কেন ?" সিদ্ধার্থ মুচকি হেসে বলল । কথাটা শুনে প্রকৃতির খুব রাগ হলো এতো কিছুর পরেও বুঝতে পারল না কিসের সারপ্রাইজ এটা ? ভ্রু কুঁচকে কিছুক্ষণ ওর দিকে তাকিয়ে থেকে বলল " তোমার মনে নেই ?"

প্রকৃতির কথা শুনে সিদ্ধার্থ ঠোঁট চেপে হাসলো তারপর না সূচক মাথা নাড়ল । এতে প্রকৃতির রাগ হলেও সেটা কন্ট্রোল করে দুইবার জোরে শ্বাস নিল ।

প্রকৃতি চুলে লাগানো গোলাপ ফুলটা খুলে নিয়ে সিদ্ধার্থ এর সামনে হাঁটু গেড়ে বসলো তারপর ওর সামনে গোলাপ ফুলটা বাড়িয়ে দিয়ে বলল " আজ থেকে একবছর আগে ঠিক এই দিনটাই আমাদের সেই এক্সিডেন্টলি বিয়ে হয়েছিল তারপর আমি তোমার সাথে ক্রমশই জড়িয়ে পড়েছি .... জানো মানুষের উপর বিশ্বাস করতে আমি কখনো পারিনি কিন্তু তুমি আমার বিশ্বাস অর্জন করেছো .... হয়তো ধীরে ধীরে ভালোবাসাটাও .... তুমি ভালোবেসে আমাকে অর্জন করেছে হ্যা অর্জন করেছো এমনি এমনি পাওনি ...... তোমার ভালোবাসা হয়তো বাধ্য করেছে আমাকে তোমায় ভালোবাসতে ..... আমাকে আমার মতো করে বাঁচতে দিয়েছো .... তোমার চরিত্রের সাথে আমার কোনো মিল নেই তাও তুমি আমার উপর বিরক্ত হওনি কখনো .... ধৈর্য ধরে আমাকে বুঝিয়েছো .... তাই তোমার

এসব গুন হয়তো আমাকে বাধ্য করেছে তোমায় বিশ্বাস করতে ভালোবাসতে ... হ্যা আমি তোমাকে ভালোবাসি খুব ভালোবাসি .....
Will you accept my love? "

অবিশ্বাস্য দৃষ্টিতে তাকিয়ে আছে সিদ্ধার্থ প্রকৃতির দিকে । সেদিনের বাচ্চা মেয়েটাকে আজ যেন হটাৎ করে বড্ড বড়ো লাগছে । প্রকৃতি এভাবে ওকে মনের কথা জানাবে হয়তো ওর কল্পনাতেই কখনো ছিল না তাই কোনো রিয়েকশন দিতে ভুলে গেছে।

" আরে কখন থেকে হাঁটু গেড়ে বসে আছি এবার তো তোলো নাহলে পা ভেঙে যাবে আমার " ছোটদের মতো করে কথা গুলো বলে উঠলো প্রকৃতি । ওর কথা শুনে সিদ্ধার্থ মুচকি হাসলো ।

" যদি না তুলি তাহলে ....? " বলে উঠলো সিদ্ধার্থ ।

" তাহলে তোমাকে আমি নদীতে ফেলে দেবো হুহ .... ব্যাথা করছে আমার হাঁটু দুটো .... তুমি কিন্তু আমার প্রোপোজালের উত্তর দাওনি এখনো আর তুলছোও না " ঠোঁট ফুলিয়ে প্রকৃতি বলে উঠলো ।

সিদ্ধার্থ এবারে মুচকি হেসে হাত দুটো গুটিয়ে দিয়ে বুকের কাছে ভাঁজ করে নিল । এটা দেখে প্রকৃতি রেগে ওখানেই বসে পড়লো তারপর বলল " তোমার সাথে আর কথাই বলবো না বাড়ি চলো তারপর তোমার পা দুটো ভাঙবো আমি .... আমার পা ভাঙার প্ল্যান করছো তুমি ?" এবার আর সিদ্ধার্থ থাকতে পারলো না হো হো করে হেসে উঠে হটাৎ করেই প্রকৃতিকে কোলে তুলে নিয়ে দুইবার ঘুরিয়ে নিল । ওদিক থেকে মাঝি বলে উঠলো " আরে আপনি এমন করবেন না নৌকা দুলছে তো খুব জোরে "

আরো কিছুক্ষন ওখানে কাটিয়ে এসে সিদ্ধার্থ প্রকৃতি বাড়ি ফিরে এলো । তবে প্রকৃতি একটা কথাও বলেনি সিদ্ধার্থ এর সাথে আজকের দিনটা ভুলে গেছে সিদ্ধার্থ এটা মানতে পারছে না গাল ফুলিয়ে সেদিকে বসে আছে । সিদ্ধার্থ এটা দেখেও না দেখার ভান করছে তাই তো গাড়ি থেকে নেমে সোজা চলে গেল প্রকৃতির দিকে একবারও তাকালো না । এটা দেখে প্রকৃতি রেগে গিয়ে গাড়ির দরজা খুলতে গিয়েও খুললো না । রেগে ওখানেই বসে থাকলো । সিদ্ধার্থ একবার পেছনে তাকিয়ে দেখে প্রকৃতি নেই গাড়ির দিকে দেখে গাড়িতেই বসে আছে । সিদ্ধার্থ ঠোঁট চেপে হেসে প্রকৃতির সামনে এসে ওকে কোলে তুলে নিয়ে বাড়ির ভেতরে চলে গেল । প্রকৃতি সিদ্ধার্থ এর কোল থেকে নামতে চাইলেও পারলো না ।

" নয়ন সব ব্যবস্থা করে রেখেছিস তো ?" সিদ্ধার্থ বাড়ির ভেতরে ঢুকেই প্রকৃতিকে সোফায় বসিয়ে দিয়ে নয়নকে প্রশ্নটা করে উঠলো ।

" হ্যা দাদাবাবু আপনি যেমন বলেছিলেন তেমনিই করেছি " নয়ন সিদ্ধার্থ সামনে এসে বলে উঠলো ।
" ওকে ঠিক আছে আমি রুমে যাচ্ছি .... প্রকৃতি চলো " বলেই ও আর একবারো প্রকৃতির দিকে তাকালো না উপরে চলে গেল।
এটা দেখে এবার প্রকৃতি খুব কষ্ট হলো সিদ্ধার্থ এমন ব্যবহার ওর মেনে নিতে খুব কষ্ট হচ্ছে । রাগ ও হচ্ছে তবে রাগের থেকে বেশি কষ্ট । প্রকৃতি আস্তে আস্তে সোফা ছেড়ে শাড়ির কুচিটাকে সামলে উপরে গেল । রুমে ঢুকেই ভেবেছিল সিদ্ধার্থ এর সাথে আর কথা

বলবে না কিন্তু নিজেই অবাক হয়ে গেল পুরো রুমটা কৃষ্ণচূড়া ফুল দিয়ে সাজানো যদিও প্লাস্টিকের কৃষ্ণচূড়া ।

প্রকৃতি রুমে প্রবেশ করতেই পুরো রুমে লাল নীল বাতি জ্বলে উঠলো , মাঝখানে একটা টেবিল রাখা পুরো টেবিলটা মোমবাতি দিয়ে সাজানো । টেবিলের মাঝখানে এতো বড়ো একটা কেক রাখা আছে । প্রকৃতি সেদিকে এগিয়ে যেতেই সিদ্ধার্থ ওর সামনে এসে দাঁড়ালো । মুখে মুচকি হাসি এসব দেখে প্রকৃতির ঠোঁটের কোনেও হাসি ফুটে উঠেছে ।

" কি পছন্দ হয়েছে তো ? তুমি তো প্রোপোজ করেই দিয়েছো আর উত্তর আমি আগেই দিয়ে দিয়েছি এখন বাকি কাজটা আমার করার দায়িত্ব তাই না .... ভেবেছিলাম আমি তোমাকে সারপ্রাইজ দেবো কিন্তু আজ তুমি আমায় এতো বড়ো একটা সারপ্রাইজ দিলে রে আমি ভাষা হারিয়ে ফেলেছি .... তোমার মুখে ভালোবাসি শোনার কাছে এগুলো খুব তুচ্ছ .... চলো কেকটা কাটবে চলো আজ সারা রাত আমরা জাগবো চাঁদ দেখবো বেলকনিতে বসে " বলেই সিদ্ধার্থ একটা হাত প্রকৃতির দিকে বাড়িয়ে দিল আর প্রকৃতি ও সিদ্ধার্থ এর মুখে কথা গুলো শুনে আর কি রাগ করে থাকা যায় প্রকৃতি ও আর রাগ করতে পারলো না সিদ্ধার্থ এর হাতটা শক্ত করে ধরলো ।

সিদ্ধার্থ প্রকৃতি দুইজনেই কেকটা কেটে এক অপরকে খাইয়ে দিল । সিদ্ধার্থ একটা নরম এনে প্রকৃতির হাতে ধরিয়ে দিয়ে বলল " নথ তোমার খুব পছন্দের তাই তোমাকে একাই দিলাম .... এর

থেকে বেশী দেবার ক্ষমতা আমার থাকলেও তুমি তো অল্পতেই খুশি তাই আমিও খুশি .... এবার চলো বেলকনিতে চাঁদ দেখবো ওখানে " বলে সিদ্ধার্থ প্রকৃতিকে বেলকনিতে নিয়ে যেতে চাইলো কিন্তু সিদ্ধার্থ কে নিজের দিকে ফিরিয়ে শক্ত করে জড়িয়ে ধরে বলল " তুমি আমার জীবনের বেস্ট গিফট সত্যিই গড গিফটেড তুমি "

সিদ্ধার্থ এতো সুন্দর সারপ্রাইজ পেয়ে প্রকৃতি নিজের চোখের জলটা কে ধরে রাখতে পারেনি আজ ।
" আচ্ছা বাড়ির লোককে তো একবার ফোন করা উচিত তাই না ?"
" চিন্তা করো না প্রকৃতি ওরা কাল আসছে তো তুমি চলো বেলকনিতে "

সিদ্ধার্থ নিজের পরনে ব্লেজার টা খুলে বিছানার একপাশে রেখে বিছানায় হেলান দিয়ে শুয়ে পড়লো । একটু ক্লান্ত লাগছে তবে আজকের আনন্দের থেকে এই ক্লান্তি কিছুই নয় । পাশে প্রকৃতি বসে আছে আকাশের দিকে তাকিয়ে ।
" কি হলো তোমার শুয়ে পড়লে কেন ?"
" কিছু না " বলেই প্রকৃতির হাতটা ধরে সিদ্ধার্থ নিজের দিকে টেনে নিল । প্রকৃতি গিয়ে পড়লো সিদ্ধার্থ এর বুকে । চুল গুলো পুরো পিঠে ছড়িয়ে ছিটিয়ে গেল । সিদ্ধার্থ প্রকৃতির মাথায় হাত বুলিয়ে দিয়ে বলল " সারাজীবন এভাবেই পাশে থাকবে তো ? এভাবেই সবসময় আমার উপর অধিকার দেখাবে তো ? কখনো

ছেড়ে যাবে না তো ? "

প্রকৃতি সিদ্ধার্থ বুকে মুখটা গুঁজে দিয়ে মাথা নেড়ে বলে উঠলো " কখনো না ... তোমার মন থেকে আমি কখনো যাবো না.... আর না আমার মন থেকে তোমাকে মুছে যেতে দেবো " বলেই আরো শক্ত করে জড়িয়ে ধরলো সিদ্ধার্থ কে । সিদ্ধার্থ প্রকৃতির গলায় হালকা কিস করলো তারপর মুখটা তুলে কপালে গালে কিস করে প্রকৃতির ওষ্ঠদ্বয় স্পর্শ করলো এতে প্রকৃতি যেন কেঁপে উঠলো । সিদ্ধার্থ এর সাথে সমান ভাবে রেসপন্স করতে লাগলো আজ । কিছুক্ষণ পর সিদ্ধার্থ প্রকৃতিকে ছেড়ে দিয়ে প্রকৃতিকে শক্ত করে জড়িয়ে ধরে চাদরটা দিয়ে ভালো ভাবে ঢেকে নিল নিজেদের ।

" ঘুমিয়ে পড়ো প্রকৃতি "

" কিন্তু তুমি যে বললে ঘুমাবে না "

" না ঘুমালে কাল সকালে উঠতে পারবে না আর বাড়ির লোক ও আসবে সবাই তখন কি বলবে বলতো তোমাকে .... বলে আমি তোমাকে ঘুমাতে দিইনা " সিদ্ধার্থ এর কথার মানেটা প্রকৃতি ভালো ভাবে বুঝতে পারলো । দুটো কিল মেরে দিল সিদ্ধার্থ এর বুকে । লজ্জায় ওর বুকেই মাথা গুঁজে অস্ফুট স্বরে বলে উঠলো " অসভ্য " বলেই প্রকৃতি চোখ দুটো বন্ধ করে নিল । কথাটা প্রকৃতি আস্তে বললেও সিদ্ধার্থ শুনতে পেল মুচকি হেসে প্রকৃতিকে আরো শক্ত করে ধরে চোখ বুজে নিল ।

এই জোৎস্না আলোকিত নিস্তব্দ রাত দুইজন ভালোবাসার মানুষ কাছাকাছি আছে । ঘরের মধ্যে তখনো একটা গান বেজে চলেছে --

--

Lag Ja Gale Ki Phir Ye Hasin Raat Ho Na Ho Shaayad Phir Is Janam Men Mulaaqaat Ho Na Ho Lag Jaa Gale hellip; Ham Ko Mili Hain Aaj, Ye Ghadiyaan Nasib Se Ji Bhar Ke Dekh Lijiye Ham Ko Karib Se Phir Aap Ke Nasib Men Ye Baat Ho Na Ho Shaayad Phir Is Janam Men Mulaaqaat Ho Na Ho Lag Jaa Gale hellip; Paas Aaiye Ki Ham Nahin Aaenge Baar-Baar Baahen Gale Men Daal Ke Ham Ro Le Zaar-Zaar Aankhon Se Phir Ye Pyaar Ki Barasaat Ho Na Ho Shaayad Phir Is Janam Men Mulaaqaat Ho Na Ho Lag Ja Gale Ki Phir Ye Hassin Raat Ho Na Ho Shaayad Phir Is Janam Men Mulaaqaat Ho Na Ho Lag Jaa Gale hellip;

পরেরদিন সবাই প্রকৃতি দের কাছে এলো । সবাই তো খুব খুশি । বেশ আনন্দেই কেটে গেল আরো কয়েকটা দিন । ফিরেও গেল যথারীতি সবাই । ভালোবাসা আনন্দ ঝগড়া খুনসুটি অভিমান অভিযোগ নিয়ে কয়েকমাস গেল । প্রকৃতির থার্ড ইয়ারের পরীক্ষা শেষ হয়ে ফোর্থ ইয়ারে পড়লো ।

আগস্ট মাস আর কিছুদিন পর পূজোর মরশুম । সিদ্ধার্থ এর ব্যবসা

এখন অনেক উন্নতি হয়েছে । প্রকৃতিদের কলেজ এখন খুব চাপ । যেহেতু লাস্ট ইয়ার তাই ডিউটি থাকছে একপ্রকার ক্লাস প্র্যাকটিক্যাল এর চাপ এই সব মিলিয়েই সময় কেটে যাচ্ছে প্রকৃতির । জীবনে এতো চাপ কখনো পড়েনি । আর বাড়িতেও সিদ্ধার্থ এর কড়া ইন্ট্রাকশন পড়াশোনা করতেই হবে সেখানে ফাঁকি দেবার কোনো জায়গা নেই । এর মধ্যে একটা সুখবর আছে ঈশিতা প্রেগন্যান্ট । খবরটা শুনে সবাই খুব আনন্দিত কিন্তু প্রকৃতি যেতে না ওর দিভাই এর কাছে তাই সিদ্ধার্থ এর সাথে খুব রেগে আছে । কিন্তু সিদ্ধার্থ প্রকৃতির রাগের ধার ধারছে না । আর তো কদিন পর পূজো তখনেই যাবে ঠিক করেছে । এখন গেলে প্রকৃতি পিছিয়ে পড়বে পড়াশোনায় তখন আবার অনেকটা চাপ একসাথেই প্রকৃতির উপর পড়বে কিন্তু এটা কে বোঝায় প্রকৃতিকে ? তাই সিদ্ধার্থ চুপ চাপ আছে আর প্রকৃতি জেদ করলেই সিদ্ধার্থ ধমকে দেয় এতে প্রকৃতি অত্যন্ত দুইদিন চুপ করে থাকে কিন্তু আবার সেই কে সেই ... কে শোনে কার কথা ? এই ভাবেই কেটে যাচ্ছে দিনগুলো .... কিন্তু আগামী দিনগুলোই যে ভয়ঙ্কর বিপদ ওদের জন্য অপেক্ষা করে আছে ..... প্রকৃতির অতীতের কালো ছায়া পড়বে ওদের বর্তমান জীবনে যা পুরো তছনছ করে সিদ্ধার্থ প্রকৃতির এই সুখের সংসার টাকে ......

প্লেন থেকে নেমেই তাড়াতাড়ি এয়ারপোর্ট থেকে বেরিয়ে এলো রিক । আজ এতো বছর পর দেশে ফিরছে ও ... এক অদ্ভুত শিহরন

বয়ে যাচ্ছে শরীরে .... আর তো মাত্র কিছুমিনিট তারপরেই ও দেখা পাবে তার যার জন্য ওর এখানে ফিরে আসা .... পাশ থেকে ওর কাঁধে কেউ হাত রাখতেই ও পাশে তাকালো দেখলো মনিকা ওর দিকে তাকিয়ে আছে ।

ও মনিকাকে বলল " তুই বাড়ি যা আমি একটু পরে যাবো .."

" একদম না রিক দা তুই তো চল আমার সাথে ... আমি তোকে একা ছাড়বো না কিছুতেই "

" বলছি না আমি যাবো না আমার কথাটা কি তোর কানেই ঢুকছে না " চেঁচিয়ে উঠলো রিক তাতে মনিকা কিছুটা কেঁপে উঠল কিন্তু গায়ে মাখলো না রিকের হাতটা শক্ত করে ধরে বলল " চুপচাপ বাড়ি চলে আর আমার কথাই শেষ কথা " বলেই মনিকা রিককে টেনে নিয়ে একটা গাড়িতে বসিয়ে দিল আর নিজেও বসে পড়লো রিকের পাশে । ও বসতেই গাড়ি চলতে থাকলো আপন গতিতে আপন গন্তব্যে ....

" এটা কেমন কথা আঙ্কেল ? পাপা তুমি বলেছিলে প্রকৃতি ঠিক আছে তাহলে .... তাহলে তুমি আমায় মিথ্যে বলতে এতদিন " রিক ঘরের এক একটা জিনিষ ভাঙছে আর কথা গুলো বলছে ।

" রিক ... রিক শান্ত হোও .... এখানে আমাদের কোনো হাত ছিল না .... আজ দশ বছর ধরে প্রকৃতিকে কম খুঁজিনি কিন্তু কোথায়

পায়নি .... তোমাকে বলিনি কারন তোমার পাগলামি " কোহিনুর ব্যানার্জী বাইরে থেকে কথা গুলো বলে উঠলো ঠিক তখনই একটা ফ্লাওয়ার ভাস এসে ওনার সামনে ভেঙে গেল হয়তো আরেকটু হলে ওনার লেগেও যেতো ।

" মিথ্যে বলবে না আঙ্কেল .... বলো প্রকৃতিকে কথায় লুকিয়ে রেখেছে .... তোমার জন্য আমি হারিয়ে ফেলেছি প্রকৃতি কে .... তোমার তো প্রকৃতিকে প্রয়োজন ছিল তাহলে কেন ওকে যেতে দিলে .... আমি বলেছিলাম যাবো না কিন্তু তোমরা মানোনি .... তোমার প্রকৃতির সম্পত্তি চাই আর আমার প্রকৃতিকে এই ডিলটাই তো হয়েছিল আঙ্কেল আমার সাথে তাহলে কেন তুমি তোমার কথা রাখোনি .... আমি কিন্তু বলে দিলাম প্রকৃতি যেখানেই থাকুক আমি ওকে খুঁজে বের করবো তারপর তোমাদের দেখে নেবো " বলেই রিক পাশের টেবিলটা ফ্লোরে ছুড়ে ফেলে দিয়ে বেরিয়ে গেল।

" আরে রিক দাঁড়াও দাঁড়াও আমি কিছু করিনি ... তুমি যাবার কিছুদিনের মধ্যেই প্রকৃতি পালিয়েছিল তারপর আমি অনেক খুঁজতে চেষ্টা করেছি কিন্তু পায়নি ... রিক দাঁড়াও " কিন্তু রিক কোনো কথা শোনেনি সোজা বাইরে চলে যায় । কোহিনুর ব্যানার্জী সোহেল চৌধুরীর দিকে তাকায় আর উনি ততক্ষণে সোফায় বসে পড়েছে । এতদিন পর ছেলেটা বাড়ি এলো অথচ কারোর কোনো খোঁজ খবর

না নিয়ে আগে প্রকৃতির খোঁজ জানতে চাইলো আবার সেই পাগলামি ... এই জন্যেই ও ওকে বিদেশ পাঠিয়েছিলেন উনি ।

রিক প্রথমে বাড়িতে এসেই প্রকৃতির খোঁজ করে কিন্তু পায়না । কোহিনুর ব্যানার্জী আর সোহেল চৌধুরী দুই বন্ধু ... পাশাপাশি বাড়ি দুইজনের তাই সেই সুবাদেই রিকের সাথে কোহিনুর ব্যানার্জীর সম্পর্ক ।

রিক রেগে বেরিয়ে যেতেই মনিকা পেছনে গেল । এতক্ষন হতভম্ব হয়ে ও সব কিছু দেখছিল কিন্তু কিছু বলার সাহস পায়নি । মনিকা ভালো করেই জানতো এমন কিছুই হবে । বাড়িতে একটু বসতেও পায়নি পর্যন্ত ।

" রিক দা এই রিক দা দাড়া বলছি ... এভাবে রাগ করিস না .... এভাবে রাগ করে কোনো লাভ হবে না ..... আমাদের প্রকৃতিকে খুঁজতে হবে .... প্লিজ রাগ করিস না " কিন্তু না মনিকা রিকের কোন কথাই শুনলো না নিজের গাড়িটা নিয়ে বেরিয়ে গেল মনিকা ধরতে গিয়েও পারলো না । একটা দীর্ঘশ্বাস ফেললো শুধু । এতদিন ধরে ও রিকের কাছে আছে অথচ রিক ওর ভালোবাসাটাকে বুঝতে পারছে না শুধুই প্রকৃতি প্রকৃতি করেই যাচ্ছে । মনিকা আর ভাবতে পারছে না প্রকৃতিকে পেয়ে গেলে রিক কি করবে ? মেয়েটা মরেই যাবে এবার .... কিন্তু ও মেয়েটার জন্য কখনোই কিছু করতে পারেনি । মনিকার হটাৎ শৈলেন্দ্র মামার কথা মনে পড়লো এখন হয়তো শৈলেন্দ্র মামাই ওকে সাহায্য করতে

পারবে ।

ভোরে ভোরে একটা খারাপ স্বপ্ন দেখে পাপিয়া দেবীর ঘুমটা ভেঙে গেল । পুরো শরীর ভয়ে ঘেমে গেছে জোরে জোরে শ্বাস নিচ্ছে কষ্ট হচ্ছে খুব । কি দেখলেন উনি এটা ? এটা হতে পারে না প্রকৃতি ? প্রকৃতি ঠিক আছে তো ভেবেই যেন বুকটা কেঁপে উঠলো। ঘড়ির দিকে তাকিয়ে দেখলেন চারটে বাজে । ভোরের স্বপ্ন? ভেবে আরো বেশি ভয় পেলেন উনি ভোরের স্বপ্ন তো সত্যিই হয় তাহলে কি ওনার স্বপ্নটাও সত্যি হয়ে যাবে ? ভেবেই গলায় গালে হাতে দিয়ে ঘামটা মুছলেন তারপর পাশে চশমাটা খুঁজে নিয়ে টেবিলে হাত দিলেন ফোনটা নেবার জন্য । ফোনটা নিতে গিয়ে টেবিলে রাখা জলের গ্লাসটা নীচে পড়ে ভেঙে গেল । আর এই শব্দে পাশে থাকা সৃজিত বাবুর ঘুমটা ভেঙে গেল । সৃজিত বাবু তাড়াতাড়ি উঠে পাপিয়া দেবীর মুখে ভয় দেখে জিজ্ঞেস করলেন " কি হয়েছে তোমার ? এভাবে ঘামছো কেন ? "

সৃজিত বাবুর কথা শুনে পাপিয়া দেবী ওনার দিকে তাকালেন তারপর ভীতু কণ্ঠে বলে উঠলেন " সৃজিত ... প্রকৃতি প্রকৃতি ... ওর বিপদ গো খুব ... আমি খুব বাজে স্বপ্ন দেখেছি .... বারবার মনে হচ্ছে ওর অতীত সামনে আসতে চলেছে যেটাকে আমরা এতদিন লুকিয়ে রেখেছি ... ওকে এত কষ্টে ভুলিয়ে রেখেছি ... আমি জানি মেয়েটা আমার এখনো কিছুই ভুলতে পারেনি কিন্তু তাও এতটা ভয় পায়না ... কিন্তু সেই অতীত সামনে এলে কি হবে ? আর সিদ্ধার্থ ?

ও সব কিছু জানতে পারলে কি হবে ?"

পাপিয়া দেবীর কথা শুনে সৃজিত বাবু ভয় পেলেও প্রকাশ করলেন না । পাপিয়া দেবীর হাতটা শক্ত করে ধরে বললেন " চিন্তা করো না .... এটা শুধুই একটা স্বপ্ন কিছু হবে না গো ..."

" এটা তুমি বলছো ? আমি প্রকৃতিকে ফোন করছি "

বলেই ফোনটা নিয়ে প্রকৃতির নাম্বারে ডায়াল করলো। সৃজিত বাবু ও মানা করলেন না কারন উনি করলেই তো পাপিয়া দেবী মানবেন না তাছাড়া উনি নিজেও খুব চিন্তিত ।

ভোর চারটের সময় ফোনটা বেজে ওঠাতে সিদ্ধার্থ তাড়াতাড়ি উঠে গেল । এই সময় কে ফোন করতে পারে খুঁজে পেল না । পাশে তাকিয়ে দেখলো প্রকৃতি জড়োসড়ো হয়ে বাচ্চাদের মতো ঘুমিয়ে আছে । সিদ্ধার্থ প্রকৃতির দিকে সরে গিয়ে টেবিল থেকে ফোনটা হাতে নিল । দেখলো মামনি ফোন করেছে । এই সময় মামনির ফোন করাতে সিদ্ধার্থ এর আরো বেশি চিন্তা হতে লাগলো । সবার শরীর ঠিক আছে তো ? এই প্রশ্নটাই সবার প্রথমে মাথায় এলো । সিদ্ধার্থ তাড়াতাড়ি ফোনটা তুলে বলল " হ্যালো মামনি তোমরা ঠিক আছো তো ?"

" সিধু ..... হ্যা সিধু আমরা ঠিক আছি ... তোমরা ভালো আছো ? প্রকৃতি ঠিক আছে তো ? ওর শরীর ঠিক আছে তো ? " পাপিয়া দেবী এত উতলা কন্ঠ শুনে সিদ্ধার্থ চমকে উঠলো ।

" হ্যা মামনি প্রকৃতি তো ঠিকেই আছে .... এখন তো ঘুমাচ্ছে ..... কিছু হয়েছে কি ?"

" না সিধু কিছু হয়নি এমনি জিজ্ঞেস করছিলাম আসলে ওর কথা অনেক মনে পড়ছিল তাই "

" আচ্ছা মামনি সকিলে প্রকৃতি ঘুম থেকে উঠলে তোমাকে ফোন করবো "

" ঠিক আছে সিধু ... আমি রাখছি .... তোমরা সাবধানে থাকবে আর প্রকৃতিকে দেখে রাখবে ... জানোই মেয়েটা কেমন ?"

" তুমি চিন্তা করো না মামনি আমি খেয়াল রাখবো ওর "

সিধুর কথাটা শেষ হতেই পাপিয়া দেবী তাড়াতাড়ি ফোনটা কেটে দিয়ে যেন স্বস্তির নিঃশ্বাস ফেললো তাও যেন মনটা খচখচ করছে ওনার । এদিকে সিদ্ধার্থ এর কেমন যেন লাগছে । ওর মামনি তো এই সময় ওদের কখনোই ফোন করে না তাহলে ? কিছু কি হয়েছে ? ভাবতে ভাবতে ফোনটা একপাশে রেখে প্রকৃতির দিকে তাকালো । প্রকৃতির গালে হাত রেখে ওর স্নিগ্ধ মুখটার দিকে তাকিয়ে থাকলো । মেয়েটা সত্যিই আলাদা .... কদিন ধরে তো ওর সাথে রাগ করে বেশি কথাও বলেনি .... কত অভিমান মেয়েটার .... ভাবতেই হাসি পেল । প্রকৃতির কপালে নিজের ওষ্ঠদ্বয় স্পর্শ করে ধিমি কন্ঠে ঠেকে উঠলো " প্রকৃতি ওঠো সকাল হয়ে গেছে পড়তে হবে না ?"

সিদ্ধার্থ এর কথা শুনে প্রকৃতি আরো পাশে ফিরে শুয়ে পড়লো । ঘুম ঘুম কন্ঠে বলল " আজ থাক না মিঃ সেনগুপ্ত .... আজকে আরেকটু ঘুমায় প্লিজ "

প্রকৃতির এমন কথা শুনে সিদ্ধার্থ আর কিছু বলল না মুচকি হেসে বিছানা ছেড়ে উঠে গেল।

বাইরে খুব জোরে বৃষ্টি হচ্ছে আর প্রকৃতি বেলকনিতে বসে আছে । শিলিগুড়িতে বর্ষাকাল সত্যিই খুব সুন্দর ... ঝিরিঝিরি বৃষ্টির ফোঁটা গুলো গাছের পাতা বেয়ে নীচে পড়ছে । আজ রবিবার তাই প্রকৃতির কলেজ বন্ধ বাড়িতেই আছে । একা একা বসে থাকতে ভালো লাগে না তাই নয়নকে ডেকে নিয়ে এসেছে । দুইজনেই বসে বসে গল্প করেছে । কিছুক্ষণ আগে পর্যন্ত মিনু দিও ছিল। এখন নয়ন আর ও বেশ খোশগল্প জুড়ে দিয়েছে । সেই গল্পের হয়তো কোন শেষ বা শুরু নেই । নয়ন প্রকৃতির থেকে কিছুটা ছোট হলেও দুইজনেই বেশ জমে উঠেছে ।

প্রকৃতির খুব বৃষ্টি তে ভিজতে ইচ্ছে করছে কিন্ত সিদ্ধার্থ অফিসে গেছে আর অফিস থেকে ফিরেই ওকে খুব বকবে তাই যেতে চাইছে না।

সিদ্ধার্থ কিছুক্ষণ আগে ফোন করে বলেছে আজ তাড়াতাড়ি চলে আসবে প্রকৃতির সাথেই দুপুরের খাবারটা খাবে । এতে প্রকৃতি খুব খুশি হয়েছে আজ অনেকদিন পর ওরা একসাথে খাবে তাছাড়া তো সময়েই পায়না ।

প্রকৃতি আজ নিজেই খিচুড়ি বেগুন ভাজা চাটনি মাছ ভাজা রান্না করেছে । বৃষ্টির দিনে এসব খাবারের মজাই আলাদা । মিনুদি ও কিছু টা হেল্প করেছে তবে আজ অনেক দিন পর প্রকৃতি কিছু রান্না

করলো ।

সিদ্ধার্থ বাড়ি ফিরতে ফিরতে হালকা ভিজে গেছে । নয়ন দরজাটা খুলে দিতেই ও ভেতরে ঢুকেই কোনো মতে নিজের টাই আলগা করে নিয়ে মাথার চুল গুলো হাত দিয়ে ঝেড়ে নিল । তারপর সিড়ি বেয়ে নিজের রুমে যেতে যাবে তখন ওর চোখ গেল ডাইনিং টেবিলের দিকে । প্রকৃতি একটা লাল রঙের শাড়ি পরে আছে । চুলটা আলগা করে খোঁপা করে রেখেছে শাড়ির আঁচলটা কোমরে গুজে রেখেছে । আর নিজে টেবিলে খাবার সার্ভ করতে ব্যস্ত । একদম পাক্কা গৃহীনি লাগছে। সিদ্ধার্থ প্রকৃতির এই রুপ দেখে মুগ্ধ দৃষ্টিতে ওর দিকে তাকিয়ে থাকলো । এই সেইদিনের দেখা বাচ্চা মেয়েটাকে আজ একদম বউ বউ লাগছে । সিদ্ধার্থ প্রকৃতির দিকে তাকিয়ে মুচকি হাসলো । এর মধ্যেই একটা মিষ্টি স্বর ওর কানে এসে বাজলো ।

" কি হলো যাও তাড়াতাড়ি ফ্রশ হয়ে এসো .... এবার তো খাবার গুলো ঠান্ডা হয়ে যাবে .... তুমি জানো আজ আমি রান্না করেছি " বলেই মিষ্টি হাসলো প্রকৃতি । সিদ্ধার্থ একদম সামনেই দাঁড়িয়ে আছে প্রকৃতি । এতো সুন্দর দেখাচ্ছে .... যদি এখানে নয়ন মিনুদি না থাকতো তাহলে ও তো প্রকৃতিকে জড়িয়েই ধরতো কিন্তু সেটা তো সম্ভব নয় তাই প্রকৃতির কথা শুনে নিজেকে স্বাভাবিক করে উপরে চলে গেল ।

খাওয়া দাওয়া সেরে প্রকৃতি রুমে বসে আছে । পুরো রুমটা অন্ধকার করে রেখেছে আর বেলকনিতে বসে আছে এটাই এখন ভালো লাগছে ওর কাছে । সিদ্ধার্থ এখনো পর্যন্ত রুমে আসেনি সেই যে কাকে ফোন করেছে এখনো শেষ হয়নি হয়তো । ওর বড্ড বিরক্ত লাগছে । আজকের দিনটা ওরা ফাঁকা পেয়েছে কোথায় ওরা একে অপরের সাথে সময় কাটাবে তা না সিদ্ধার্থ নিজের ফোন নিয়ে ব্যস্ত আছে ।

" ধুর ভালো লাগে না " বলেই নিজের বিরক্তি প্রকাশ করে উঠে দাড়িয়ে বেলকনির জানলাটা খুলে নিজের হাত দুটো বাড়িয়ে বৃষ্টির জলে ভিজতে আরম্ভ করলো । হটাৎ এইসময় ওকে কেউ পেছন থেকে জড়িয়ে ধরলো । প্রকৃতি ভালো করেই বুঝতে পারলো স্পর্শটা কার .... কিন্তু ওর খুব রাগ হলো তাড়াতাড়ি সিদ্ধার্থ এর দিকে তাকিয়ে চোখ দুটো ছোট ছোট করে বলল " ছাড়ো বলছি .... একদম জড়িয়ে ধরবে না আমায় .... তুমি, তুমি খুব পঁচা তো ..... আমি এখানে একাই বসে আছি আর তুমি নিজের ফোন নিয়ে পড়ে আছো ? মাঝে মাঝে আমার এই ফোন নামক সতীনটাকে ভেঙে ফেলতে ইচ্ছে করে "

প্রকৃতির কথা শুনে সিদ্ধার্থ গম্ভীর থাকার চেষ্টা করেও পারলো না হেসে দিল।

" সিরিয়াসলি প্রকৃতি ফোনটাকে সতীন বানিয়ে দিলে .... একটা জড় পদার্থ কেও এতো হিংসে করো তুমি ?"

কথাটা শুনে প্রকৃতি ভ্রু কুঁচকে সিদ্ধার্থ কে নিজের থেকে ছাড়িয়ে হাত দুটো বুকের কাছে ভাঁজ করে রেখে বলল " ঠিকেই তো বলছি

.... ওই জড় পদার্থ টাই তো তোমাকে আমার কাছ থেকে কেড়ে নিয়েছে । নাহলে আগে কতো ভালোবাসতে আমায় এখন আর বাসোনা ।" বলেই প্রকৃতি আবার জানলা দিয়ে হাত দুটি বের করে ভিজতে আরম্ভ করলো ।

প্রকৃতির কথা শুনে সিদ্ধার্থ মুচকি হেসে আবার ওকে জড়িয়ে ধরে কাধে হালকা করে কিস করলো ।

" জানো তোমাকে আজ কত সুন্দর দেখাচ্ছে .... একদম বউ বউ .... "

তারপর ও প্রকৃতির হাত দুটো শক্ত করে ধরে জানলার ভেতরে এনে পেটের কাছে রেখে শক্ত করে জড়িয়ে ধরলো । প্রকৃতি উন্মুক্ত কোমরে শীতল স্পর্শে কেঁপে উঠলো । আমতা করে বলে উঠলো " ছাড়ো আমাকে "

" উহু আজ তো ছাড়া পাচ্ছো না সবসময় বলো ভালোবাসি না ভালোবাসি আজ তাহলে খুব করে ভালোবাসবো তোমায় ...... যাতে আজ আমাদের মনের সাথে সাথেই অস্তিত্বও মিশে যায় কি বলো ?"

সিদ্ধার্থ এর এহেন কথা শুনে প্রকৃতির গাল দুটো লজ্জায় লাল হয়ে গেল । মুখটা নামিয়ে তাড়াতাড়ি সিদ্ধার্থ এর দিকে ফিরে ওর বুকে মুখ গুজে দিল । প্রকৃতির লজ্জামাখা মুখটা দেখে সিদ্ধার্থ হাসলো তারপর ওর মুখটা তুলে ঠোঁটে হালকা স্পর্শ করলো । প্রকৃতি আবার ও মুখটা নামিয়ে নিল আজ সত্যিই খুব লজ্জা লাগছে ওর এতটা লজ্জা আগে কখনো পায়নি ও ।

" এখনি এতো লজ্জা পেলে চলবে ?" সিদ্ধার্থ প্রকৃতির মুখটা তুলে

ওর ঘাড়ে হাত রাখলো । শাড়িটা ততক্ষণে বুক থেকে কিছুটা সরে গেছে ।

" তুমি ?" প্রকৃতি কিছু বলতে যাচ্ছিল কিন্তু সিদ্ধার্থ ওর একটা আঙুল প্রকৃতির ঠোঁটে রেখে চুপ করিয়ে দিল ।

" উহু আজ কোন কথা হবে না "

সিদ্ধার্থ এর কথা শুনে প্রকৃতিও কিছু বলল না । আজ সিদ্ধার্থ এর চোখের নেশা টা স্পষ্ট বুঝতে পারছে ওর নিজের ও তো আজ সিদ্ধার্থ কে খুব কাছে পেতে ইচ্ছে করছে তাই কোনো বাঁধাই দিল না । সিদ্ধার্থ বেলকনির দরজাটা আলতো করে লাগিয়ে প্রকৃতিকে কোলে তুলে নিয়ে রুমে গেল । বিছানায় শুইয়ে দিয়ে নিজেও প্রকৃতির পাশে শুয়ে ওর ঠোঁটে নিজের ঠোঁট স্পর্শ করলো । ক্রমে সেটা যেন নেশায় পরিনত হলো । বাইরে বৃষ্টির জোরটাও যেন আরো বেড়ে গেল আর ভেতরে হয়তো দুটো ভালোবাসার মানুষ কাছাকাছি খুব কাছাকাছি আসতে থাকলো ।

রিক প্রকৃতিকে অনেক জায়গায় খুঁজছে কিন্তু এখনো পায়নি ।

সোহেল চৌধুরী কোহিনুর ব্যানার্জী ওকে কিছুই বলতে পারছে না । রিকের নিজেকে পাগল মনে হচ্ছে প্রকৃতিকে না পেয়ে সেই সঙ্গে রাগটাও বাড়তে থাকছে । প্রকৃতির ওর সাথে এই লুকোচুরি খেলাটা যেন সহ্য হচ্ছে না । ফেসবুকের খুঁজে চলছে প্রকৃতির আইডি কিন্তু পাচ্ছে না। অনেক গুলো আইডি আসছে কিন্তু প্রকৃতির কোনো ছবি দেওয়া নেই সেখানে । প্রকৃতিকে ও দশ বছর আগে দেখলেও এখনো ঠিক চিনতে পারবে ও। হটাৎ করে ওর ড্যাডের প্রোফাইলে চোখ গেল সেখানে সিদ্ধার্থ সেনগুপ্ত নামে একজনের আইডিটা ওর বেশ নজর কাটলো । সেই আইডিতে গিয়ে বেশ কিছুক্ষণ ঘাটাঘাটি করার পর একটা ছবিতে ওর চোখ আটকে গেল । সিদ্ধার্থ সেনগুপ্ত এর পাশে একটা মেয়ে দাঁড়িয়ে আছে .... মেয়েটাকে দেখে মনে হচ্ছে তো সিদ্ধার্থ সেনগুপ্ত এর স্ত্রী ... রিক ছবিটা ভালো ভাবে লক্ষ্য করতেই ওর হাত থেকে ফোনটা পড়ে গেল । ঢপ করে বিছানায় বসে পড়লো । এটা ওর কাছে অবিশ্বাস্য মনে হচ্ছে ..... রিক আরেকবার ফোনটা তুলে নিয়ে ভালো করে দেখলো তাতে ওর চোখে মুখে হিংস্রতা ফুটে উঠলো । ফোনটা ছুঁয়ে ফেলতে গিয়ে ও ফেললো না । সিদ্ধার্থ ঠিকানা টা দেখলো লেখা আছে দার্জিলিং .... রিক ফোনটা শক্ত করে ধরে দাঁতে দাঁত চেপে নিজেকেই বলল " বিয়ে হোক আর যায় হোক তোমাকে আমি আমার কাছে নিয়ে আসবোই .... তোমাকে আমার মনের মনিকোঠায় বন্দি করে রাখবো এবার রাতে তুমি আর পালাতে না পারো "

মাঝে মাঝে মনে হয় আমাদের জীবন গুলো যদি এক একটা উপন্যাসের অংশ হতো তাহলে কত ভালোই না হতো তাই না ? উপন্যাসের মতোই আমাদের জীবনে প্রেম ভালোবাসা পরিনয় ভালো সময় খারাপ সময় শেষে হ্যাপি এন্ডিং হতো তাহলেই বা কেমন হতো? কিন্তু সেটা তো হবার নয় .... এটা বাস্তব জীবন ..... এখানে পাওয়ার থেকে হারাতে হয় বেশি তাই বাস্তবে কষ্ট বেশি ।

" আচ্ছা সিধু বাবু তুমি আমাকে এতো ভালবাসো কেন ? আমি তো পারি না তোমার মতো ভালোবাসতে ? হয়তো পারবোও না । তুমি জানো পাপার পর প্রথম কোনো পুরুষ কে যদি বিশ্বাস করে থাকি তাহলে সে তুমিই .... এতো ভালো কেন তুমি ?"
আজ ও ওরা দুইজনে নদীর ধারে বেড়াতে এসে নোকায় চেপেছে আর প্রকৃতি কথা গুলো বলে চলেছে।
প্রকৃতির কথা গুলো শুনে সিদ্ধার্থ কি বা বলবে .... কোনো উত্তর যে নেই ওর কাছে । বিনিময়ে প্রকৃতির দিকে তাকিয়ে মুচকি হাসলো শুধু । আজ ভোরেই এসেছে ওরা দুইজনে এই নদীর পাড়ে প্রকৃতির বায়না ঘুম ভেঙেই ও ঘুরতে যাবে নৌকায় চাপতে খুব ইচ্ছে করছিল আর প্রকৃতির এহেন আব্দার শুনে সিদ্ধার্থ ও না করতে পারেনি নিয়ে এসেছে প্রকৃতিকে । কালকের ভালোবাসার

রেশ গুলো যেন এখনো জীবিত হয়ে আছে দুইজনের মধ্যে ....
এতটা কাছাকাছি তো কখনোই আসেনি দুইজনে এই প্রথমবার ....
তবে সিদ্ধার্থ কিছু টা অবাক হয়েছে প্রকৃতির পিঠে দুই তিনটে দাগ দেখে । প্রকৃতিকে এগুলো জিজ্ঞেস ও করেছে কিন্তু প্রকৃতি তার কোন উত্তর দেয়নি চুপ করে ছিল যেন এর উত্তর ওর কাছে নেই । প্রকৃতিকে চুপ করে থাকতে দেখে সিদ্ধার্থ আর জোর করেনি থাক না কিছু গোপনে .....

" কি হলো আমি কখন থেকে বকবক করে চলেছি আর তুমি আমার মুখের দিকে তাকিয়ে আছো ? এটা ঠিক না ....
জানো যারা বেশি কথা বলে তাদের মন পরিস্কার হয় অবশ্য আমি বেশি কথা বলি না অল্প অল্প একটু একটু বলি কিন্তু বলি তো ....
কিন্তু তুমি তো তাও বলোনা শুধুই শুনে চলো ..... দেখো নদীতে কি সুন্দর ঢেউ খেলে যাচ্ছে ....
জলটা কতটা স্বচ্ছ ঠান্ডা ....
জানো আমার না খুব ইচ্ছা জলের ভেতরে ছবি তোলার .....
ওই দেখো আবার তুমি চুপ করে আছো .... " বলেই গাল দুটো ফুলিয়ে অন্য দিকে ফিরলো । প্রকৃতির কাজ দেখে সিদ্ধার্থ সবসময় হাসিই পায় কথা বলবে কিভাবে ? কথা বলার সময় দেবে প্রকৃতি ওকে তবে তো বলবে .... প্রকৃতি তো একাই বকবক করে চলে আবার বলে বেশি কথা বলিনা।

প্রকৃতি বকবক করেই চলেছে আর সিদ্ধার্থ শুনে যাচ্ছে । মাঝি চাচা

অবাক হয়ে তাকিয়ে আছে দুইজনের দিকে । এত সুন্দর সম্পর্ক তো এখন দেখতেই পাওয়া যায় না । আগের দিনের সম্পর্ক গুলো মিষ্টি মধুর হতো কিন্তু এখন ? বিয়ে মানেই যেন একটা বাঁধন .... সংসার করতে হয় করে সবাই কিন্তু পরস্পরের প্রতি সম্মান থাকে শ্রদ্ধা থাকে না ।

প্রকৃতি বকবক করার মাঝেই সিদ্ধার্থ প্রকৃতির মুখটা পূর্ব দিকে ঘুরিয়ে দিয়ে বলল " লুক এট দিস .... "
সেদিকে তাকিয়ে প্রকৃতি সত্যিই অবাক হয়ে গেল । সকালের শান্ত স্নিগ্ধ পরিবেশে সূর্যদেবের আগমন হচ্ছে । পুরো পুব আকাশটা লাল আভায় ছেয়ে গেছে ।
" কেমন লাগলো সূর্যোদয় ? পাহাড় থেকে দেখতে বেশি ভালো লাগে যদিও তবে এখান থেকেও মন্দ লাগছে না বলো ?"
সিদ্ধার্থ এর কথা শুনে প্রকৃতি পেছন দিক থেকে সিদ্ধার্থ এর বুকে মাথাটা এলিয়ে দিয়ে বলল " একদম না আমার তো সব থেকে সুন্দর লাগছে এই দৃশ্যটা । পাহাড় কি সবসময় যেতে পারি আমরা কিন্তু এখানে আমরা চাইলেই আসতে পারি "

সিদ্ধার্থ প্রকৃতির সূর্যদয় দেখছে একমনে কিন্তু ততক্ষণে নদীতে আরো কিছু নৌকার আগমন হয়েছে। সেখানেও অনেক যাত্রী নদীতে ভাসছে । কিছু যাত্রী সিদ্ধার্থ প্রকৃতির এত সুন্দর দৃশ্য দেখে ছবি তোলার লোভটা সামলাতে পারেনি হুট করে সবার চোখের আড়ালে হয়তো দুই তিনটে ছবি তুলে নিচ্ছে । একটা মেয়ে লাল

রঙের একটা চুড়িদার আর ছেলেটা কালো গেঞ্জি প্যান্ট পরে আছে । লাল কালোতে বেশ মানিয়েছে তাই না তাতে যেন আরো বেশি সুন্দর লাগছে ওদের ।

এরপর ওরা নৌকা থেকে নেমে আরো কিছুক্ষন বৃষ্টিতে ভিজে যাওয়া ঘাসের উপর দিয়ে হাটলো । সিদ্ধার্থ এইসব কখনো করতো না হয়তো কিন্তু প্রকৃতির ইচ্ছে পূরণ .... ভালোবাসে মেয়েটা প্রকৃতির কোলে থাকতে । প্রকৃতি হয়তো আজ বাড়িই ফিরতো না যদি না মেঘের গুড়ুম গুড়ুম আওয়াজ শোনা যেতো ।

বাড়ি ফিরতে ফিরতে ওদের প্রায় সাতটা বেজে যায় । না আজ সকালে প্রকৃতির আর পড়া হলো না আর সিদ্ধার্থ এর কিছু কাজ ছিল সেগুলোও হয়নি । প্রকৃতি রুমে যেয়ে কিছুক্ষণ বসে ফ্রশ হয়ে দেখি হয়ে নিল কলেজ যাবে আজ একটু তাড়াতাড়ি এদিকে সিদ্ধার্থ এর ও অফিস আছে । আবার ও ব্যস্ত জীবন শুরু .... কিন্তু কি আর করার এই ব্যস্ত জীবন নিয়েই তো সময় কাটাতে হবে নিজেদের । হাজার ব্যস্ততার মাঝেও আমাদের একটুকরো সুখ খুঁজে নিতে হবে নাহলে সুখপাখি কখনোই আমাদের খাঁচায় নিজে থেকে বন্দি হবে না ।

" কি রে প্রকৃতি আজ এতো খোশমেজাজে কি ব্যাপার ?" কলেজে ঢুকতেই নদী প্রকৃতিকে জিজ্ঞেস করলো ।
" হ্যা রে আমি তো খুব খুশি আজ জানিস সিদ্ধার্থ আজ আমাকে

সকালেই বেড়াতে নিয়ে গিয়েছিল ... আমার এতদিনের সব ইচ্ছেগুলো ও পূরন করেছে "

"বাব্বা বিরাট রোমান্স চলেছে ... আরে আরে ঘাড়ে এটা কিসের দাগ .... ওরে শালা খুব রোমান্স করছিস তা মাসি ডাকটা তাহলে কবে শুনতে পাচ্ছি " বলেই নদী হো হো করে হেসে উঠলো । প্রকৃতি নদীর মাথায় গাট্টা মেরে বলল " ওরে গাধি আমি আমার বরের সাথে রোমান্স করেছি তোর কি ? আর তুই তো খুব সাধু আকাশটার সাথে প্রেম করছিস ঘুরছিস আবার ঠোঁটে ঠোঁটে কতো কথা হয় তোদের ..."

প্রকৃতির এরুপ কথা শুনে নদী লজ্জা পেয়ে মাথা নামিয়ে নিল প্রকৃতিকে লজ্জা দিতে এসেছিল আর নিজেই লজ্জা পেয়ে গেল ।
" আরে ওটা তো সেই দিন প্রথম ... মানে ভুলবশত ... মানে এক্সিডেন্টলি ..." আমতা আমতা করতে লাগলো নদী । নদী কে ঘাবড়ে যেতে দেখে প্রকৃতি হেসে উঠলো খুব জোরেই ।

" থাক আর লজ্জা পেতে হবে না ... এখন তো আবার আকাশ দার ক্লাস আছে .... এবছর তো আকাশ দা আমাদের টিচার .... তাই সম্মান দিয়ে কথা বলবি আকাশদাকে ... সত্যি নদী একজন টিচারকে কিস করতে তোর লজ্জা করলো না "বলেই আবার হেসে উঠলো এদিকে নদী আরো বেশি লজ্জায় লাল হয়ে যাচ্ছে । ঠিক এই সময় আকাশ ক্লাসে ঢুকলো । আকাশকে দেখে সবাই ঠিক

ভাবে বসলো এতক্ষন ক্লাসে সবাই গল্প করছিল । ক্লাসে ঢুকতেই প্রথমে আকাশের চোখ গেল নদীর ওই রক্তিম মুখটার দিকে । এতটা লজ্জা পেয়েছে মেয়েটা কেন ? এর কারন বুঝতে পারলো না আড়চোখ একবার প্রকৃতির দিকে তাকালো দেখলো প্রকৃতি হাসছে । ও আর কিছু না ভেবে ক্লাসে মন দিল ।

ক্লাস রুম থেকে বেরিয়ে প্রকৃতি সামান্য হাতে মুখে জল নিতে গেল। ক্লান্ত লাগছে আজ খুব রাতেও ঘুম হয়নি আর ভোরে এতটা ঘুরেছে তাই ক্লান্ত লাগাতো স্বাভাবিক । নদী আসতে চেয়েছিল ওর সাথে কিন্তু ও না করে দিয়েছে । সামান্য ওয়াশরুম যাবে তার জন্য কাউকে দরকার নাকি ?

প্রকৃতি আয়নার সামনে দাঁড়িয়ে মুখে জল দিচ্ছে হটাৎ মনে হলো ওর পেছনে কেউ দাড়িয়ে আছে । প্রকৃতি পেছনে তাকিয়ে দেখলো কেউ নেই । আবার সে মুখে জলের ঝাপটা দিল কিন্তু এবারেও সেই একি ভ্রম । আবার পেছনে ঘুরতে যাবে কিন্তু তার আগেই কেউ ওর মুখটা একটা হাতে চেপে ধরে আরেকটা হাতে ওর হাতের উপর হাত রেখে আস্তে অথচ গম্ভীর স্বরে বলল " অবশেষে তোমায় পেলাম ... এবার কোথায় পালাবে ? আমার খাচায় তোমাকে বন্দি হতেই হবে .... আজ যাবো তোমাকে ছেড়ে কিন্তু খুব তাড়াতাড়ি আসবো .... তুমি শুধু তোমার স্বামীর কাছ থেকে ডিবোর্স নেবার ব্যবস্থা করো আর যদি না করো তাহলে তো জানোই আমি কি করতে পারি ? আর আমার গলার স্বর শুনে বুঝতে পারছো

নিশ্চয়ই আমি কে ?" বলেই সেই লোকটা চলে গেল । প্রকৃতি আশেপাশে কোথাও কারোর ছায়া পর্যন্ত দেখতে পেল না । খুব ভয় পেয়ে গেছে ও জোরে জোরে শ্বাস নিতে লাগলো গলায় হাত দিয়ে । মনে হচ্ছে এখনি প্রানটা বেরিয়ে । আবার সেই ... ওর জীবনে কি কখনো শান্তি পাবে না .... কি ভয়ঙ্কর সেই দৃষ্টি ? না ও এখানে থাকবে না পালিয়ে যাবে আবার কিন্তু সিদ্ধার্থ ? ওর যদি ক্ষতি করে দেয় ? তাছাড়া ও কি সিদ্ধার্থ কে ছাড়া থাকতে পারবে ? আচ্ছা ওর কি এই অভিশপ্ত জীবন থেকে মুক্তি নেই । এইসব ভেবেই ওখানে বসে পড়লো । আজ ও চোখের জল বেরোতে চাইছে একদম পাথর হয়ে গেছে । এই তো আজ সকাল থেকে এত খুশি ছিল কিন্তু আজ কি হয়ে গেল এসব ? অনেকক্ষণ হয়ে গেছে কিন্তু প্রকৃতির ওঠার নাম নেই পাথর হয়ে গেছে একদম ।

এদিকে নদী তো চিন্তাই শেষ প্রকৃতি কখন গেছে এখনো আসেনি এদিকে স্যারের ক্লাসে আসার সময় হয়ে গেছে । নদী আর কোনো উপায় না পেয়ে ক্লাস থেকে বেরিয়ে ওয়াশরুমের দিকে গেল । নদী ওয়াশরুমে ঢুকেই চারিদিকে তাকিয়ে দেখলো প্রকৃতি নেই । তারপর চোখ গেল একটা দেয়ালের দিকে । সেদিকে তাকিয়ে ও দৌড়ে গেল। প্রকৃতির সেখানে বসে থাকার কোন কারন খুজে পেল না । প্রকৃতি চোখে মুখে হাত দিয়েও কোনো রেসপন্স পেল না । একদৃষ্টে প্রকৃতি তাকিয়ে আছে দরজার দিকে । প্রকৃতির হটাৎ করে কি হয়েছে নদী বুঝতে না পেরে খুব ভয় পেয়ে গেল। হাতের ফোনটাকে তাড়াতাড়ি আকাশের নাম্বারে ডায়েল করলো । আকাশ

প্রথমে না তুললেও পরে তুলতেই নদী বলে উঠলো " আকাশ তুমি কোথায় আছো ? প্লিজ একবার ওয়াশরুমের কাছে এসো "

" প্লিজ সিদ্ধার্থ আমি যাবো না কলেজ .... আমি তোমার কাছেই থাকবো ..... ও ফিরে এসেছে ... আবার আমাকে নিয়ে যাবে প্লিজ ...." বলেই প্রকৃতি কাঁদতে শুরু করল। সিদ্ধার্থ প্রকৃতিকে এই অবস্থায় দেখে কি বলবে খুঁজে পাচ্ছে না । কিছু বুঝতে ও পারছে না আর ও কিছু জিজ্ঞেস করলেও প্রকৃতি বলতে চাইছে না ।

সিদ্ধার্থ এর এখনো মনে পড়ছে দুই দিন আগের কথা । ভাগ্যিস নদী ছিল না সেই দিন প্রকৃতির কি হতো কে জানে ? নদীর ফোনে আকাশ তাড়াতাড়ি সেখানে এসে দেখে প্রকৃতির এই অবস্থা । প্রকৃতির পালস চেক করে দেখে সেটাও খুব ধীরে চলছে .... চোখ মুখের অবস্থা ভালো নয় । আকাশ তাড়াতাড়ি প্রকৃতিকে কোলে তুলে নিয়ে হাসপাতালে কেবিনে শুইয়ে দিয়েছিল । প্রকৃতিকে অনেক ডাকাডাকি করলেও প্রকৃতির কোনো রেসপন্স পায়না কেউ । ডাক্তাররা প্রকৃতিকে চেক করছিল কিন্তু কোনো রেসপন্স নেই । প্রকৃতির আসলে কি হয়েছে সেটাই বুঝতে পারছিল না কেউ তবে এটুকু বুঝতে পারছে প্রচুর পরিমাণে ভয়ের কারন রুগি রেসপন্স করছে না । এইসময় রুগি যাকে সব থেকে বেশি ভরসা করে তাকে ছাড়া রুগি হয়তো কাউকেই বিশ্বাস করবে না । প্রকৃতির

আসল রোগটাও তো কেউ জানতে পারছে এটা একমাত্র ওর বাড়ির লোক বলতে পারবে ।

এর মধ্যে সিদ্ধার্থ নদীর ফোন পেয়ে সেখানে গিয়েছিল । নদী সিদ্ধার্থ কে ফোনে কিছু বলেনি শুধু আস্তে বলেছিল । সিদ্ধার্থ তাও তাড়াতাড়ি চলে এসেছিল কারন নদী তখনই ফোন করে যখন প্রকৃতি কোনো বিপদে পড়ে । সিদ্ধার্থ হাসপাতালে পৌঁছাতেই আকাশ ওকে সমস্ত ঘটনা খুলে বলেছিল । এতসব শুনে সিদ্ধার্থ ওখানেই বসে পড়েছিল । নির্বাক দৃষ্টিতে কিছুক্ষণ প্রকৃতির দিকে তাকিয়েছিল মাত্র । তারপর ধীরে ধীরে গিয়ে প্রকৃতির পাশে বসে শক্ত করে ওর হাতটা ধরে দুই একবার ডেকেছিল । এত করুণ পরিস্থিতিতে সিদ্ধার্থ কি করবে খুঁজে পাচ্ছিল না ওর চোখ থেকেই জল গড়িয়ে পড়ছিল । এত শক্ত ছেলে তার ও চোখ থেকে জল গড়িয়ে পড়ে এটা অবিশ্বাস্য ।

সেইদিন হয়তো প্রকৃতি ওর সব থেকে প্রিয় মানুষটাকে কাঁদতে দেখতে পারেনি তাইতো নিজেও জোরে জোরে কেঁদে উঠেছিল । চোখ দিয়ে আজ এতো বছরের সমস্ত কষ্ট যেন ঝরে পড়েছিল । তারপরেই প্রকৃতি জেদ ধরে ওখানে আর থাকবে না বাড়ি ফিরবে । সিদ্ধার্থ আনতে চাইলেও প্রকৃতির জেদের কাছে হার মেনে আনতে বাধ্য হয় । তারপর থেকে প্রকৃতি আর রুম থেকে বের হয়নি একবার .... ভয় পায় বের হলেই যদি ওই ছেলেটার ছায়া ওকে স্পর্শ করে .... ভয় পায় খুব ভয় পায় ওই ছেলেটাকে ....

সিদ্ধার্থ অতীত থেকে বর্তমানে ফিরে আসে । প্রকৃতি তখনো কেঁদেই চলেছে । ও তাড়াতাড়ি প্রকৃতিকে জড়িয়ে ধরে মাথা হাত বুলিয়ে দিতে থাকে কিন্তু কোন কথা বলে না হয়তো কিছু মুহূর্ত বলে যায় অনেক না বলা কথা আবার কখনো কখনো ঘন্টার পর ঘন্টা অপেক্ষা করেও নীরবতাকে বহন করে নিয়ে চলে ।

" আমি বাড়ি যাবো সিদ্ধার্থ .... এখানে আর থাকবো না ..... " সিদ্ধার্থ এর বুকে মুখ গুজেই প্রকৃতি ফুঁপিয়ে বলে উঠে । ঠিক মতো কথাও বলতে পারছে না কাঁদার কারনে .... কিন্তু বলছে ।

" কি বলছো প্রকৃতি ?

কি হয়েছে তোমার আমকে বলো ?

আমাকেও তো কিছু বলছো না ....

না বললে আমি কি করে বুঝবো বলো .....

আর তোমার সমস্যার সমাধানের বা কি করে করবো ?

একটা কথা বলতো তুমি কাকে এতো ভয় পাচ্ছো ?"

" কাউকে না " শেষের কথাটা শুনে প্রকৃতি ছিটকে সিদ্ধার্থ এর থেকে সরে গিয়ে জোরে চেচিয়ে উঠলো । চোখে মুখে ভয়ের ছাপ স্পষ্ট ।

" আমি জানি না .... বুঝেছো আমি কিছু জানি না .... জানি না আমি " আরো জোরে জোরে চেচাতে লাগলো প্রকৃতি কেমন

পাগলের মতো অবস্থা লাগছে ওর । শেষের কথাগুলো ক্রমশ ক্ষীণ হয়ে এলো ।

" আচ্ছা আচ্ছা ঠিক আছে জানতে হবে না তোমায় শান্ত হোও ..... আমি আছি তো " বলেই সিদ্ধার্থ প্রকৃতির সামনে এসে আবার ওকে জড়িয়ে ধরার চেষ্টা করলো কিন্তু পারছে প্রকৃতিকে সামলে নিতে । প্রকৃতিকে শান্ত করার কোনো উপায় পাচ্ছে এমনিতে কখনো এতটা উত্তেজিত হয়না মেয়েটা কিন্তু এখন কেন এরকম করছে বুঝতে পারছে না । বাড়িতেও কিছু বলেনি এখনো শুধু শুধু চিন্তা করবে বলে ।

" প্রকৃতি তুমি তো কিছুই খাওনি এখনো প্লিজ এখন খেয়ে নাও .... আবার ওষুধ খেতে হবে .... জানো তো তুমি কিছু না খেলে আমিও খাবো না " সিদ্ধার্থ প্রকৃতিকে বিছানায় হেলান দিয়ে বসিয়ে খাবারটা মুখের সামনে ধরলো । প্রকৃতির কিছু খেতে ইচ্ছে করছে না চোখ দুটো বন্ধ করলেই যেন অনেক কিছু মনে পড়ে যাচ্ছে .... মরে যেতে ইচ্ছা করছে ওর কিন্তু মরতে পারবে না ও কিছুতেই না ।

" কি হলো খাও ?" সিদ্ধার্থ প্রকৃতির দিকে তাকিয়ে মুচকি হেসে বলল ।

" খেতে ইচ্ছে করছে না " করুণ স্বরে বলে উঠলো প্রকৃতি ।

" আমার হাতেও না ?? " সিদ্ধার্থ এর এমন হৃদয়ছোঁয়া কথা শুনে প্রকৃতি কেঁদে দিল । কাঁদতে কাঁদতেই সিদ্ধার্থ এর হাতের খাবারটা নিজের মুখে পুরে নিল । এই ছেলেটাকে খুব ভালোবাসে .... মরে

যাবে এই ছেলেটাকে ছাড়া .... পুরোপুরি ডিপেন্ডড হয়ে গেছে মানুষটার উপর ।

" তুমি খাবে না ?"

" খাবো তো আগে তুমি ঘুমিয়ে পড়ো "

" না আগে খেয়ে এসো তুমি তারপর আমি ঘুমাবো না হলে ঘুমাবো না "

" ওকে তুমি ততক্ষণ রবীন্দ্রনাথের শেষের কবিতা পড়ো আমি আসছি "

সিদ্ধার্থ নীচে গিয়ে চোখের কোনাটা মুছে নিল । কতদিন কাঁদেনি ও কিন্তু আজ খুব কষ্ট হচ্ছে আর সেই কষ্টটা মনের মধ্যে চেপে রাখা যাচ্ছে না । প্রকৃতি কেন এমন করছে বুঝতে পারছে না । কি এমন আছে ওর অতীতের পাতায় ? বারবার একটা প্রশ্ন এসে মনে ধাক্কা দিচ্ছে কিন্তু এর উত্তর কে দিতে পারে জানা নেই । সৃজিত বাবুকে ও জিজ্ঞেস করেছিল একবার কিন্তু আশানুরূপ উত্তর পায়নি তাই আর জিজ্ঞেস করেনি কিন্তু এখন ?? সিদ্ধার্থ কোনো মতে কিছু খেয়ে নিয়ে আবার উপরে চলে গেল । খেতে তো ওর ও ইচ্ছে করছে না কিন্তু না খেয়ে থাকতেও পারবে না প্রকৃতির জন্য।

সিদ্ধার্থ রুমে এসে দেখে প্রকৃতি এখনো উপন্যাস নিয়ে ব্যস্ত । যাক মেয়েটা তাহলে অন্য কিছু তে মন দিয়েছে এটা ভেবেই যেন ও স্বস্তির নিঃশ্বাস ফেললো । ধীরে ধীরে বিছানার কাছে এসে প্রকৃতির কাছ থেকে বইটা নিয়ে বলল " আজ অনেক পড়েছো এবার কাল পড়বে ... এখন ঘুমিয়ে পড়ো "

" কিন্তু আমার তো ঘুম আসবে না মিঃ সেনগুপ্ত "

" আমি মাথায় হাত বুলিয়ে দিচ্ছি দেখো ঠিক ঘুম আসবে .... চলো শুয়ে পড়ো " বলেই প্রকৃতি কে আর কিছু বলতে দিল না সিদ্ধার্থ প্রকৃতিকে পাঁজাকোলা করে তুলে বিছানায় ভালো করে শুইয়ে দিয়ে নিজেও প্রকৃতির পাশে বালিশে হেলান দিয়ে আড়পাশে শুয়ে পড়ে ওর মাথায় হাত বুলিয়ে দিতে লাগলো । প্রকৃতি তাও চোখ বন্ধ না করে সিদ্ধার্থ এর দিকে তাকিয়ে আছে ।

" কি হলো চোখ বন্ধ করো ?"

" ভালো লাগছে না গো .... আচ্ছা আমি যদি তোমাকে আর দেখতে না পায় ?"

প্রকৃতির এমন প্রশ্ন শুনে সিদ্ধার্থ চমকে উঠলো অবাক হয়ে প্রকৃতির দিকে তাকালো ।

" এটা কেমন কথা ? দেখতে পাবে না মানে ? আমি তো তোমার কাছেই আছি .... কে ঢোকালো এইসব কথা তোমার মাথায় ?" একপ্রকার ধমকে উঠল সিদ্ধার্থ ।

" জানি না মনে হচ্ছে জানো " প্রকৃতি কাঁদো কাঁদো স্বরে বলে উঠলো ।

সিদ্ধার্থ প্রকৃতির কথা শুনে ওর কপালে গালে নিজের ওষ্ঠদ্বয় স্পর্শ করলো তারপর প্রকৃতির কপালে নিজের কপাল ঠেকিয়ে বলল " এইসব আলতু ফালতু কথা একদম মনে আনবে না .... পড়াশোনায় মন দাও বুঝলে .... "

প্রকৃতি তাও সিদ্ধার্থ এর দিকে তাকিয়ে আছে । এটা দেখে সিদ্ধার্থ নিজের হাত প্রকৃতির চোখের উপর আলতো ভাবে ঢেকে দিয়ে বলল " ঘুমিয়ে পড়ো আমি আছি তোমার পাশে .... তুমি যেখানে বিপদে পড়বে আমি ঠিক তোমার পাশে থাকবো শুধু তোমাকেই সেইসব বিপদ কাটিয়ে উঠতে হবে কারন আমি তোমার বিপদে কোন সাহায্য করতে পারবো না বরং সাহস দিতে পারি .... তুমি পড়ে গেলে আবার তোমার হাতটা ধরে তুলে তোমাকে উৎসাহ দিতে পারি জেতার জন্য " সিদ্ধার্থ এর এতো কথা শোনার সময় হলো না প্রকৃতির তার মধ্যেই রাজ্যের ঘুম এসে ভর করলো ওর চোখে শুধু ঘুমানোর আগে এটুকু বিড়বিড় করলো

" জানো ও সব কিছু শেষ করে দেবে .... আমাকে তোমার কাছ থেকে কেড়ে নেবে "

কিন্তু প্রকৃতির বিড়বিড় করা কথা গুলো সিদ্ধার্থ এর কানে গেল না সে তো প্রকৃতিকে নিয়েই ব্যস্ত ।

রাত দুটো রিক একটা বারে বসে বসে ড্রিংক করছে আর সামনে তাকিয়ে আছে । কত ছেলে মেয়েরা নাচ করছে ..... চারিদিকে মেয়ের ভিড় যেন উপচে পড়ছে । কিন্তু ওর কোন ভ্রুক্ষেপ নেই ওর ড্রিংকস করেই চলেছে । আজ মাত্রাতিরিক্ত হয়ে গেছে তাও খাচ্ছে । ভুলতে পারছে না প্রকৃতিকে কিছুতেই তবে একটা বিষয়ে শান্তি এতদিন পর প্রকৃতিকে খুঁজে পেয়েছে । এবার শুধু অপেক্ষা নিজের কাছে নিয়ে আসার ... এতে যদি কেউ বাধা হয়ে দাঁড়ায় তাহলে জীবনে প্রথম খুন করতেও ও দুইবার ভাববে না । প্রকৃতি শুধু ওর , বন্দি করে রাখবে প্রকৃতিকে ওর কাছে । কখনোই যেতে দেবে না .... মেয়েটা ওর কাছ থেকে বড্ড চলে যেতে চাই তাই দরকার পড়লে ও প্রকৃতির পায়ে বেড়ি পরিয়ে রাখবে ।

মনিকার খুব চিন্তা হচ্ছে রিকের জন্য কখন থেকে ফোন করেই চলেছে কিন্তু বন্ধ । এখন কোথায় খুঁজবে বুঝতে পারছে না । আজ সকালেই ও রিকের কাছে এসেছে যদি রিক আসতে দিতে চাইনি কিন্তু ও জোর করে এসেছে ।

আরো এক সপ্তাহ পেরিয়ে গেছে । এর মধ্যে রিকের পাগলামি বেড়েই চলেছে । প্রকৃতিকে তো এই মুহূর্তে খুঁজে পাচ্ছে না , পাবে

কি করে প্রকৃতি তো একদিন ও কলেজ আসেনি আর বাড়ির খোঁজ ও জানে না । অনেক বার ভেবেছিল প্রিন্সিপালের কাছে গিয়ে জানতে চাইবে কিন্তু যায়নি যদি না বলে ও তো জোর করতে পারবে না । রিক এমনিতে যায় হোক শিক্ষকদের খুব শ্রদ্ধা করে উঁচু গলায় কথা বলতে চাইনা । কিন্তু এখন কোন উপায় ও খুঁজে পাচ্ছে না তাই কলেজের প্রিন্সিপাল এর কাছেই গেল । সোহেল চৌধুরীর পরিচয় কে না জানে তাই ওকে কোনো কিছুই কষ্ট করতে হলো না শুধু মাত্র প্রিন্সিপালকে একটু ভঁয় দেখিয়ে ঠিকানা টা জেনে নিল । কিন্তু তাতেও কোন লাভ হলো না কারন প্রকৃতির ঠিকানা তো ওর আসল বাড়ির দেওয়া আছে এখানে কোথায় থাকে জানবে কি করে ? নিজের গাড়ির কাছে এসে জোরে দরজাটা খুলে বসে পড়লো । অনেক্ষন থেকে রাগটা কে কন্ট্রোল করে রেখেছে কিন্তু আর পারছে তাই গাড়ির চাবিটা দিয়ে গাড়িটা স্টার্ট করলো তারপর জোরে স্টিয়ারিংটা টেনে এলোমেলো ভাবে গাড়িটা চালাতে লাগল এমন ভাবে গাড়িটা চালাতে লাগলো যে এখনি এক্সিডেন্ট হবে ।

এমন সময় মনিকা ফোন করলো রিক রাগের মাথায় ফোনটা তুলে চেঁচিয়ে উঠলো । ওপাশ থেকে মনিকা কিছুটা ভয় পেলেও নিজেকে দৃঢ় করে বলল " কখন বাড়ি আসছিস ? আজ কি কথা হয়েছিল মনে আছে তো ? "

" হ্যা হ্যা .... " আরো কিছু বলতে যাচ্ছিল রিক কিন্তু তখনি জোরে চিৎকার করে উঠলো । মনিকা রিকের চিৎকার শুনে ভয় পেয়ে গেল ফোনের ওপাশ থেকে রিকদা রিকদা বলে চিৎকার

করতে লাগলো কিন্তু রিকের কোন রেসপন্স নেই । এদিকে রিক গিয়ে নিজের গাড়িটা একটা মোটরবাইকের সাথে ধাক্কা মারলো তারপর গাড়ির গতি বেঁকে গিয়ে একটা বড়ো পাথরে ধাক্কা মারলো । পুরো গাড়িটা ভেঙে গেছে সামনের অবস্থা টা সব থেকে বেশি কাহিল , রিক গাড়িতেই অজ্ঞান হয়ে গেছে ..... মুখে মাথায় বুকে বেশ লেগেছে হাতে পায়ের কি অবস্থা কে জানে ? কয়েক টুকরো কাচ হাতে মুখে গেছে ।

সেইদিনের পর আজ এক সপ্তাহ হয়ে অথচ প্রকৃতির কোনো পরিবর্তন নেই । একদম চুপচাপ হয়ে গেছে সবসময় ভয় ভয়ে থাকে । এতদিন অসুস্থ থাকায় না হয় কলেজে যেতে পারেনি কিন্তু এখন তো যেতেই হবে । সিদ্ধার্থ কোনো কারন খুজে পাচ্ছে না প্রকৃতির এমন ব্যবহারের আর জোর ও করতে পারছে না ।

" আর তো কদিন মাত্র কলেজ হবে তোমাদের .... তারপরেই পূজোর ছুটি পড়ে যাবে ..... তুমি প্লিজ এভাবে নিজেকে বন্দি করে রেখো না "

সকাল বেলাতেই প্রকৃতি বিছানায় বসে বসে পড়ছিল কিন্তু একবারো বাইরে যায়নি । সিদ্ধার্থ ওর জন্য রুমে খাবার নিয়ে এসে ওর পাশে বসে কথা গুলো বলল । প্রকৃতি একদৃষ্টিতে তাকিয়ে আছে এই মানুষটার দিকে .... কতটা কষ্ট করছে কিন্তু একটুও বিরক্তি নেই চোখে মুখে । ওর এখন কি করা উচিত বুঝতে পারছে না ..... মানুষটার দিকে তাকিয়ে ওকে স্বাভাবিক জীবনে যে ফিরে

আসতেই হবে । কিন্তু ওর অতীতের সব কিছু তো ও বলতেও পারছে আর ঠিক ভাবে মনেও নেই শুধু কিছু আবছা চিত্র মনে গেঁথে আছে সেগুলো মাঝে মাঝে মনে পড়লে কষ্ট দেয় । যেমন রক্তাক্ত দেহ কারোর গগন বিদারী চিৎকার ... কারোর হিংস্র চেহারা আর কিছু ব্যাথা ..... পারে না নিজেকে সামলে নিতে । তখন ওর বয়সেই বা কত ছিল ? সাত কিম্বা আট ? হয়তো বা তার থেকেও কম । মনে পড়ে না কিছুই আবার ভুলতেও পারে না .... এখনো মনের মাঝে থেকে গেছে কিছু আবছা স্মৃতি ......

মনিকা চিন্তিত হয়ে নিজের কেবিনে বসে আছে বুঝতে পারছে না কি করবে .... রিকের এই অবস্থা .... দুইদিন ধরে কোনো জ্ঞান নেই ... যদিও একবার ফিরেছিল তাও উত্তেজিত হয়ে গেছিল বলে ঘুমের ওষুধ দিয়ে ঘুম পাড়িয়ে রাখা হয়েছে । একটা হাত পুরোই ভেঙে গেছে মাথাতেও গভীর ভাবে চোট লেগেছে । আজ দুইদিন মনিকার চোখে ঘুম নেই । এখানের একটা নার্সিংহোমে রিক ভর্তি আছে আর ও নিজেও এখানেই জয়েন করেছিল তাই চিকিৎসার অসুবিধা হয়নি । বাড়িতেও কিছু জানায়নি কাউকে আপাতত জানাতে চাইছে না । এখন কমেসকম রিককে একমাস বেড রেস্টে রাখতে হবে তারপর আবার অল্প অল্প কাজ করতে পারলেও রেস্টে থাকতে হবে কিন্তু রিককে সেটা বোঝাবে কে ? যে পরিমাণ পাগলামি শুরু করেছে সেটার শেষ হবার নাম নেই। ও নিজে একজন সাইক্রিয়াটিস্ট কিন্তু আজ পর্যন্ত রিকের কোন ট্রিটমেন্ট

করতে পারলো না । ওর মনে হয় রিক ভালো নেই রিকের সাইকোলজিক্যাল কিছু সমস্যা আছে কিন্তু সেটা ও সবার কাছে প্রকাশ করে না হয়তো নিজেও জানে না । না ওকে এবার শৈলেন্দ্র মামার সাথে কথা বলতে হবে জানি না আবার কি অপেক্ষা করছে ?

" চলো বলছি ...

এভাবে আমি তোমাকে বাড়িতে বসে থাকতে দিতে পারি না .....

আজ আমি অফিস যায়নি তোমার সাথে সময় কাটাবো বলে আর তুমি বলছো রুমেই বসে থাকবে এটা তো হতে পারে না .....

আজ আমরা দুইজনেই রান্না করবো তারপর ঘুরতে যাবো .... শপিং ও করতে হবে তাই না ?

বাড়ি যাবো কিছুদিন পর ....

আবার কার থেকে তুমি ও কলেজ যাবে তাই আর সময় পাবো না ...."

সিদ্ধার্থ প্রকৃতিকে একপ্রকার কোলে তুলে নিয়েই ডাইনিং রুমে নিয়ে এলো । প্রকৃতি ছটফট করলেও এখন করছে না উপভোগ করেছে সিদ্ধার্থ এর এই রূপ টাকে । হাসিও পাচ্ছে সিদ্ধার্থ এখন ওর মতো হতে চাইছে ।

সিদ্ধার্থ প্রকৃতিকে নামিয়ে দিয়ে চেয়ারে বসিয়ে দিয়ে বলল " একদম কোথাও যাবে না সবসময় মুখটাকে এমন ভার করে রাখো । গোমড়িমুখো তুমি ..... মিনু দি মিনু দি ... তুমি আজকে রান্না

করবে না .... আমরা রান্না করবো বুঝলে ?"
প্রকৃতি একদৃষ্টিতে সিদ্ধার্থ এর দিকে তাকিয়ে আছে । হাসিটা এতক্ষন আটকে রাখলেও এখন আর পারলো না হো হো করে হেসে দিয়ে চেয়ার ছেড়ে উঠে সিদ্ধার্থ এর সামনে কোমরে হাত দিয়ে আরো জোরে জোরে হাসতে লাগলো ।
" তুমি কি কিউট ? করো করো আরো করো আমার নকল .....
আমার তো বেশ লাগছে... জানো এবার থেকে মুখ অফ না থাকলেও মুখটাকে ভার করে রাখবো যাতে তোমাকে এই ভাবে দেখতে পায় .... খুব ভালো লাগছে তোমাকে এভাবে দেখতে "
বলেই প্রকৃতি আরো জোরে হেসে উঠলো । সিদ্ধার্থ প্রকৃতির হাসি দেখে ওর ঠোঁটের কোনেও হাসি ফুটে উঠলো । এদিকে প্রকৃতি হাসতে হাসতে চোখ দিয়ে জল বেরিয়ে এলো ফুঁপিয়ে কেঁদে উঠলো... সিদ্ধার্থ কে শক্ত করে জড়িয়ে ধরলো ।

" আমাকে তুমি এভাবেই সারাজীবন আটকে রাখবে .... আমি তোমার কাছেই থাকবো কারোর কাছে যাবো না আমি ..... সারাজীবন তোমার কাছে বন্দি থাকবো " প্রকৃতির মনে পড়ে গেল সেইদিনের সেই ছায়া মুর্তিটার বলা কথা গুলো ..... ছায়া মুর্তিটাকে ও ভালো করেই চেনে কিন্তু কিছু মনে পড়ছে না ওর । মাথা চিনচিনে ব্যাথা করে উঠলো তাও সেটাকে পাত্তা না দিয়ে আরো শক্ত সিদ্ধার্থ কে জড়িয়ে ধরলো । সিদ্ধার্থ প্রকৃতিকে কাঁদতে দেখেও কিছু বলল না শুধুই মাথায় হাত বুলিয়ে দিতে থাকলো । আজ কদিন প্রকৃতি একবারো নিজের থেকে কাঁদেনি এখন যদি কেঁদে মনের ভারটাকে হালকা করতে পারে তাহলে কাঁদুক ।

কিছুক্ষণ পর প্রকৃতি থেমে গেলে সিদ্ধার্থ প্রকৃতির মাথাটা তুলে নিয়ে বলল " এটা ঠিক না যখনই রান্না করার কথা বললাম তখনই তুমি কেঁদে আমার শার্ট ভিজিয়ে দিলে রান্না করার ভয়ে .... এভাবে কাঁদলে তো লোক বলবে আমি তোমাকে কতো কাজ করায় " সিদ্ধার্থ এর কথা শুনে প্রকৃতি চোখ দুটো ছোট ছোট করে সিদ্ধার্থ এর দিকে তাকিয়ে রাগ দেখাতে গেলেও পারলো না আবার হেসে দিল ।

সেইদিন সিদ্ধার্থ প্রকৃতি একসাথে রান্না করলো । কতো খুনসুটি ময় সময় একসাথে কাটালো । বিকেলে লঙড্রাইভে গেল । সেখানেও নিজেদের মতো সময় কাটালো । সিদ্ধার্থ সবটাই করছে প্রকৃতির জন্য যাতে প্রকৃতি আগের মতো হয়ে উঠতে পারে । ও জানে না প্রকৃতির অতীত কি তবে এটুকু জানে ওই প্রকৃতির বর্তমান ভবিষ্যৎ তাই প্রকৃতিকে ভালো রাখা ওর দায়িত্ব ওর কর্তব্য .... প্রকৃতিকে ভালোবাসা ওর ধর্ম .... তাই প্রকৃতির চোখ দিয়ে জল পড়তে দিতে পারেনা কখনোই । সিদ্ধার্থ এর এতটা প্রচেষ্টা অসফল হয়নি ... প্রকৃতি পুরোপুরি স্বাভাবিক না হলেও ভয়টা কেটে গেছে একদম । তাই তো আবার মুখে সেই হাসিটা দেখা যাচ্ছে যে খিলিখিল করে হাসির শব্দে সিদ্ধার্থ হয়তো ওর প্রেমে পড়েছিল । আজ রাতটাও ওদের জীবনে একটা মধুময় রাত হলো । " দো দিল মিল রেহি হ্যা " গানে তালে তালে দুইজনেই যেন হারিয়ে গেছিল ।

আজ প্রকৃতি কলেজে যাবে ভয় লাগছে খুব কিন্তু যেতে তো ওকে হবেই কতদিন মনের ভয়ে ও নিজেকে গুটিয়ে রাখবে । নিজের জন্য না হলেও সিদ্ধার্থ এর জন্য ওকে আগের মতো হতে হবে । প্রকৃতি চেষ্টা করছে নিজের মনটাকে শান্ত করতে । ভবিষ্যতে একজন সাইক্রিয়েটিস্ট হতে চাই ও , তার জন্যে তো ওকে মন ব্রেনকে নিজের কন্ট্রোলে রাখতেই হবে ।

রিক এর জ্ঞান ফিরেছে কিন্তু ও চেচিয়েই চলেছে বাইরে যাবে বলে কিন্তু ডাক্তারদের জন্য মেতে পারছে না । এখানে যেন দমটা আটকে আসছে। প্রকৃতিকে কাছে পেয়েও যেন পাচ্ছে না তার জন্য রাগটা যেন ওর ক্রমশ বেড়েই চলেছে । মনিকা তো ভয়ে রিকের কাছেই যেতে পারছে না কিন্তু তাও সাহস করে ওকে ঘুমের ইনজেকশন দিয়ে দিল যাতে রিক কোনো কিছু করে না বসে । ঘুমের ইনজেকশন এর প্রভাবে রিক কিছুক্ষণ এর মধ্যেই ও ঘুমিয়ে পড়তে মনিকা একটা দীর্ঘশ্বাস ফেললো । কাল রাত থেকে এই ঘটনা ঘটে চলেছে তার জন্যে ওর চোখেও ঘুম নেই কিন্তু ওই বা কি করবে ?

প্রকৃতি কলেজে পা রাখতেই একটা শীতল শিহরন অনুভব করলো । মনটা ক্রমশ ভার হয়ে এলো .... একটা অজানা কষ্ট ওকে ঘিরে ধরলো । প্রকৃতি সেটা গ্রাহ্য না করে দুই পা এগিয়ে গেল পরে কি ভাবতে পেছনে ফিরে তাকালো সিদ্ধার্থ এর দিকে দেখলো সিদ্ধার্থ বুকের কাছে হাত ভাঁজ করে গাড়িতে হেলান দিয়ে দাড়িয়ে আছে

ঠোঁটের কোনায় লেগে আছে মিষ্টি হাসি । প্রকৃতি সিদ্ধার্থ কে দেখে যেন একটু সাহস পেল চারিদিকে তাকিয়ে দেখলো কলেজের অনেকেই ওর বরের দিকে তাকিয়ে আছে । এটা দেখে খুব রাগ হলো ওর তার সঙ্গে খানিকটা সিদ্ধার্থ এর উপরেও রাগ হলো । কালো রঙের শার্টে সিদ্ধার্থ এতো সুন্দর লাগে যে কেউ ওর দিকে তাকিয়ে থাকবে । প্রকৃতি রেগে গিয়ে মনে মনে বলে নিল দাঁড়াও তোমাকে আর কালো রঙের শার্ট আমি পরতেই দেবো না । কিছু একটা ভেবে প্রকৃতি ধীর পায়ে সিদ্ধার্থ এর দিকে এগিয়ে গেল । সিদ্ধার্থ প্রকৃতিকে দাঁড়িয়ে থাকতে দেখে অবাক হয়েছিল তারপর ওর দিকে আসতে দেখে ভ্রু কুঁচকে হাত দুটো পকেটে রেখে প্রকৃতির দিকে তাকালো।

" কি হলো ফিরে এলে যে ?"

" কাজ বাকি ছিল কিছু "

" কি কাজ?"

" উফ্ এতো প্রশ্ন করো কেন ? দাঁড়াও একটু তাহলেই দেখতে পাবে ..." বলেই প্রকৃতি নিজের চোখের কিছু টা কাজল হাতে নিয়ে সিদ্ধার্থ এর কপালের পাশে লাগিয়ে দিল ।

" কি হলো এটা ?" প্রকৃতির কাজ দেখে সিদ্ধার্থ চমকে উঠলো ।

" কিছু না ..... নজরকারা দিলাম খালি .... সবকটা মেয়ে তোমার দিকে তাকিয়ে ছিল কেমন করে তাই ? আর তোমার ও হচ্ছে বাড়ি চলো .... এই কালো শার্ট আর তুমি পড়বে না হুহ " বলেই চলে গেল সিদ্ধার্থ কে আর কিছু বলতেও দিল না । সিদ্ধার্থ প্রকৃতির যাবার দিকে বোকার মতো তাকিয়ে আছে । কিছুক্ষণ তাকিয়ে থেকে কপালে হাত দিয়ে নিজের মনেই হেসে দিয়ে গাড়িতে চেপে বসলো ।

প্রকৃতি করিডোর দিয়ে হেঁটে প্র্যাকটিক্যাল রুমের দিকে যাচ্ছিল । সামান্য লেট হয়ে গেছে তাই একটু তাড়াতাড়ি যেতে যাবে তখনই কারোর সাথে ধাক্কা লাগে । প্রকৃতি একটু এগিয়ে গিয়ে পেছনে তাকিয়ে দেখে একটা মেয়ে । দেখে মনে হচ্ছে ওর থেকে বয়সে অনেকটাই বড়ো এপ্রন পরে আছে গলায় স্টেটসস্কোপ । হয়তো এই এখানের ডাক্তার কিন্তু এই ডক্টরকে ও আগে দেখেনি কখনো হয়তো নতুন জয়েন করেছে । এই কদিন কলেজে না আসায় ও কিছুই জানে না ।
" সরি সরি আসলে একটু তাড়া ছিল " প্রকৃতি তাড়াতাড়ি বলে বিনুনিটাকে সামনে দিকে এনে চলে গেল আর মেয়েটা তখনো হতভম্ব হয়ে তাকিয়ে আছে প্রকৃতির দিকে । মনিকার চেনা চেনা লাগছে যেন মুখটা ..... কোথায় কি দেখেছে আগে ?

পনেরো দিন পর

রিক এখন অনেকটাই সুস্থ হয়ে গেছে তবে হাতটা এখনো ঠিক হয়নি । বাড়িতে তো অনেক দিন আগেই চলে এসেছে তবে মনিকা ওকে একবারো বাইরে যেতে দেয়নি । রিক জোর করলে ঘুমের ওষুধ দিয়ে ঘুম পাড়িয়ে রাখতো । কিন্তু এখন রিক একটু সুস্থ হয়েছে তাই আর কোন বাধা মানছে না এই তো কালকেও প্রকৃতির খোঁজে ওর কলেজ চলে গেছিল কিন্তু প্রকৃতিকে পায়নি । আজকে তো রবিবার তাই কলেজ যাবে না পুরো শিলিগুড়ি শহর খুজবে প্রকৃতিকে যে করেই হোক খুঁজে বের করবে প্রকৃতিকে by hook or by crook . এদিকে রিকের এরকম মনোভাব সোহেল চৌধুরী শুনে খুব চিন্তিত হয়ে পড়েছেন তাই রিককে কাজে ব্যস্ত রাখতে চাইছেন । উনি ওনার শিলিগুড়ি তে থাকা ব্যবসাটা রিককে দেখতে বলেছেন । রিক প্রথমে রাজি না হলেও পরে রাজি হয় কোনো কারন বশত ।

পরের সপ্তাহে কলেজের ছুটি পড়ে যাবে তাই প্রকৃতি এখন কলেজ বন্ধ করতে চাইছে না । এর মধ্যেই একদিন বন্ধ হয়ে গেছে কারন শরীরটা খুব একটা ভালো ছিল না। অবশ্য সমস্ত নোটস নদীর কাছে পেয়ে গেছিল । সিদ্ধার্থ ও এখন খুব ব্যস্ততার মাঝে যাচ্ছে ... শ্রমিকদের বেতন এবারে আগেই দিয়ে দিতে হচ্ছে পূজোর জন্যই আবার কাজের চাপ পড়ে গেছে খুব । এর মধ্যে নিজেও খুব ডিস্টার্ব আছে । প্রকৃতিকে তো সব কিছু ভুলিয়ে দিয়েছে কিন্তু

নিজের তো ভুলতে পারছে না । প্রকৃতির কেন এমন হচ্ছে প্রশ্নটা ওকে কুরে কুরে খাচ্ছে । এর মধ্যেই ম্যানেজার এসে বলল সোহেল চৌধুরী একটা পার্টি রেখেছে ওনার ছেলে রিক ওনাদের অফিসে জয়েন করছে তাই উনি গেস্ট হিসেবে সিদ্ধার্থ কে আমন্ত্রন জানিয়েছে । কথাটা বলেই ম্যানেজার চলে গেল । ম্যানেজার চলে যেতেই সিদ্ধার্থ একটা দীর্ঘশ্বাস ফেললো ... এই পার্টিটা যেতে ওর একটুও ইচ্ছে করছে না কিন্তু যেতে তো হবেই ।

আজ পার্টিতে যাবে ওরা । প্রকৃতি খুব এক্সাইটেড আগে সিদ্ধার্থ এর এরকম অফিসিয়াল পার্টিতে ও খুব একটা যায়নি আর গেলেও খুব কম । তাই খুব সুন্দর করে সেজেছে আজ। একটা লাল রঙের লঙ গাউন পড়েছে চুলটা হালকা খোঁপা করা । সিঁথিতে একটুকরো সিঁদুর কপালে ছোট্ট একটা লাল টিপ ঠোঁটে লাল লিপস্টিক চোখে গাঢ় কাজল মেকাপ না থাকলেও গর্জিয়াস লাগছে ।

সিদ্ধার্থ নিজে রেডি হয়ে ফোনে কথা বলতে বলতে নীচে নামছিল । কিন্তু হটাৎ প্রকৃতির দিকে চোখে যেতেই ওখানেই চোখ দুটো আটকে গেল যেন । সিদ্ধার্থ ফোনটা রেখে মুচকি হেসে আস্তে আস্তে প্রকৃতির কাছে গিয়ে দাঁড়ালো। মুগ্ধ দৃষ্টিতে কিছুক্ষণ তাকিয়ে থেকে পকেট থেকে বা হাতটা বের করে প্রকৃতির চোখের কোনার কাজলটা ওর কপালের পাশে লাগিয়ে দিল।

" সেইদিন তুমি আমাকে লাগিয়ে ছিলে আজ আমি তোমাকে লাগিয়ে দিলাম ..... এবার আর তোমরা উপর কেউ নজর দেবে না .... নাহলে আমার বউকে আজ তুলে নিয়ে যাবার ভয় ছিল .... এতো সুন্দর করে কেউ সাজে ? "

সিদ্ধার্থ এর কথা শুনে প্রকৃতির গাল দুটো চেরি ফলের মতো লাল হয়ে গেল। মুখটা নামিয়ে নিয়ে মুচকি হাসলো তারপর বললো " চলো "

সিদ্ধার্থ একটা জায়গায় গাড়িটা পার্ক করে এসে প্রকৃতির হাতটা ধরে বলল " ভেতরে চলো আর নার্ভাস ফিল করবে না একদম ..... তোমার এইসব পছন্দ নয় বলেই আমি কখনো আনতে চায়নি তোমাকে ..... সবসময় আমার সাথেই থাকবে কিন্তু "

" না না আমার জন্য তোমাকে চিন্তা করতে হবে না আমি একদম নার্ভাস হবো না আজকে " প্রকৃতি মাথা নাড়িয়ে বলল।

" ঠিক আছে চলো "

দুইজনেই ভেতরে গিয়ে দেখলো অনেক লোক । প্রকৃতির একটু নার্ভাস লাগছে এতো লোককে দেখে তারপর আবার অনেকেই ওদের দিকে তাকিয়ে আছে । হাত ঘামতে শুরু করে দিয়েছে । সিদ্ধার্থ প্রকৃতির হাত ভিজতে দেখে ওর দিকে তাকালো তারপর

ওর হাতটা আরো শক্ত করে ধরলো ।

সোহেল চৌধুরী সিদ্ধার্থ এর কাছে এসে ওদের কে অভ্যর্থনা জানালো । আরো অফিসের অনেক ক্লাইন্ট ছিল সিদ্ধার্থ ওদের সাথে প্রকৃতির পরিচয় করিয়ে দিল । হটাৎ প্রকৃতির চোখ গেল মনিকার দিকে । মনিকাকে দেখে ওর ভ্রু দুটো কুচকে এলো । মনিকা ম্যাম এখানে কি করছে বুঝতে পারলো ? ভাবলো হয়তো সোহেল চৌধুরীর কোন গেস্ট । এবার সোহেল চৌধুরী স্টেজে ওঠে রিককে সবার সাথে পরিচয় করিয়ে দেবে বলে । রিক এতক্ষন বাইরে ছিল হাতে হুইস্কির বোতল । ভালো লাগছে না ওর এতো জাঁকজমক কিন্তু কিছু করার নেই । সোহেল চৌধুরীর গলা শুনে ও স্টেজের দিকে তাকালো তারপর এগিয়ে গেল স্টেজের দিকে।

প্রকৃতির গাল শুকিয়ে গেছে রিক নামটা শুনে।
' রিক ' ' রিক ' নামটা চেনা লাগছে বড্ড । মাথাটা আবার চিনচিনে ব্যাথা করে উঠলো । মনে গেল কিছু বিভৎস ঘটনা । এর মধ্যেই রিক স্টেজে উঠে এসেছে ।
প্রকৃতিকে ইতস্তত করতে দেখে সিদ্ধার্থ ওর দিকে তাকালো । কাঁধে হাত দিয়ে একটা হাত শক্ত করে ধরে বলল " কি হয়েছে তোমার ?শরীর খারাপ লাগছে ? বাড়ি যাবে ?"
প্রকৃতি সিদ্ধার্থ এর কথা শুনে মাথা নাড়াল যার অর্থ কিছু হয়নি কিন্তু তবুও অস্থির লাগছে খুব কেন বুঝতে পারছে না । হটাৎ প্রকৃতির চোখ গেল স্টেজের দিকে । রিককে দেখে ও চমকে

উঠলো । এটা ও কাকে দেখছে ? পাশে দাঁড়িয়ে থাকা মানুষটা কে দেখে আরো চমকে উঠলো । মুখ দিয়ে আবার ও অস্ফুট স্বরে বলল " কোহিনুর ব্যানার্জী " কিছু আবছা স্মৃতি যেন ওর স্পষ্ট হতে লাগলো । সেই বিভৎস চিৎকার উফ্ কি যন্ত্রনা ? আর পারলো না নিজেকে সামলে রাখতে সিদ্ধার্থ এর হাতটা ধরতে গিয়েও পারলো না সিদ্ধার্থ এর বুকেই ঢলে পড়লো ।

এদিকে রিক স্টেজে উঠে কিছু বলছিল হটাৎ ওর চোখ আটকে যায় একটা লাল ড্রেস পরা মেয়ের দিকে । এতদিন ধরে মেয়েটাকে খুঁজছিল আর আজ মেয়েটা ওর চোখের সামনে । ভাবতেই পারছে না হাতে চাঁদ পেয়ে যাবার মতো অবস্থা কিন্তু এইসময় নিজের উত্তেজনা প্রকাশ করতে পারছে না । তবে এটা ভেবে আনন্দ লাগছে ও প্রকৃতিকে পেয়ে গেছে । রিক প্রকৃতিকে দেখার মাঝেই হটাৎ প্রকৃতিকে অজ্ঞান হয়ে যেতে চমকে উঠলো । স্টেজ থেকে নেমে আসতে যাবে তার আগেই কোহিনুর ব্যানার্জী ওর হাতটা ধরে নিল ।

এদিকে প্রকৃতি কে অজ্ঞান হয়ে যেতে সিদ্ধার্থ চমকে উঠলো । প্রকৃতি এভাবে অজ্ঞান হয়ে গেল কেন বুঝতে পারলো না। তাড়াতাড়ি প্রকৃতিকে জড়িয়ে ধরে গালে হাত দিয়ে ডাকতে লাগলো কিন্তু প্রকৃতির কোনো রেসপন্স নেই । এর মধ্যেই সোহেল চৌধুরী এসে সিদ্ধার্থ কে বলল ওদের গেস্ট রুমে যেতে উনি ডাক্তার পাঠাচ্ছেন । সিদ্ধার্থ প্রকৃতিকে কোলে তুলে নিয়ে গেস্ট রুমে গেল

।

রিক ওদের সাথে যেতে চাইলেও কোহিনুর ব্যানার্জী ওকে অন্যদিকে টেনে নিয়ে গেল ।

" কি হলো আঙ্কেল আমাকে যেতে দিলেন না কেন ?"
" কেন যেতে দেয়নি বুঝতে পারছো না ?"

" না বুঝতে পারছি না .... এতদিন পর প্রকৃতিকে খুঁজে পেয়েছি আমি আর আমি ওর কাছে যাবো না? অন্য একটা ছেলে আমার সামনে ওকে স্পর্শ করবে "

" এখন শান্ত থাকো রিক দেখতে পাচ্ছো কত গেস্ট ... ওদের সামনে তুমি পাগলামি করলে আমাদের রেপুটেশন কোথায় যাবে বুঝতে পারছো ? প্রকৃতিকে আমাদের কাছে আনতে হলে আমাদের প্ল্যান করতে হবে .... এমনি এমনি আনা যাবে না কারন ও বিবাহিত .... আর সিদ্ধার্থ সেনগুপ্ত কে দেখে যা বুঝলাম তোমাদের মতো এত বড়ো বিজনেসম্যান না হলেও একটা নাম খ্যাতি আছে তাই সাবধানে কাজ করতে হবে আমাদের "

" কিন্তু আঙ্কেল আমি ...."

" কোন কিন্তু নয় রিক আমি তো কথা দিচ্ছি তোমায় প্রকৃতিকে তোমার কাছে এনে দেবার দায়িত্ব আমার "

" ঠিক আছে এখন কিছু বলছি না কিন্তু যদি না এনে দাও তাহলে আমি যা করবো সেটা তোমরা ভাবতেও পারবে না বলে দিলাম "

মনিকা প্রকৃতিকে দেখছে । মেয়েটা তো সম্পূর্ন সুস্থ সবল কলেজেও কতো কথা বলে তাহলে এভাবে অজ্ঞান হয়ে গেল কেন বুঝতে পারছে না । পালস চেক করছে সেটাও ঠিক ভাবে পাচ্ছে না । কখনো কম হচ্ছে কখনো বেশি মনে হচ্ছে ভয় পেয়েছে কিছুতে একটা আবার কখনো ডাবল পালশ পাচ্ছে । এর মধ্যেই প্রকৃতির জ্ঞান ফেরে । আস্তে আস্তে চোখ খুলে আশেপাশে তাকায় । পাশেই সিদ্ধার্থ কে বসে থাকতে দেখে তাড়াতাড়ি উঠে বসে সিদ্ধার্থ কে জড়িয়ে ধরে কেঁদে ওঠে ।

" আমাকে এখান থেকে নিয়ে চলো সিদ্ধার্থ .... দম বন্ধ হয়ে আসছে আমার .... কষ্ট হচ্ছে খুব ..... "
বলেই আবার কেঁদে দিল । সিদ্ধার্থ প্রকৃতির এমন কথা শুনে কিছু বলতে যাবে তার আগেই প্রকৃতি বলল " প্লিজ আমাকে নিয়ে চলো আমি থাকবো না এখানে "
" ঠিক আছে ঠিক আছে প্রকৃতি নিয়ে যাচ্ছি তোমায় এভাবে কাঁদতে হবে না তোমায় .... আমি তো আছি নাকি?"বলেই সিদ্ধার্থ প্রকৃতিকে কোলে তুলে নিল । সোহেল চৌধুরী কে কোন মতে বলে বিদায় নিল । এই মুহূর্তে সিদ্ধার্থ এর মুখ দেখে কিছু বোঝা না গেলেও ওর মনে কি চলেছে সেটা একমাত্র ওই জানে । প্রকৃতি

কেন এতো ভয় পাচ্ছে ? তাছাড়া ও তো সাহসী মেয়ে খুব শক্ত ধাঁচের তাহলে এই মেয়েতো বিনা কারনে ভেঙে পড়তে পারে না তাহলে ? না এই প্রশ্নের উত্তর শুধু ওকে পাপা দিতে পারে । আর চারদিন পর না কালকে বাড়ি যাবে ওরা .... প্রকৃতিকে সুস্থ করতে গেলে ওর মনের ভয়টা দূর করতে গেলে আগে ওকে প্রকৃতির অতীত সম্পর্ক জানতে হবে । এতদিন ও কাউকে কিছু বলার জন্য জোর করেনি কিন্তু এবার ওকে জোর করতেই হবে । এসব ভেবে সিদ্ধার্থ প্রকৃতির মাথাটা নিজের কাঁধে রাখলো একহাতে প্রকৃতিকে জড়িয়ে ধরে আস্তে আস্তে ড্রাইভ করতে থাকলো ।

রিক নিজের রুমে সোফায় হেলান দিয়ে বসে আছে একটা হাত কপালে রেখে চোখ দুটো বন্ধ করে রেখেছে । সিদ্ধার্থ সেনগুপ্ত প্রকৃতিকে স্পর্শ করেছে এটাই যেন ওর চোখে ভাসছে । কোহিনুর আঙ্কেলের জন্য ও কিছু করতে পারছে না ,, নাহলে এতক্ষন হয়তো প্রকৃতি ওর সাথে থাকতো । সিদ্ধার্থ সেনগুপ্ত এর কাছ থেকে প্রকৃতিকে কেড়ে নিতো যেভাবেই হোক । রিকের খুব রাগ হচ্ছে ভেঙে ফেলতে ইচ্ছে করছে সব তাই পাশে থাকা ফুলদানি টা ছুঁয়ে

ফেলে দিল যদি রাগ কিছু টা কমে । কোহিনুর আঙ্কেল ওকে মাথা ঠাণ্ডা রাখতে বলছে কিন্তু নিজের ভালোবাসার মানুষকে অন্য কারোর সাথে দেখলে কার ভালো লাগে । একবার ভেবেছিল ও নিয়ে আসবে প্রকৃতিকে নিজের কাছে কিন্তু পরক্ষনেই ভাবল কোহিনুর আঙ্কেল ঠিক কথাই বলছেন ওর বাবার পাওয়ার থাকতে পারে কিন্তু রাজনীতি কোহিনুর আঙ্কেল বেশি জানে তাই তো ও নিজের সিদ্ধান্ত চেঞ্জ করে নিল।

" আসবো "

দরজার উপর থেকে কারোর গলা শুনে রিক মাথা তুলে তাকালো। দেখল কোহিনুর আঙ্কেল .... কোহিনুর আঙ্কেলকে দেখে ও গম্ভীর মুখে ভেতরে আসতে বললো।

" চিন্তা করো না রিক .... আমি প্রকৃতির সবকিছু জানার জন্য লোক লাগিয়ে দিয়েছি। খুব শীঘ্রই আমরা এ ব্যাপারে সবকিছু জেনে যাব ।"

" কবে জানবো আঙ্কেল ? তুমি কি কিছুই বুঝতে পারছ না ? আমি আর থাকতে পারছি না .... তুমি কিছু ব্যবস্থা করো কাল আজ এর মধ্যেই না হলে আমি কিন্তু প্রকৃতিকে তুলে আনবো বলে দিলাম। এতে যদি আমাকে খুন করতে হয় তাই করবো .... তোমাদের কথা শুনে আমি বিদেশ গিয়েছিলাম প্রকৃতিকে তোমাদের কাছেই রেখে কিন্তু তোমরা তার মর্যাদা রাখতে পারোনি ।"

" মাথা ঠান্ডা করো রিক ..... এত রাগ ভালো নয় শরীরের জন্য । এখন যা করতে হবে আমাদের ঠান্ডা মাথায় করতে হবে । একটা কথা ভালো হবে জানবে যে জিনিসটা চলে গেছে সেটা চলেই গেছে ফেরত আনা যাবে না কিন্তু যেটা আছে সেটা তো আমরা ঠিক করতেই পারি । তাই শান্ত থাকো সময় দাও। কিছুটা সামনে পুজো কালকে মহালয়া আমরা কলকাতা ফিরে যাব সেখান থেকেই সবকিছু হবে পুজোর মধ্যেই তোমার কাছে আমি প্রকৃতিকে এনে দেব কথা দিলাম ।"

কথাগুলো বলে কোহিনুর ব্যানার্জি দরজা খুলে বেরিয়ে গেলেন। কিন্তু পুরোপুরি গেলেন না দরজার ওপাশ থেকে উঁকি মেরে একেবারে রিকের তাকালেন তারপর মনে মনে বললেন " চিন্তা করো না রিক তুমি হচ্ছো আমার দাবার মূল গুটি । তোমাকে এত সহজে হাতছাড়া হতে দেই কি করে বলো ? প্রকৃতিতে আমার সোনার ডিম পাড়া হাঁস ওকে আনার জন্য তোমাকে তো দরকার । তোমার এই পাগলামি জন্যই তোকে আমি পেয়েছি আবার । আর কিছুমাস পরেই ওর 21 বছর পূর্ণ হবে তারপর সব প্রপার্টিস আমার হবে এত বড় সম্পত্তি সেটা ছেড়ে দি কি করে বল ? আমার শশুর মশায়ের প্রপার্টি বলে কথা আর শৈলেন্দ্র ওর ব্যবস্থা তো আমি করব কি ভেবেছ কি? আমি থার্টি পার্সেন্ট সম্পত্তির শেয়ারের মালিক করব .... একদম না ..... বরং ওর এত বড় সম্পত্তির পুরোটা আমার হবে শুধুই আমার। মুক্তাকে তো এমনি এমনি বিয়ে করিনি আমি আমার শশুর মশায়ের এত বিশাল বড় সম্পত্তির জন্য

করেছিলাম। তারপর আবার এই রাজনীতি সবইতো শ্বশুর মশাইয়ের কাছ থেকে পাওয়া এগুলোকে ছেড়ে দিলে আমি বাচবো কেমন করে ? তাইতো মুক্তাকে মেরেছি এখন প্রকৃতিকে সম্পত্তির ব্যাপারে সাইন করিয়ে ওকেও মারবো কিন্তু তুমি কিছুই পারবে না আর তোমার বাবার ব্যবসা সেটা তো আমার নামে ফিফটি পার্সেন্ট আছেই । আহা বেচারা মেয়ে আমার ... আর প্রকৃতির জন্য আরো কিছু নিরিহ লোকের জীবন যাবে ...... একবার মুক্তা আমার সমস্ত খেলা বিগড়ে দিয়েছে কিন্তু আর না এবারে প্রকৃতিকে খুঁজে যখন পেয়েছি তখন আমার উদ্দেশ্য আমি পূরন করবোই " ভেবেই শয়তানী হাসি দিয়ে রুম ছেড়ে বেরিয়ে গেল ।

প্রকৃতি বিছানায় চুপ করে বসে আছে । পার্টি থেকে আসার পর একটাও কথা বলেন এখনো পর্যন্ত । জ্ঞান কিছুক্ষণ আগেই ফিরেছে ওর কাঁদতে ভুলে গেছে মেয়েটা । মানুষগুলো এতদিন পর ওর চোখের সামনে এসে দাঁড়াবে ভাবতেও পারেনি আজ যেন ওকে তারা করা সমস্ত আবছা স্মৃতি স্পষ্ট হয়ে এসেছে যদিও পুরোটা স্পষ্ট হয়নি তবুও কিছুটা হয়েছে। ভয় তো লাগছেই তার সঙ্গে অসম্ভব জেদ ওকে ঘিরে ধরছে । সবকিছুর জ্বালিয়ে দিতে ইচ্ছে করছে এই মুহূর্তে ।

সিদ্ধার্থ এইতো কিছুদিন আগেই প্রকৃতিকে স্বাভাবিক করে তুলেছে আবার প্রকৃতি সেই গম্ভীর্য ধারন করে বসে আছে। বুঝতে পারছে না ও প্রকৃতির কি হয়েছে? আসলে কেন এত ভয় পাচ্ছে ? ফ্রেশ

হয়ে এসে দেখে শুধু প্রকৃতির জ্ঞান ফিরেছে । সিদ্ধার্থ তাড়াতাড়ি এসে প্রকৃতির পাশে বসলো প্রকৃতির হাতটা শক্ত করে ধরে ওর গালে হাত দিয়ে চোখে চোখ রেখে বলল

" কি হয়েছে তোমার প্রকৃতি ? তোমার সমস্যাটা প্লিজ আমাকে খুলে বলো না হলে আমি তো কিছু বুঝতে পারছি না । তোমার সমস্যা টা না জানলে আমি তোমার কি করে তোমাকে স্বাভাবিক করবো বলো ? বোঝার চেষ্টা করো ..... আমাকে কেন সবকিছু লুকিয়ে রাখছো আমার কাছ থেকে ? তুমি জানোনা তোমার কষ্ট হলে আমারও কষ্ট হয় । আমি পারছি না তোমাকে এভাবে দেখতে ? আচ্ছা একটা কথা বলতো তুমি কি আমাকে দেখতে পারতে ? এভাবে ভয় পেতে ? কষ্ট পেতে ? তাহলে আমি কি করে তোমাকে দেখতে পারব ? তুমি জানো পার্টিতে তোমাকে অজ্ঞান হয়ে যেতে দেখে কতটা ভয় পেয়েছিলাম ? প্লিজ খুলে বল আমাকে সবকিছু? " কথাগুলো শুনে প্রকৃতি একদৃষ্টিতে সিদ্ধার্থের দিকে তাকিয়ে থাকলো । বলতে তো অনেক কিছু ইচ্ছে করছে কিন্তু ওরেই তো ঠিক ভাবে কিছু মনে নেই। কিইবা বলবে ? আচ্ছা পাপা ওর অতীত সম্বন্ধে জানে না ? ওর অতীত তো পাপা নিশ্চয়ই জানবে ।

আবার প্রকৃতির সামনে ওই কোহিনুর ব্যানার্জি রিকের মুখমন্ডল ভেসে উঠলো। প্রকৃতির এখনই দৃঢ় হয়ে আসা মুখটা ভয়ে পাংশু বর্ণ ধারণ করল। আবার কিছু আর্তনাদ গোঙানির আওয়াজ শুনতে পেল কিছুটা চোখের জল ও দেখতে পেল । কেন মনে হয় ওর এসব ? পারছে না এসব স্মৃতি নিয়ে বেঁচে থাকতে ? কোথায় গেলে পাবে সেই প্রশ্নের উত্তর ?

আবার মাথাটা কেমন চিনচিনে ব্যথা করে উঠলো দুই হাত দিয়ে মাথা রেখে শক্ত করে ধরে নিল। সিদ্ধার্থ প্রকৃতিকে এভাবে ছটফট করতে দেখে তাড়াতাড়ি বলে উঠলো

" কি হয়েছে তোমার প্রকৃতি ? মাথা ব্যথা করছে ডাক্তার ডাকবো ? থাক তোমাকে কিছু বলতে হবে না আমি কিছু শুনতে চাই না তোমার কাছ থেকে তাও তুমি এমন করো না আমি এখনই ডাক্তার দেখবে আনছি ।" সিদ্ধার্থ উঠতে যাবে কিন্তু তার আগেই প্রকৃতি সিদ্ধার্থের হাতটা ধরে নিল।

" প্লিজ তুমি যেও না সিদ্ধার্থ আমার কিছু হয়নি কিছুই না .... আমাকে প্লিজ বাড়ি নিয়ে চলো এখানে থাকতে আমার দম বন্ধ হয়ে আসছে আমার কিছুই ভালো লাগছে না প্লিজ চলো "

" আচ্ছা আচ্ছা কালকেই বাড়ি যাব আমার টিকিট কাটা হয়ে গেছে তুমি চিন্তা করো না ঘুমাতে চেষ্টা করো একটু আমি কোথাও যাচ্ছি না তোমার কাছেই থাকব "

সিদ্ধার্থ এর কথা শুনে প্রকৃতি শক্ত করে ওকে জড়িয়ে ধরলো । ভয়ে সিদ্ধার্থ এর বুকে মাথা রেখে নীরবে কাঁদতে থাকলো । ওর খুব ভয় লাগছে মনে হচ্ছে যেন সিদ্ধার্থ কে ওর পরিবারকে ও হারিয়ে ফেলবে কিন্তু কেন মনে হচ্ছে ওর ?

" আবার কাঁদছো তুমি ? আমি আছি তো কিছুই হবে না তোমার একদম কাঁদবে না তুমি ...... চুপচাপ ঘুমিয়ে পড়ো আমি তোমার মাথায় হাত বুলিয়ে দিচ্ছি " বলেই সিদ্ধার্থ প্রকৃতির চোখের জলটা

মুছিয়ে দিয়ে ভালো করে শুইয়ে দিল । নিজেও প্রকৃতির পাশে শুয়ে ওর মাথায় হাত বুলিয়ে দিতে থাকলো । সিদ্ধার্থ প্রকৃতির মাথায় আলতো করে ঠোঁট স্পর্শ করালো তারপর বলল " কালকে অনেক কাজ আছে ঘুমিয়ে পড়ো তাড়াতাড়ি কিছু মনে করবে না তুমি .... আমি আছি তো " শেষের কথাটা শুনে প্রকৃতি অনেক খানি ভরসা পেল কিন্তু ও তো জানে না কতো বড়ো বিপদ ওদের জন্য অপেক্ষা করে আছে যেখানে ওদের ক্ষমতা থাকলেও উপায় থাকবে না কোনো । ভালোবাসা থাকলেও আগলে রাখার ক্ষমতা থাকবে না শুধু থাকবে একরাশ অসহায়তা .... আর একরাশ হতাশা .... মাঝে মাঝে যে ভালোবাসার মানুষ গুলোর জন্যেও যে ভালোবাসার মানুষ দের থেকে দূরে যেতে হয় ।

" বলছি তাড়াতাড়ি রেডি হয়ে নাও আর কিছুক্ষণ পরেই ফ্লাইট .... তাড়াতাড়ি না গেলে মিস করবো .... কি কখন থেকে বসে আছো ? আবার কিছু ভাবছো ? " সিদ্ধার্থ এর কথায় প্রকৃতির হুস ফিরলো । এতক্ষন ও নিজের অতীত সম্বন্ধে চিন্তা করছিল কিন্তু কোনো তল পাচ্ছিল না । কিছুটা ওর কাছে স্পষ্ট হয়ে এসেছে কিন্তু পুরোটা হচ্ছে না আর স্মৃতি গুলো যত ওর কাছে স্পষ্ট হচ্ছে তত যেন ওর ভয়টা আরো বেড়েই চলেছে কিন্তু ও সেটা প্রকাশ করতে চাইছে না সিদ্ধার্থ এর কাছে । সিদ্ধার্থ কে একটুও কষ্ট দিতে চাইনা ও একটুও না।

" সিদ্ধার্থ ...." শান্ত স্বরে প্রকৃতি ডেকে উঠলো । প্রকৃতির এমন কণ্ঠস্বর শুনে সিদ্ধার্থ এর মনটা ভাল হয়ে এলো ক্রমশ । এতটা শান্ত ভাবে প্রকৃতি ওকে কখনো ডাকেনি । সবসময় ওর সাথে জোরে জোরে কথা বলেছে বকবক করেছে বিরক্ত করার চেষ্টা করেছে । কিন্তু আজ প্রকৃতি কিছুই করেছে না । সিদ্ধার্থ কারন গুলো খুজে চলেছে প্রকৃতির বদলে যাবার তাইতো কাল রাতে পাপাকে ফোন করেছিল এখানে যা যা হয়েছে সব কিছু খুলে বলেছে । কথা গুলো শুনে পাপার গলাটা ভারী পেয়েছিল ..... আমতা আমতা করছিল কিন্তু ও জোর করাতে খুলে বলবে বলেছে সব কিছু । সেই জন্যেই আজকে ফ্লাইটে করে যাচ্ছে যাতে তাড়াতাড়ি পৌঁছাতে পারে ।

সিদ্ধার্থ ব্যাগপত্র ছেড়ে দিয়ে ধীরে ধীরে প্রকৃতির কাছে এসে বসলো তারপর গালে হাত দিয়ে বলল

" কি ?"

" আমি যদি হারিয়ে যায় ?" ছলছল চোখে প্রকৃতি বলে উঠলো । প্রকৃতির কথা শুনে সিদ্ধার্থ হতভম্ব হয়ে ওর দিকে তাকিয়ে থাকলো বোঝার চেষ্টা করছে প্রকৃতি কি বলতে চাইছে ? প্রকৃতির ভাসা ভাসা চোখ দুটো ওকে যেন অনেক কিছু বলে যাচ্ছে । কথাটা শুনে সিদ্ধার্থ এর খুব কষ্ট পেল রাগে গিয়ে বলল

" এটা কেমন কথা প্রকৃতি ? হারিয়ে যাবে মানে ? "

সিদ্ধার্থ কে রাগতে দেখে প্রকৃতির চোখ দিয়ে দুই ফোঁটা জল গড়িয়ে পড়লো । সিদ্ধার্থ এর দিকে তাকিয়ে বলল " জানো আমি তোমাকে বলিনি সেইদিন ওয়াশরুমে আমার কাছে একটা ছায়ামূর্তি এসেছিল .... আমার না ওকে খুব চেনা লেগেছে কিন্তু মনে করতে পারছি না কোথায় দেখেছি .... জানো ও বলেছে ও নাকি তোমার থেকে আমাকে কেড়ে নিয়ে যাবে .... জানো আমার না খুব কষ্ট হয় মাথাটা কেমন চিনচিনে ব্যাথা করে .... কিছু মনে পড়তে চাই কিন্তু মনে পড়ে না ..... "

প্রকৃতির কথা শুনে সিদ্ধার্থ অবাক হয়ে গেল । ওর বিশ্বাস করতে কষ্ট হচ্ছে প্রকৃতির কথা । ছায়ামূর্তি মানে ? কে এসেছিল প্রকৃতির কাছে ? ওর কোন শত্রু ? না তো ওর তো কোনো শত্রু নেই তাহলে ?

প্রকৃতির কান্নার আওয়াজ শুনে সিদ্ধার্থ প্রকৃতির দিকে তাকালো । নিজের ভাবনা বাদে প্রকৃতিকে আলতো করে জড়িয়ে ধরে কপালে ওষ্ঠ স্পর্শ করিয়ে একটু হাসার চেষ্টা করে বলল " তুমি ভুল দেখেছো ওইসব ..... এতো চিন্তা করতে হবে না ..... আর ছায়ামূর্তি এমন কিছু হয় নাকি ? তাছাড়া আমি তো আছিই .... নাও তাড়াতাড়ি রেডি নাও .... আর মাত্র দেড়ঘণ্টা সময় আছে ..... ততক্ষনে আমিও লাগেজ গুলো গুছিয়ে নিই " বলেই সিদ্ধার্থ প্রকৃতিকে ঠেলে ওয়াশরুমে পাঠিয়ে দিল।

রিক কোহিনুর ব্যানার্জী সোহেল চৌধুরী সোফায় বসে আছে । এর মধ্যেই একটা লোক ভেতরে এলো । লোকটাকে দেখে কোহিনুর ব্যানার্জী গম্ভীর স্বরে বলে উঠলেন " কি খবর ?"

" স্যার যা যা খবর আনতে বলেছিলেন সব এনেছি "

" কিসের খবর ?" (রিক)

" প্রকৃতির সম্বন্ধে " (কোহিনুর ব্যানার্জী)

" কি প্রকৃতির সম্বন্ধে সব খবর নিয়ে চলে এসেছে ? " রিক সোফা থেকে উঠে দাঁড়িয়ে বলল ।

" হ্যা স্যার উনার আসল বাড়ি বর্ধমান এর একটা গ্রামে ..... শশুড়বাড়ি ও বর্ধমান .... বিয়ে হয়েছে দেড়বছর হলো .... বাবার নাম সৃজিত কর মায়ের নাম পাপিয়া কর একটা ছোট বোন আছে । শশুড়মশায়ের নাম কেশব সেনগুপ্ত স্বামী সিদ্ধার্থ সেনগুপ্ত । উনিও একজন বিজনেসম্যান .... আর সব থেকে বড়ো দূর্বলতা পরিবার মেয়েটা খুব ভালোবাসে ওনার পরিবারকে " বলেই লোকটা থামলো । আর লোকটার কথা শুনে রিক রেগে গিয়ে লোকটাকে মারতে গিয়েছিল । আসলে প্রকৃতির বিয়ে হয়ে গেছে এটাই ও মানতে পারেনি । এদিকে কোহিনুর ব্যানার্জী সৃজিত করের নামটা শুনে কেঁপে উঠলো । নামটা যেন চেনা চেনা লাগছে ওনার কোথাও কি শুনেছে আগে ?

কিন্তু রিককে উত্তেজিত হয়ে যেতে দেখে উনি গিয়ে রিককে থামালেন তারপর বললেন " আমাদের কলকাতা আজেকেই ফিরতে

হবে রেডি হয়ে নাও তাড়াতাড়ি "

এয়ারপোর্ট থেকে সিদ্ধার্থ প্রকৃতিকে নিয়ে বাইরে বেরিয়ে এলো। বাড়ির কাউকে না জানিয়েই এসেছে তাই গাড়িও আসেনি এই মুহূর্তে ওদের একটা গাড়ির ব্যবস্থা করতে হবে । সিদ্ধার্থ প্রকৃতির দিকে তাকিয়ে দেখলো মেয়েটা কেমন গুম করে গেছে । আজকের জার্নিটাতে প্রকৃতি ওর সাথে একটাও কথা বলেনি শুধু চুপচাপ বসে ছিল কিন্তু অন্য সময় হলে মেয়েটা কতোই না বকবক করতো । এইসব ভাবতেই সিদ্ধার্থের একটা দীর্ঘশ্বাস বেরিয়ে এলো। সিদ্ধার্থ এর মনে পড়ে গেল ওদের প্রথম দেখার কিছু মুহূর্ত । সেইসব ভেবেই ও প্রকৃতির দিকে তাকালো দেখলো কেমন ক্লান্ত লাগছে মেয়েটাকে ।

" কি হলো চলো ? " সিদ্ধার্থ প্রকৃতির কাঁধে হাত রেখে বলে উঠলো। সিদ্ধার্থ কথা শুনে প্রকৃতি হতভম্ব হয়ে ওর দিকে তাকালো এতক্ষন তো সিদ্ধার্থ এর কোনো কথায় শোনেনি ।

" কি হলো এখানে এভাবে দাঁড়িয়ে আছো কেন ? চলো একটা গাড়ি ভাড়া করতে হবে ....."
" উম্ম হুমম চলো " প্রকৃতি ধীর কন্ঠে বলে উঠলো।

রাস্তার জ্যামে সিদ্ধার্থ দের গাড়িটা আটকে আছে । এতো জ্যাম ওদের দুইজনেরই খুব বিরক্ত লাগছে কিন্তু কিছু করার নেই। প্রকৃতি সিটে হেলান দিয়ে বাইরের দিকে তাকিয়ে আছে। প্রকৃতিকে চুপ করে থাকতে দেখে সিদ্ধার্থ ও কোনো কথা বলছে কিই বা বলবে ও ? কষ্ট হচ্ছে খুব যত তাড়াতাড়ি সম্ভব বাড়িতে গিয়ে আগে পাপার কাছে যেতে হবে সব কিছু জানতে ওকে ।

জ্যামটা ছেড়ে দিতেই গাড়িটা আস্তে আস্তে এগোতে লাগলো এর মধ্যেই একটা গাড়ি এসে ওদের পাশে এসে দাঁড়াল । প্রকৃতির হটাৎ চোখ গেল গাড়িতে বসে থাকা মানুষ গুলোর দিকে । সেদিকে দেখতেই ওর আবার মাথাটা চিনচিনে ব্যাথা করে উঠলো । ভয় পেয়ে তাড়াতাড়ি সিদ্ধার্থ এর দিকে কিছুটা সরে এলো । সিদ্ধার্থ এর একটা বাহু শক্ত করে ধরে মাথাটা ওর কাঁধে রাখলো । প্রকৃতির এহেন ব্যবহারে সিদ্ধার্থ চমকে উঠলো। প্রকৃতির হটাৎ ভয় পাবার কারনটা ও বুঝতে পারলো না ।

ব্যতিব্যস্ত হয়ে জিজ্ঞেস করলো " কি হয়েছে প্রকৃতি ? এরকম করছো কেন শরীর খারাপ করছে নাকি ?"
সিদ্ধার্থ এর কথা শুনে প্রকৃতি মাথা নাড়ালো বাইরের দিকে হাত

বাড়িয়ে বলল " ওখানে ... ওখানে .... ওই যে .... ওরা "

এরকম ছেড়া ছেড়া কথা গুলো শুনে সিদ্ধার্থ কিছু বুঝতে পারলো না গাড়ি থেকে বাইরের দিকে তাকিয়ে দেখলো কোথাও কিছু নেই ।

" কোথায় প্রকৃতি ? বাইরের দিকে তুমি কি দেখাতে চাইছো ? কোই কিছু নেই তো ?"

সিদ্ধার্থ এর কথা শুনে প্রকৃতি মাথা তুলে বাইরের দিকে তাকালো দেখলো সত্যিই নেই সামনের দিকে তাকালো সেই গাড়িটা চলে যাচ্ছে । গাড়িটার দিকে একদৃষ্টিতে তাকিয়ে থাকলো কিছুক্ষন ।

" কি হলো বাইরের দিকে মাথা বের করে তাকিয়ে আছো কেন ? বললাম তো কিছুই নেই তাই ভয় পেও না "

" না , না ছিল ওই যে চলে যাচ্ছে "

বলেই প্রকৃতি আবার গাড়ি থেকে হাত টা বের করে সামনের দিকে দেখালো সিদ্ধার্থ সামনে তাকালেও বুঝতে পারলো না প্রকৃতি এতো ভিড়ের কোন গাড়িটার কথা বলছে ? সিদ্ধার্থ এবার নিশ্চিত হলো প্রকৃতি মিথ্যে বলছে না কিছু আর না কিছু ওর ভ্রম ...... সেই দিন পার্টিতেও এভাবে অজ্ঞান হয়ে গেল কাকে দেখে ? তাছাড়া একটা মানুষের মনে এতটা ভয় ? অথচ কিছু দিন আগেই মেয়েটা অন্যরকম ছিল যার মনে ভয়ের চিহ্ন ছিল না । এতো সাহসী মেয়েটা তো আর এমনি এমনি ভয় পাবে না নিশ্চয়ই ওর অতীতে নিশৃংস কিছু ঘটেছে না হলে এতো পাবে না ।

কেশব বাবু বিনায়ক কেউ বাড়ি তে নেই । মায়া দেবী রান্নাঘরে অনু সোফায় বসে টিভি দেখছে আর হাসছে দরজার দিকে কোনো

খেয়াল নেই । কাজের লোকেরাও নিজেদের মতো কাজ করছে । এইসময় সিদ্ধার্থ প্রকৃতি বাড়িতে ঢুকলো । সিদ্ধার্থ বাড়িতে এসেই দুইবার মা মা কেরে ডেকে উঠলো। রান্নাঘরে সিধুর গলার আওয়াজ পেয়ে মায়া দেবী চমকে উঠলেন । সিধুর তো কালকে আসার কথা ছিল তাহলে আজকে কি করে এলো সেটা খুঁজে পাচ্ছেন না উনি। গ্যাসটা কোনোমতে বন্ধ করে দিয়ে তাড়াতাড়ি বাইরে এলেন । বাইরে এসে সিধু প্রকৃতিকে দেখে চমকে উঠলেন। এতক্ষন অনু হতভম্ব হয়ে দুইজনের দিকে তাকিয়ে আছে দাদাভাই পুজোতে এতো আগে কখনো আসেনা ।

" দাদাভাই তুই এখানে ? বউদি ভাই তোমার কি হয়েছে ? এতটা শুকনো লাগছে কেন ?" অনু সিদ্ধার্থ এর সামনে এসে দাড়িয়ে বলল ।

" হু এবারে তাড়াতাড়ি এলাম দরকার আছে , মা প্রকৃতিকে ঘরে নিয়ে যা ওর শরীরটা ভালো নেই .... মা, বাবা কোথায় ? দরকার আছে বাবার সাথে "

" তোর বাবা তো অফিসে তুই জানিস না এই সময়ে ব্যস্ততা বেশি .... তবে তুই এত দূর জার্নি করে এলি ফ্রেশ না হয়ে বাবার খোঁজ করছিস ? তাছাড়া প্রকৃতির কি হয়েছে ? এতো শুকোনো দেখাচ্ছে কেন ?"

" সব বলবো মা আগে ফ্রেশ হয়ে আসছি .... আর প্রকৃতির একটু খেয়াল রেখো মা আমাকে একটু বাইরে যেতে হবে এখনি "

" সে কি করে ? কিছু না খেয়েই ...."

" হ্যা আমার হাতে এখন সময় নেই .... আমার লাগেজ গুলো উপরে দিয়ে আস্তে বলো কাউকে " বলেই সিদ্ধার্থ উপরে চলে গেল আর মায়া দেবী হতভম্ব হয়ে ওর যাবার দিকে তাকিয়ে আছে তবে এটুকু বুঝতে পারছেন কোনো খারাপ কিছু হয়েছে ।

প্রকৃতি বিছানায় চুপচাপ বসে ছিল অনু ওর কাছে কিছুক্ষণ আগেই ছিল কিন্তু একটা ফোন আসাতে ওকে চলে যেতে হয়েছে । অনু চলে যেতেই মায়া দেবী ওর কাছে আসে । মায়া দেবী কে দেখে প্রকৃতি একটু নড়েচড়ে বসল । হাসতে ইচ্ছে না করলেও জোর করে হাসলো একটু তারপর মায়া দেবীর মুখটার দিকে কিছুক্ষন তাকিয়ে থাকলো । কি মায়া মুখটাই ? সত্যিই নামটা যেন স্বার্থক .... মামনির পর উনিই তো ওকে এতটা ভালোবেসেছে আর ছোট বেলায় হয়তো .... ছোট বেলার কথা ঠিক ভাবে কিছু না মনে পড়লেও এতো মুখের অস্পষ্ট ছায়ার মধ্যে একটা মুখ খুব ভেসে উঠে । ওই মুখটাতেও এতো মায়া থাকে সবসময় ..... কিছুটা ওর মতোই দেখতে ।

" কি রে এতো কি ভাবছিস ? আমাকে আগে দেখিস নি তুই ?"
মায়া দেবীর কথায় প্রকৃতি হাসলো তারপর ওনার হাতটা ধরে বিছানায় বসিয়ে ওনার কোলে শুয়ে পড়লো ।
" আমার মাথায় একটু হাত বুলিয়ে দাও না মা .... জানো আমার মন খারাপ হলে বা কষ্ট হলে মামনির কোলে শুয়ে পড়তাম ....

তুমিও তো মা তাই তোমার কোলেও শুয়ে পড়লাম " প্রকৃতির সহজসরল মনের এমন কথা শুনে মায়া দেবীর চোখ দুটো ছলছল করে উঠলো আরেকজন ছিল যে এতটাই সহজ সরল ছিল । মায়া দেবীর মনে একটা প্রশ্ন সবসময় ভেসে আসে কিন্তু কোনোদিন করার সাহস পায়না প্রকৃতিকে । দেড়বছর প্রকৃতির সাথে এত মিশেছেন তাও বুঝতে পারেননা উনি ....

" আচ্ছা প্রকৃতি তোকে একটা প্রশ্ন করি ?" উনি প্রকৃতির মাথায় হাত বুলিয়ে দিতে দিতে বললেন।

প্রকৃতি মায়া দেবীর কোলে শুয়ে যেন কিছুক্ষণ এর মধ্যেই ওর কষ্ট গুলো ভুলে গেল । শান্তি পাচ্ছে অনেক । মায়া দেবীর কথা শুনে ওনার দিকে তাকালো তারপর ভ্রু কুঁচকালো ।

" আমাকে প্রশ্ন করবে তাও পারমিশন নিচ্ছো কেন ? অর্ডার করবে সবসময় "

প্রকৃতির কথা শুনে মায়া দেবী হাসলেন । তারপর বললেন " আচ্ছা তুই কার মতো দেখতে হয়েছিস ?"

মায়া দেবীর কথা শুনে প্রকৃতি উঠে বসলো তারপর একটু ভেবে বলল " জানি না তো মা বাবা কারোর মতোই হয়নি .... মা বাবাকে জিজ্ঞেস করি সবসময় তাও বলে না .... বলে নাকি দুইজনের মতোই হয়েছি কিন্তু আমি বুঝতে পারিনা কারন মতো হয়েছি "

ওর কথা শুনে মায়া দেবী একটা দীর্ঘশ্বাস ফেললেন এবার আসল প্রশ্নটা করেই উঠলেন ।

" আচ্ছা তুই মুক্তা নামে কাউকে চিনিস কি ?"

" মুক্তা " নামটা শুনেই প্রকৃতি চমকে উঠে অবাক হয়ে মায়া দেবীর দিকে তাকলো। এই নামটা উনি মা জানলো কোথায় ? এই নামটা অনেক বার ওর মাথায় এসেছে আর আসার সাথে সাথেই একটা সুন্দর মমতাময়ী মুখ ভেসে উঠেছে । এতো খারাপ স্মৃতির মাঝেও যেন এই নামটা ওর মনে সুখের আভাস দিতো ।
" কি হলো বল ?" প্রকৃতির সাড়া না পেয়ে উনি আবার ও প্রশ্নটা করে উঠলো ।

" জানি না তো মা তবে নামটা আমার খুব চেনা চেনা মনে হয় ..... অনেকবার মনে ভেসেও উঠেছে নামটা .... জানো খুব আপন মনে হয় " বলতে বলতেই প্রকৃতির চোখ দুটো ছলছল করে উঠলো। প্রকৃতিকে এইভাবে দেখে মায়া দেবী কিছুই বুঝতে পারলেন না তবে বুঝতে পারলেন প্রকৃতি কষ্ট পেয়েছে তাই কথাটা ঘুরিয়ে দেবার জন্য বললেন " ঠিক আছে বাদ দে কিন্তু বলেই তুই এতটা শুকিয়ে গেলি কেমন করে ? আমার ছেলেটা কি তোকে যত্ন করে না ? যদি না করে বল তাহলে আমি ওকে ওকে বকবো "
মায়া দেবীর কথা শুনে প্রকৃতি খিলখিলিয়ে হেসে উঠলো ।
" সত্যি ওকে বকবে তাহলে বকে দিও তো খুব বাজে জানো খালি আমাকে বলে পড়তে বসো পড়তে বসো .... এটা খাও এটা ভালো ওটা খেও না ওটা খারাপ .... আমার জীবনটা পুরো তেজপাতা করে দিয়েছে ..... খুব বাজে তোমার ছেলে ... আচ্ছা তুমি এতো সুইট হলে কিন্তু তোমার ছেলে এতো গোমড়ামুখো হলো কি করে বলতো ? খালি বলে আমি বকবক করি ? আচ্ছা মা তুমি বলো আমি

বকবক করি ?"

প্রকৃতির কথা শুনে মায়া দেবী ঠোঁট চেপে হাসলেন .... সিঁধুর বদনাম করবে কি ? কখন থেকে নামেই তো করে চলেছে ?

" আচ্ছা আচ্ছা ঠিক আছে ওর কান মলে দেবো যাতে তোকে কম পড়তে বলে আর সব কিছু খেতে দেয় "

কথাটা শুনে প্রকৃতি মায়া দেবী কে জড়িয়ে বললেন " তুমি তো দুনিয়ার বেস্ট মা কতো ভালো ..... ওই যে সিরিয়ালে দেখায় না কুটচাল শাশুড়ি তুমি ওদের মতো একটুও নয় কতো সুইট "

প্রকৃতির বাচ্চামো দেখে উনি আবার ও হাসলেন তারপর মাথায় হাত বুলিয়ে দিতে দিতে বললেন " খেয়ে নিবি চল নাহলে আবার সিঁধু এসে বকবে " বলেই উঠতে যাবেন তার আগেই প্রকৃতির ওনার হাত টা ধরে ছলছল চোখে বলল " আচ্ছা মা আমি যদি তোমাদের থেকে দূরে চলে যায় তাহলে কি তোমরা আমায় ভুলে যাবে ?"

প্রকৃতির কথা শুনে মায়া দেবী চমকে উঠলেন । মেয়েটা এমন কথা কেন বলছে ? মায়া দেবী আবার বিছানায় ওর পাশে বসে বললেন " এমন কথা কেন বলছিস ?"

" এমনি মা খুব ভয় করে আমার এতো সুখ আমার সইবে তো ?"

" ধুর বোকা মেয়ে এমন কথা বলতে নেই .... কিছু হবে না খারাপ কিছু কখনোই ভাববি না সবসময় মনে রাখবি খারাপ কিছুর পরেই ভালোর স্থান তাই ভালো হলে তো খারাপ হবেই । তবে আমাদের চেষ্টা করতে হবে সেই পরিস্থিতি কাটিয়ে ওঠার ।খারাপ কিছুর পেছনেও ভালো লুকিয়ে থাকে শুধু আমাদের সেই ভালোটাকে খুঁজে

নিতে হবে বুঝলি । এবার এতো বড়োদের মতো কথা না বলে চলতো নীচে খেয়ে নিবি ... আজ না তোকে নতুন কিছু রান্না করতে শিখিয়ে দেবো বুঝলি "

মায়া দেবীর কথা গুলো খুব লাগলো প্রকৃতির কাছে । হাসিমুখে বলল " ঠিক আছে মা চলো "

সিদ্ধার্থ সৃজিত বাবুর কাছে বসে আছে । সৃজিত বাবু মাথাটা নীচু করে রেখেছে । পাপিয়া দেবী সোফায় সৃজিত বাবুর দিকে তাকিয়ে আছেন আর নীরবে চোখের জল ফেলছেন । প্রীতি এই মুহূর্তে বাড়িতে নেই সামনে উচ্চমাধ্যমিক তাই টিউশন গেছে । সিদ্ধার্থ গম্ভীর স্থির দৃষ্টিতে ওদের দিকে তাকিয়ে আছেন । কিন্তু মনটা একদম স্থির নেই সেখানে এখন সমুদ্রের ঢেউ এর থেকেও বেশি উথালপাথাল চলছে ।

" কি হলো পাপা বলো ? আমি বুঝতে পারছি না প্রকৃতির মূল সমস্যাটা কোথায় ? ও কেন এতো ভয় পাচ্ছে ? ও তো এমন ছিলোনা । তাছাড়া কিছু জিজ্ঞেস করলেও বলতে পারছে না । "

সিদ্ধার্থ এর প্রশ্ন শুনে সৃজিত বাবু ওর দিকে তাকিয়ে চশমাটা খুলে চোখের জলটা মুছে নিলেন তারপর বললেন " আমি জানি তোমার মনে প্রশ্ন জাগছে প্রচুর। আর তোমার অধিকার আছে সব প্রশ্নের উত্তর জানার কিন্তু আমি তো সব প্রশ্নের উত্তর জানি না যতটুকু জানি ততটুকুই বলতে পারবো " বলেই থামলেন উনি ।

সিদ্ধার্থ চাতক পাখির মতো অপেক্ষা করছে সব কিছু শোনার জন্য ।

" যতটুকু জানেন ততটুকুই বলুন .... আমি বাকিটুকু ও যেভাবে হোক জেনে নেবো ... এই মুহূর্তে প্রকৃতিকে সুস্থ করে তোলাটা আমার সব থেকে বড়ো দায়িত্ব "

সিদ্ধার্থ এর কথা শুনে সৃজিত বাবু একটা দীর্ঘশ্বাস ফেললেন ।

" শোনো তবে .." কথাটা শুনেই সিদ্ধার্থ গভীর দৃষ্টিতে ওনার দিকে তাকালেন আর সৃজিত বাবু বলতে শুরু করলেন .....

--- আমার আর পিয়ার বিয়ের সেই তৃতীয় বছরে পা রেখেছে । খুব সুখেই ছিলাম আমরা কিন্তু সমস্যা বাঁধলো অন্য জায়গায় ... পিয়া প্রতিবার গর্ভধারন করলেও বাচ্চা গুলো নষ্ট হয়ে যাচ্ছিল তার জন্য আমরা খুবেই আপসেট থাকতাম । পিয়া তো খাওয়া দাওয়া ছেড়ে ঠাকুর দেবতা নিয়ে বসে থাকতো । আমিও ডাক্তারের কাছে যেতাম সব পরামর্শ নিতাম বাচ্চা গুলোকে বাঁচাতে পারিনি এভাবে তিনটে বাচ্চা নষ্ট হয় আমাদের ।

চতুর্থ বার বাচ্চা নেবো তার জন্য ডাক্তারের কাউন্সিল করাতে গেছিলাম একজন মহিলা ডাক্তারের কাছে । তখনকার দিনে মুক্তা ব্যানার্জী অনেক বড়ো গাইনী ডাক্তার ... আমরা তার কাছেই গেছিলাম । বাইরে আমরা বসে ছিলাম অপেক্ষা করছিলাম সিরিয়াল নাম্বারের । পিয়া খুব চিন্তিত ছিল না জানে এবার কি হবে ? আমি ওকে শান্তনা দিলেও নিজেও খুব চিন্তিত ছিলাম । হটাৎ করে পিয়ার সামনে এসে একটা বাচ্চা পড়ে যায় ... বাচ্চাটার হাঁটুতে মাথায় চোট লাগে । চোট পেয়ে বাচ্চাটা কাঁদতে থাকে । পিয়া তাড়াতাড়ি বাচ্চাটার কাছে গিয়ে ওকে কোলে তুলে নেয় চোখের জল মুছিয়ে দেয় । কিন্তু অবাক করা ব্যাপার বাচ্চাটার মা বাবা

কাউকে দেখতে পায়নি । বাচ্চাটা পিয়ার কোলে কিছুক্ষণ পর চুপ করে গিয়ে ওর কোলেই খেলতে থাকে । কতোই বা বয়স হবে বাচ্চাটার তিনবছর বড়ো জোর । কিছুক্ষণ পর দেখি মুক্তা ম্যাডাম কেবিন থেকে বেরিয়ে আমাদের দিয়ে এগিয়ে আসছে । এটা দেখে প্রথমে অবাক হলেও পরে আরো বেশি অবাক হোই যখন দেখি উনি পিয়ার কোলে থেকে বাচ্চাটাকে নিজের কোলে নিয়ে মুচকি হেসে বললেন " ধন্যবাদ আপনাদের আমাদের মেয়েকে সামলানোর জন্য আসলে ওকে আমি হাসপাতালের বাচ্চাদের সাথে খেলাতে বলেছিলাম কিন্তু এতো ছটফটে মেয়েটা কি আর বলবো ? তবে ঠিক হয়েছে পড়ছে কারন এই বয়সে যত কাছাড় খাবে বড়ো হয়ে তত শক্ত হবে নিজেকে সামলাতে শিখবে কারোর সাহায্য পড়বে না নিজেকে সামলানোর জন্য .... এই দেখুন আমি চাকরি করা সত্ত্বেও অন্যের উপর নির্ভরশীল ছিলাম কিন্তু আমি চাই আমার মেয়েটা যেন কারোর উপর নির্ভরশীল না হয় । "

প্রথম দেখাই ওনার কাছে এতো কথা শুনে অবাক হয়ে গেছিলাম । পিয়া অবাক হয়ে ম্যাডামের দিকে তাকিয়ে ছিল। তারপর থেকেই বাচ্চাটার সাথে একটা অজানা মায়ায় আমরা জড়িয়ে পড়ি মুক্তা ম্যাডামের সাথেও আমাদের বন্ধুত্বপূর্ন সম্পর্ক হয়ে যায় । পিয়ার সাথে মুক্তার বন্ধুত্ব ছিল দেখার মতো আর তার থেকেও বেশি ছিল বাচ্চাটার সাথে পিয়ার বন্ডিং । ওকে সবসময় মামনি মামনি বলে পাগল করে তুলতো । এতো ছোট মেয়ে কে বলবে সেই টুকু মেয়ে এতো বকবক করতে পারে ? এতো সুন্দর সুন্দর কথা বলতে

পারে ? পরে বুঝেছিলাম গুনটা মায়ের কাছ থেকেই পেয়েছে । মুক্তা ম্যাডাম ও খুব বকবক করতেন সবসময় হাসি মুখে থাকতেন । এর তিনমাস পরে পিয়া আবার কনসিভ করে । এবারে ও খুব ভয় পেয়েছিল পিয়া কিন্তু মুক্তার এতো সুন্দর করে কথা বলতো যে ওর সমস্ত ভয় কেটে গেছিল ।

নয় মাস এভাবে কাটিয়ে দেবার পর যেদিন পিয়াকে হাসপাতালে ভর্তি করি সেইদিন ঘটে একটা অঘটন । মুক্তা ম্যাডামের আস্তে একটু লেট হয় কিন্তু তখন আসে আমার স্ত্রী ব্যাথায় কঁকিয়ে উঠেছে । খুব রেগে গেছিলাম সেইদিন মুক্তার উপর ভেবেছিলাম কটু কিছু কথা শুনিয়ে দেবো কিন্তু তখন নিজের ক্লান্ত শরীর নিয়ে ভেতরে ঢোকে তখন আর কিছু বলতে পারি না । ওনার মাথায় দেখেছিলাম কপাল কেটে রক্ত বেরোচ্ছে । প্রকৃতিকেও সঙ্গে করে নিয়ে এসেছে এটা প্রতিদিনের ঘটনা মেয়েটার প্রতিদিন ওনার সাথে নিয়ে আসতো আমি ভাবতাম বাড়িতে বাবার কাছে না হলে অন্য কারোর কাছে রেখে আসতে পারে তো ? অবাক করা ব্যাপার ওনার কাছে ওনার স্বামীর নিয়ে কখনো শুনিনি .... উনি সবসময় কষ্ট গুলোকে হাসির মাঝে আড়াল করে রাখতেন কাউকে বুঝতে দিতেন না তাই আমরা বুঝতে পারিনি ।

সেই কাটা কপাল নিয়েই উনি প্রকৃতিকে আমাদের কাছে রেখে দিয়ে ড্রেস চেঞ্জ করে কোনো মতে অপারেশন থিয়েটারে ঢোকে সিজার করার জন্য । কিন্তু ভাগ্যিস খুব দেরি হয়নি বলে সেই বারে আমার স্ত্রী বাচ্চা দুইজনেই সুস্থ ছিল । এই প্রথম বার বাচ্চার কিছু হয়নি বলে আমার খুশিটা আমি বলে ভাষায় প্রকাশ করতে

পারবো না এটা সম্পূর্ণ সম্ভব হয়েছিল মুক্তা ম্যাডামের জন্য। মুক্তা ম্যাডামে না থাকলে হয়তো এই বাচ্চাটাও মারা যেতো । আরো বেশি কৃতজ্ঞ হয়ে গেছিলাম মুক্তা ম্যাডামের কাছে কারন প্রকৃতি প্রথম পিয়াকে মাতৃত্বের সুখ দিয়েছিল আর এখন বাচ্চাটাকে ও বাঁচিয়ে দিল । সেইসময় প্রকৃতিই প্রীতির নাম রেখেছিল । আমরা কিছু বলিনি কারন প্রকৃতি প্রীতিকে সবসময় নিজের বোনের মতো ভালোবাসতো ।

এরপর মুক্তা ম্যাডামের সাথে আরো কিছু দিন সম্পর্ক ছিল কিন্তু হটাৎ করে উনি প্রকৃতিকে নিয়ে উধাও হয়ে যান আর খুঁজে পায়নি কখনো ওনাকে । পিয়া খুব কষ্ট পেয়েছিল প্রকৃতিকে হারিয়ে । কেমন চুপ করে গেছিল কিন্তু আবার স্বাভাবিক হতে হয় প্রীতির মুখ চেয়ে । এর প্রায় ছয় বছর পর প্রকৃতির তখন দশ বছর .... একটা লোক প্রকৃতিকে আমাদের কাছে দিয়ে যায় । জানিনা লোকটা কে ? পুরো মুখটা ঢাকা ছিল ওনার । আমরা জানতে চেয়েছিলাম লোকটাকে কিন্তু লোকটা শুধুই এটুকুই বলেছিল " প্রকৃতির বিপদ ওকে বাঁচান আপনারা .... মুক্তা ম্যাডাম এর শেষ ইচ্ছে ছিল ওকে আপনাদের কাছে যেন দিয়ে যায় .... আপনারা ওকে যত্ন করে রাখবেন তাই উনি প্রকৃতিকে আপনাদের কাছে দিয়ে যেতে বলেছেন আমি এর থেকে বেশী কিছু জানি না। আমাকে আর কিছু জিজ্ঞাসা করবেন না " বলেই উনি চলে যান । আমি ওনার পেছনে যাবো তার আগেই উনি উধাও হয়ে গেছিলেন । তারপর বাড়িতে প্রকৃতিকে ভালো করে দেখি ... মেয়েটা ভীষণ ভয় পেয়ে গেছে ....

পুরো হাতে পায়ে মারের দাগ .... পিঠে মারের দাগ ..... হাতটা পুড়ে গেছে কয়েক জায়গায় ..... একদম শুকিয়ে গেছে মেয়েটা ..... সেই তিন বছরের প্রকৃতিকে দেখেছিলাম তার সাথে কোনো মিল নেই প্রকৃতির । একদম চুপচাপ হয়ে গেছিল এমনকি আমাদের পর্যন্ত ভয় পাচ্ছিল । এতটা ভয় পেয়েছিল দেখে আমরা কখনো ওকে কিছু জিজ্ঞেস করিনি তখন। তারপর আমরা আমাদের থাকার জায়গা বদলে ফেলি .... প্রকৃতি চুপচাপ থাকতো কারোর সাথে মিশতো না .... পিয়া কেও ভয় পেতো দেখে আমরা ওকে ডাক্তার দেখায় । ডাক্তারের সাথে কাউন্সিল করে জানতে পারি অতিরিক্ত ভয়ের কারনে ওর ব্রেনে এফেক্ট পড়েছে । ওকে সারাতে সময় লাগবে .... ভালোবাসা লাগবে একটা মানুষ কে সবসময় সময় দিতে হবে .... আর কিছু ওষুধ দেবো যাতে ও নিজের অতীতের স্মৃতি গুলো থেকে বেরিয়ে আসে .... ভুলে থাকতে পারে .... এরপর। আমরা বহু চেষ্টা করে ওকে এখান থেকে বের করে আনি । পিয়া সারা সময়টা ওকেই দিতো আর সৈকত সেই সময় আমাদের বাড়িতেই থাকতো বলতে গেলে ছেলেটা সবসময় প্রকৃতিকে নিয়েই পড়ে থাকতো । এরপর আস্তে প্রকৃতি স্বাভাবিক হতে থাকে .... ওর ব্রেন অনেক ঘটনা ভুলতে শুরু করে ..... আগের মতো স্বাভাবিক হয়ে উঠছিল তবে ওর পুরোপুরি সারতে প্রায় তিনবছর সময় লেগেছিল । কিন্তু ডাক্তার বলে দিয়েছিল অতীতেও কোনো কিছু যেন ওর সামনে পুনরাবৃত্তি না হয় নাহলে আবার ব্রেনে আঘাত পাবে । তাই আমরা সেই সব নিয়ে আর ঘাটাঘাটি করিনি করলে প্রকৃতির ক্ষতি হবে ভেবে । তবে সেইদিন

ওই লোকটার কথায় বুঝতে পারি মুক্তা ম্যাডাম আর নেই ।

কথা গুলো বলে সৃজিত একদম চুপ করে গেল । পাপিয়া দেবী কেঁদে কেঁদে ওখানেই বসে পড়ে বলল " জানো সিধু মেয়েটার আমার ভাগ্যটাই খারাপ ... নাহলে আবার ওর অতীত গুলো সামনে আসে .... সেইদিন যখন মেয়েটাকে পেয়েছিলাম ও এতো ভয় পেয়েছিল যে আমার কাছেও আসতে চাইছিল না। ওরা মেয়েটাকে এতটা নির্মম ভাবে অত্যাচার করেছিল কি বলবো ? আমি বুঝতে পারিনা কোনো বাবা এতটা খারাপ হতে পারে ..... মুক্তা ম্যাডাম মাঝে মাঝেই বলতেন ওনার নিজের পাপের শাস্তি নিজে পাচ্ছেন । কোহিনুর ব্যানার্জী এতটা বাজে লোক উনি বিয়ের আগে কল্পনাও করেননি । ভালোবেসে সবার বিরুদ্ধে গিয়ে বিয়ে করেছিলেন উনি । উনি বলতেন যে ওনার জেদের কাছে নাকি ওনার বাবাকে হার মানতে বাধ্য হয় তাই উনি এই বিয়েটা মেনে নিয়েছিলেন। কিন্তু কোহিনুর বাবু এতটা খারাপ তিনি কল্পনাও করতে পারেননি । প্রকৃতিকে কখনো পছন্দ করতো না শুধু মাত্র মেয়ে বলে ।" এতটুকু বলেই উনি কেঁদে ফেললেন । সৃজিত বাবুও কাদছেন একমাত্র সিদ্ধার্থ নীরব দর্শক । হাজারো অশ্রু বিন্দু চোখের কোনে এসে জমা হয়েছে কিন্তু সেটা এই মুহূর্তে ও বের হতে দিতে চাইছে না ।

" তুমি চিন্তা করবে না পাপা আমি প্রকৃতির কোনো ক্ষতি হতে দেবো না ওকে এই ভয় থেকে আমি সম্পূর্ণ রুপে বের করবো "

বলেই সিদ্ধার্থ উঠে চলে গেল নাহলে যে চোখের জলটা লুকাতে পারতো না । বাইরে এসে সিদ্ধার্থ নিজের চোখের জলটা তাড়াতাড়ি মুছে নিয়ে আকাশ পানে তাকালো । তারপর আর কিছু না ভেবেই বাড়ির পথে রওনা হলো । ততক্ষনে সন্ধ্যা নেমে এসেছে ।

বাড়িতে এসেই দেখে চারিদিকে হোইহোই রব । সবাই খুব হাসছে আর কথা বলছে । এর মধ্যে ওর বাবাও যোগ দিয়েছে। অনি ঈশু সবাই চলে এসেছে । ঈশুর বাচ্চা হবার তারিখ এগিয়ে আসছে । ডাক্তার ওকে বেশি কাজ করতে বারন করে দিয়েছে । অনি ঈশুর যত্নের কোনো খামতি রাখেনি । মায়া দেবী বারবার অনিকে এখানে এসে থাকতে বলেছে কিন্তু অনি থাকেনি ঈশুও থাকেনি । কিন্তু এবার মায়া দেবী ঠিক করে নিয়েছেন বাচ্চা হওয়া একটু বড়ো না হওয়া পর্যন্ত উনি ঈশুকে ছাড়ছেন না ওনার কাছেই রাখবেন। ওখানে একা ঈশু কি সব সামলাতে পারবে নাকি ?

সিদ্ধার্থ সবার দিকে তাকিয়ে একজন খুঁজলো । তাকে যে এইমুহূর্তে বড্ড দেখতে ইচ্ছে করছে । তখন প্রকৃতি রান্নাঘরে থেকে কোমরে ওরনা বেঁধে চুলটা খোঁপা করে বেরিয়ে এলো । হাতে চা পোকোড়া । সিদ্ধার্থ একদৃষ্টিতে তাকিয়ে আছে মেয়েটার দিকে .... যাক এইমুহূর্তে মেয়েটাকে হাসি খুশি দেখতে পেয়ে ওর মনটাও একদম ভালো হয়ে গেল । কতদিন পর যেন মেয়েটাকে এভাবে হাসতে দেখছে । তাইতো একদৃষ্টিতে তাকিয়ে আছে প্রকৃতির দিকে। ক্লান্ত লাগলেও নিজের ক্লান্তি যেন প্রকৃতির মিষ্টি হাসিটা দেখে উড়ে গেছে

।

" দাদাভাই এই দাদাভাই ... " বিনায়কে বাঁকে সিদ্ধার্থ এর ঘোর ভাঙলো । বিরক্ত ভাবে ও বিনায়কের দিকে তাকালো ।

" এভাবে কার দিকে তাকিয়ে আছিস ? সেই কখন থেকে ডেকেই চলেছি তোকে ? কোথায় গেছিলি ?"

" কার দিকে তাকিয়ে থাকবে আবার ? নিজের বউ এর দিকেই তাকিয়ে আছে " মাঝখান থেকে অনি টোন কাটলো । অনির কথা শুনে বাকি সবাই হেসে উঠলো আর প্রকৃতি তো লজ্জায় মাথা নীচু করে অনির পাশে বসে হাতে জোরে একটা চিমটি কাটলো । অনি আহ্ করে ওর দিকে তাকাতেই প্রকৃতি রেগে ইশারায় বলল " আর বেশি কিছু বললে তোমাকে খুন করবো " অনি তো প্রকৃতির রাগ দেখে ভোট গিলে কান ধরে জোরে জোরে বলল " ঘাট হয়েছে মা আমি আর কখনো কিছু বলবো না তোকে। তবে সিধুকে বলতেই পারি তাই না যতই হোক জানে জিগাড় দোস্ত " বলেই অনি হেসে উঠলো আর প্রকৃতি ভ্রু কুঁচকে ওর দিকে তাকিয়ে থাকলো । সিদ্ধার্থ নিজেও অনির হাসিতে যোগ দিল ।

" কোই রে দাদাভাই বললি না তো কোথায় গেছিলি ?" বিনায়ক হাসতে হাসতে আবার জিজ্ঞেস করলো ।

" এটা কাজে গেছিলাম রে .... আমি ফ্রেশ হতে যাচ্ছি " বলেই সিদ্ধার্থ রুমে চলে গেল কাউকে কিছু না বলতে দিয়েই । এদিকে ওকে এভাবে গম্ভীর হয়ে যেতে দেখে প্রকৃতি বলে উঠলো " দেখলে মা তোমার ছেলের এটিটিউড .... বলছি যখন হয়েছিল তখন কত

গ্রাম এটিটিউড কিনে ওকে খাইয়েছিলে ?"
প্রকৃতির এমন অদ্ভুত কথায় কেশব বাবু সবে মুখে দেওয়া চা টা গলায় লেগে গেল যেন প্রকৃতির কথাটা সহ্য হলো না ।

রাতের বেলা প্রকৃতি সিদ্ধার্থ এর জন্য অপেক্ষা করতে করতে ঘুমিয়ে পড়েছে । বেচারি অনেক ক্লান্ত হয়ে আছে আর সিদ্ধার্থ নিজের ফিলিংস গুলো লুকিয়ে রাখতে স্টাডি রুমে বসে আছে । সৃজিত বাবুর কথা গুলো শুনে এখনেই ওর গায়ে কাটে দিচ্ছে তাহলে প্রকৃতির সাথে সেসব ঘটেছে । তাও সৃজিত আসল ঘটনা জানে না । পুরোটা জানার পর ও নিজে ঠিক থাকতে পারবে তো ? কিন্তু পুরো কথাটা ও জানবে কি করে ? আর কোহিনুর ব্যানার্জী ? নামটা শোনা শোনা লাগছে না ? কোথাও তো শুনেছে তবে খুজে তো বের করবেই আর শান্তিও দেবে সর্বোচ্চ শান্তি ......

এইসব ভাবতে ভাবতেই সিদ্ধার্থ ল্যাপটপটা বন্ধ করে রুমে গেল । দেখলো রুমের আলোটা এখনো জ্বলছে কিন্তু প্রকৃতি ঘুমিয়ে পড়েছে । বড্ড এলোমেলো ভাবে ঘুমিয়ে আছে । এই মেয়েটাও না এতো অগোছালো .... তবে এই অগোছালো মেয়েটাকেই ও ভালোবাসে খুব ভালোবাসে । সিদ্ধার্থ ঘরের আলোটা বন্ধ করে একটা জিরো বাল্ব জ্বেলে ধীরে ধীরে বিছানার কাছে গিয়ে প্রকৃতির পাশে বসলো । আজ অনেক দিন পর যেন শান্তির ঘুম ঘুমিয়েছে মেয়েটা । পরিবারের এত হাসি ঠাট্টার মাঝে হয়তো সব কিছু ভুলেই গেছে ।

সিদ্ধার্থ প্রকৃতির কপালে হাত দিয়ে চুল গুলো সরিয়ে কানের ওপাশে করে দিল । ওকে ঠিক ভাবে শুইয়ে দিয়ে নিজেও ওর পাশে শুয়ে পড়লো । তারপর প্রকৃতির কাছে গিয়ে ওকে নিজের হাতের মাঝে রেখে প্রকৃতির কপালে নিজের ওষ্ঠদ্বয় স্পর্শ করালো তারপর প্রকৃতিকে শক্ত করে জড়িয়ে ধরে চোখ দুটো বন্ধ করে আকাশ পাতাল চিন্তা করতে লাগলো । ঘুম হয়তো আর আসবে না আজ মহালয়া পেরিয়ে গেল দেবীপক্ষের শুরু কিন্তু ওদের জীবনে দেবীপক্ষের শুরু কবে হবে ও জানা নেই তবে যতদিননা আসছে ততদিন চেষ্টা করে যাবে ও সুখপাখিটা খুঁজতে ......

" রিক কি শুরু করেছো বলতো ? বলছি তো অপেক্ষা করতে ? প্রকৃতিকে আমি তোমার কাছে এনে দিলে তো হয় " কোহিনুর ব্যানার্জী শান্ত অথচ দৃঢ়তার সঙ্গে বলে উঠলেন । যে পাপ উনি করেছেন তারপরেও এতটা দৃঢ়তা আসে কোথা থেকে কেউ বুঝতে পারেনা ?

" আমি আর অপেক্ষা করতে পারছি না আঙ্কেল ..... আমি এই মুহূর্তে প্রকৃতিকে চাইছি ...."

" সিনক্রিয়েট করো না রিক ..... আজ মহা সপ্তমী পূজোটা কাটতে দাও , আমি ওকে লক্ষী পূজোর ঠিক আগে এনে দেবো তোমার কাছে " কথা গুলো বলেই কোহিনুর বাবু উঠে চলে গেলেন। এদিকে রিক রেখে হাত থেকে ফোনটা ছুঁড়ে ফেলে দিয়ে মনে মনে ভাবলো " আজ যদি তোমার কথা না শুনতাম তাহলে আমার কাছে এতক্ষন প্রকৃতি থাকতো .... একবার প্রকৃতিকে পেয়ে যায় জানি না আমি ওর কি করবো তবে তোমাকে তো ধ্বংস করে দেবো "

শরৎকালের সকাল । বাইরে থেকে ডাক ভোরের আওয়াজ শোনা যাচ্ছে । এতো মিষ্টি মধুর আওয়াজ শুনে প্রকৃতি আজ বিছানায় শুয়ে থাকতে পারেনি । খুব সকালেই ঘুম ভেঙে গেছে ওর । তাই তো সকাল স্নান সেরেই বেলকনীতে দাঁড়িয়ে আছে । ওদের নিজেদের পারিবারিক পূজো হয় .... মন্ডপ থেকে চন্ডীপাঠ শোনা যাচ্ছে .... লোক জন সকালেই স্নান করে ওদের বাড়ির দিকেই আসছে । মাঠে মাঠে কাশফুল ফুটে আছে একদম সাদা হয়ে আছে । প্রকৃতি বেলকনি থেকে সব কিছু দেখছে আর মুগ্ধ হচ্ছে । এই কদিন বাড়িতে সবার কাছে থেকে যেন সব কিছুই ভুলে গেছে । কোমরের নীচ পর্যন্ত চুলটা থেকে টুপ টুপ করে জল পড়ছে । লাল রঙের শাড়িটা ভালো করে ভিজে যাচ্ছে সেই জলে । এই মুহূর্তে হাতে শাঁখা পলা চুলটা এলোমেলো করা আছে । চুলটা শ্যাম্পু করার দরুন সিঁদুর টা এখনো পরা হয়নি । একদম এলোমেলো ভাবে আছে ও । আরো কিছুক্ষন বেলকনিতে দাঁড়িয়ে রুমে এলো ও । রুমে এসে দেখে সিদ্ধার্থ এখনো ঘুমিয়ে আছে । সিদ্ধার্থ কে

ঘুমিয়ে থাকতে দেখে প্রকৃতি মুচকি হাসলো সঙ্গে সঙ্গে দুষ্টু বুদ্ধি মাথায় খেলে গেল । পা টিপে টিপে বিছানার কাছে গিয়ে সিদ্ধার্থ এর মাথার কাছে বসলো । কাল রাতেও ঘুমাতে দেয়নি সিধুকে সারা রাত ছাদে ছিল তারপর সকালে ঘুমিয়েছে আর এখনো ডিস্টার্ব করার ভুত মাথায় চেপেছে ওর ।

প্রকৃতি নিজের চুলটা সামনে এনে সিদ্ধার্থ এর মুখের উপর রাখলো । ফলে খানিকটা জল টুপ করে সিদ্ধার্থ চোখে মুখে ছড়িয়ে ছিটিয়ে গেল । এতে সিদ্ধার্থ চোখ মুখ কুচকে একটু দূরে সরে গেল । চোখ দুটো খুলে প্রকৃতির দিকে তাকিয়ে চমকে উঠলো । প্রকৃতি হেসে ওর দিকে তাকিয়ে আছে কি সুন্দর দেখতে লাগছে মেয়েটাকে ... কতটা নিস্পাপ কতটা স্নিগ্ধ ।
সিদ্ধার্থ প্রকৃতির হাতটা ধরে এক ঝাটকা দিয়ে টেনে ওর উপর ফেললো । প্রকৃতির হাত দুটো পেছন শক্ত করে ধরে মুচকি হাসলো । আচমকা ঘটনায় প্রকৃতি এতটাই অবাক হয়ে গেছে যে কিছু বলতেও পারছে না তার জন্য । সিদ্ধার্থ এতো শক্ত করে ওকে ধরে আছে যে নিজেকে ছাড়াতেও পারছে না ।
" কি আমার ঘুম ভাঙানো তাই না ? এবার কোথায় যাবে ?" সিদ্ধার্থ প্রকৃতিকে নিজের আরো কাছে এনে বলল ।

প্রকৃতি সিদ্ধার্থ এর কাছ থেকে নিজের হাত দুটো ছাড়াতে চেয়েও যখন পারলো না তখন করুন স্বরে বলে উঠলো " ছাড়ো সিধু বাবু .... ব্যাথা পাচ্ছি তো .... আমি আর কখনো তোমার ঘুম ভাঙাবো না

"

" তাই নাকি সুইটহার্ট .... এটুকু ব্যাথা সহ্য হচ্ছে না তাহলে হাতের বাধন আলগা করে দিই "

সিদ্ধার্থ এর কথা শুনে প্রকৃতি হ্যা সূচক মাথা নাড়াতে সিদ্ধার্থ মুচকি হেসে ওকে আরো শক্ত করে জড়িয়ে ধরলো ।

" আমি ছেড়ে দিই তোমায় আর তুমি এই সুযোগে পালাবে তার ফন্দি তাই না ?"

" এই এই ... ছাড়ো ছাড়ো .... ছাড়ো বলছি .... আমি একদম পালাবো না .... আমি কি পালাতে পারি কতো ভালো তাই না আমি " ইনোসেন্ট ফেস করে প্রকৃতি বলে উঠলো । প্রকৃতিকে এমন ভাবে কথা বলতে দেখে উপরে গম্ভীর থাকলেও মনে মনে হেসে উঠলো । এখানে আসার পর প্রকৃতি অনেকটাই স্বাভাবিক ব্যবহার করছে তাই তো ও নিজেও কিছু বলেনি প্রকৃতিকে । পূজোটা শেষ হলেই ও প্রকৃতির অতীত খোঁজা শুরু করবে ।

" তাই নাকি ? তাহলে তোমাকে ছেড়ে দেবো বলছো ?"

" হূ "

" ঠিক আছে ছেড়ে দিচ্ছি আগে মর্নিং কিসটা করো তারপর ছেড়ে দিচ্ছি "

সিদ্ধার্থ এর কথা শুনে প্রকৃতি চোখ দুটো বড়ো বড়ো করে ওর দিকে তাকালো । মানেটা কি সামনাসামনি কিস করতে হবে নাকি ? এমনিতে কখনো করেনি তা নয় ... সিধু যখন ঘুমিয়ে থাকতো তখন অনেকবার কিস করেছে কিন্তু সামনাসামনি করেনি কখনো ।

" এভাবে তাকিয়ে লাভ নেই তাড়াতাড়ি করো " বলেই মুচকি

হাসলো সিদ্ধার্থ আর প্রকৃতি সিদ্ধার্থ এর কথা শুনে একটা ঢোক গিলে বলল " বলছি কি আজকের মতো ছেড়ে দাও না .... দেখো ষষ্ঠীর পূজো শুরু হবে .... আমি বাড়ির বউ আমার যদি দেরী হয় তাহলে কেমন দেখায় বলো ?"

প্রকৃতির কথায় সিদ্ধার্থ হাসলো তারপর বললো " ওসব বাহানা চলছে না সুইটহার্ট নাও তাড়াতাড়ি করো ... যত তাড়াতাড়ি করবে তত তাড়াতাড়ি তুমি ছুটি পাবে "

সিদ্ধার্থ এর কথায় প্রকৃতি ওর দিকে অসহায় ভাবে তাকালেও কোন লাভ হলো না । গাল দুটো ফুলিয়ে সিদ্ধার্থ এর গালে একটা কিস করে বললো " হয়েছে ? এবার ছাড়ো "

সিদ্ধার্থ ও মুচকি হেসে প্রকৃতিকে ছেড়ে দিল । ছাড়া পেতেই প্রকৃতি তাড়াতাড়ি সিদ্ধার্থ এর কাছ থেকে সরে গিয়ে সোজা বেলকনি । খুব লজ্জা লাগছে ওর .... আজ ওর বাহাদুরির জন্য নিজেই ফেসে গেল । আর এই সিধু বাবুও কেমন সুযোগের সৎ ব্যবহার করলো ভাবতেই রাগ করতে গেলেও লজ্জায় গাল দুটো লাল হয়ে গেল ।

এদিকে সিদ্ধার্থ হাসতে হাসতে বিছানা ছেড়ে ওয়াশরুমে গেল । একটু ক্লান্ত লাগছে তাই স্নান করতে হবে ।

সিদ্ধার্থ চলে যেতেই প্রকৃতি রুমে উকি মারলো দেখলো কেউ নেই । ও আস্তে আস্তে রুমে এসে আয়নার সামনে এসে দাড়ালো । নিজেকে দেখে নিজেই অবাক হয়ে গেল । গাল থেকে শুরু করে নাকটাও লাল হয়ে গেছে পর্যন্ত । আয়নার সামনে থাকা চেয়ারটার সামনে বসে প্রকৃতি চুল গুলো আচড়ে নিয়ে সিঁদুর টা পড়ে নিল ।

সামান্য একটু সেজে নিয়ে আয়নার দিকে তাকালো । না ওকে খারাপ লাগছে না একদম মিষ্টি লাগছে দেখতে । মুচকি হেসে প্রকৃতি রুম থেকে বেরিয়ে নীচে নেমে এলো ।

মন্ডপে ভিড়ে উপচে পড়ছে আজকেই এতো ভিড় তাহলে অন্যদিন গুলোতে কি হবে ভেবেই চিন্তা হচ্ছে প্রকৃতির । একেই এতো ভিড় ওর কখনোই পছন্দ নয় তাও ওকে থাকতে হচ্ছে । ঈশিতা প্রীতি অনু ওদের সঙ্গে বকবক করেই চলেছে । মাঝে মধ্যে এদিক ওদিক তাকাচ্ছে হয়তো সিধুকে খুঁজছে কিন্তু সিধুর দেখা নেই ।

সিদ্ধার্থ এই মন্ডপে এলো । এতক্ষন সৃজিত বাবুর সাথে কথা বলছিল প্রকৃতির ব্যাপারে । তারপরেই তো সৃজিত বাবুকে নিয়ে মন্ডপে এলো । আজ একটা খয়েরী রঙের পাঞ্জাবী পড়ে , হাতের হাতা দুটো গুটিয়ে মন্ডপে ঢুকতে যাবে তখনেই একটা মেয়ে হাসিমুখে ওর সামনে এসে দাড়ালো । মেয়েটাকে দেখে সিধু চমকে উঠলো । সীমা , সীমা এখানে কি করছে ? সিধু ভ্রু কুঁচকে সীমার দিকে তাকাতেই সীমা খিলখিলিয়ে হেসে বলল " কি হ্যান্ডসাম এতো চমকাচ্ছিস কেন ? আরে পুরো পল্টন দল বেঁধে এসেছি ? তোকে সারপ্রাইজ দেবো বলে কিছু বলিনি .... অনিও জানে সব কিছু " বলেই আবার হেঁসে উঠলো মেয়েটা ।
সিদ্ধার্থ আশেপাশে তাকিয়ে দেখে রাহুল আবীর ঋষিতা সবাই ওর দিকে তাকিয়ে হাসছে ।
ওদের দেখে সিধু গম্ভীর স্বরে বলে উঠলো " তোরা এসেছিস

একবার তো জানাতে পারতি "

" আরে জানিয়ে ছিল সারপ্রাইজ হতো ?" রাহুল সিদ্ধার্থ পাশে এসে ওর কাঁধে হাত রেখে বলে উঠলো । সিদ্ধার্থ রাহুলের কথায় সামান্য হেসে উঠলো ।

প্রকৃতি কখন থেকে বোর হচ্ছে মিস করছে খুব সিদ্ধার্থ কে । তাই সবাই কে বলে উঠে গেল সিদ্ধার্থ কে খুঁজতে । চারিদিকে খুজে প্রকৃতি একজায়গায় সিদ্ধার্থ কে দেখতে পেল। সেদিকে তাকিয়েই প্রকৃতির রাগে গাল দুটো লাল হয়ে গেল। মিঃ সেনগুপ্ত কতো গুলো মেয়ের সাথে হেসে হেসে কথা বলছে আর ও এদিকে মিস করছে সিধুকে । রেগে নাকের ডগায় হাতটা ঘসে চলে যাচ্ছিল । কিন্তু তখনেই কারোর ডাকে থমকে দাঁড়ালো ।

" প্রকৃতি এদিকে এসো ?"

সিধুর ডাক শুনে প্রকৃতি সামনে ঘুরে ওর দিকে তাকিয়ে মেকি হাসি দিল কিন্তু হাসতে ইচ্ছে করছে না মনে মনে কিছুক্ষণ সিদ্ধার্থ কে বকে সামনের দিকে এগিয়ে গেল।

" বলো " আবার ও মেকি হাসি দিয়ে সিদ্ধার্থ এর সামনে দাঁড়িয়ে বলল কিন্তু চোখে রাগ স্পষ্ট ।

প্রকৃতির এভাবে ভ্রু কুঁচকে তাকানোটা সিদ্ধার্থ এর মোটেই সুবিধার লাগলো না । তাই ও তাড়াতাড়ি বলল " তোরা আমার বউকে দেখতে চাইছিলিস না এই দেখ " বলেই প্রকৃতির হাতটা শক্ত করে ধরে ওর পাশে দাঁড় করালো ।

সিদ্ধার্থ এর কথা শুনে সবাই প্রকৃতির দিকে তাকালো । অবশ্য

এতক্ষন তাকিয়েই ছিল ।

" আরে এই বাচ্চা মেয়েটা তোর বউ " সীমা প্রকৃতির দিকে তাকিয়ে মুচকি হেসে বলল ।

" বাচ্চা মেয়ে " কথাটা শুনে প্রকৃতি সিদ্ধার্থ এর দিকে তাকালো । ওকে বাচ্চা মেয়ে বলছে ... খুব রাগ হলো প্রকৃতির । কোনা চোখে একবার সিদ্ধার্থ এর দিকে তাকিয়ে সীমার দিকে তাকিয়ে হাসলো মাত্র ।

সবাই প্রকৃতির সাথে পরিচয় করলো । প্রকৃতিও হেসে হেসে ওদের সাথে কথা বলল । প্রথমে একটু রাগ হলেও এখন রাগটা পুরোপুরি পড়ে গেছে ওর। সিদ্ধার্থ এর এতো ভালো বন্ধু ওরা আর ও কি নাই কি ভাবছিল ?

শেষে রাহুল বলে উঠলো " আর যায় বলিস তোর বউ কিন্তু খুব কিউট .... এতো সুন্দর সুন্দর কথা বলে .... তোর বউ বকবক করতে ভালোবাসে তাই না রে ? "

সিদ্ধার্থ কিছু বলতে যাবে তার আগেই প্রকৃতি বলল " আমি মোটেও বকবক করি না কতো কম বলি ..... তাও তুমি বলছো বকবক করি তোমার কান দুটো বেশি শোনে আমার কাছে আসবে আমি একদম ঠিক করে দেবো " প্রকৃতির এমন কথায় সবাই ভ্যাবাচেকা খেয়ে গেছে । কিছু বলতে না পেরে তাই সবাই হেসে উঠলো ।

রিক কিছুটা দূরে দাড়িয়ে এসব দেখছে । কালকেই ওরা এখানে এসেছে । কোহিনুর আঙ্কেল সব ব্যবস্থা করে নিয়েছে এবার শুধু

অপেক্ষা দশমীর । এই দশমীর দিনেই তো প্রকৃতি হারিয়ে গেছিল তাই দশমীর দিনেই প্রকৃতিকে ফিরিয়ে আনবে । প্রকৃতিকে এতটা কাছ থেকে দেখছে খুব ইচ্ছে করছে ওর কাছে যেতে কিন্তু ও নিরুপায় । রাগ হচ্ছে খুব আর পুরো রাগটা গিয়ে পড়ছে প্রকৃতির উপর। ওর প্রতিটা কষ্টের হিসেব ও নেবে প্রকৃতির কাছ থেকে একবার শুধু প্রকৃতিকে কাছে পেয়ে যাক তারপর .... পেছন থেকে ওর কাঁধে কেউ হাত রাখায় ও চমকে উঠলো । এতক্ষন তো প্রকৃতিতেই বিভোর ছিল । পেছনে তাকিয়ে দেখলো কোহিনুর আঙ্কেল ....

রাতের বেলায় সবাই খাবার খেতে বসেছে । হাসিমজা তে মেতে আছে সবাই । এতক্ষন মন্ডপে থাকলেও এখন বাড়ি ফিরেছে । সবার এই আনন্দের মাঝেই হটাৎ প্রকৃতি খাবার টেবিল ছেড়ে উঠে দৌড়ে রুমের দিকে চলে গেল । প্রকৃতির এই কাজে সবাই মারাত্মক অবাক হয়েছে । মায়া দেবী ও সিদ্ধার্থ দুইজনেই একসাথে উঠে দাঁড়ালো । সিদ্ধার্থ মাকে উঠতে দেখে তাড়াতাড়ি বলে উঠলো " মা তুমি বোসো আমি দেখছি "

ছেলের কথা শুনে মায়া দেবী কিছুই না বলে বসে পড়লেন । সেখানে ছেলে যাচ্ছে সেখানে ওনার যাবার প্রয়োজন পড়বে না কারণ ওনার ছেলে ঠিক নিজের বউ এর খেয়াল রাখবে ।

রুমে গিয়েই প্রকৃতি ওয়াশরুমে ঢুকে বেসিনের সামনে গড়গড় করে

বমি করে দিল । এখনো পর্যন্ত যা গেয়েছিল সব উঠে গেছে । বমি করে ও কোনো মতে হাত মুখ ধুয়ে নিল । দূর্বল লাগছে খুব । হাত মুখ ধোয়ার পর কাঁধে কারোর স্পর্শ পেলো । প্রকৃতি সেইদিকে না তাকিয়েও বুঝতে পারলো এটা সিদ্ধার্থ ।

" বলেছিলাম উল্টা পাল্টা কিছু খেও না দেখলে তো শরীরটা খারাপ করলো "

সিদ্ধার্থ এর ধমক খেয়ে প্রকৃতি কিছু বলতে যাবে তার আগেই আবার ও বমি করে দিলো । এতবার বমি করতে দেখে সিদ্ধার্থ অবাক হয়ে গেল । প্রকৃতি কে শক্ত করে ধরলো । ওর বমি বন্ধ হয়ে যেতেই ওকে ধরে হাত মুখ ধুইয়ে দিলো । তারপর প্রকৃতিকে রুমে এনে বিছানার উপর বসিয়ে দিয়ে নিজে ফ্লোরের উপর হাঁটু গেড়ে বসে প্রকৃতির গালে হাত রাখলো। প্রকৃতি দূর্বল হয়ে পড়েছে বুঝতে পারছে চোখ দুটো বন্ধ করে কেমন নেতিয়ে পড়েছে । সিদ্ধার্থ কিছু বলতে গিয়েও বলল না ভাবলো হয়তো মন্ডপে কিছু উল্টা পাল্টা খেয়েছে তাই অম্বল করে গিয়েছে ।

সময় কখনো কারোর জন্য থেমে থাকে না । কখন আসে কখন যায় কেউ বুঝতেই পারেনা । ঢাক ঢোল কাঁসর এর শব্দে দূর্গাপূজার রেশ চলছে । অষ্টমীর অঞ্জলী থেকে শুরু সন্ধিপূজা নবমী ভালোই কাটলো । সবার সাথে আনন্দ হুল্লোড় করে কেটে গেল সময়টা । রাতের বেলা প্রকৃতি বিছানায় শুয়ে আছে পাশে সিদ্ধার্থ

ঘুমিয়ে পড়েছে কিন্তু ওর চোখে ঘুম নেই । মাঝে মধ্যে প্রকৃতির দুইবার মাথাটা ঘুরে উঠেছে কেমন বমি বমি লাগছিল এটা কিসের লক্ষন ? আগের দিন ও বমি করলো তার আগেও কয়েকবার করেছে । প্রথমে ও গ্রাহ্য না করলেও এখন দেখতে ওর চিন্তা হচ্ছে । যদি ও যা ভাবছে চাই হয় তাহলে তো খুশির অন্ত থাকে না । অবশ্য এসবের কথা ও এখনো সিধুকে কিছুই বলেনি বলবে কাল টেস্ট করে ।

আজ দশমী ঈশিতার শরীরটা সকাল থেকেই খারাপ লাগছে । পেট ব্যাথা অনুভব করছে হালকা হালকা । কিন্তু কাউকেই কিছু বলেনি । আজ দশমীতে সবার আনন্দটা মাটি করতে চাই না তাই ও নিজেও কষ্ট করে রেডি হয়ে নিয়েছে ।

বাড়ির সকলেই মন্ডপে চলে গেছে শুধু ঈশিতা সিদ্ধার্থ সৃজিত বাবু প্রকৃতি মায়া দেবী আর বিনায়ক রয়ে গেছে । ওরাও যাবে একটু পর । সিদ্ধার্থ নীচে অপেক্ষা করছে প্রকৃতির জন্য । প্রকৃতি রেডি হয়ে গেলেও কি একটা দরকার আছে বলে এখনো আসেনি । সিদ্ধার্থ নিজের হাতের ফোনটা নিয়ে ব্যস্ত হয়তো অফিসিয়াল কোন কাজ করছে ।

ওয়াশরুম থেকে প্রকৃতি হাসি মুখে বেরিয়ে এলো । রুমে এই বিছানার উপর বসে নিজের মনেই হেসে উঠলো তারপর আয়নার সামনে দাঁড়িয়ে নিজেকে দেখতে লাগলো । শাড়িটা তুলে পেটে হাত রাখলো । ওর ভাবনা সত্যি ..... ও প্রেগন্যান্ট , ও মা হবে ? আচ্ছা

কথাটা যখন সিদ্ধার্থ কে বলবে তখন ওর কেমন রিয়েকশন হবে ? ভেবেই প্রকৃতি লজ্জায় মুখটা ঢেকে নিল । লজ্জা লাগছে খুব সত্যিই ও মা হবে অবিশ্বাস্য লাগছে ঘটনাটা । আজকেই সবাইকে বলবে ও বিজয়া দশমী কেটে যাক তারপর । বাড়ির সবাই কতো খুশি হবে খবরটা শুনে । প্রকৃতি আয়নায় নিজেকে খুটিয়ে খুটিয়ে দেখতে লাগলো । কিছু কি পরিবর্তন হয়েছে ওর মধ্যে ? কোই দেখতে পাচ্ছে না তো .... ধুর এখনি কি পরিবর্তন হবে ... এখন তো ওর বাচ্চাটা খুব ছোট ..... সবেই বুঝতে পারছে তাও পাগলামি করতে ইচ্ছে করছে ।

প্রকৃতি নিজের ভাবনার থেকে বেরিয়ে এলো সিদ্ধার্থ এর ডাকে । তাড়াতাড়ি শাড়িটা ঠিক করে নিয়ে যাচ্ছি বলে দোড়ে নীচে নেমে এলো। হাসি মুখে সিদ্ধার্থ এর সামনে দাড়ালো । এই মুহূর্তে সিদ্ধার্থ কে খুব জড়িয়ে ধরতে ইচ্ছে করছে কিন্তু নিজের ইচ্ছেটাকে সংবরন করে নিল । এখনি সব কিছু বলে দিলে খুশিটাই তো মাটি হয়ে যাবে ওর । এদিকে সিদ্ধার্থ প্রকৃতির দিকে একদৃষ্টিতে তাকিয়ে আছে । একদম বাঙালি নারীদের মতো আটপৌরে করে শাড়িটা পরেছে । লালপেড়ে সাদা শড়িটাতে এতো সুন্দর লাগবে ও কল্পনা করতে পারেনি । তবে আজকে যেন একটু বেশিই সুন্দর লাগছে মেয়েটাকে । সিঁথিতে মোটা করে সিঁদুর কানে বড়ো ঝুমকো গলায় সীতাহার হাতে হাত ভর্তি চুড়ি । এতো সুন্দর লাগছে ও পলক ফেলতে ভুলে গেছে ।

প্রকৃতি এরকম চাহনিতে লজ্জায় মাথাটা নীচু করে নিল । কেমন নির্লজ্জের মতো তাকিয়ে আছে সিদ্ধার্থ । আস্তে আস্তে মাথাটা তুলে ও বলল " একটু অপেক্ষা করো আমি এখনি দিভাই বিনু ভাইয়া আর পাপা মামনিকে ডেকে আনছি " বলেই সিদ্ধার্থ কে কোনো কথা না বলতে দিয়ে ঝড়ের গতিতে ঈশিতার রুমে চলে গেল ।

এর মধ্যেই সৃজিত বাবু মায়া দেবী রুম থেকে বেরিয়ে এসেছে । মেয়েটাকে খুশি দেখে ওনারাও খুব খুশি । তবে একটা ভয় মনের মধ্যে গেঁথে আছে । আজকের দিনটা ওনারা খুব একটা খুশি থাকতে পারেননা কখনোই । আজকের দিনেই প্রকৃতিকে পেয়েছিল আবার যদি হারিয়ে ফেলে ....

বিনায়ক ও হাতের জামাটা গুটিয়ে নিয়ে সিদ্ধার্থ এর পাশে দাঁড়িয়ে বলল " চল যাবি না বউদিভাই বউমনি ওরা কোথায় ?"
" একটু অপেক্ষা কর প্রকৃতি ঈশিতাকে ডাকতে গেছে " সিদ্ধার্থ বিনায়কে দিকে তাকিয়ে বলল।

প্রকৃতি আস্তে আস্তে ঈশিতার হাতটা শক্ত করে ধরে ডাইনিং রুমে নিয়ে এলো । চলতে একটু কষ্ট হচ্ছে বলে অনির্বাণ ওকে যেতে বারন করছিল কিন্তু ঈশিতা কথা শোনেনি । তাই অনির খুব রাগ হয়েছে মন্ডপে চলে গেছে । কিন্তু থাকতে না পেরে আবার বাড়িতে এলো । ঈশিতার কাছে এসে ওকে ধরে বলল " যেতে পারবে না তাও যেতেই হবে তোমায় "

" হ্যা যেতেই হবে সবাই ওখানে মজা করবে আর আমি বাড়িতে বসে মশা মারবো তাই না " রাগি কণ্ঠে বলে উঠলো ঈশিতা ।
ঈশিতার রাগ দেখে ও একটা দীর্ঘশ্বাস ফেললো । এই প্রেগন্যান্সির সময় ঈশু কেমন খিটখিটে হয়ে গেছে ওর কোনো কথা শুনতেই চাই না তারপর আবার আজব আজব বাহানা তো আছেই । প্রকৃতি মুগ্ধ দৃষ্টিতে ওদের দিকে তাকিয়ে আছে হয়তো আর কিছুদিন পর ওকেও এমন যত্ন করবে সিদ্ধার্থ । কথাটা ভেবেই ও সিদ্ধার্থ এর দিকে তাকালো । দেখলো সিদ্ধার্থ ও ওর মতো ঈশু অনির দিকে তাকিয়ে আছে।

" আরে চলো চলো এখানেই দাঁড়িয়ে থাকবে নাকি ?" বিনায়ক জোরে কথাটা বলে উঠলো ।
" হ্যা ওখানে তো মনে হয় সিঁদুর খেলা শুরু হয়ে গেছে "

" হু মামনি চলো ... জানো মামনি আজ না আমি খুব খুশি " উৎসাহের সহিত প্রকৃতি বলে উঠলো ।

" কিসের আনন্দ ?" সিদ্ধার্থ ভ্রু কুঁচকে প্রশ্নটা করে উঠলো । সত্যিই আজকে প্রকৃতিকে একটু বেশিই খুশি দেখাচ্ছে কিন্তু কিসের খুশি সেটিই তো বুঝতে পারছে না ।

সিদ্ধার্থ এর কথা শুনে প্রকৃতি কি বলবে বুঝতে পারলো না । আমতা আমতা করতে লাগলো । সত্যিই ওর মুখটা একটু বেশি

চলে পেটে কোন কথা থাকতে চাই না ।

প্রকৃতিকে আমতা আমতা করতে দেখে সিদ্ধার্থ হেসে দিল তারপর বলল " চলো আর বাহানা খুঁজতে হবে না তোমাকে " বলেই প্রকৃতির হাতটা ধরে দরজার দিকে যেতে যাবে তখনই কয়েকজন লোক এসে ওদের বাড়িতে ঢুকলো ।
সামনের দুইজন লোককে দেখে প্রকৃতি সিদ্ধার্থ দুইজনেই চমকে উঠলো। প্রকৃতির আবার মাথাটা চিনচিনে ব্যথা করতে লাগলো । কষ্টট হচ্ছে খুব কষ্ট হচ্ছে সামনে রিক কোহিনুর ব্যানার্জী কে দেখে । আবার এই দুটো মুখ .... পারছে না সহ্য করতে ... আবার কারোর চিৎকার শুনতে পাচ্ছে .... রক্ত দেখতে পাচ্ছে .... প্রকৃতি কিছুক্ষণ আগের হাসিমুখটা নিমেষেই পাংশু বর্ণ ধারণ করেছে । সিদ্ধার্থ এর কাছে গিয়ে শক্ত করে ওর হাতটা ধরে কিছু টা পিছিয়ে গেল। তারপর ওর পাঞ্জাবী টা শক্ত করে ধরে দাঁড়িয়ে থাকলো । সিদ্ধার্থ নিজেও চমকে উঠেছে এখানে কোহিনুর ব্যানার্জী আর রিককে দেখে। রিককে এখানে কি করছে ও বুঝতে পারছে না তবে কোহিনুর ব্যানার্জীর সম্বন্ধে ও এই কদিনে অনেক কিছুই জেনেছে আর তাতে যতটুকু জেনেছে তাতে ওর লড়াইটা খুব কঠিন মনে হয়েছে । ওর পরিস্থিতিতে দাঁড়িয়ে একজন রাজনৈতিক ব্যাক্তির সাথে লড়াই করা যায় না । কোহিনুর ব্যানার্জী ওকে এক নিমেষে ধ্বংস করার ক্ষমতা রাখে তাও ও চ্যালেঞ্জটা গ্রহন করেছে শুধু মাত্র প্রকৃতির জন্য। প্রকৃতিকে ওর ভয় থেকে মুক্ত করতে ও সব কিছু করতে পারে ....

" নাআ সি ....ধু বাবু নাআ ..... ও..দের চ..লে যে....তে ব...ওলো ..... ও..রা খু..উব বা....জে " প্রকৃতি সিদ্ধার্থ এর পাঞ্জাবি টা শক্ত করে ধরে একপ্রকার প্রলাপ বকে চলেছে । হাত পা কাপছে কপাল দিয়ে বিন্দু বিন্দু ঘাম ঝরছে ।

সিদ্ধার্থ প্রকৃতির অবস্থা দেখে ওকে শক্ত করে নিজের বাহুবন্ধনে আবদ্ধ করলো । নিজেও ভয় পাচ্ছে এটা ওর কল্পনার বাইরে ছিল একদম । ও ভেবেছিল পূজোটা কেটে যাক তারপর সব ব্যবস্থা করবে কিন্তু এখন কি করবে খুঁজে পাচ্ছে না ।

সৃজিত বাবু পাপিয়া দেবী প্রথমে কোহিনুর ব্যানার্জী কে দেখেনি । সিদ্ধার্থ প্রকৃতির এরকম অদ্ভুত আচরন দেখে ওরা সামনে এসে কিছু বলতে যাবে তখনই চোখ গেল কোহিনুর ব্যানার্জীর দিকে । কোহিনুর ব্যানার্জি ওদের দিকে বাঁকা হেসে তাকিয়ে আছে। সৃজিত বাবু কোহিনুর ব্যানার্জিকে দেখে ভয় পেয়ে গেলেন দুই পা পিছিয়ে গিয়ে প্রকৃতির দিকে তাকালেন তারপর আবার কোহিনুর বাবুর তাকালেন।

" আপনি?" সৃজিত বাবু অবাক হতভম্ব হয়ে জিজ্ঞেস করলেন। হারিয়ে ফেলার ভয় অনুভব করছেন । উনার বারবার মনে হচ্ছে এতদিন ধরে যে ভয় পেতেন সেটাই যেন পূর্ণ হতে চলেছে এবার।

" হ্যাঁ আমি চিনতে পারেননি আমাকে ? অবশ্য চেনার কথাও নয়.... মনে রেখে কী করবেন বলুন আমাকে? চলুন আমি পরিচয়টা দিয়ে দিচ্ছি" বলেই কোহিনুর বাবু সিদ্ধার্থ প্রকৃতির দিকে তাকিয়ে একদম প্রকৃতির সামনে গিয়ে দাঁড়ালো। কোহিনুর ব্যানার্জী কে এতটা সামনে দেখে প্রকৃতি আরো বেশি ভয়ে কুকড়ে গেল সিদ্ধার্থ এর

বুকে মাথাটা গুঁজে প্রলাপ বকতে লাগলো । খুব কষ্ট হচ্ছে ওর ....
মাথাটা খুব ব্যাথা করছে মনে হচ্ছে এতদিনের আবছা আবছা
স্মৃতিগুলো আজ যেন বেরিয়ে আসতে চাইছে। সামনে থাকা
মানুষটাকে ওর একদম সহ্য হচ্ছে না। এতটা ভয়ঙ্কর ভাবে ওর
দিকে তাকিয়ে আছে একটা অজানা ক্ষোভ কাজ করছে কিন্তু ভাষায়
প্রকাশ করতে পারছে না ও ।

সিদ্ধার্থ এতক্ষন সব কিছু দেখে আর চুপ করে থাকতে পারলো না
। গম্ভীর কণ্ঠে বলে উঠলো " কে আপনি ? কি চান ? এখানে কেন
এসেছেন ? এখানে অভদ্রতা করার মানেই বা কি ? পাপাকে এসব
বলছেন কেন ? "
সিদ্ধার্থ এর কথা শুনে কোহিনূর ব্যানার্জী সৃজিত বাবুর থেকে দৃষ্টি
সরিয়ে সিদ্ধার্থ এর দিকে তাকালেন তারপর মুচকি হেসে বললেন "
আরে এতো তাড়া কিসের ইয়ং ম্যান আস্তে আস্তে সব জানতে
পারবে । তবে আমার তো মনে তুমি সব জানো তাও না জানার
ভান ধরে বসে আছো কেন ? "
সিদ্ধার্থ কোহিনূর ব্যানার্জী এর কথায় কিছু বলতে যাচ্ছিল কিন্তু উনি
হাত দিয়ে থামিয়ে সৃজিত বাবুর দিকে তাকিয়ে বললেন " এখনো
আপনি চিনতে পারেননি আশা করি তাই না ?"
ওনার কথা শুনে সৃজিত বাবু ভীতু চোখে ওনার দিকে তাকালেন ।
ভুলবেন কি করে ওনাকে ? কম তো অপমান করেননি একসময়
.... সিদ্ধার্থ কে তো উনি এসব কিছুই বলেননি । মুক্তাদেবীর সাথে
ওনাদের বন্ধুত্ব থাকা কালিন বাড়ি বয়ে এসে অপমান করে গেছেন

। মুক্তা দেবীকেও রীতিমতো অপমান করতেন কিন্তু ওনারা কিছু বলতেও পারতেন না। ধীরে ধীরে মুক্তা দেবী ওনাদের কাছ থেকে দূরে সরে যান আর একসময় হারিয়ে যান । হয়তো কোহিনুর ব্যানার্জী ওনাদের অপমান করে স্ত্রী মেয়েকে নিজের হাতে রাখতে চেয়েছিলেন কিন্তু পারেননি মুক্তা দেবী নিজের প্রান দিয়ে মেয়েকে রক্ষা করে গেছেন কিন্তু এখন কি করবেন উনি ? এতদিন মুক্তা দেবীর সম্পদ আগলে রেখেছেন কিন্তু এখন কি করে বাঁচাবেন ?

" কি চান আপনি ? কেন এখানে এসেছেন ?" ভীতু কণ্ঠে বলে উঠলেন সৃজিত বাবু । বুকের বাম পাশটা খুব ব্যাথা করছে ওনার । ভালো করেই বুঝতে পারছে কি হতে যাচ্ছে ওনার মেয়ের সাথে ?
" কি চাই ? চাই তো অনেক কিছুই .... তা বলি আমার মেয়েকে নিজেদের কাছে আটকে রাখার মানে কি ? এতদিন ধরে আপনাকে খুঁজে বেরিয়েছি মেয়েটাকে পাবার জন্য এখন পেয়ে গেছি তাই নিতে এসেছি ... আপনি ভালোই ভালোই দেবেন নাকি আমাকে অন্য ব্যবস্থা গ্রহন করতে হবে "

কোহিনুর ব্যানার্জী এর কথায় সৃজিত বাবু কেঁপে উঠলেন । এই ভয়টাই পাচ্ছিলেন উনি একমুহূর্তের জন্য কেমন চুপ করে গেলেন ।

এদিকে সৃজিত বাবুকে চুপ করে যেতে সিদ্ধার্থ গম্ভীর কণ্ঠে বলে উঠলেন " মেয়ে ? কে আপনার মেয়ে ? এখানে তো আপনার কোন মেয়ে নেই । আর যাকে মেয়ে বলে দাবী করছেন আজ পর্যন্ত

মেয়ের কোন দায়িত্ব টা পূর্ন করেছেন । "

সিদ্ধার্থ এর কথায় কোহিনুর ব্যানার্জী ওর দিকে তাকিয়ে মুচকি হাসলেন তারপর একটু এগিয়ে গিয়ে টেবিলে থাকা ফুলদানি টা হাত দিয়ে দেখে কিছু ফুল ওখান থেকে তুলে নিয়ে সোফায় বসে পড়লো ।

" সেটা কে দেখবে মিঃ সেনগুপ্ত ? কেউ না .... আর যদিও বা দেখে কেউ ভয়ে মুখ খুলবে না । টাকা দিয়েই সবাইকে চুপ করিয়ে দেবার ক্ষমতা রাখি তাহলে তোমার যুক্তি শেষ আমি তো আমার মেয়েকে নিয়ে যেতেই পারি তাই না ?"

কোহিনুর ব্যানার্জী এর কথায় সিদ্ধার্থ মুচকি হাসলো তারপর গম্ভীর গলায় বলল " আপনি হয়তো ভুলে যাচ্ছেন আপনার মেয়ে এখন বিবাহিত ..... এখন ও আর সৃজিত করের মেয়ে নয় সিদ্ধার্থ সেনগুপ্ত এর স্ত্রী তাই ওর উপর সব অধিকার শুধুই আমার ..... তাছাড়া ও একজন এডাল্ট কার কাছে থাকবে না থাকবে সেটা সম্পুর্ন ওর ব্যাপার "

" বিবাহিত তো কি হয়েছে ? বিয়ে হয়েছে তার জন্যে ডিবোর্স ও আছে । "

" আপনার সাহস কি করে হয় আমার বাড়িতে এসে আমার সামনে স্ত্রীকে ডিবোর্স দেওয়ার কথা বলতে ? অনেকক্ষণ আপনার সাথে ভদ্র ভাবে কথা বলেছি কিন্তু আর নয় আপনি আসতে পারেন "
সিদ্ধার্থ দৃঢ় অথচ শান্ত স্বরে বলে উঠলো । রাগে চোখ দুটো লাল হয়ে গেছে পুরো । এতটা কখনো রেগে যায়নি ও । প্রকৃতিকে আরো বেশি শক্ত করে জড়িয়ে রেখেছে নিজের সাথে । প্রকৃতি

কান্না একবার ভীতু চোখে সিদ্ধার্থ এর দিকে তাকালো । সিদ্ধার্থ কে দেখেই চমকে উঠলো ও । কোহিনুর ব্যানার্জী এর একটা কথাও ওর কর্নগোচর হয়নি তবে অতীতের সমস্ত স্মৃতি মনে পড়ে গেছে । কষ্ট হচ্ছে খুব কষ্ট হচ্ছে ওর । কোহিনুর ব্যানার্জী নামক ব্যক্তিটিকে ও একদম বিশ্বাস করে না । লোকটা যখন বলেছে তখন ওকে এখান থেকে নিয়ে যাবেই যে করেই হোক। মাথাটা খুব ব্যাথা করছে ।

সিদ্ধার্থ এর গলায় এতটা দৃঢ়তা দেখে ওখানেই সবাই কেঁপে উঠলো । রিক নিজেও চমকে উঠেছে এতটা শান্তশিষ্ঠ ব্যাক্তির গলায় এত দৃঢ়তা চোখে এতটা রাগ । কোহিনুর ব্যানার্জী ও অবাক হয়েছেন তবে সেটা প্রকাশ করলেন না মুচকি হাসলেন শুধু ।

" আরে ইয়ং ম্যান এতো লাগলে কি করে হবে ? তোমার কোনো যোগ্যতা নেই আমার জামাই হবার .... একজন সাধারণ ব্যবসায়ী হয়ে কি করবে তুমি আমার ? অবশ্য তোমার রাগে আমার কিছু যাবে আসবে না । আমার মেয়েকে তো আমি নিয়েই যাবো আর তোমার সাথে ডিবোর্স ও করাবো রিকের সাথে বিয়েও দেবো সবেই হবে যদি সোজা ভাবে না হয় তো বাকা ভাবে হবে " বলেই কোহিনুর বাবু জোরে জোরে হেসে উঠলেন । ওনার কথা শুনে সিদ্ধার্থ কিছু বলতে যাবে তার আগেই প্রকৃতি সিদ্ধার্থ এর কাছ থেকে নিজেকে ছাড়িয়ে নিয়ে চোখের জলটা মুছে জোরে জোরে চেচিয়ে উঠে বলল " স্টপ , স্টপ দিস লাফিং প্লিজ । আই ক্যান

নট স্ট্যান্ড ইয়র স্মাইল । "

কোহিনূর বাবু এবার প্রকৃতির কাছে এসে ওর মাথায় হাত রাখতে যাবে তখনই প্রকৃতি সামান্য সরে এসে সিদ্ধার্থ কে শক্ত করে ধরলো ।

কোহিনূর ব্যানার্জী হাতটা সরিয়ে মুচকি হেসে বলল " কেন মা ? আমি কি দোষ করেছি ? তুমি তোমার বাবার সাথে যাবে না "

" বাবা মাই ফুট ..... চুপ করুন আপনি আমার বাবা নন ..... আমি সৃজিত করের মেয়ে ..... আপনার নয় " রাগে দুঃখে ঘৃনায় আবার প্রকৃতি চেঁচিয়ে উঠলো ।

" শুনে নিয়েছেন এবার আপনারা যেতে পারেন দরজা খোলা আছে ওদিকে " বলেই সিদ্ধার্থ দরজাটা হাত দিয়ে দেখিয়ে দিল । এবারেও কোহিনূর ব্যানার্জী নীরব থাকলো তারপর বলল " বেশ তোমরা আমার জন্য আর কোনো পথ খোলা রাখলে না .... রিক প্রকৃতিকে ধরো "

কোহিনূর ব্যানার্জী এর কথা শুনে রিক প্রকৃতিকে ধরতে যাবে তখনই প্রকৃতি রিককে দেখে ভয়ে সিদ্ধার্থ এর পেছনে গিয়ে দাঁড়ালো ।

এটা দেখে রিক রেগে কিছু বলতে যাবে তার আগেই কিছু লোক বন্দুক নিয়ে ওদের বাড়িতে ঢুকলো । লোকগুলো কে দেখে সবাই

ভয় পেয়ে গেল । কোহিনুর ব্যানার্জী এবার হেসে বলল " ঠিক আছে তুমি যাবে না তো তাহলে এতো গুলো নিরীহ মানুষকে মরতে হবে ..... তাছাড়া মন্ডপে তোমার শশুর মশায় শাশুড়ি মা ননদ বোন সবাই আছে ওদের পেছনেও লোক লাগানো আছে " কোহিনুর ব্যানার্জী এর কথায় সবাই চমকে উঠলেন । প্রকৃতি তখনো ভীতু চোখে সিদ্ধার্থ এর দিকে তাকিয়ে আছে । সিদ্ধার্থ প্রকৃতির মাথায় শান্তনার হাত রেখে কিছু বলতে যাবে তার আগেই অনির চিৎকার শুনতে পেল।

" ঈশু ... এই ঈশু কি হলো তোমার ? ঈশু , প্লিজ বলো ..... সিধু ঈশুর লেবার পেন উঠেছে মনে হয় "

অনির কথা শুনে সবাই ওর দিকে তাকালো । আসলে ঈশু এই পরিবেশটা একদম মানতে পারেনি তারপর এতো গুন্ডা দেখে ভয় পেয়ে গেছে। সকাল থেকে পেটটাও ব্যাথা করে উঠছে আর এখন যেন ব্যাথাটা আরো বেশি বেড়ে গেছে ।

প্রকৃতি সিদ্ধার্থ সৃজিত বাবু পাপিয়া দেবী বিনু সবাই ওর কাছে দৌড়ে গেল । প্রকৃতি তাড়াতাড়ি ঈশুর হাতের পালস চেক করে বলল " জিজু ঠিক বলছো তুমি .... এখনি দিভাইকে হাসপাতালে ভর্তি করতে হবে "

প্রকৃতির কথা শুনে অনি ঈশুকে শক্ত করে ধরলো । ঈশু চেচিয়েই চলেছে । প্রচুর কষ্ট হচ্ছে কিন্তু ওর কিছুই করার নেই । অনি ঈশুকে ধরে তুলে নিয়ে যাবে তখনই কোহিনুর ব্যানার্জী বাঁকা হেসে

বলে উঠলো

" তাই কি করে ওকে হাসপাতালে নিয়ে যাবে ? আমার কথা না শুনলে তো তোমরা কেউ এখান থেকে বেরোতে পারবে না "

" মানে কী বেরোতে পারবো না ? কি বলছেন ? দেখতে পাচ্ছেন একজন অসুস্থ পেশেন্ট আছে " সিদ্ধার্থ রেগে চেঁচিয়ে উঠলো।

" গলা আস্তে করো .... আমাদের উদ্দেশ্য পূরন না হলে কিছুতেই এখান থেকে কেউ বেরোতে পারবে না " রিক প্রকৃতির সামনে এসে ওর দিকে তাকিয়ে বলল।

" একদম না প্রকৃতিকে কিছুতেই আপনাদের সাথে যেতে দেবো না এতে আপনারা যা করার করে নিন "

সিদ্ধার্থ এর কথা শুনে কোহিনুর ব্যানার্জী হেসে উঠলো । এখন ওনার হাসি পাচ্ছে সিদ্ধার্থ এর বোকামির উপর ।

" বেশ তাহলে এখন মরতে দেখো একটা নিস্পাপ প্রান কে তারপর মরবে তোমার মা বাবা বোন শালিকা তারপর মরবে এখানে সবাই । আমার সম্বন্ধে কিছু না জানলে তোমার স্ত্রীকে জিজ্ঞেস করো নাহলে তোমার সো কলড শশুড়মশায়কে „„ উনি ঠিক বলবেন আমি স্বার্থের জন্য কতদূর যেতে পারি ..... কি প্রকৃতি দেখতে পারবে তো সবার মৃত্যু "

" না " চেঁচিয়ে উঠলো প্রকৃতি । সিদ্ধার্থ এর দিকে তাকালো দেখলো সিদ্ধার্থ অসহায় ভাবে সবার দিকে তাকিয়ে আছে। এতক্ষন ধরে ওর চোখে মুখে যে দৃঢ়তা দেখতে পাচ্ছিল সেটা এখন আর নেই । কষ্ট হচ্ছে বড্ড সিদ্ধার্থ এর অসহায়তা দেখে । ওর জন্যে

এত গুলো মানুষের প্রান ও কিভাবে যেতে দেবে ? এই মানুষগুলো তো ওকে কম ভালোবাসেনি । পাপা মামনির দিকে তাকিয়ে দেখলো ওনাদের চোখে জল অসহায়তা নিজের মেয়ের থেকেও বেশি ভালোবেসেছে মানুষ দুটো আর প্রীতি সে তো ওকে ছাড়া কিছুই বোঝে না। বাবা মা তারা ওকে কখনো পুত্রবধূ ভাবেনি নিজের মেয়ে ভেবেছে । অনু ওকে সবসময় নিজের বন্ধুর মতো ট্রিট করেছে । বিনায়কে দিকে তাকিয়ে দেখলো ওর মুখে বিস্ময় .... এই ছেলেটা তো ওকে খুব ভালোবাসে কতো আবদার করেছে .... অনি ঈশুর দিকে তাকিয়ে দেখলো ঈশু জোরে চিৎকার করছে কাঁদছে অনি ঈশুর ছটফটানি দেখে ছটফট করছে । অথচ মানুষ দুটো ওকে কতো ভালোবাসে । শেষে ও সিদ্ধার্থ এর সামনে গিয়ে দাঁড়ালো । ওর চোখে চোখ রাখলো আজ প্রথম বার । এই মানুষটার দৃঢ়তার জন্য ও কখনো মানুষ কার চোখে চোখ রাখেনি কিন্তু আজ ? আজ ওই চোখে শুধু অসহায়তা ফুটে উঠেছে চোখ দুটো ছলছল করছে । আজ মানুষটা বড্ড নিরুপায় । ওর মনে পড়ে গেল ওদের দুইজনের একসাথে কাটানো মুহূর্তগুলো কতটা ভালোবেসেছে মানুষ টা ওকে ..... কতটা স্বাধীনতা দিয়েছে ওকে ..... কখনো কোনো কিছু তে জোর করেনি ... ওর পছন্দ অপছন্দের খেয়াল রেখেছে .... এই দেড়টা বছরে সুখে দুঃখে ওর পাশে থেকেছে । তাহলে ও কি করে হতে পারে সবার মৃত্যুর কারন ? কখনো না হতে পারে না । প্রকৃতি এখন নিজের কথা ভুলে গেছে । নিজেকে ও কোথাও দেখতে পাচ্ছে না শুধুই চারপাশে নিজের আপনজনদের দেখতে পাচ্ছে । চোখ বন্ধ করে ক্ষানিকক্ষন ভেবে

একটা চরম সিদ্ধান্ত নিলো ও । না এই সিদ্ধান্ত ছাড়া ওর কাছে কোনো উপায় নেই । এটা ওকে করতেই হবে যে করেই হোক । তারপর আবার পেটে হাত রাখলো ওর বাচ্চাটা ? ছলছল চোখে আবার সিদ্ধার্থ এর দিকে তাকালো । মানুষ টা বাচ্চা কতটা ভালোবাসে অথচ নিজের বাচ্চা হবে সেটাই ও জানতে পারবে না । চোখ দুটো ফিরিয়ে নিল সিদ্ধার্থ এর দিক থেকে ।

" আমি যাবো আপনাদের সাথে "

" কি বলছো কি তুমি ?" সিদ্ধার্থ খানিকটা রেগে গিয়ে বলল ।

" সিধু বাবু ....." ছলছল চোখে প্রকৃতি সিদ্ধার্থ এর দিকে তাকালো । ওর দিকে তাকিয়েই যেন বলে গেল অনেক না বলা কথা নীরবে নিভৃতে ।

প্রকৃতির কথা শুনে পুরো ঘরটা স্তব্দ হয়ে গেল । সিদ্ধার্থ চমকে প্রকৃতির দিকে তাকালো । এতক্ষন যে জোর নিয়ে লড়াই করছিল সেটাও যেন শেষ হয়ে গেল । আরো বেশি অসহায়ত্ব ওকে ঘিরে ধরলো । প্রকৃতির দিকে তাকিয়ে বোঝার চেষ্টা করলো অনেকেই কিছু। মেয়েটা ওর কাছে খোলা বইয়ের মতো তাই প্রকৃতির হৃদয়ের কথা ওর বুঝে নিতে অসুবিধা হলো না । মেয়েটা শেষ পর্যন্ত নিজের বলিদান দিয়ে দিল এভাবে সবার কথা ভেবে .... না ও কারোর কথা ভাবেনি স্বার্থপরের মতো চলে যাচ্ছে । একরাশ অভিমান ঘিরে ধরলো ওকে । না এটা অভিমান করার সময় নয় ওকে বুঝতে হবে সব কিছু । কিন্তু ? সিদ্ধার্থ অসহায় চোখে প্রকৃতির দিকে তাকালো যেন বলতে চাইছে এটা করো না তুমি ... আমি থাকতে পারবো না তোমাকে ছাড়া .....

কথাটা শুনে কোহিনুর ব্যানার্জীর মুখে ক্রুর হাসি ফুটে উঠলো আর রিকের মুখে জয়ের হাসি । এতো কিছুর পর তবে ও প্রকৃতিকে পেল । এসে প্রকৃতির হাতটা ধরে ওকে নিয়ে যেতে লাগলো আর মেয়েটাও পাথরের মতো যেতে লাগলো কেমন শুধু একদৃষ্টিতে চেয়ে আছে সিদ্ধার্থ এর দিকে । হটাৎ কি হলো রিকের থেকে নিজেকে ছাড়িয়ে নিয়ে দৌড়ে এসে সিদ্ধার্থ কে জড়িয়ে ধরলো । আচমকা জড়িয়ে ধরাতে সিদ্ধার্থ কিছুটা পিছিয়ে গেল ।

প্রকৃতি অন্তিম বারের মতো সিদ্ধার্থ জড়িয়ে ধরো জোরে জোরে কেঁদে উঠলো ।

কানে কানে বলে গেল " ভেঙে পড়বে না তুমি .... যেখানেই থাকি আমি আমার কথা রাখবো শেষ পর্যন্ত তোমারই থাকবো । কখনো তুমি ছাড়া আমার হৃদয়ে কেউ স্থান পাবে না । ভালোবাসি আমি তোমাকে আমি জানি তুমি ও বাসো সারাজীবন নাহয় একসাথে থাকতে পেলাম না কিন্তু একে অপরের স্মৃতি নিয়ে তো বাচতে পারবো । তবে মনে রেখো তুমি ওই কোহিনুর ব্যানার্জীকে শাস্তি দেবে চরম শাস্তি দেবে আর সেইদিন আমি তোমার কাছে ফিরে আসবো । এখন তুমি তোমার কর্তব্য পালন করো দিভাইকে হাসপাতালে নিয়ে যাও ওর বাচ্চাটাকে বাঁচাও । পাপা মামনি বুনু সবার দায়িত্ব আমি তোমার উপর দিয়ে গেলাম কিন্তু আগলে রাখো ওদের । আমি তোমার একটা জিনিস নিয়ে যাচ্ছি কিন্তু রাগ করো না সময় হলে তোমাকে ঠিক ফিরিয়ে দেবো । " কথাটা বলেই প্রকৃতি সিদ্ধার্থ কে ওর হাতটা ধরে নিজের পেটে স্পর্শ করালো ।

সিদ্ধার্থ এর দিকে একদৃষ্টিতে তাকিয়ে থাকলো । এত কিছুর মাঝে সিদ্ধার্থ স্তব্ধ হয়ে গেছে কিছুই যেন ওর মাথায় ঢুকছে না শুধু প্রকৃতির কথা গুলো ভাসছে ওর চোখে সামনে । কি করে পারবে প্রকৃতিকে ছাড়া থাকতে ?

এর মধ্যেই রিক এসে প্রকৃতির হাতটা ধরে টানতে টানতে বাইরে নিয়ে চলে গেল । সিদ্ধার্থ শেষ পর্যন্ত প্রকৃতির দিকে তাকিয়ে ছিল কিন্তু আস্তে প্রকৃতি মিলিয়ে গেল ওর চোখের সামনে কিন্তু ও কিছুই করতে পারলো না ।

শেষে ওর হুস এলো ঈশিতার কান্নায় এতক্ষন ওর এ সব দিকে তাকাতে পারেনি । সব কিছু ভুলে ও ঈশিতার কাছে ছুটে এলো । অনিকে বলল ঈশিতাকে গাড়িতে তুলতে । এর মধ্যেই পাপিয়া দেবীর চিৎকার শুনতে পেল ও । সেদিকে তাকিয়ে দেখে সৃজিত বাবু বুকে হাত দিয়ে বসে পড়ছে । পুরো শরীর ঘেমে গেছে আর পাপিয়া দেবী চিৎকার করে সৃজিত বাবুকে ডেকে চলেছে । বিনায়ক মন্ডপে গেছে সবাইকে ঠেকে আনার জন্য ।

মন্ডপে তখন সিঁদুর খেলা শেষ এবার মায়ের বিসর্জন হবার পালা । সবার চোখে জল চলে এসেছে মা চলে যাচ্ছেন কিন্তু ওখানে এটা কেউ দেখলো না মায়ের বিসর্জন এর সাথে সিথেই একটা নিস্পাপ ভালোবাসার বিসর্জন হয়ে গেল । আজ মায়ের বিসর্জন হবে এতগুলো মানুষের আর্তনাদে এতগুলো মানুষের চোখের জলে .....

কিন্তু মা সেইসব দেখতে পেল না নাকি দেখেও দেখলো না ? নাকি আড়ালে মায়ের চোখেও একফোঁটা জল গড়িয়ে পড়েছে .... হয়তো তিনিও নিরুপায় .... হয়তো এতো খারাপ কিছুর পেছনে নিশ্চয়ই ভালো কিছু আছে .... তাই তো তিনি প্রতিটা চরিত্র কে আবার ভাঙছেন নতুন করে গড়ে নেবার জন্য .... দেখায় যাক পরীক্ষায় কে জয়ী হয় ?

প্রথম খন্ডের পরিসমাপ্তি।

www.ingramcontent.com/pod-product-compliance
Lightning Source LLC
La Vergne TN
LVHW041450170726
843492LV00005B/1171